Sabbaticals – Optionen der Lebensgestaltung
jenseits des Berufsalltags

T0316425

Barbara Siemers

Sabbaticals – Optionen der Lebensgestaltung jenseits des Berufsalltags

PETER LANG

Frankfurt am Main · Berlin · Bern · Bruxelles · New York · Oxford · Wien

Bibliografische Information Der Deutschen Bibliothek
Die Deutsche Bibliothek verzeichnet diese Publikation in der
Deutschen Nationalbibliografie; detaillierte bibliografische
Daten sind im Internet über <http://dnb.ddb.de> abrufbar.

Zugl.: Bremen, Univ., Diss., 2004

Gedruckt auf alterungsbeständigem,
säurefreiem Papier.

D 46
ISBN 3-631-53515-5
© Peter Lang GmbH
Europäischer Verlag der Wissenschaften
Frankfurt am Main 2005
Alle Rechte vorbehalten.

Printed in Germany 1 2 3 4 5 7

www.peterlang.de

Vorwort

Die vorliegende Studie über Sabbaticals als Optionen der Lebensgestaltung ist das Ergebnis einer mehrjährigen Forschungsarbeit am Institut Arbeit und Wirtschaft (IAW) der Universität Bremen. Sie stellt die überarbeitete Fassung einer Dissationsschrift dar, die im November 2003 im Fachbereich der Human- und Gesundheitswissenschaften an der Bremer Universität eingereicht wurde. Mit dem Forschungsgegenstand konnte ich zum einen an frühere Arbeiten in der Beschäftigung mit der Frage nach den Schnittstellen zwischen flexiblen Arbeitszeiten und den individuellen Gestaltungsansprüchen von erwerbstätigen Menschen anknüpfen. Andererseits verband sich mit dem Interesse für Sabbaticals eine besondere Motivation, nicht zuletzt weckt und transportiert die Vorstellung eines Sabbaticals, einer selbstgewählten Auszeit vom Alltag einer von Erwerbsarbeit geprägten Gesellschaft ganz eigene, persönliche Wünsche und Sehnsüchte nach Möglichkeiten und (Sinn-)Inhalten, die das Leben jenseits des beruflichen Fokus noch bereithält. Dieser besondere Reiz, der vom Sabbaticalmodell ausgeht, spiegelte sich auch in der eigentümlichen Kluft, auf die ich bei der Recherchearbeit stieß: zwischen einer bestimmten Faszination von der Idee des Sabbaticals und der zurückhaltenden Beurteilung, wenn es um deren praktischen Einsatz ging. Dennoch oder gerade deswegen, sollten Sabbaticals und ihre Anwendung nicht im „luftleeren Raum" erforscht, sondern ebenso als ein Arbeitszeitmodell in seiner betrieblichen Verankerung wahrgenommen werden.

Auf der Suche nach entsprechenden Angeboten wurde schnell deutlich, dass es, mit Blick auf kollektive Sabbaticals, tatsächlich ein noch junges Phänomen zu entdecken galt. Bei Sabbaticals – nicht bloß als Kurzausstieg, sondern in der Form einer länger andauernden Phase der Freistellung – handelt es sich im besten Sinne um ein innovatives Arbeitszeitmodell, deren Umsetzung auch von betrieblicher Seite in gewisse Weise Experimentierfreudigkeit voraussetzt. Geduld und vor allem die engagierte Unterstützung von Seiten der betrieblichen Akteure trugen dazu bei, schließlich eine gute Auswahl unterschiedlicher Sabbaticalangebote zusammenzustellen. Die Existenz einer kollektiven Sabbaticalregelung schloss allerdings nicht überall zugleich ihren regen Gebrauch durch die Beschäftigten ein. Auch hegten manche AnwenderInnen Bedenken, freimütig über ihre Erfahrungen mit und in der Auszeit zu berichten. Die Mühe, die verschiedenen Hürden zu nehmen, um die Beschäftigten selbst zu ihrer Sabbaticalzeit befragen zu können, hat sich in allen Fällen mehr als gelohnt. Die gewonnenen Daten gaben nicht allein Auskunft über die Inanspruchnahme eines neuen Arbeitszeitinstrumentes – sie beinhalteten Lebensgeschichten, in denen die Sabbaticalzeit eine besondere und nicht selten prägende Rolle spielte.

Doch nicht nur angesichts der Reichhaltigkeit des empirischen Materials bestand Anlass zur Freude. Auf der nicht immer gradlinigen Wegstrecke im Verlauf dieser Forschungsarbeit war es besonders ermunternd, zu erleben, dass das „Thema" Sabbaticals immer mehr Aufmerksamkeit findet. Aus dem wissenschaftli-

6

chen Umfeld erreichten mich viele Anfragen von ForscherInnen und Diploman-
den, die sich in unterschiedlichen Zusammenhängen für Sabbaticals interessierten. Die Anfang 2003 erfolgte Gründung der „Deutschen Gesellschaft für Zeitpolitik", die sich fach- und themenübergreifend gesellschaftspolitischen Fragen
„der Zeit" zuwenden will, zeugt von der zunehmenden Einsicht in die Notwendigkeit, in den Zeitdiskursen zukünftig stärker diejenigen Lebens- und Arbeitsbereiche einzubeziehen und zu berücksichtigen, welche sich jenseits der orginä-
ren Erwerbsarbeit befinden. Auch von betrieblicher Seite zeigten sich aufgeschlossene Unternehmen bereit, sich mit Blick auf die Frage von Arbeitszeitper-
spektiven näher mit Sabbaticaloptionen auseinander zu setzen. Als ein wichtiges
Signal für eine verstärkte Berücksichtigung des Wechselverhältnisses in der
Gestaltung von betrieblichen und außerbetrieblichen Zeiten ist, auf der Ebene
der politischen Umsetzung, sicherlich das neue Teilzeitgesetz von 2001 zu werten, dass auch zur Realisierung von Sabbaticals geeignet ist. Nicht zuletzt bot
ein großes Interesse bei den Medien Gelegenheit, auf die Ergebnisse der vorliegenden Untersuchungen aufmerksam und zugleich eine breitere Öffentlichkeit
mit Sabbaticalmodellen bekannt zu machen.

Der Entwicklungsprozess dieser Arbeit verknüpft sich zugleich mit einer persönlichen Entwicklung. Ein Forschungsprojekt von gut fünfjähriger Dauer markiert einen eigenen Lebensabschnitt, sowohl in der Berufsarbeit als auch im Privatleben. Die nötige Ausdauer für das Zustandekommen der vorliegenden Arbeit
habe ich wesentlich der institutionellen Einbindung am Institut Arbeit und Wirtschaft und der Unterstützung, Hilfestellung und Ermutigung der Menschen zu
verdanken, die mich auf diesem Weg begleitet haben. Ganz herzlich möchte ich
mich zunächst bei allen betrieblichen KooperationspartnerInnen und ganz besonders bei all denjenigen bedanken, die mir ihre persönlichen Sabbaticalerfahrungen anvertraut haben. Ohne ihre Bereitschaft wäre die Arbeit in dieser Form
nicht denkbar gewesen.
Besonders wertvoll und fruchtbar für meinen Forschungsprozess gestaltete sich
die Zusammenarbeit mit Dr. Christina Klenner, Svenja Pfahl und Stefan Ryeuß
vom WSI in Düsseldorf, denen ich an dieser Stelle für ihre Kooperation herzlich
danke. Für ihr Interesse und Unterstützung vor allem in der Anfangsphase des
Projekts bedanke ich mich ebenfalls besonders bei Dr. Kerstin Jürgens vom Institut für Soziologie an der Universität Hannover. Mein herzlicher Dank geht an
Prof. Dr. Helmut Spitzley vom Institut für Arbeit und Wirtschaft und Prof. Dr.
Karin Gottschall vom Zentrum für Sozialpolitik für ihre engagierte, inspirieren-
de und kontinuierliche Betreuung meines Dissertationsprojekts. Für die zeitauf-
wendige und kompetente gutachterliche Betreuung der Arbeit im Rahmen des
Disputationsverfahrens danke ich Claudia Born von der Universität Bremen so-
wie Ulrich Mückenberger von der Hochschule für Wirtschaft und Politik in
Hamburg. Für ihre kollegiale Unterstützung und Feedback danke ich besonders
Dr. Sigrid Betzelt und Christiane Schnell vom Zentrum für Sozialpolitik sowie
Wiebke Lang vom Institut Arbeit und Wirtschaft. Bedanken möchte ich mich

auch für die Gelegenheiten, mit KollegInnen anderer lokaler Forschungsinstitute in einen anregenden und produktiven Austausch zu treten. Erwähnen möchte ich insbesondere das Doktorandenkolloquium am SFB 186 der Universität Bremen; hier gilt vor allem Christine Hagen und Heike Niemann, als Mitstreiterinnen der qualitativen Sozialforschung, mein Dank für ihre beständige Begleitung. Für ihre praktische Hilfe und mühevolle Arbeit des Korrekturlesens möchte ich vor allem Alexandra Plöger, Karen Buggeln, und Marianne Ballerstedt danken.

Last but not least bedanke ich mich besonders herzlich nicht nur für die fachlich fruchtbare Auseinandersetzung, Hilfestellung und Zuspruch, sondern auch für ihre verlässliche freundschaftliche Begleitung und ihren Beistand bei Wolfgang Schnecking, Martina Heitkötter und Dieter Koslowski.

Bremen, im November 2003   Barbara Siemers

9

Inhaltsverzeichnis

Einleitung

Stress, Überforderung, Zeitnot - kaum ein anderer Umstand scheint so viele Menschen zu betreffen und zu plagen wie das gesellschaftliche Phänomen einer sich immer weiter verknappenden Zeit. Die Klage ist nicht neu. Im Diskurs um den Zeitenwandel und speziell im Streit um die Arbeitszeit als primären gesellschaftlichen Taktgeber spielt die Thematik individueller Zeitnöte bzw. Bedarfe an - neuen - zeitlichen Spielräumen schon seit längerem eine wichtige Rolle. Spezifisch für die Verhältnisse in der Bundesrepublik finden diese Diskussionen aktuell vor dem Hintergrund von Grenzverschiebungen im Verhältnis von „Arbeit" und „Leben" statt, das traditionell über eine bestimmte Art von (Normal-)Arbeitsverhältnis und Familienstruktur fest gefügt war. Vor allem mit Blick auf die zunehmend aufwändiger und komplexer werdenden Organisationsleistungen im Alltag von Berufstätigen konzentrierten sich Lösungsvorschläge und Instrumente der (Arbeits-)Zeitpolitikforschung bislang in erster Linie auf mögliche Verbesserungen der Koordinierung der verschiedenen Lebensbereiche, Aufgaben und Tätigkeiten auf der alltagszeitlichen Ebene durch Maßnahmen wie allgemeine Arbeitszeitverkürzung, regelmäßige Teilzeitarbeit oder Einführung einer 4-Tage-Woche (Linne 2002). Parallel zur fortschreitenden Rationalisierung und Flexibilisierung des Erwerbslebens und mit der wachsenden Ausdifferenzierung privater Lebensbezüge als generelle Modernisierungstendenz in Industrieländern westlichen Zuschnitts wächst in den Sozialwissenschaften in jüngster Zeit jedoch die Aufmerksamkeit für die Problemstellungen einer zunehmenden Entgrenzung und Verflüssigung zwischen der Erwerbsarbeit und außerberuflichen Lebensbereichen (Baillod 1997, Beck 1986, 2003, Hochschild 2002, Rinderspacher 1985, 2002, Sennet 2000). Mit dieser Entwicklung im gesellschaftlichen Modernisierungsprozess erhalten auch Zeitfragen eine neue Dimension und Qualität, fordern zu neuen Perspektiven heraus und liefern nicht zuletzt neue Antworten in Form von „innovativen Arbeitszeitmodellen", wie Vertrauensarbeitszeit, Blockfreizeiten oder Sabbaticals.

Den Hintergrund der Verschiebungen des sozialwissenschaftlichen Fokus bilden grundlegende gesellschaftliche Strukturveränderungen, die als Wandel des Normal-arbeitsverhältnisses und zugleich als Gültigkeitsverluste in den Vorstellungen der Menschen von Normalbiographie, traditioneller Versorgerehe und -familie sowie geschlechtlicher Arbeitsteilungsmuster zu Tage treten. In ihrer Dynamik von wachsender Pluralisierung, Differenzierung und Flexibilisierung gekennzeichnet, haben diese Entwicklungen die Koordinaten sozialer Lebensverhältnisse in Bewegung versetzt. In der Folge stehen die Individuen heute nicht nur vor der Frage, wie in einem entgrenzten Alltag die verschiedenen und gestiegenen Anforderungen „auf eine Reihe" zu bekommen und dennoch individuelle Zeitsouveränität und Zeitwohlstand zu gewinnen sind (Garhammer 1994, Jurczyk/Rerrich 1993, Voß/Weihrich 2001, 2002). Über die Probleme der beruflichen Alltagsgestaltung hinaus ist deutlich erkennbar auch die biographische

Verankerung aus ihren vormals gefestigten Fugen geraten (Geissler/Oechsle 1996, 1998, Mutz 1995). Lebens- und Berufsverläufe gestalten sich heute weniger kontinuierlich, die Häufigkeit von Übergängen und Wechseln zwischen verschiedenen Lebensbereichen und -phasen steigt und damit zugleich die Anforderung und Erwartung an die Einzelnen, die eigene Lebensgestaltung flexibel und temporär an die Bedürfnisse und Bedingungen der jeweiligen (Erwerbs-) Lebensphase anpassen zu können.

Die Dynamik der gegenwärtigen Gesellschaftsentwicklung mit ihren stark individualisierten und leistungsorientierten Zügen treibt die Menschen zu Suchbewegungen nach neuen Balancen und Arrangements über die gesamte (Erwerbs-) Biographie, nicht nur, um der darin implizierten Überbeanspruchung und Überforderung zu begegnen, sondern auch um der Chancen zur Verwirklichung eigener, individueller Lebensentwürfe willen. Damit ist die Suche nach neuen Pfaden und Optionen der Lebensgestaltungen sowohl dem verschärften Druck moderner Lebens- und Arbeitsbedingungen geschuldet als auch Ausdruck für den Wunsch nach persönlicher Autonomie und erweiterten Gestaltungsspielräumen der Individuen. Verschiedene Konzepte und Visionen innerhalb der Arbeitszeitdiskussion in der Bundesrepublik, wie z.B. das „Recht auf Weniger-Arbeit" (Wiesenthal 1985, Hinrichs 1987), „rückholbare Wenigerarbeit" (Hoff 1995) oder „kurze Vollzeit" (Spitzley 2003) greifen dieses Bedürfnis auf, wonach Arbeitszeitmuster „keine starre Norm, sondern eine Art Durchschnittswert bilden sollen, an denen sich der/die Einzelne je nach persönlichen Wünschen, biographischer Situation und wirtschaftlichen Verhältnissen flexibel orientieren kann" (Gesterkamp 2003). Exemplarisch für eine solche innovative und bislang noch wenig verbreitete arbeitszeitliche Option will sich diese Arbeit speziell mit der Freistellungsform der Sabbaticals beschäftigen. In der hier eingenommen Perspektive stellen Sabbaticals, als Freistellungsmöglichkeit von einigen Monaten bis zu mehreren Jahren, nicht lediglich eine weitere Variante in der mittlerweile breitgestreuten Palette flexibler Arbeitszeitmodelle dar, sondern sind im Unterschied zu anderen Flexibilisierungsformen als Instrument zu begreifen, das bisherige Lebensarbeitszeitmuster verändert und besondere Potenziale für die Lebensgestaltung der Individuen bereithalten kann.

Langzeitfreistellungen mit ihrer beonderen Chancenstruktur werden in verschiedenen Medienveröffentlichungen bisweilen hochstilisiert zu einem Ereignis mit dem Anstrich von Exklusivität bis Extravaganz. Sabbaticals sind zu einem beliebten Aufhänger für spannungsreiche Gegenwartsphänomene geworden, bspw. als Fluchtpunkt erschöpfter Eliten oder als Power-Play in der „kreativen Pause". Das Thema „Auszeit auf Zeit" birgt vor dem Hintergrund einer „Gesellschaft ohne Zeit" (Rinderspacher 1995) viele Reize: Aussteigertum, Unabhängigkeit und Abenteuer weit weg vom Alltagsgrau, Mut zum Risiko einerseits und Erfolg durch das Beschreiten eigenwilliger Wege andererseits - vieles schwingt mit im „Mythos Sabbatical". Über die mediale Präsentation von Sabbaticals als mehr oder weniger luxuriöses Freiheitsprodukt oder exklusive Mutprobe hinaus gibt es bisher erst wenig Einblicke in die Art und Weise der Sabbaticalnutzung. Vor allem die wissenschaftliche Bearbeitung des Themas steht noch am Anfang. Es lässt sich jedoch vermuten, dass Sabbaticals nicht ausschließlich den Weg in paradiesische Zustände der Selbstverwirklichung fern ab des Erwerbslebens weisen. Denn als temporäre Form des Berufsausstiegs beruhen Sabbaticals nicht allein auf individuellen, unabhängigen Entscheidungen, sondern sind - ob als betrieblich-kollektives Freistellungsangebot oder in Einzelabsprache - an betriebliche Kontexte und Logiken gesellschaftlicher Institutionen rückgebunden. Das *Erkenntnisinteresse* der vorliegenden Arbeit richtet sich damit - allerdings in unterschiedlicher Gewichtung - auf *zwei Untersuchungsaspekte*. Der erste Aspekt zielt auf die betriebliche Verankerung von Sabbaticalmodellen. Gefragt wird nach den Regelungsbedingungen der hier zugrunde gelegten, überwiegend kollektiven Sabbaticalangebote. Von Interesse sind darüber hinaus die betrieblichen Intentionen, die den Hintergrund für die Einführung der Modelle bilden und schließlich die Nutzungserfahrungen aus betrieblicher Perspektive. Der zweite Aspekt und zugleich Schwerpunkt dieser Untersuchung wendet sich der Frage zu, welche Nutzungs- und Gestaltungschancen Sabbaticalmodelle für die AnwenderInnen beinhalten bzw. sich realisieren lassen. Um das noch wenig ausgeleuchtete Feld sozialer Praxis im Umgang mit Sabbaticals detailliert und umfassend zu erschließen, erfolgt die Behandlung der Fragestellung aus der Subjektperspektive und bezieht sich nicht nur auf Einzelaspekte der Sabbaticalnutzung, wie z.B. den Prozess der Entscheidungsfindung oder die konkrete Zeitverwendung, sondern betrachtet das Sabbatical ganzheitlicher - als eine spezifische Phase in der Biographie. Die zentrale Frage nach den individuellen Verarbeitungsformen von Sabbaticals und deren Möglichkeiten für die Lebensgestaltung der Subjekte findet sich daher eingebettet in den Kontext der jeweiligen Lebens- und Arbeitsbedingungen der einzelnen AnwenderInnen.

Ziel der Arbeit ist es, einen empirischen Beitrag für den Bereich zeitpolitischer Forschung an der Schnittstelle von „Arbeit und Leben" zu leisten, indem konkret das Spannungsverhältnis zwischen individuellem Wollen, biographisch wirksamen Einflüssen sowie institutionellen Brechungen von Sabbatical-Arrangements ausgelotet wird. Darüber hinaus sollen die erarbeiteten empirischen Erträge auch dazu dienen, Auskünfte über zukünftige Arbeitszeitpräferenzen bzw. Verschiebungen in der Balance zwischen unterschiedlichen Lebens- und Tätigkeitsbereichen zu geben.

Der Aufbau der Arbeit gliedert sich in drei Teile. Der **erste Teil** dient der Einordnung der Thematik in die sozialwissenschaftliche Debatte und Forschung. Das *erste Kapitel* des Teil I bezieht sich auf ausgewählte Phänomene des gesellschaftlichen Wandels. Reflexionen auf Veränderungen in der Lebens- und Arbeitswelt der Menschen durch Entstrukturierungs-, Entgrenzungs- und Pluralisierungstendenzen und daraus resultierende neue „Mischungsverhältnisse" zwischen beiden Lebensbereichen werden als für die Fragestellung der Arbeit relevante Diskurse entfaltet. Das *zweite Kapitel* bezieht sich konkret auf den Forschungsgegenstand der Sabbaticals. Diese werden zunächst in ihrer Spezifik skizziert und gegen andere Freistellungsformen abgegrenzt. Im Anschluss werden die - wenigen - empirischen Arbeiten vorgestellt, die bisher Sabbaticals in ihre Forschungsperspektive mit einbezogen haben.

Der **zweite Teil** konkretisiert zunächst das Erkenntnisinteresse der Arbeit (*Kapitel 3*) und nimmt eine theoretisch-konzeptionelle Einbettung vor (*Kapitel 4*). Bestandteile dieser Konzeption sind neben der gewählten Subjektperspektive, Bezüge auf das Konzept der „Alltäglichen Lebensführung" sowie des institutionenstrukturierten Lebenslaufs. Mit diesen beiden Ansätzen soll im Hinblick auf die Möglichkeiten der Lebensgestaltung sowohl der Aspekt des aktiven Handelns der Person bei der Herstellung eines integrativen Zusammenhangs zwischen den - Anforderungen aus - verschiedenen Lebensbereichen erfasst werden als auch die Spannungen und Brüche zwischen Erwerbsarbeit und anderen Lebensbereichen als den Lebenslauf strukturell beeinflussende Institutionen. Im *fünften Kapitel* erfolgt eine methodologische Einordnung der Arbeit. Dargestellt wird die spezifische Anlage der Empirie, der hier gewählte Zugang zum Forschungsfeld über den betrieblichen Kontakt sowie die Herstellung von Kontakten zu den AnwenderInnen der jeweiligen Sabbaticalmodelle. Es folgen Erläuterungen zum qualitativen Design, Auswahl des Samples, Art und Vorgehen bei der Interviewführung sowie zu ersten Auswertungsschritten.

Im **dritten Teil** stehen die empirischen Untersuchungsergebnisse im Mittelpunkt. Entsprechend des Forschungsinteresses an Sabbaticals als betriebliches Arbeitszeitangebot auf der einen und als Gestaltinstrument im subjektiven Lebenszusammenhang auf der anderen Seite, werden im *Kapitel 6* zunächst Ergebnisse vorgestellt, die Sabbaticals als Arbeitszeitmodell im betrieblichen Kontext skizzieren. Mit Ausnahme der quantitativen Daten zur betrieblichen Verbreitung von Sabbaticals basieren die Angaben auf eigenen Erhebungen. Im Einzelnen geht es um die Skizzierung und Differenzierung unterschiedlicher Regelungsformen und darüber hinaus um die Analyse von betrieblichen Motiven für die Einführung von Sabbaticalmodellen sowie von Erfahrungen mit deren Nutzung aus Sicht der betrieblichen Anbieter. Über die wichtigsten Kriterien für eine Systematisierung der ausgewählten Freistellungsmodelle bietet eine Synopse am Ende des Kapitels einen Überblick.

Das *siebte Kapitel* wendet sich anschließend der Anwendung von Sabbaticals aus der Perspektive der NutzerInnen zu. Die Frage nach Verarbeitungsformen und Gestaltungspotenzialen von Sabbaticals für die Beschäftigten bildet den zentralen Fokus dieser Arbeit. Zur Beantwortung wird das in ausführlichen qualitativen Interviews gewonnene empirische Material mit Hilfe einer Typologie systematisiert. Auf diese Weise lassen sich fünf unterschiedliche Anwendungstypen rekonstruieren, orientiert an der Motiv- und Zeitverwendungstruktur im Sabbatical. Nach einer kurzen Einführung in das Verfahren der Typenbildung werden die fünf Typen der Sabbaticalanwendung nacheinander vorgestellt. Dabei wird jeder Typus zunächst anhand einer für die jeweilige Motivgruppe prototypischen Fallkonstellation - ggf. ergänzt durch relevante Variationen - deskriptiv entfaltet und nachfolgend aus einer stärker theoretisierenden Warte diskutiert und konturiert. Daran schließt sich eine typenübergreifende Zusammenfassung der Ergebnisse an. Das *dritte und letzte Kaptitel* unternimmt den Versuch einer weiteren Zuspitzung in der Charakterisierung der Gestaltungschancen je nach Typus und unterzieht die Ergebnisse zudem einer Würdigung aus gesellschaftspolitischer Perspektive. Vorschläge und Hinweise auf Konzepte und Visionen zur Verbesserung gesellschaftlicher Rahmenbedingungen und mit ihnen der Gestaltungschancen von Sabbaticals bieten einen Ausblick und bilden den Abschluss der Arbeit.

Teil I: Theoretische und empirische Bezüge

Das erste Kapitel dieses Teils greift selektiv mit dem Untersuchungsthema zusammenhängende einschlägige Phänomene des gesellschaftlichen Wandels auf und legt dar, wie diese in den Sozialwissenschaften reflektiert werden. Gelenkt wird der Fokus auf die Debatten um die sich vollziehenden Veränderungen in der Arbeits- sowie in der Lebenswelt und den sich daraus ergebenden neuen Mischungsverhältnissen zwischen beiden Lebensbereichen. Die Ausführungen dienen weniger dazu, ein konsistentes theoretisches Fundament herzuleiten als vielmehr den gesellschaftlichen Hintergrund zu entfalten, vor dem sich der Untersuchungsgegenstand der Sabbaticalnutzung exemplarisch als ein Ausdruck und Gestaltungsversuch modernisierter Arbeits- und Lebensverhältnisse einordnen lässt.

1. Gesellschaftlicher Wandel und die Entgrenzung von Arbeit und Leben

Moderne, westliche Industriegesellschaften verzeichnen seit den 1970er Jahren eine bis heute anhaltende Phase beschleunigten und besonders tiefgreifenden Wandels. Die Dynamik der stattfindenden Veränderungen speist sich aus unterschiedlichen Trends. Im Kontext des bundesdeutschen Erwerbs- und Sozialmodells prägen diese Gesellschaftsentwicklung insbesondere der Strukturwandel und die Krise der Arbeit, Individualisierungs- und Pluralisierungstendenzen sowie Umbrüche im Geschlechterverhältnis. Welche Formen und Strukturen die Gesellschaft zukünftig zwischen Dienstleistungs- und Wissens-, Freizeit- oder Rund-um-die-Uhr-Gesellschaft dominieren, ist noch nicht klar bestimmbar. Als zentrales Element dieser Wandlungstendenzen stehen dagegen die einschneidenden Veränderungen im Erwerbssystem, hier vor allem der ökonomische Strukturwandel sowie die mit ihm ausgelöste Beschäftigungskrise und anschließende Deregulierung des Arbeitssystems bereits seit den 80er Jahren unbestritten im Zentrum sozialwissenschaftlicher Analysen. Mit dem Individualisierungsdiskurs erweiterte sich der Fokus wenige Jahre später auf den Wandel in den privaten Lebensverhältnissen und Lebensformen. Erst seit jüngerer Zeit rücken v.a. mit der so genannten „Entgrenzungsdebatte" die *Schnittstellen von „Arbeit und Leben"*[1] und Fragen nach den Veränderungsimpulsen, die aus dem Wechselverhältnis beider Bereiche resultieren, in den Vordergrund. Trotz der teilweise unübersichtlichen Verhältnisse, die im Zusammenwirken der Modernisierungstendenzen auf beiden Seiten produziert werden, ist davon auszugehen,

---

[1] Diese Formel hat sich sowohl in der Arbeitszeitforschung als auch im Lebensführungs- und Entgrenzungsdiskurs etabliert und umschreibt mit den Worten von Voß „(...) das komplizierte und spannungsreiche Verhältnis von Arbeit und Leben als gesellschaftlicher wie alltagspraktischer Grunderscheinung und dessen Veränderung im Verlauf der Entfaltung moderner industrieller Gesellschaften" (Voß 1995:23).

dass nicht nur die modifizierten Organisationsformen von Arbeit, die Lebensverhältnisse der Beschäftigten beeinflussen, sondern auch umgekehrt, die gewandelten Lebensbedingungen im Privaten neue Bedürfnisse hervorrufen, die die Beschäftigten mit ihrer Berufstätigkeit in Einklang zu bringen suchen und so mit ihrem Handeln auf die Erwerbssphäre zurückwirken. An der Nahtstelle zwischen - veränderten - Arbeits- und Lebenswelten angesiedelt, liefert das Angebot und die Inanspruchnahme von Sabbatical exemplarisch einen Hinweis auf die Suche nach neuen Balancen und neuen Mischungsverhältnissen zwischen Erwerbstätigkeit und Aktivitäten jenseits der Erwerbsarbeit.

Die Frage der Integrationsmöglichkeiten von Erwerb und außerberuflichen Lebensbereichen wird zentral vom „Zeitenwandel" mitbestimmt. Die Veränderungen zeitlicher Strukturen schlagen sich nieder in der Wahrnehmung und Verarbeitung im Verhältnis von Arbeitszeit und Freizeit, Alltagszeit und Lebenszeit und lenken den Fokus auf die Frage einer *neuen Qualität von Zeit in der Gesellschaft*. Herkömmliche (Zeit-)Institutionen büßen tendenziell an Orientierungs-, Binde- und Regulierungsfähigkeit ein. In der Folge äußern sowohl Betriebe als auch die Beschäftigten selbst Interessen an einer Entwicklung von obligatorischer hin zu einer optionalen zeitlichen Regulation. Mit der wachsenden Selbstverantwortlichkeit in der Organisation von Arbeit und Leben steigen parallel die individuellen Vereinbarkeitsleistungen, nehmen Belastungen und Zeitdruck durch die Notwendigkeit zu, den Umgang mit der Zeit eigenständig und aktiv zu gestalten. Zugleich erhöhen neue Arbeitszeitangebote, die optional und eigenverantwortlich zu nutzen sind, die Chancen für eine verstärkt an individuellen Kriterien ausgerichtete Lebensgestaltung.

1.1 Der Wandel in der Arbeitswelt

Welche Optionen dem Einzelnen für seine Lebensgestaltung offenstehen, darauf haben die Zeitmuster der Erwerbsarbeit wesentlichen Einfluss. In ihrer Dauer, Lage und Verteilung über den Tag, die Woche, das Jahr sowie bezogen auf die gesamte Erwerbsbiographie fungieren Arbeitszeiten als der zentrale Taktgeber für die individuelle Lebensführung (Voß 1993: 92ff). Die wirtschaftliche Reorganisation und Modernisierung des Beschäftigungssystems verändern die Bedingungen für Zeiten und Qualitäten von Arbeit erheblich (a.a.O.:73). Mit dem „Strukturwandel der Arbeitswelt" verbunden sind daher vielfältige Folgewirkungen, die die Subjekte in der Praxis ihrer individuellen Zeitgestaltung vor neue Herausforderungen stellen, ihnen aber zugleich erweiterte Gestaltungsmöglichkeiten eröffnen können.

1.1.1 Entgrenzung der Erwerbsarbeitszeit

„Normalarbeitszeit" in Auflösung?

Tag für Tag dieselbe feste Arbeitszeit, fünf Tage die Woche und im Anschluss ein freies Wochenende: Zu derart „starren" Konditionen sind zunehmend weni-

21

ger Beschäftigte ein Leben lang tätig. Für die Betriebe führen erhöhte Beschleunigungstendenzen in der - globalen - Ökonomie, eine steigende Wechselhaftigkeit in der Nachfrage und die verstärkte Ausrichtung auf „Marktfühlung" und Kundenorientierung zu wachsendem Anpassungsdruck und verändern betriebswirtschaftliche Strategien zur Nutzung von Arbeitskraft (Döhl, Kratzer/Sauer 2000). Um sich unter den neuen Wettbewerbsbedingungen zu behaupten, müssen Unternehmen in der Lage sein, flexibler als bisher zu reagieren und sehen sich zur weitreichenden Ausschöpfung von Rationalisierungspotenzialen und passgenauem Ressourceneinsatz gezwungen. Darin inbegriffen vollzieht sich seit den 1990er Jahren mit einer wachsenden Dynamik eine Abkehr von einheitlich geregelten Zeitmustern in Richtung Flexibilisierung und Deregulierung von Arbeitszeiten und Beschäftigungsformen und unterwirft Anforderungen sowie Möglichkeiten der Beschäftigten weitreichenden Veränderungen.

In der reorganisierten Wirtschaft gerät damit insbesondere die Konstruktion des so genannten „Normalarbeitsverhältnisses" unter Druck und stellt ein Erwerbskonzept in Frage, welches auf der Basis institutionell hochgradig abgesicherter, kontinuierlicher und unbefristeter Vollzeitbeschäftigung seit den 60er Jahren die Normalitätsvorstellungen der Lohnarbeit prägt (Schlote 1996:168ff). Als elementarer Bestandteil im Diskurs um die „Zukunft der Arbeit" ist diese Entwicklung in den Sozialwissenschaften unter dem Stichwort „Krise des Normalarbeitsverhältnis" mittlerweile hinlänglich bekannt und diskutiert (Mückenberger 1985, Bosch 1986, 2002, Hoffmann/Walwei 1998, Dombois 1999, Gottschall 2000, Wagner 2000b). Uneinigkeit herrscht jedoch über die Ausgangsbasis der Veränderungen und Definition des Normalstandards. Nach dem hier zugrunde gelegten Verständnis soll unter einem Normalarbeitsverhältnis ein unbefristetes, vollzeitiges und kontinuierliches Arbeitsverhältnis verstanden werden, welches der einzelnen Arbeitskraft und deren Familie ein existenzsicherndes Einkommen garantiert.

Entsprechend der im aktuellen Diskurs zugrundegelegten je unterschiedlichen Relevanzsetzungen und Kriterien divergieren die Einschätzungen über die Tragweite der zu beobachtenden Wandlungstendenzen zum Teil erheblich. So sehen die einen auf der Basis engerer Normalitätsannahmen[2] das Normalarbeits-

---

[2] Anknüpfungspunkt für die Annahme eines weitreichenden Abschieds von Normalarbeitsverhältnissen lieferten vor allem die empirischen Daten der regelmäßigen Arbeitszeitberichterstattung des Instituts zur Erforschung sozialer Chancen (ISO) (Groß/Thoben/Bauer 1989, Bauer/Groß/Schilling 1994 und 1996, Bundesmann/Jansen/Groß/Munz 2000). Danach sind lediglich nur noch 15 % der abhängig Beschäftigten unter den Bedingungen eines Normalarbeitszeitstandards tätig (Groß/Munz 2000:2). Allerdings gehen die Autoren selbst von einer „die kollektive Rationalität überbetonenden Definition der Normalarbeitszeit" aus (Bauer et al. 1996:52). Zugrunde gelegt wird eine Vollzeitbeschäftigung mit einer wöchentlichen Arbeitszeit zwischen 35 und 40 Stunden, die an fünf Tagen in der Woche von montags bis freitags ausgeübt wird und in der Lage nicht variiert (ebd.). Kritisiert wird, dass nach dieser Definition selbst tariflich geregelte und traditionell weit verbreitete

verhältnis bereits im Verschwinden begriffen. Als wesentliche, konstitutive E-
lemente benennt bspw. Dombois eine unbefristete und prinzipiell auf Dauer an-
gelegte und mindestens existenzsichernde abhängige Beschäftigung in Vollzeit,
die Standardisierung von Länge und Lage der Arbeitszeit sowie eine kontinuierliche, allenfalls durch kürzere Phasen von Arbeitslosigkeit unterbrochene Erwerbsbiographie (Dombois 1999). Demgegenüber konstatieren andere Autoren
zwar ebenfalls beträchtliche Veränderungen, ohne daraus einen grundlegenden
Erosionsprozess und *Formwandel der Erwerbsarbeit* ableiten zu wollen: So erklärt Bosch Vollzeitbeschäftigung und Beschäftigungsstabilität als Angelpunkte
des traditionellen Normalarbeitsverhältnisses, die zukunftsorientiert einen Fa-
milienlohn und ausreichende soziale Sicherung gewährleisten (Bosch 2002:108).
Gegenüber der in Marktwirtschaften üblichen Flexibilität wirtschaftlicher Abläufe dürften Standards sich jedoch nicht starr verhalten. Das Normalarbeitsverhältnis schließt demnach also Flexibilität nicht aus, sondern reguliert sie
(ebd.:109). Auch Wagner kritisiert die Leichtigkeit, mit der sich empirisch eine
Auflösung des Normalarbeitsverhältnisses nachweisen lasse, wenn man nur genügend Merkmale zu seiner Beschreibung heranzöge und plädiert, statt von einer Definition als Summe unterschiedlicher deskriptiver Merkmale auszugehen,
dafür, das Charakteristische zu bestimmen (Wagner 2000b:209). Übereinstimmung besteht darin, als normativen Kern des Normalarbeitsverhältnisses dessen
weitreichende Schutzfunktionen anzusehen (Mückenberger 1985), welche ein
regelmäßiges existenzsicherndes Einkommen und Einbindung in die Systeme
der sozialen Sicherung garantieren. Als wesentliches *konstituierendes Element
des Normalarbeitsverhältnisses gilt die Normalarbeitszeit,* die in zwei Dimensionen eine Regelhaftigkeit bestimmt. In der synchronen Dimension legt sie die
Normalität der täglichen Arbeitszeit fest, in der diachronen Dimension definiert
sie die Dauer der Arbeitszeit in der Lebensperspektive.
Hinsichtlich des Arbeitszeitstandards zeigt sich jedoch, dass sich das Normalarbeitsverhältnis als gesellschaftliches Leitbild aufgrund seiner Regulierungs- und
Schutzfunktionen zwar einerseits für verteidigungswürdig erklären lässt, auf der
anderen Seite ist es schon frühzeitig als, wenn auch dominante und realitätsprä-
gende, aber dennoch fiktive Konstruktion dechiffriert worden[3] (Mückenberger
1985:422, Osterland 1990). Insbesondere der Anstieg von Teilzeitarbeit zeigt,
dass die angebliche „Normalität" durchgängiger (Vollzeit-)Berufstätigkeit im

---

Arbeitszeitformen, wie Schicht- oder Mehrarbeit nicht dem Normalstandard entsprechen
würden (Wagner 2000b: 209).

[3] Als Konstrukt der Arbeits- und Sozialpolitik bezeichnet das Normalarbeitsverhältnis zwar
zum einen eine empirische Normalität, zum anderen stellt es einen Idealtyp dar, der historisch zu keinem Zeitpunkt auf alle Beschäftigten - insbesondere Frauen in „abweichenden"
Beschäftigungsverhältnissen - zutraf. Insofern ist zu unterscheiden zwischen der sozialen
Geltung des Normalarbeitsstandards und dessen von seinen historischen, sachlichen und
sozialen Einbettungen relativ unabhängig gültigen normativen Kern (Groß 1996).

Lebensverlauf keine Allgemeingültigkeit beanspruchen kann[4]. Dennoch sind die Erwartungen im Arbeits- und sozialen Sicherungssystem noch immer in weiten Teilen von dieser Normierung geprägt. Als bekanntlich zum ganz überwiegenden Teil von Frauen ausgeübte Beschäftigungsform drückt sich speziell in der Teilzeitarbeit der *geschlechtsspezifische Bias* des Normalarbeitsverhältnisses und das Ungleichgewicht der Erwerbschancen zwischen Männern und Frauen aus[5]. Als gesellschaftliches, allgemeingültiges Leitbild im Zusammenspiel von Arbeit und Leben - und als Bezugspunkt für die soziale Sicherung - ist die im Normalarbeitszeitstandard implizierte Vorstellung von kontinuierlicher Vollbeschäftigung längst nicht nur feministischer Perspektive als „blind" für geschlechtsspezifische Differenzen und an der Realität von Frauen vorbeigehend kritisiert worden (Mückenberger 1987, Kurz-Scherf 1995, Jurczyk/Voß 2000). Das in die Konstruktion des Normalarbeitsverhältnisses eingeschlossene Familienmodell und historische Leitbild des männlichen Familienernährers als Alleinverdiener hat sich jedoch unter dem Eindruck wachsenden Erwerbsbeteiligung von Frauen und sich wandelnder Geschlechterrollen mittlerweile überlebt. Anstelle der traditionellen Versorger- und Hausfrauenehe als Modell geschlechtlichen Arbeitsteilung und Wohlstandsphänomen (Bosch 2002:111), hat sich heute eine modernisierte Form des Geschlechterkontrakts durchgesetzt (Pfau-Effinger/Geissler 1992, Pfau-Effinger 1998). Mit dem „Zuverdienermodell" erfüllt der Mann nun die Rolle des Haupternährers, während seine - in Teilzeit arbeitende - Partnerin neben der Arbeit in Haushalt und Familie für einen Zuverdienst sorgt. Damit hat sich der Zugang zum Arbeitsmarkt für Frauen zwar verbessert, andererseits bleiben sie mit ihren vom zeitlichen Standard „abweichenden" Arbeitszeiten häufig abhängig von den abgeleiteten Ansprüchen aus der Erwerbstätigkeit des Mannes.

Mit den Erkenntnissen über die geschlechterdiskriminierende Wirkung des Normalarbeitsverhältnisses hat die Diskussion um die abweichenden Erwerbsformen von Frauen auch den Blick dafür geschärft, *dass Arbeitsverhältnisse nicht abgekoppelt von den Lebensverhältnissen zu betrachten* sind und Fragen des Formwandels im Beschäftigungssystem über die betriebliche Ebene hinaus auch andere Lebensbereiche, Lebensentwürfe und Lebensqualität betreffende Aspekte miteinzubeziehen haben. Die empirischen Daten und entsprechend das Ausmaß der Auflösungserscheinungen mögen in den Diskursen unterschiedlich interpretiert und gewichtet werden, dennoch ist die Richtung des Wandels un-

---

[4] Im Gegensatz zu Dombois betrachtet Wagner allerdings die biographische Perspektive nicht als Bestandteil des Normalarbeitsverhältnisses, sondern trennt analytisch zwischen Normalerwerbsbiographie und Normalarbeitsverhältnis (Wagner 2000b:212).

[5] Zu einem wesentlichen Teil rührt der Wandel des Normalarbeitsverhältnisses von der Zunahmen der Teilzeitbeschäftigung her. Rund ein Fünftel der Beschäftigten arbeiteten 1999 in Teilzeit, mit 87 % weit überwiegend Frauen (Groß/Munz 2000:5ff).

bestritten: Dem Normalarbeitsverhältnis von einst steht heute eine zunehmende Heterogenität von Beschäftigungsformen gegenüber, die unter flexibilisierten und teilweise prekären Bedingungen stattfinden und zu einer Entstandardisierung und Diskontinuität von Erwerbsalltag und Erwerbsbiographien führen. Innerhalb dieser generellen Tendenz sind diverse Phänomene anzutreffen, die die Veränderungen in besonders eindrücklicher Weise veranschaulichen, wie die Zunahme von Teilzeitbeschäftigung (Groß/Munz 2000), der Anstieg prekärer Beschäftigungsverhältnisse (Walwei 1999, Ahlers 2003) oder die Ausdehnung der Arbeitszeiten bei Hochqualifizierten (Wagner 2000a, Kotthoff 2001). Festzustellen ist daher, dass das Normalarbeitsverhältnis – und darin eingeschlossen die Normalarbeitszeit - relativ an Gewicht einbüßt und zumindest für Teile der Erwerbstätigen nicht mehr normierend wirkt. Welche Konturen die Erwerbsarbeit in ihrer zukünftigen Ausgestaltung annehmen wird, bleibt in der Diskussion um das Normalarbeitsverhältnis kontrovers. Ob die Arbeitsgesellschaft auf dem Weg ist, sich von herkömmlichen Normalitäten grundlegend zu verabschieden oder sich die stattfindenden Veränderungen lediglich als Modifikationen begreifen lassen, die die normative Determinationskraft des Normalarbeitskonzepts nicht im Kern in Frage stellt, ist eine - noch - unentschiedene Frage. Grundsätzlich ist hier Wagner zuzustimmen, die auf die doppelte Implikation im Begriff des Normalarbeitsverhältnis hinweist: Zum einen der Bezug auf Normalität, verstanden als empirisch verbreitetes Faktum, zum anderen im Sinne einer Leitbildfunktion bzw. Norm. Die wechselseitige Bedingtheit beider Aspekte bedeutet, dass das Normalarbeitsverhältnis zur Norm werden konnte, weil es normal war und, da es der Norm entspricht, normal ist. In die Zukunft verlängert, kommt sie zu dem Schluss, dass eine veränderte Normalität -hier wären v.a. die Veränderungen in den Rollen- und Erwerbsmustern zwischen den Geschlechtern zu nennen - sich in der Modifizierung der Norm niederschlagen wird und umgekehrt veränderte Normen auf die Normalität rückwirken. Nach den Vorschlägen der Autorengruppe des Instituts für Arbeit und Technik (IAT) sollte ein *Normalarbeitsverhältnis der Zukunft* insofern einen Puffer zwischen Markt und Arbeitskraft bieten, als es sowohl Schutz vor Überforderung bietet und den Erhalt der Arbeitskraft gewährt als auch eine Planbarkeit des Privatlebens ermöglicht und darüber hinaus arbeitsfreie Zeiten langfristig planbar gestaltet (Bosch et al. 2001).

Unabhängig davon, wie die Entwicklung derzeit beurteilt wird, kann festgehalten werden, dass sich im Zuge gegenwärtiger Wandlungsprozesses neue Umgangsformen und Wertmaßstäbe herausbilden, die sich zwar noch nicht abschließend zu neuen gesellschaftlichen Normalitäten formiert haben, die aber dennoch bereits gesellschaftlich hergestellte und individuell genutzte Möglichkeitsräume beinhalten. Zu diesen neuen Angebotsoptionen zählen insbesondere *neue Arbeitszeitmodelle wie Sabbaticals*, die sowohl *auf die synchrone als auch die diachrone Dimension der Normalarbeitszeit reagieren.* Sie stellen in ihrer Abweichung vom Normalarbeitszeitmuster besondere Gestaltungspotentiale in

Aussicht, die Chancen für eine ausgewogenere gesellschaftliche und geschlechtliche Arbeitsteilung bereithalten und eine größere Aufmerksamkeit auf Tätigkeits- und Lebensbereiche „jenseits der Erwerbsarbeit" lenken können.

Von der Arbeitszeitverkürzung zu flexibilisierten Arbeitszeitarrangements

Anders als die Einschätzung und Prognosen über zukünftige bzw. zukunftsträchtige Standards im Erwerbssystem, ist die derzeitige Art der Entwicklung der Arbeitszeiten recht eindeutig zu bestimmen: *Flexibilisierung* - und nicht mehr (allgemeine) Arbeitszeitverkürzung - ist *der aktuell dominante Regulationstrend*[6]. Dabei haben sich mit dem gesellschaftlichen Wandel nicht nur die Instrumente, sondern auch die Begründungszusammenhänge verändert. Nachdem der von gewerkschaftlicher Seite geführte Streit für kollektive Verkürzungen der regelmäßigen Arbeitszeit traditionell auf Wohlfahrtszugewinne, Gesundheit und *Erhöhung der Lebensqualität* zielte[7], verlagerte sich die Legitimierung im Zuge der sich verfestigenden Arbeitsmarktkrise mehr und mehr auf die Wirksamkeit allgemeiner Arbeitszeitverkürzung als Instrument im Kampf gegen die Massenarbeitslosigkeit (Bäcker/Schäfer/Seifert 1994). Die Umverteilung von Arbeit qua Arbeitszeitverkürzung wird nun vor allem als geeignetes Mittel angesehen, um *Beschäftigungseffekte* zu erzielen (Seifert 1998). Im Gegensatz zu den Unternehmen, die anstelle von flächendeckender Arbeitszeitverkürzung zu - betriebsnahen - Flexibilisierungslösungen tendieren, zeigen sich die Gewerkschaften gegenüber flexiblen Arbeitszeitkonzepten zunächst grundsätzlich zurückhaltend. In Abgrenzung zu dem arbeitgeberseitig gewünschten Einsatz von Arbeitskraft „wie aus dem Wasserhahn" (Hinrichs 1988:283) oder der Vision einer „atmenden Fabrik" (Hartz 1996) halten die Gewerkschaften auch deswegen am Konzept der kollektiv geregelten, regelmäßigen Arbeitszeitverkürzung fest, um damit - allerdings zunehmend aus der Defensive - eigene Gestaltungsmöglichkeiten zu bewahren (Bosch et al. 2001:49).

In der gegenwärtigen Arbeitszeitpolitik hat die kollektive Arbeitszeitverkürzung ihre einstige Mobilisierungs- und Durchsetzungskraft stark eingebüßt[8] (Lehndorff 1998, 2001). Die Vision vom 6-Stunden-Tag (Kurz-Scherf/Breil 1987) ist

---

[6] Einen systematischen Überblick über aktuelle Flexibilisierungsformen und -trends bietet Linne 2002.

[7] Exemplarisch für explizit lebensweltliche Bezüge ist das bekannte Motto der Gewerkschaftskampagne „Samstags gehört Vati mir" sowie die - vermutlich weniger bekannten - Forderungen der IGM-Jugend zur 35-Stunden-Woche nach „5 Stunden mehr für Liebe und Verkehr" oder auch: „Her mit dem schönen Leben".

[8] Versuche der IG Metall, die 35-Stunden-Woche in ostdeutschen Tarifgebieten neu zu beleben, sind, auch aufgrund mangelnder Relevanz der Forderungen in den Belegschaften selbst, gescheitert. Alternativ zur kollektiven Arbeitszeitverkürzung haben führende Arbeits- und Sozialwissenschaftler der Politik dagegen einen so genannten „New Deal" in Form eines „Flexi-Plus-Konzepts" als Kombination von Arbeitszeitverkürzung und -flexibilisierung vorgeschlagen (Senatsverwaltung für Arbeit und Frauen 1996).

in weite Ferne, die Flexibilisierung von Arbeitszeit in den 90er Jahren dagegen schubartig zur primären Arbeitszeitstrategie aufgerückt. Der Vormarsch der Arbeitszeitflexibilisierung begründet sich aber nicht allein durch den verschärften Wettbewerbsdruck und eine verschlechterte Arbeitsmarktlage, die das Kräfteverhältnis zugunsten der Unternehmen und ihrer Forderungen verschoben haben. Auch die Beschäftigten ihrerseits zeigen eigene Interessen an bestimmten Flexibilisierungsformen, wie Gleit- oder Teilzeit. Strittig ist, ob auch die Politik der Arbeitszeitverkürzung selbst kompensatorisch als eine Art „Rationalisierungspeitsche" zu einer forcierten Entwicklung in Richtung Flexibilisierung beigetragen hat. Empirisch eindeutig belegen lassen sich aber die unterschiedlichen Ausprägungen von Flexibilisierung. Danach haben sich einerseits Betriebszeiten ausgedehnt, andererseits werden Arbeitszeiten flexibilisiert, so dass es insgesamt zu einer Entkopplung von individueller Arbeitszeit und Betriebszeiten kommt[9]. Der Wandel der Arbeitsverhältnisse in der zeitlichen Dimension ist als zentraler Gradmesser für Entwicklungstendenzen im Erwerbssystem anzusehen. Zu den bisher vornehmlich quantitativen Regulierungsdimensionen, wie sie in traditionellen und vornehmlich an betrieblichen Belangen orientierten Flexibilisierungsformen - wie Schicht-, Nacht- und Wochenendarbeit, sowie Mehrarbeit - praktiziert werden, treten mit *neuen Arbeitszeitstrategien und Modellen vermehrt qualitative Aspekte* hinzu. Diese qualitative Variabilisierung findet in zwei Varianten statt: zum einen als kollektive Flexibilisierung des betrieblichen Arbeitszeitvolumens - als prominentestes Beispiel dafür kann sicherlich das so genannte VW-Modell der „28,8-Stunden-Woche" (hier im Zusammenwirken von Verkürzung und Flexibilisierung) gelten - zum anderen als *variable Verteilung der individuellen Arbeitszeit*, wie sie auf der Basis der Entkopplung individueller und tariflicher bzw. betrieblicher Arbeitszeiten auf kurz- und mittelfristige Sicht verbreitet auf der Basis von Gleitzeitmodellen und Arbeitszeitkonten, seltener erst als langfristige Freistellungsangebote wie Sabbaticals ihren Ausdruck finden[10] (Linne 2002: 9ff, Bauer et al. 2002: 230ff).
Im anhaltenden Trend zunehmender Ausdifferenzierung von Betriebs- und Arbeitszeitmustern neuartiger Qualität, rücken nicht zuletzt Fragen nach den *Gestaltungsbedürfnissen und -möglichkeiten von Beschäftigten* auf neue Weise und

---

[9] Mittlerweile ist der Anteil der so genannten „Entkopplungsbetriebe", bei denen die wöchentliche Betriebszeit die vertraglich vereinbarte Wochenarbeitszeit der Vollbeschäftigten übersteigt, auf über zwei Drittel (69 %) angewachsen. Die höchsten Quoten weisen distributive und personenbezogene Dienstleister auf (85% bzw. 83 %), aber auch im produzierenden Gewerbe stellt Entkopplung mit einem Anteil von 56 % längst keine Randerscheinung mehr dar (Bauer et al. 2002: 18f).

[10] Die Flexibilisierung von Arbeitszeit in der Langzeitperspektive findet ihren Ausdruck bisher v.a. im Angebot von Langzeitkonten. Daten dazu sind erstmals in der jüngsten Arbeitszeit-Berichterstattung des ISO aufgenommen (Bauer et al. 2002:230ff).

verstärkt ins Blickfeld[11]. Zwar hat der politisch vordringliche Maßstab der "Beschäftigungswirksamkeit" bis heute nichts an Aktualität eingebüßt und beherrscht, angesichts konstant hoher Erwerbsarbeitslosigkeit, weiterhin den öffentlichen Diskurs. Doch treten Flexibilisierungskonzepte, anders als das stärker auf Kollektivität und Solidarität ausgelegte Regulierungsmodell allgemeiner Arbeitszeitverkürzung, explizit mit dem Anspruch auf, neben einer optimierten Produktionsweise insbesondere die *individuellen Zeitpräferenzen* von MitarbeiterInnen zu berücksichtigen. Mit dem Versprechen und der Möglichkeit größerer Zeitsouveränität der Beschäftigten in der Abstimmung zwischen betrieblichen und außerbetrieblichen Lebensbereichen erfährt die über lange Zeit deutlich vernachlässigte lebenspolitische Dimension als relevantes Kriterium der Arbeitszeitgestaltung wieder zunehmende Aufmerksamkeit (Büssing/Seifert 1995, Seifert 1996, Klenner 1997, Klenner/Seifert 1998).

Welche Aussichten die Beschäftigten auf eine verbesserte Umsetzung individueller Zeitpräferenzen mit Hilfe der Arbeitszeitflexibilisierung in der Praxis tatsächlich haben, ist allerdings fraglich. Auf den ersten Blick scheinen die Unternehmen am deutlich längeren Hebel zu sitzen: Wachsender Wettbewerbsdruck einerseits und zunehmende Arbeitsplatzunsicherheit andererseits verändern den Regulierungsmodus von Zeit zugunsten einer zunehmenden Verbetrieblichung der Arbeitszeitpolitik (Lindecke/Lehndorff 1997, Bispinck 1997, 2003). Es scheint naheliegend, das zunehmende Interesse an betrieblichen Regelungen anstelle von flächendeckenden Tarifverträgen vor allem mit der Entdeckung der Potenziale von Arbeitszeit als strategische *Variable im betrieblichen Optimierungsprozess* in Verbindung zu sehen (Fiedler-Winter 1997, Kutscher/Weidinger/Hoff 1998, Klein-Schneider 1999). Zur Einsparung von Personalkapazitäten sollen ergänzend zur Arbeitsintensivierung die Möglichkeiten der Entgrenzung von Arbeitszeit ausgeschöpft werden. Bei näherem Hinsehen tragen jedoch auch veränderte Lebensverhältnisse und Bedürfnisse der Subjekte dazu bei, *differenzierte Zeitpräferenzen herauszubilden und neue Ansprüche an die Erwerbsarbeit* zu formulieren. Dabei geht es in der Streitfrage „Zeit" aus subjektiver Perspektive über den Erhalt oder Steigerung eines materiellen Lebensstandards hinaus wesentlich auch um Ansprüche an eine Lebensqualität, die sich auf Wohlbefinden in der Lebensführung, auf die Befriedigung immaterieller Bedürfnisse und auf die eigenständige, nichtmaterielle Nutzung von freier Zeit sowie auf die Entwicklung sozialer Beziehungen konzentriert. In diesem Prozess der Verlagerungen von Wertschätzung auf Bereiche jenseits eines materiell ausgerichteten „Lebensstandards", gewinnt *„Zeit" als Wohlfahrtskategorie* erheblich an Bedeutung (Hielscher/Hildebrandt 1999:104f, Siemers 2001). An der Flexibilisierung von Arbeitszeiten - dies haben bereits die Erfahrungen mit Gleitzeitsystemen deutlich gemacht - zeigen sich Beschäftigte vor allem dann

---

[11] Vgl. dazu die empirischen Untersuchungen im Zusammenhang mit der Einführung der 28,8- Stunden-Woche bei VW von Jürgens/Reinecke 1998 und Hielscher/Hildebrandt1999.

interessiert, wenn sie mit Spielräumen bei der Disposition ihrer individuellen Arbeitszeit gekoppelt sind (Bauer/Groß/Schilling 1997). Eine generelle Stigmatisierung flexibler Arbeitszeitkonzepte als einseitig betrieblich bestimmte Flexibilisierung unterschlägt, dass diese auch die Möglichkeit beschäftigtenbestimmter „Zeitsouveränität" und Zugewinn an Lebensqualität bereithalten können[12] (Teriet 1977, 1996). Konzepte einer so genannten „Neuen Arbeitszeitpolitik" knüpfen an den Aspekt der Optionalität an und propagieren unter Stichworten wie „optionale Arbeitszeitpolitik" (Kurz-Scherf 1993), „sozialverträgliche Arbeitszeitgestaltung" (Büssing/Seifert 1995) oder „Wahlarbeitszeiten" (Berliner Memorandum 1995), Möglichkeiten zur selbstbestimmten Wahl von Dauer, Lage und Verteilung von Arbeitszeiten je nach Lebensphase, Alter, familiärer Situation etc., ohne dass die Beschäftigten deswegen elementare Schutzrechte verlieren.

Im Unterschied zu ihren subjektiven Bedürfnissen nach mehr und selbst disponierbarer freier Zeit weisen einschlägige empirische Untersuchungen mit Blick auf die Beschäftigten häufig gegenteilige Effekte nach (Jurczyk/Rerrich 1993, Funder/Meiners/Raehlmann 1993). Danach ist Arbeitszeitflexibilisierung eine wesentliche Triebfeder dafür, dass verschiedene Beschäftigtengruppen zunehmend höheren Anforderungen an Koordination und Abstimmung in ihrer individuellen Alltagsorganisation gegenüber gestellt sind, der „Alltag" insgesamt zur Arbeit wird. Von den Möglichkeiten weniger Beschäftigter abgesehen, unter flexiblen Arbeitszeitbedingungen mehr Raum für persönliche Präferenzen zu erlangen, liegt die Betonung der Analyse der Einflüsse auf die *alltägliche Lebensführung* stärker auf *wachsenden Belastungen durch anspruchsvolle Synchronisationsleistungen*: zwischen den verschiedenen sozialen Zeiten der eigenen Person - wie zwischen Beruf und Familie - und der Verschränkung mit denen anderer Familienmitglieder, aber auch Institutionen, wie Kitas, Kinderhorte, Schulen, der öffentliche Nahverkehr, die nach je eigenen Zeitlogiken organisiert sind (Projektgruppe Alltägliche Lebensführung 1995, Jürgens 2001, 2002). Obwohl in diesen komplexen zeitlichen Geflechten und Wechselverhältnissen, die Frage nach den Chancen der Subjekte, sich mit ihren individuellen Gestaltungswünschen durchsetzen zu können, letztlich kontextabhängig und situativ beantwortet werden muss, bleibt festzuhalten, dass das Interesse an Flexibilität nicht allein Sache der Betriebe ist. Gerade auch vor dem Hintergrund steigender Vereinbarkeitsanforderungen zeigen sich Erwerbstätige in wachsendem Maße inte-

---

[12] Teriets Plädoyer für die „Wiedererlangung" von Zeitsouveränität heben die Mitbestimmung über die Allokation der Ressource „Lebenszeit" - in Abgrenzung zu den zu überwindenden starren Zeitregimen - nahezu in den Rang eines grundlegenden Freiheitsrechts. Nach Einschätzung von Rinderspacher vollzieht sich mit diesem Perspektivenwechsel ein tiefer Einschnitt in die Tradition der bisherigen Arbeitszeitpolitik, da eine konsequente Strategie der Zeitsouveränität, Normalarbeitsstandards nicht mehr benötigen würde, wenn jede/r die ihr/m genehme Arbeitszeit wählt (Rinderspacher 2000:71). Dieser Ansatz findet sich bereits ausgebaut und z.T. radikalisiert bei Marr (1993).

ressiert, im Rahmen flexibler und individueller Arbeitszeiten, ihre Gestaltungsspielräume zu erweitern und beziehen sich mit ihren *Flexibilitätsansprüchen* außerdem nicht mehr allein auf den Alltagshorizont, sondern, bspw. mit dem Wunsch nach längeren Phasen der Freistellung von Erwerbsarbeit, *auch verstärkt auf die lebensbiographisch differierenden Interessen und Lagen* (Bielenski 1999, 2000, Lehndorff 1998).

1.1.2 Veränderungen in den Arbeitsbeziehungen

Subjektivierung von Arbeit: Zugriff auf den Arbeitnehmer als „ganzen Menschen"

Zusammen mit dem Schub in Richtung Arbeitszeitflexibilisierung finden zugleich einschneidende Veränderungen im Bereich der Arbeitsorganisation statt. Mit der als „Tertiärisierung" bekannten generellen Umschichtung von Beschäftigung zugunsten von Dienstleistungsbranchen und -tätigkeiten orientiert sich Arbeitsleistung, anders als in der vormals rigide organisierten klassischen Industriearbeit, weniger an der geleisteten Arbeitszeit, sondern am Arbeitsergebnis. Doch auch innerhalb industrieller Arbeitsbereiche nehmen mit der Modifikation von Qualitätsstandards und Rückgang der Massenproduktion, Dienstleistungstätigkeiten zu und betten Arbeitsabläufe stärker in flexible Organisations- und Zeitstrukturen ein[13.] Qualitativ neue Anforderungen in der so genannten „Wissensgesellschaft" bringen neue Managementkonzepte und -strategien hervor, die darauf zielen, die Potenziale der Mitarbeiter so umfassend wie möglich auszuschöpfen und auch bislang unerreichte Tiefenschichten von Qualifikation und persönlichen Kompetenzen, wie Kreativität und Innovativität verwertbar zu machen. Flachere Hierarchien und autonom gestaltete Organisations- und Kooperationsformen, wie Gruppen- oder Projektarbeit, sollen anstelle von festgefügten und „hemmenden" Strukturierungsvorgaben eigenverantwortliches Arbeiten erleichtern. An die Stelle der „Zeitverbrauchs-Kultur" (Weidinger 1995) treten nun „Zielvereinbarungen" und „Wahlarbeitszeit", statt Außenkontrolle setzen Modelle wie „Vertrauensarbeitszeit" auf eine Verinnerlichung der Arbeitskontrolle und versuchen, auf diesem Wege den *Zugriff auf die „ganze Person"* zu sichern: organisatorisch, zeitlich und emotional. Was im herkömmlich fremdgesteuerten, industriell geprägten Arbeitsprozess tunlichst ausgeschlossen bleiben sollte - das Subjekt und seine Subjektivität - gilt es nun als „Schatz" und zentrale Ressource zur Steigerung der Produktivität zu heben. Statt am früheren Macht-Modus „objektivierter" Arbeitsverhältnisse setzt das Kalkül der Subjektivierung von Arbeit[14] (Moldaschl/Voß 2002) damit verstärkt an den Logiken

---

[13] Einen chronologisch und thematisch gut strukturierten, wenn auch nicht mehr ganz aktuellen Überblick über die wichtigsten Eckpfeiler des Strukturwandels liefert Voß (1993).

[14] Zur näheren Begriffsdefinition und Einordnung in die soziologische Diskussion vgl. Kleemann et al. 2002.

des Marktes an (a.a.O.:29). Mit dem zunehmenden Stellenwert von Subjektivität in der Arbeit, erweiterten Spielräumen für individuelle Interpretation, Improvisation und intentionales Handeln im Arbeitsprozess, bleiben die Möglichkeiten, eigene Ansprüche[15] an die Erwerbsarbeit geltend zu machen, nun nicht mehr allein auf hochqualifizierte und/oder weniger repetitive Arbeitsbereiche begrenzt. Die Chancen, sich als Person in die Arbeit einzubringen und dort verwirklichen zu können, dehnen sich nun auch auf breitere Segmente der Erwerbstätigkeit aus. Im Prozess der „normativen Subjektivierung der Arbeit" (Baethge 1991, 1994) identifizieren sich die Beschäftigten in hohem Maße mit ihrer Arbeit und sind bereit, deren Notwendigkeiten zu akzeptieren. Umgekehrt tragen sie, mit größeren Erfolgschancen in der Aushandlung, auch *neue Regulierungsansprüche in die Arbeit hinein*, welche vermehrt aus den individuellen, privaten Praktiken ihrer Lebensführung erwachsen.

Der Arbeitskraftunternehmer: verstärktes Selbstreglement und zeitliche Entgrenzung

Mit dem Rückzug direktiver Formen in den Arbeitsbeziehungen gegenüber einem Modus der Selbstregulierung im Rahmen „individuell" vereinbarter betrieblicher Arbeitszeitregelungen erweitern sich einerseits Wahlmöglichkeiten, andererseits steigen im Gegenzug Forderungen an die Fähigkeit der Beschäftigten, die eigene Arbeitskraft aktiv und kontinuierlich selbst zu managen und zu verwerten. Mit *der Tendenz zu vermehrter Eigenständigkeit und Eigenleistung* zieht der Wandel vom außengesteuerten zum selbstorganisierten Arbeitsprozess damit verstärkte Anpassungsleistungen in der gesamten Alltagsgestaltung der Erwerbstätigen nach sich. Am deutlichsten zeigen sich die Tragweite und Problematik dieser Entwicklung im modernen Phänomen des „Arbeitens ohne Ende". In dieser Art unkontrollierter, excessiver Ausdehnung von Arbeitszeiten wird das Hineingreifen der Arbeitswelt in die gesamte Lebensführung in ihrer prekären Ausprägung anschaulich (Glißmann 2002)[16]. Aber auch in weniger spektakulärer oder offensichtlicher Form sind Phänomene der *„Entgrenzung von Arbeit"* in der Arbeits- und Alltagssoziologie aktuell von besonderem Interesse[17],

---

[15] Genau genommen handelt es sich um einen doppelseitigen Subjektivierungsprozess: Zum einen haben die Betriebe erhöhten Bedarf an subjektiver Arbeitsleistung, zum anderen tragen die Individuen vermehrt subjektive Bedürfnisse in die Betriebe hinein (Kleemann et al. 2002: 58).

[16] Bemerkenswert dazu die von Seiten der IG Metall initiierte Kampagne unter dem Motto „Meine Zeit ist mein Leben", die das Phänomen der Entgrenzung ausgehend vom konkreten betrieblichen Beispiel der Abschaffung der Zeiterfassung bei IBM thematisiert (vgl. Glißmann/Peters 1999).

[17] Zu den aktuellen Forschungsprojekten, die zu diesem thematischen Zusammenhang arbeiten, gehört das vom BMBF geförderte Forschungsnetzwerk unter Koordination des Soziologischen Instituts, Göttingen (SOFI) unter dem Titel: „Grenzen der Entgrenzung - Notwendigkeit einer Neuformierung der Arbeitsforschung".

denn entgrenzte Arbeits- und Beschäftigungsformen *haben tief greifende Folgen für die individuelle und gesellschaftliche Zeitordnung* (Jurczyk/Voß 2000) und verändern das Verhältnis der Beschäftigten zu ihrer Arbeit in einem Maße, dass von einem neuen Typus von Arbeitskraft gesprochen werden kann (Voß 1998, Voß/Pongratz 1998). Unter dem Begriff des „Arbeitskraftunternehmers" ist dieser Typus speziell durch einen verstärkten Grad der Selbstreglementierung gekennzeichnet. Merkmale einer zunehmenden Selbstkontrolle, Selbstökonomisierung und Selbstrationalisierung der Arbeitskraft sind demnach nicht mehr allein auf den Kreis der hochqualifizierten Fach- und Führungskräfte beschränkt, sondern weiten sich tendenziell auch auf Beschäftigungssegmente mittlerer Qualifikationsniveaus aus[18].

Indem koordinierende Aufgaben und Tätigkeiten, die zuvor dem betrieblichen Management oblagen, sich fortschreitend auf die einzelnen ArbeitnehmerInnen verlagern, wird, so die Annahme, für den neuen Typus eine veränderte Zeitqualität charakteristisch: die Beschäftigten haben sich zukünftig auf ein immer *komplexeres und in wachsendem Maß arbeitsbezogenes „Zeithandeln"*[19] einzustellen und neue, individuelle Zeitkompetenzen auszubilden, um die zunehmende Instabilität der gesellschaftlichen Zeitvorgaben bewusst - und geschickt - zu integrieren (Jurczyk /Voß 2000:170ff). Im Kontext der „Arbeitskraftunternehmer"-These gerät die Kategorie „Zeit" damit zu einem zentralen Medium einer Neuformierung des gesamten Alltagslebens als Betrieb oder zugespitzt, einer „Verbetrieblichung der Lebensführung"[20] in allen Dimensionen (a.a.O.: 183ff).

---

[18] Das Phänomen subjektivierter und entgrenzter Arbeit stellt damit an sich keine Neuigkeit dar. Vor allem (hoch)qualifizierte Berufstätige sind i.d.R. stark mit ihrer Arbeitsaufgabe identifiziert, was einer Verflüssigung der Grenzen zwischen Berufs- und Privatleben Vorschub leistet. Im Dienstleistungsbereich, insbesondere in personenbezogenen, sozialen oder auch künstlerischen Arbeitsfeldern galt schon immer eine andere Zeitordnung als in den industriellen Bereichen als der zentrale Bezugspunkt für die Standardisierung der Arbeitszeit. Neu ist vielmehr dessen Ausbreitung und Verallgemeinerung.

[19] Der Begriff des *Zeithandelns* ist Bestandteil eines subjektorientiertem Konzept von Zeit in der alltäglichen Lebensführung, ausführlich dazu Jurczyk 1999, auch bei Jürgens 2001:110.

[20] Gemeint ist damit eine aktive, zielgerichtet auf Erwerb orientierte, alle Lebensbereiche umfassende und alle individuellen Ressourcen nutzende systematische Durchgestaltung der Lebensführung. Darunter fällt insbesondere eine gezielte zeitliche Koordination und temporale Rationalisierung der Beziehung verschiedener Zeiten einer Person durch die Person selbst. Die These einer „Verarbeitlichung des Alltags" (Projektgruppe „Alltägliche Lebensführung" 1995:400ff) zielt in dieselbe Richtung einer fortschreitenden Substitution gesellschaftlicher Vorgaben durch individuelle Handlungsleistungen. Auf der Ebene der Optimierungsleistungen in der Alltagsorganisation lässt sich diese vor allem durch eine Zunahme der Organisation von Zeit charakterisieren. Die - riskante - Bewältigung einer zunehmenden institutionellen Offenheit durch verstärkte Eigenstrukturierung wurde bereits von den soziologischen Klassikern vorhergesagt und beschrieben. Vgl. dazu Weber mit seinen Überlegungen zur protestantischen Ethik (2000) oder Elias in seiner Interpretation

In dieser Interpretation greift der Modernisierungsdruck unmittelbar auf die Lebenswelt über: Um berufliche Risiken zu vermeiden oder zu mindern, müssen sich die Erwerbstätigen in ihrem gesamten Lebenszusammenhang - von Mobilität über Bildung bis hin zum Reproduktionsverhalten - aktiv auf die spezifischen beruflichen Erfordernisse einstellen. Den Möglichkeiten der Subjekte, Gestaltungsautonomie hinzuzugewinnen, stehen somit Zwänge der Selbstrationalisierung und Selbstausbeutung[21] gegenüber.

Die *Auswirkungen* bleiben nicht nur *auf die Alltagsebene* beschränkt, sondern nehmen auch *Einfluss auf den Lebenslauf*: Schwächer regulierte Arbeitsverhältnisse sind mit erhöhten Unsicherheiten behaftet, schnelle Umwälzungen in wissensbasierten, dynamischen Arbeitsbereichen lassen Innovationen schneller veralten, führen zur rascheren Entwertung beruflicher Qualifikationen und insgesamt zu einem Verlust an Gradlinigkeit von Berufskarrieren. Schon heute zeichnet sich ab, dass sich unfreiwillige Brüche in der Erwerbsbiographie häufen, Erwerbsunterbrechungen zum Teil gezielt herbeigeführt werden bzw. versucht wird, aus Friktionen in der (Erwerbs-)Biographie wiederum individuellen - beruflichen - Nutzen zu ziehen. Gefordert ist daher, Übergangs- oder Zwischenzeiten nicht lediglich als Leerlauf oder Wartezeit zu begreifen, sondern im Sinne der eigenen Lebensgestaltung möglichst produktiv zu nutzen (u.a. Schmid 2002, Barkholt 2003).

1.2 Der Wandel der Lebensverhältnisse

Der Modernisierungs- und Differenzierungsprozess der letzten Jahrzehnte hat nicht allein die Arbeitsverhältnisse in besonders dynamischer Weise einem Wandel unterzogen, auch private Lebensformen und Beziehungsmuster sowie demographisches Verhalten unterliegen weitreichenden Veränderungen. Traditionelle Orientierungen und Regulierungsformen verlieren zusehends an Geltungskraft, bisher von Institutionen wahrgenommene Integrations- und Regulierungsleistungen werden in wachsendem Maße den Individuen überantwortet. In der Folge schreitet die gesellschaftliche Ausdifferenzierung durch Individualisierungstendenzen, Pluralisierung der Lebensformen und Lebensstile sowie einen fortschreitenden Wandel im Geschlechterverhältnis voran und verstärkt das Gewicht individueller Orientierungs- und Handlungsalternativen: sie eröffnen die Möglichkeiten und markieren zugleich die Zwänge zu eigenständigen Le-

---

des „Prozess(es) der Zivilisation" (1980) als eine Entwicklung von der Fremd- zur Eigenkontrolle.

[21] Der Begriff kann zu Missverständnissen führen, wenngleich er im Entgrenzungsdiskurs mittlerweile gebräuchlich ist. Nach marxistischem Verständnis ist es einer Person nicht möglich, sich selbst auszubeuten. Ausbeutung setzt danach die Aneignung des produzierten Mehrwertes durch jemand anderen voraus. Allerdings ist auch im Falle einer „Selbstausbeutung" davon auszugehen, dass der Mehrwert schließlich an anderer Stelle abgeschöpft wird.

bensentwürfen sowie einer aktiven und reflexiven Gestaltung der eigenen Lebensführung.

1.2.1 Modernisierte Lebensformen - plurale Zeitbedürfnisse

Neue Konstellationen jenseits von „Normalbiographie" und Normalfamilie

Einen wichtigen Bezugsrahmen für die veränderten Gestaltungsanforderungen an die Subjekte, aber auch für deren eigene gewandelte Ansprüche, liefert der Individualisierungsdiskurs (Zapf 1987, Beck 1986). Danach sind Charakteristika des Modernisierungsschubs und der sich herausbildenden „zweiten" Moderne[22] (Beck/Giddens/Lash 1996) eine nachlassende Bindungs- und Prägekraft gesellschaftlicher Großgruppen und eine Abschwächung des Einflusses traditionell präformierender Instanzen und Werte. Beides zusammen genommen erfordert von den Individuen, ihr Leben nun weitgehend selbst und in eigener Verantwortung zu gestalten:

„Individualisierung ist ein Zwang, ein paradoxer Zwang allerdings zur Herstellung, Selbstgestaltung, Selbstinszenierung nicht nur der eigenen Biographie, auch ihrer Einbindungen und Netzwerke, und dies im Wechsel der Präferenzen der Entscheidungen und Lebensphasen; allerdings: unter sozialstaatlichen Vorgaben, wie dem Ausbildungssystem, (...) Arbeitsmarkt, dem Arbeits- und Sozialrecht, dem Wohnungsmarkt usw." (Beck 1993:152).

Mit dieser Entwicklung steht nun insbesondere die Vorstellung eines institutionalisierten Lebenslaufs (Kohli 1985) zur Disposition, im Sinne einer *„Normalbiographie"*, die im Wesentlichen um das Berufliche konzentriert ist. Das Leben der Menschen in westlichen Industriegesellschaften, das bisher als vergleichsweise klar vom Erwerbssystem und dessen Zeitmustern geregelter und gesicherter Verlauf vorausgesetzt wurde, beginnt sich im *Prozess der Individualisierung*[23] zu diversifizieren. Die Subjekte stehen nun vor der Aufgabe, sich ihre Existenz selbst „zusammenzubasteln" (Hitzler 1997), sowohl im Alltag als auch im Lebensverlauf. Mit der Individualisierungsthese verbinden sich jedoch nicht lediglich *erhöhte Zwänge*, sondern auch *erweitere Wahlmöglichkeiten* für die

---

[22] Diese neue Phase gesellschaftlicher Entwicklung ist nach Ansicht von Beck von derart radikalen Veränderungen geprägt, dass sich die Grundprinzipien der Industriegesellschaft auflösen - in Abgrenzung zu Theorien, die die Wandlungsprozesse im Kern als bloße Weiterentwicklung der „ersten Moderne" interpretieren (z.B. Zapf 1991). Die „zweite Moderne" denkt er als „reflexive Modernisierung", insoweit, dass die überkommenen Institutionen der Industriegesellschaft widersprüchlicher, konflikthafter und „individuumabhängig" werden und sich damit als „zustimmungsbedürftig, auslegungsbedürftig, offen für interne Koalitionen und soziale Bewegungen" erweisen (Beck 1991:192).

[23] Individualisierung als Begleiterscheinung von Modernisierung beinhaltet bei Beck drei Dimensionen: Erstens die Dimension der Herauslösung - aus traditionalen Bindungen und Sicherheiten -, zweitens die Verunsicherungsdimension - durch den Verlust ehemaliger Sicherheiten - und drittens die Reintegrationsdimension - durch die Bildung neuer Zugehörigkeiten der individualisierten Individuen (vgl. Treibel 1994:235).

34

Einzelnen. Die Steigerung des Lebensstandards nach dem zweiten Weltkrieg unterstützt durch den Ausbau wohlfahrtsstaatlicher Leistungen beschreibt Beck als „Fahrstuhleffekt" (Beck 1986:122). Von kollektiv vermehrten Wohlstand profitieren Frauen auf besondere Weise. Auf Basis der so genannten „Bildungsexpansion" der sechziger und siebziger Jahre eingebettet in sozialstaatliche Absicherung haben sich Frauen spürbar verbesserte Partizipationsmöglichkeiten am Erwerbsleben sichern können, insbesondere die Erwerbsbeteiligung verheirateter Frauen und Mütter ist deutlich angestiegen[24]. Entsprechen Männer mehrheitlich bis heute den Vorstellungen und Implikationen der „männlichen Normalbiographie" und sind in ihren Lebensentwürfen und Lebensführung auch als Familienväter in ihrer Rolle als „Ernährer" einseitig auf die Erwerbstätigkeit fixiert, haben gesellschaftlicher Wandel und die Individualisierung des Lebenszusammenhangs die Konturen der „weiblichen Normalbiographie" aufgeweicht: Frauen definieren sich längst nicht mehr vornehmlich über ihre Mutterrolle und die Übernahme reproduktiver Aufgaben, mit der sie, im privaten Hintergrund, ihrem - vollerwerbstätigen - Partner den „Rücken frei halten". Neben Ehe und Familie, als ehemals dem Anspruch nach zentrale Bezugspunkte der weiblichen Lebensgestaltung, tritt für Frauen heute mit großer Selbstverständlichkeit die Erwerbsperspektive im Sinne einer „doppelten Vergesellschaftung" (Becker-Schmidt 1987) hinzu. Insbesondere die Generationen junger und gut ausgebildeter Frauen bezieht Berufstätigkeit und Selbstverwirklichung im Beruf mittlerweile fraglos in ihre individuelle Lebensplanung mit ein[25]. Der klassischen Trennung der Lebenssphären[26] in Produktion und Reproduktion und einseitigen Zuweisung der Zuständigkeitsbereiche nach Geschlecht - hier die Erwerbsarbeit als Männerdomäne, dort die weibliche Fürsorge für andere - setzen sie in ihrer Mehrheit eine „doppelte Lebensplanung" entgegen (Geissler/Oechsle 1996, 1998).

---

[24] Im Jahr 2000 waren in Deutschland 62,1 % der Frauen im erwerbsfähigen Alter zwischen 15 und 65 Jahren berufstätig. Damit ist seit 1960 - bezogen auf das frühere Bundesgebiet – die Erwerbsbeteiligung von Frauen in der Altersklasse der 25 bis 54jährigen um mehr als 60% angestiegen (Statistisches Bundesamt 2002: 87f).

[25] Empirische Daten auf der Basis des SOEP zeigen, dass in Westdeutschland bei Paaren mit Kind(ern) unter 16 Jahren (mit abnehmender Tendenz) zwar nach wie vor die traditionelle Ernährerehe die häufigste Lebensform darstellt. Doch hat - neben einem hohen Anteil von Single-Haushalten - der Anteil der modernisierten Form in der Konstellation des vollzeiterwerbstätigen Mannes und teilzeitbeschäftigter Frau deutlich zugenommen. Von diesen Ergebnissen unterscheiden sich allerdings noch deutlich die Verhältnisse in Ostdeutschland, wo „typischerweise" beide Elternteile vollzeiterwerbstätig sind (Schulze-Buschoff 2000:16ff).

[26] Realiter geht die dichotome Teilung in Arbeitsleben hier und Privatleben dort vollkommen an den vielfältigen wechselseitigen Beziehung zwischen beiden Sphären vorbei (vgl. Voß 1991). Die „Lebenslüge der Arbeitsmonade" (Eckart 1993:53) besteht darin, die permanente Notwendigkeit seiner Reproduktion in der Privatsphäre auszublenden.

Ähnlich wie schon bei der Transformation des Normalarbeitsverhältnisses, weisen auch die Handlungsstrategien und -spielräume für die Alltagsbewältigung und Lebensgestaltung zwar nach wie vor Bezüge zu den Normierungen der Normalbiographie und der sie tragenden und bedingenden Institutionen auf. Doch hat die sozialwissenschaftliche Forschung in zahlreichen Untersuchungen anschaulich nachgewiesen, dass die gesellschaftlichen Umbrüche durch Enttraditionalisierung, Pluralisierung und Individualisierung nicht etwa um die Institutionen herumgehen, sondern mitten durch sie hindurch (Rerrich 1994:201). Eine abnehmende Heiratsneigung und wachsende Scheidungsraten lassen die Institution „Ehe" an Bindekraft verlieren, biographisch spätere Familiengründung, die Beschränkung der Kinderzahl, der Wechsel binnenfamilialer Beziehungsmuster, kurz: im „ganz normale(n) Chaos der Liebe" (Beck/Beck-Gernsheim 1990) hat schließlich auch die „Normalfamilie" ihr Monopol verloren (Bertram 1995, Kaufmann 1995). Der Blick auf die Sozialstruktur der bundesdeutschen Gesellschaft macht das Ausmaß des Wandels deutlich: danach hat sich die Größe der Haushalte deutlich verringert, die Anzahl der Haushalte insgesamt aber zugenommen bei einem starken Anstieg allein lebender Personen[27]. Trotz der deutlichen quantitativen Umschichtungen sind die Daten interpretierungsbedürftig, denn entgegen der beträchtlichen Zunahme von Singlehaushalten bleibt der Wunsch, in partnerschaftlicher bzw. familiärer Bindung zu leben, ungebrochen[28]. Auch wenn traditionale Lebensführungsmuster, wie speziell Studien zur Lebensplanung junger Frauen zeigen konnten, nur noch von einer Minderheit angestrebt werden (Geissler/Oechsle 1996), bleibt die Familiengründung wesentlicher Bestandteil des Lebensentwurfs. Das Zusammenleben mit Kindern ist nach wie vor die statistisch häufigste Lebensform[29]. „Familie" tritt nun allerdings, neben der klassischen, auch in neuer, vielgestaltiger Form auf: als Alleinerziehende, in gleichgeschlechtlichen Partnerschaften, als Patchwork- oder Fortsetzungsfamilien (Beck-Gernsheim 1994).

---

[27] „Single-Haushalte" konzentrieren sich überwiegend in Großstädten, dort lebt mittlerweile jede/r vierte Bewohner/in allein. Ihr Anteil lag für das Jahr 2000 bei 36 %. Dagegen haben nur noch 4,4 % aller Haushalte fünf und mehr Mitglieder. Damit hat sich das Größenverhältnis im Laufe eines Jahrhunderts nahezu umgekehrt: 7,1 % lebten im Jahr 1900 im Einzelhaushalt, 44,4 % der Haushalte dagegen zählten fünf und mehr Köpfe (Statistisches Bundesamt 2002:38ff).

[28] Das Single-Dasein beruht - medialer Anpreisung als „große Freiheit" zum Trotz - längst nicht immer auf freiwilliger Entscheidung. Speziell durch die immer weitergehenden Forderungen an die Arbeitsmarktmobilität und/oder befristete Arbeitsverhältnisse wird das Zusammenleben von berufstätigen Paaren zunehmend voraussetzungsvoller, befördert Fernbeziehungsmodelle und erschwert Familiengründung.

[29] In 52,5 % (altes Bundesgebiet) bzw. 53,5 % (neue Bundesländer) der Haushalte leben Kinder, davon 18, 8 % (im Westen) bzw. 33,2 % (im Osten) mit nur jeweils einem Elternteil zusammen (Statistisches Bundesamt 2002:41).

Wachsende Dispositionsbedürfnisse über die eigene Zeit

Relativ zu tradierten Lebensgemeinschaften stehen soziale Beziehungsmuster heute auf einem veränderten Fundament: weniger von Verpflichtung gekennzeichnet und weniger dauerhaft, verstehen sie sich verstärkt als Wahlgemeinschaften, innerhalb derer die einzelnen Personen ihre persönlichen Intensionen, Ambitionen und Lebenspläne einbringen können. Auf dieser Basis erweitern sich einerseits die Optionsräume für die Verwirklichung individueller Lebensziele, auf der anderen Seite gleichen „zusammengebastelte" Biographie nicht selten einem Drahtseilakt, der die Einzelnen mit neuen, komplexen Entscheidungs- und Gestaltungserfordernissen konfrontiert. Insbesondere die zeitliche Bewirtschaftung ihres Berufsalltags als auch im Lebensverlauf stellt die Individuen vor wachsende Koordinierungs-, Aushandlungs- und Entscheidungsanforderungen: auf der Alltagsebene verursacht durch eine zunehmende Ausdifferenzierung und Fragmentierung des Lebens in unterschiedliche Bereiche und Teilaufgaben, in biographischer Perspektive durch wechselnde Präferenzen je nach Lebensphase. Für eine gelungene Lebensgestaltung müssen die *verschiedenen Bereiche und deren zeitliche Erfordernisse* dabei in zweifacher Hinsicht *sinnvoll integriert* werden: sie müssen sowohl untereinander, auf der Ebene der Familie als Gruppe abgestimmt als auch auf die raum-zeitlichen Anforderungen der Lebenswelt bezogen werden (Jurczyk/Rerrich 1993, Projektgruppe Alltägliche Lebensführung 1995, Bauer 2000).

Je weniger die individuellen Lebensumstände und -entwürfe den Annahmen herkömmlicher Normalitätsstandards, wie Normalfamilie oder auch der klassisch-gradlinigen Abfolge im Lebenslauf von Ausbildungsphase, Berufsausübung und Verrentung, entsprechen, desto mehr Interesse zeigen Beschäftigte an variablen Arbeitszeitmustern. Im dem Maße, wie sich private Lebensformen vervielfältigen, erzeugen sie zugleich plurale Zeit- und wachsende Dispositionsbedürfnisse. Sowohl der Wunsch als auch die Notwendigkeit, eigensinnige Lebensentwürfe zu verwirklichen, erheben die *Verfügbarkeit über die eigene (Lebens-)Zeit zu einem zentralen Bestandteil von Lebensqualität.* Unterstützt wird die Tendenz eines steigenden Bedeutungszuwachses individueller Handlungs- und Gestaltungsspielräume durch einen gesellschaftlichen Wertewandel (Klages 1984, 1993). Demnach vollzieht sich auf breiter Ebene eine rückläufige Akzeptanz vorgegebener Regularien, Normen und Werte bzw. werden von den Individuen lediglich noch diejenigen Vorgaben als handlungsleitend selektiert, die mit den jeweiligen subjektiven Interessen übereinstimmen. Einschränkend steht die Entwicklung von Pflicht- und Akzeptanzwerten hin zu hedonistischen Leitbildern und Selbstverwirklichungsprogrammatik jedoch im engen Zusammenhang mit ökonomischen, technischen und sozialen Chancenstrukturen einer Gesellschaft[30].

---

[30] Unter diesen Voraussetzungen boten sich insbesondere seit den 1950er Jahren signifikant erweiterte Spielräume für individuelle Werteorientierungen (vgl. Rinderspacher 2000:

Die veränderten Zeitbedürfnisse der Einzelnen artikulieren sich heute in weiter gestreuten Ansprüchen und Präferenzen an ihre individuellen Arbeitszeiten. Auf der Basis von Zeit-Wohlstandszuwächsen durch kollektive Arbeitszeitverkürzung in der Vergangenheit werden Veränderungen in den Einstellungen und Orientierungen zugunsten von Lebensqualität ausgelöst: der Stellenwert individueller (Zeit-)Souveränität und persönlichen Entfaltungsmöglichkeiten nimmt zu und findet seinen Niederschlag in Positionen, die *Flexibilität als individuelle Gestaltungsoption* befürworten oder - als bereits gelebte Praxis - bei „Zeitpionieren" (Hörning et al. 1990), die neue Maßstäbe für Handlungsspielräume in der Verfügung über die eigene Zeit setzen.

1.2.2 Veränderungen in den Geschlechterarrangements

Frauen zwischen Erwerbsintegration und Bindung an Familie

Gegenüber der faktischen Pluralisierung subjektiver Zeitbedürfnisse haben sich institutionelle Strukturen bisher nur unzureichend angepasst. Vorhandene gesellschaftliche Zeitstrukturen bauen vielmehr oft noch unausgesprochen auf traditionelle private Beziehungs- und Arbeitsteilungsmuster auf. Insbesondere Frauen haben mit ihren zeitlichen Präferenzen häufig das Nachsehen, wenn sie Berufstätigkeit oder Bildungswünsche mit familiären Aufgaben und öffentlichen Betreuungsangeboten verbinden wollen und mit Zeitvorgaben konfrontiert sind, die die Existenz mindestens einer abfedernden „Hälfte" (Gottschall 2000:7) voraussetzen. Für die ihnen traditionell zugewiesene Rolle als zeitlich hochflexible „Puffer- und Vermittlungsinstanz" stehen Frauen allerdings immer weniger zur Verfügung. Insbesondere die steigende Frauenerwerbsbeteiligung setzt als „nachholende Individualisierung" der Frauen die herkömmlichen Arbeitsteilungsmuster unter Druck und einen Wandel im Geschlechterverhältnis in Gang (Beck 1986:161ff). Die komplementär zum Modell des männlichen (Vollzeit-) Versorgers konzipierte „Hausfrauenehe", die Frauen auf den familialen Binnenraum verweist und ihnen zeitlichen Koordinierungs- und Synchronisierungsleistungen zwischen Hausarbeit, Kinderversorgung, außerhäusigen Erledigungen und den indirekten Anforderungen der männlichen Erwerbstätigkeit überlässt, büßt als Leitbild sowie in der Praxis an Geltung ein. Der traditionelle „Geschlechtervertrag" wird ersetzt durch *modernisierte Geschlechterarrangements* (Pfau-Effinger/Geissler 1992, Pfau-Effinger 1998, Auth 2002), bei denen Frauen auch nach Heirat oder Familiengründung zumindest in Teilzeitbeschäftigung ihre Ansprüche auf Teilhabe an Erwerbsarbeit aufrechterhalten. Auch wenn sich der Zeitpunkt der Geburt des ersten Kindes durch verlängerte Bildungsphasen

---

64ff). Mit der anhaltenden ökonomischen Krise dürften sich diese für bestimmte Personengruppen, insbesondere die sog. Modernisierungsverlierer, wie gering qualifizierte oder ältere Beschäftigte, Jugendliche mit niedrigen Bildungsabschlüssen und Frauen (mit Kindern) relativiert haben.

38

und Realisierung beruflicher Pläne biographisch in spätere Lebensphasen verschiebt, verdrängen verstärkte Berufsorientierung, verbesserte Bildungsqualifikationen und der Gewinn an individuellen Wahlmöglichkeiten den Wunsch nach Familie auch bei beruflich ambitionierten Frauen nicht endgültig[31]. Allerdings haben sich der vollziehenden Aufweichungen komplementärer und strikter Rollenzuweisungen zum Trotz die Anforderungen in der Alltagsorganisation und die damit einhergehenden *Zeitnöte insbesondere für Frauen noch verschärft*[32]. Zum einen werden Aushandlungsprozesse zwischen den Partnern bzw. innerfamiliär zeitaufwendiger (Jurczyk 1993:371), zum anderen bewahren steigende Erwerbsorientierung und Rollendiffusion Frauen nicht davor, nach wie vor die Hauptverantwortung und -last der Haus- und Familienarbeit zu tragen. Im wachsenden Widerspruch zwischen „halbierter Moderne" (Beck 1986:179) und doppelter Lebensorientierung nimmt damit das Potenzial - zeitlicher - Konflikte zu (Becker-Schmidt/Knapp 1984, Hochschild/Machung 1993, Rerrich 1994).
Die Vereinbarkeit von Familie und Beruf wird dabei noch häufig in erster Linie als „Frauenproblem" wahrgenommen. Engführungen der Lebensgestaltung nach dem „Entweder (Beruf) - Oder (Familie)" - Prinzip stoßen allerdings bei jüngeren Generationen von Männern und Frauen gleichermaßen immer weniger und keinesfalls als Dauerperspektive auf Akzeptanz. Jugendliche beiderlei Geschlechts wünschen sich eine - ausgewogene und zufriedenstellende - Einbindung in beide Lebenssphären. Für sie (und ihre Partner) haben sich egalitäre Leitbilder der Arbeitsteilung durchgesetzt, zugleich zeigen sie sich hinsichtlich der Realisierung durchaus skeptisch (Deutsche Shell 2000:343). Denn die für einen *„Normallebenslauf in der Doppelorientierung"* bisher bereitgestellten institutionellen Unterstützungsleistungen und Maßnahmen haben bis heute erst wenig zur Etablierung von „geteilter Elternschaft" und Bereitschaft zu teilzeitiger Erwerbstätigkeit beider Geschlechter beitragen können. Die Persistenz der Disparitäten in den Geschlechterbeziehungen wirft jedoch nicht nur die Frage nach fehlender organisatorischer Flankierung in den Institutionen auf. Zu be-

---

[31] Vor allem mit Blick auf (hoch-)qualifizierte Frauen lassen sich diese Verlagerungstendenzen jedoch durchaus als - unterschiedliche - Grade von Vermeidung in Antizipation der erwartbaren Konfliktlage zwischen Beruf und Familie interpretieren. Zumindest in der Gruppe der akademisch gebildeten Frauen in Westdeutschland bedeutet „Vermeidung" für mittlerweile jede zweite Verzicht auf Familiengründung, andere „emigrieren" aus dem „Entwicklungsland" Deutschland in Länder mit günstigeren Vereinbarkeitsregelungen, wie z.B. Frankreich (vgl. Hildebrandt 2002).

[32] Nach einer Untersuchung von Garhammer leiden Berufstätige insgesamt unter erhöhtem Zeitdruck. Gaben zu Beginn der 90er Jahre erst jede/r vierte an, häufig unter Zeitnot zu leiden, waren es Ende der 90er Jahre jede/r zweite Vollberufstätige in Deutschland (Garhammer 2002: 166). Drastischer noch dürfte die Situation unter berufstätigen Müttern sein, wie eine empirische Studie in einem Hamburger Stadtteil nahelegt. Dort klagten fast zwei Drittel der Berufstätigen mit Kindern über "erheblichen Zeitstress" oder "ständige Zeitknappheit" (Empirica 2001:19).

rücksichtigen gilt auch, welche Selbstbilder in die Geschlechtsidentität eingelassen und mit Geschlechts- oder Elternrolle verbunden werden und welche eigenständigen Motive sich daraus für die Individuen ableiten.

Männer zwischen Vollerwerbsmentalität und Versorgerleid

Von der Brüchigkeit tradierter Geschlechterrollen zeugt auch ein wachsendes Interesse, dass Männer neuerdings an Entfaltungsmöglichkeiten jenseits der Erwerbsarbeit bekunden. Auch Männer müssen - v.a. als (potenzielle) Väter - nach dem herkömmlich auf materielle Versorgung *verkürzten Verständnis von Vaterschaft* Optionseinbußen erleben und leiden unter der ihnen abverlangten, eingeengten Lebensführung. Allerdings mit aus Arbeitsmarktperspektive anderen Vorzeichen, denn für Männer wirkt der familiäre Hintergrund eher als eine Support-Institution für ihre Berufskarriere, da sich nach ihrer Rollendefinition Familie mit Erwerbstätigkeit zwingend verbindet und sich bezogen auf ihre Lebensführung beide Lebensbereiche strukturell in Deckungsgleichheit bringen lassen (vgl. Krüger/Levy 2000). Mit den veränderten Orientierungen auf Seiten der Frauen, geraten nun jedoch auch Männer stärker unter Zugzwang, ihre Lebenseinstellung und -praxis zu überprüfen und sich, in anderer Weise als es ihre Festlegung auf die Ernährerrolle bisher vorsah, zur Familie in Bezug zu setzen. Noch bleibt der Wille zu egalisierten Arbeitsteilungs- und Beziehungsstrukturen zwar überwiegend auf die Einstellungsebene beschränkt[33] (Metz-Göckel/Müller 1987, Hollstein 1988, Keddi/Seidenspinner 1991, Connell 1999). Erste praktische Umsetzungen erfahren neue Arbeitsteilungsmuster jedoch bei der Sorge um den Nachwuchs. Hier geben aktuelle Männer- bzw. Väter-Studien Hinweise auf ein *gewandeltes Selbstverständnis bei Männern* im Spannungsfeld zwischen der ihnen zugewiesenen Rolle des Familienernährers und ihrer Vaterrolle (Gesterkamp 1998, Schnack/Gesterkamp 1998, Gesterkamp 2002, Volz/Zulehner 1999). Soziale Aspekte des Vater-Seins und hier insbesondere das Bedürfnis, sich Zeit für die Kinder zu nehmen und gemeinsam mit den Kindern etwas zu unternehmen - gewinnen heute zunehmend an Gewicht gegenüber der typischen „Versorgerfunktion" (Fthenakis/Minsel 2001). Allerdings werden auch Zweifel an der Reichweite des männlichen Interesses an einer Neugewichtung zwischen Erwerb und Familie angemeldet. Nicht nur hat ihnen ihr selektiver Einsatz bei Haus- und Erziehungsaufgaben den Vorwurf der „Rosinenpickerei aus dem familialen Kuchen" (Rerrich 1988:163) eingebracht. Darüber hinaus hat das Unbehagen der Männer an ihrer passiven Vaterschaft noch kaum an der Bastion männlichen Vollerwerbs rütteln und Handlungsdruck erzeugen können, berufliches Enga-

---

[33] Die klassischen - und wenig attraktiven - Aufgaben im Haushalt, wie Kochen, Putzen, Waschen, Bügeln etc. bleiben nach wie vor in der weit überwiegenden Zahl der Partnerschaften Sache der Frau (Geißler 2002:384ff).

40

gement zugunsten von familiärer Integration zurückzustellen. Gerade Väter halten oft nahezu unverändert am angestammten Erwerbsmuster fest.

Die viel zitierte „neue Väterlichkeit", so scheint es, drückt sich allenfalls dann im Abschied von der Vollzeitmentalität aus, wenn in Folge ökonomischen Deregulierung die „männliche Normalbiographie", geknüpft an eine durchgängige Vollzeiterwerbstätigkeit, ohnehin destabilisiert ist. Von den wenigen bislang teilzeitbeschäftigten Männern arbeitet ein Gutteil unfreiwillig und nur deswegen in Teilzeit, weil keine Vollzeitstelle zur Verfügung stand[34] (vgl. Hradil 2001:193ff). Politische Anstrengungen, Männer von sich aus zur Aufnahme von Teilbeschäftigung bzw. Reduktion ihrer Arbeitszeit auf Teilzeitniveau zu bewegen, haben bisher kaum zu einer nennenswerten Erhöhung ihrer Teilzeitquote geführt.

Frauen mit doppelter Lebensplanung sehen sich nicht in der Lage kontinuierlich - männliche - Vollzeitnormen zu erfüllen. Umgekehrt halten Männer an ihrer einseitigen Ausrichtung auf Erwerb dauerhaft fest und verhindern so die Etablierung reduzierter Vollzeitstandards ebenso wie eine verbesserte insitutionelle Abfederung von Phasen der Nichterwerbstätigkeit. Doch nicht nur aus der Logik des Familienernährermodells, auch aus *Arbeitsmarktperspektive* werden Intensionen, Erwerbstätigkeit zugunsten von Familienzeiten einschränken zu wollen, negativ sanktioniert bzw. sind solche Anliegen speziell für männliche Beschäftigte in der Regel noch nahezu tabu. Wirtschaftsunternehmen benötigen zwar eine zunehmend flexible Mitarbeiterschaft, machen jedoch hinsichtlich der Verfügbarkeit nur ungern Abstriche und geben Männern den Vorzug; berufs- und insbesondere aufstiegsorientierte Frauen stehen somit vor der Entscheidung, zugunsten von Karriere auf Kinderwünsche zu verzichten. Dass trotz institutioneller Strukturen, die eine integrative Lebensführung erschweren, dennoch Neuerungen im Geschlechterarrangements nicht nur denkbar, sondern praktizierbar sind, zeigen neuere Untersuchungen zur familialen Lebensführung und egalitären Paararangements (Jürgens/Reineke 1998, Grottian/Döge/Rühling/Kassner 2003).

---

[34] Allerdings ist unter den gegenwärtigen arbeitsmarkt- und sozialpolitischen Bedingungen auch Teilzeitarbeit für Frauen weniger ein „Königsweg", sondern vielmehr ein mehr oder weniger gelungener Kompromiss angesichts beschränkter Betreuungs- und Erwerbsarbeitsangebote.

41

1.3 Neue Mischungsverhältnisse zwischen Arbeits- und Privatzeiten

1.3.1 Entstrukturierung von Arbeit und Annäherung zwischen Arbeit und Nicht-Arbeit[35]

Flexible, subjektivierte und der Tendenz nach entgrenzte Arbeitsverhältnisse lassen als alltagswirksame Strukturveränderung, Erwerbs- und private Zeiten verschwimmen und darüber hinaus Erwerbs- und Lebensverläufe an Kontinuität einbüßen. Zur „Erosion der Alltagszeit" (Jurczyk/Voß) tritt das „perforierte Erwerbsleben" (Klenner). Insgesamt findet eine Verschiebung von regelmäßigen zu selektiven Zeitordnungsmustern statt, die sich in der *Herausbildung neuer „Zeitinstitutionen"*[36] (Maurer 1992:146ff, Rinderspacher 2000) manifestieren. Ein auffälliges Merkmal in dieser Entwicklung ist die Tendenz, *erwerbsfreie Zeiten „en Bloc"* zusammenzufassen und zu komprimieren (Garhammer1994:49ff). Anders als „Zeitreste", die über den Tag oder die Woche verstreut sind, oft noch von einer Fülle obligatorischer Alltagsaufgaben getilgt werden und jedenfalls kaum noch Freizeitqualität besitzen, erlauben „Blockfreizeiten" Dispositionsmöglichkeiten, die freie Zeit als intensiv und autonom zu nutzende Zeit gegenüber der bloßen „erwerbsfreien Zeit" auszeichnet. Darüber hinaus führt das neuartige „Ineinanderfließen" und die Verschränkungen zwischen Berufs- und Privatzeiten zu *Bedürfnissen nach neuen „Schon"- bzw. Freiräumen* (Jürgens 2001:35). Betrieblich resultiert die Installation neuer Zeitmuster im Wechsel zwischen Arbeits- und Freizeit aus veränderten Organisationsbedingungen: kurzfristige Schwankungen und „heiße Phasen" finden in Block-Modellen langfristige Ausgleichsstrukturen. Solche Verlagerungsprozesse von alltäglicher, zerstückelter Freizeit auf selektive „Insellösungen" sind bereits weit verbreitet umgesetzt mit Hilfe so genannter „Zeitkontenmodelle", die ein Anspa-

---

[35] Angelehnt an den Begriff der Zeitinstitution (s. auch nächste Fussnote) ist „Nicht-Arbeit" als zeitliches Areal zu verstehen, dass nicht notwendigerweise durch Erwerbsarbeit besetzt ist.

[36] Als kollektive Rhythmen und Orientierung stiftende Zeitordnungsmuster sind in der Zeit wirtschaftlicher Prosperität zahlreiche Regelungen neu entstanden, wie das freie Wochenende, geregelte Urlaubszeiten und ein geregelter, materiell abgesicherter Ruhestand. Bei diesen Vereinbarungen standen schon bald nicht mehr die Bekämpfung von Elend im Vordergrund, sondern es konstituierte sich ein neuer Wohlstandstypus, was die Verbesserung der gesundheitlichen, sozialen und psychischen Voraussetzungen der Reproduktion von Arbeitskraft gleichwohl weiter vorantrieb (Rinderspacher 2000:66f). Als „zeitliche Areale" bildeten diese Zeitinstitutionen, wie später der geregelte „Feierabend" durch die verkürzten täglichen Arbeitszeit, vor Erwerbsarbeit geschützte Zonen, die nun wiederum ausgehöhlt werden. Neben kalendarische Areale und solche, die sich an der Normalbiographie ausrichten, tritt die „persönliche Arealität" als von der Person frei definierbare Lage und/oder Verteilung eines Zeitkontingents, also eine selbstinstallierte Institutionalisierung eines Zeitkontingentes auf der persönlichen Zeitachse, wie es auch der temporäre Ausstieg aus der Erwerbsarbeit in Form des Sabbaticals darstellt.

ren und spätere Entnahme von Freizeit im Block ermöglichen[37]. Weitaus *groß-zügigere, individuelle Zeitoptionen* vor allem hinsichtlich des Umfangs, aber auch bei Lage und Verteilung der erwerbsfreier Zeit, bieten die bislang erst in wenigen Bereichen und Betrieben angebotenen Sabbaticalmodelle.

Die sich vollziehenden Veränderungen in den Zeitstrukturen und -institutionen versetzen nicht nur die Alltagsorganisation in Bewegung, darüber hinaus können sich, im Wechselverhältnis zwischen der Vermischung von Berufs- und Privat-leben und flexibleren Übergängen zwischen einzelnen Lebens- und Tätigkeits-bereichen traditionelle Trennlinien zwischen „Arbeit und Leben" verflüssigen und neue richtungsweisende Qualitäten in der Balance beider Lebensbereiche herauskristallisieren (Hildebrandt/Hielscher 1999). Mit der Reformierung her-kömmlicher Arbeitszeitstandards geht tendenziell eine Ablösung von der er-werbszentrierten "Normal"-Lebensführung einher bei gleichzeitig zunehmender Relevanz außerbetrieblicher Interessen[38] (Offe 1982, Negt 1988, 1995). Flexible Beschäftigungsmuster lösen die institutionell normierte Separierung der ver-schiedenen Lebensbereiche Stück für Stück auf und provozieren *Neu-Gewichtungen zwischen der Dominanz der Erwerbsarbeit und dem "Rest des Lebens"* (Sichtermann 1988, Mückenberger 1987, Hörning 1990).

Vieles deutet darauf hin, dass die Kennzeichen dieser neuen Balancen darin be-stehen, dass sich Lebensführungsmuster auf der Alltagsebene und über den ge-samten Erwerbs- und Lebensverlauf hinweg, weniger statisch, sondern „beweg-licher" erweisen und insbesondere den Pendelschlag zwischen den *Risiken einer „chronischen" Überforderung* und den *Chancen neuer Gestaltungsoptionen* immer wieder neu austarieren müssen (Jurczyk/Rerrich 1993, 1993a). Als Ant-wort auf diese neuen Bedingungen legen Entwürfe für ein *neues Leitbild sozia-ler Zeit(-politik)*, besonderen Wert auf die Erhöhung individueller Autonomie und Koordinations- bzw. Integrationsmöglichkeiten von Zeiten verschiedener gesellschaftlicher Bereiche und Lebensphasen (Hildebrandt 2000). Im Gegen-satz zu einer derartigen Mischarbeit(-szeit) als Realität von Berufstätigen (Brandl/Hildebrandt 2002:534) werden von den Arbeitsmarktinstitutionen Ver-kürzungen der Arbeitszeit oder gar Unterbrechungen in der Regel noch immer negativ sanktioniert. Die Normierungen des - kontinuierlichen - Vollerwerbs-verhältnisses erweisen sich als äußerst resistent; es bleibt beim Grundsatz der vollzeitigen Verfügbarkeit für die Erwerbsarbeit, nun obendrein in flexibler Ma-nier.

---

[37] Zur genaueren Abgrenzung von Zeitkonten- und Sabbaticalmodellen vgl. 6.1.

[38] Diese Verschiebung ist allerdings nicht gleichbedeutend mit einer abnehmenden Relevanz der Erwerbsarbeit für die Individuen. Angesichts einer verfestigten, schwierigen Arbeits-marktlage und der Tatsache, dass materielle und soziale Sicherung in erster Linie an Er-werbseinkommen gekoppelt sind, hat der Stellenwert von Teilhabe an Erwerbsarbeit nicht eingebüßt, sondern ist eher noch gewachsen.

Die wachsende Kluft zwischen zunehmenden Flexibilitätserwartungen und überkommenen Standardisierungen stellen die Menschen vor erhöhte Herausforderungen in der Koordination und Harmonisierung beruflicher und außerberuflicher Lebensbereiche, die auf verschiedenen Ebenen *neue Zeitkonflikte* provozieren (Mückenberger 2000, Heitkötter 2003). Einerseits bieten starre Arbeitszeitsysteme einen wichtigen „Stabilitätskern" und Planungsicherheit (Garhammer 1995:67), können sich andererseits aber auch als Barriere erweisen, wenn es darum geht, Zeit nicht nur auf die Erwerbsarbeit, sondern auch bezogen auf außererwerbliche Lebensbedürfnisse bezogen, zu gestalten. Doch auch flexibilisierte Arbeits- und Privatzeiten beinhalten zwei Seiten der Flexibilität: Als Reaktion auf Marktanpassungszwänge führen sie zum einen zu neuen Belastungen, Zeitnot und Stress, zum anderen halten sie Möglichkeiten bereit, im individuellen Arrangement, persönliche und lebenssphasenspezifische Interessen mit der Erwerbstätigkeit in Einklang zu bringen und einen Zugewinn an Lebensqualität zu erlangen.

1.3.2 Work-Life-Balance - ein neuer Fokus auf die Integration von „Arbeit und Leben"

Im Zuge der Transformation einer starrer verfassten Arbeitsgesellschaft industriellen Zuschnitts hin zu einer flexiblen, stärker dienstleistungsorientierten und wissensbasierten Ökonomie steigen, wie schon ausgeführt, die Anforderungen an ein eigenverantwortliches Handeln der Erwerbstätigen. Dies gilt auch hinsichtlich ihrer Aufwendungen für den Erhalt und Ausbau beruflicher Qualifikationen (Seifert 2001). Mit zunehmend umfangreicheren Qualifizierungsinvestitionen wächst zugleich die Bedeutung der Beschäftigten als „Humanressource" und rücken *Fragen von mitarbeiterorientierten Arbeitsbedingungen*, Verbesserung der Arbeitsmotivation und in diesem Zusammenhang die Berücksichtigung außerbetrieblicher Aktivitäten als betriebliches Interessensfeld verstärkt ins Zentrum (Schneider 2001). Engpässe bei der Personalrekrutierung in expandierenden Wirtschaftsbranchen sowie, auf längerfristige Sicht, einer problematischen demographischen Entwicklung hin zu einer durch rückläufige Geburtenraten „überalterten" Gesellschaft[39], unterstreichen die Notwendigkeit, auch unter arbeitsmarkt- und betriebspolitischen Gesichtspunkten, die Ansprüche von Beschäftigten an ihre individuelle Arbeitszeit stärker zu berücksichtigen und ihnen erweiterte Gestaltungsmöglichkeiten in der Neuverteilung von Arbeits- und Lebenszeit einzuräumen. Die Gestaltbarkeit der Arbeitszeit wird zum Wettbe-

---

[39] Vgl. dazu die Daten der Enquête-Kommission des Deutschen Bundestags zum demographischen Wandel, die die zunehmend problematische Altersstruktur in der Bundesrepublik in erster Linie auf die rückläufige Geburtenrate zurückführt. Die sinkende Neigung junger Frauen, Kinder zu haben, wird mit mangelnder Betreuungsinfrastruktur sowie fehlenden familienfreundlichen Arbeitszeitregelungen begründet (Deutscher Bundestag 2002:137ff).

44

werbsfaktor für die Rekrutierung qualifizierten Personals. Als Regulierungsmodelle bieten sich v.a. optionale und individuelle Arbeitszeitangebote an.

Insbesondere sind es *gut ausgebildete Frauen und Mütter*, die den Fokus auf Integrationsnotwendigkeiten von Berufstätigkeit und Lebensgestaltung jenseits von Erwerb lenken, wenn es Betrieben darum geht, deren Arbeitskräftepotenzial bestmöglich auszuschöpfen. Über ihr fachliches Know-How hinaus zudem mit den bedeutsamer werdenden so genannten „soft skills" ausgestattet (Kommunikations- und Moderationsfähigkeit, Empathie etc.), sind sie die primären Adressatinnen von privatwirtschaftlich unterstützten Initiativen, die bisherige Vereinbarkeitsproblematiken - hier an erster Stelle zwischen Beruf und Familie - einer Lösung näher bringen wollen[40] (vgl. Ministerium für Frauen, Jugend, Familie und Gesundheit des Landes Nordrhein-Westfalen 1998, Gemeinnützige Hertie-Stiftung 1999). Ob solche Maßnahmen letztlich taugen, die Arbeitsmarktposition von Frauen mit Kindern tatsächlich zu stärken oder zur Verschärfung bzw. Ausdifferenzierung von Ungleichheitslagen innerhalb der Gruppe weiblicher Beschäftigter führt und das Risiko eines „mother gap" (Klammer 2002a) befördern, wenn Mütter nun offensiver Gestaltungsspielräume in der Arbeitszeit einfordern, ist strittig[41].

Doch auch über die hinlänglich bekannte und im öffentlichen Bewusstsein bereits breit verankerte, allerdings immer noch weitgehend ungelöste Vereinbarkeitsfrage zwischen Teilnahme an Erwerbsarbeit und Zeit für Familie hinaus, nehmen Wahrnehmung und Problembewusstsein für die Defizite bei Integrationsmöglichkeiten unterschiedlicher Lebensbereiche und Lebensbedürfnisse in der Gesellschaft zu. Unter dem Stichwort der „Work-Life-Balance" werden in

---

[40] Aktiv werden hier insbesondere Betriebe und Branchen, die auf gut qualifizierte MitarbeiterInnen angewiesen sind und - angesichts drohenden Fachkräftemangels - sich den Wünschen der Frauen nach Teilhabe in Beruf und Familie aufgeschlossen zeigen müssen, um sie als Arbeitskräfte zu gewinnen bzw. zu halten. Weil es überwiegend hochqualifizierte Bereiche sind, in denen solche Entwicklungen angesiedelt sind, verbinden sich damit Hoffnungen auf innovative zukunftsträchtige Arbeits- und Berufsverfassung sowie auf eine stärker geschlechterparitätisch ausgerichtete Gestaltung von Arbeit und Leben (vgl. dazu auch das Teilprojekt des BMBF-Forschungsverbundes „Grenzen der Entgrenzung von Arbeit" an der Universität Bremen: „Neue Erwerbsformen und Wandel von Geschlechterarrangements" von Karin Gottschall und Annette Henninger.

[41] Zum Thema „Arbeitszeiten und Familienzeiten" haben in jüngster Zeit verschiedene Diskussions- und ExpertInnenrunden stattgefunden, veranstaltet bspw. vom Wirtschafts- und Sozialwissenschaftliches Institut (WSI) in der Hans-Böckler-Stiftung in Begleitung des Forschungsprojekts „Arbeitszeiten - Kinderzeiten - Familienzeiten". Über diesen Rahmen hinaus hat sich zu diesem Arbeitszusammenhang mittlerweile ein Forschungsnetzwerk gegründet, dass interdisziplinär verschiedene Perspektiven zum Thema integrieren sucht.

jüngster Zeit von verschiedenen Akteuren[42] unterschiedliche Problemlagen des gesellschaftlichen Wandels aufgegriffen und die Dringlichkeit *politischer und betrieblicher Maßnahmen für eine ausgewogenere Gewichtung zwischen „Arbeit und Leben"* hervorgehoben (Cyriax 2002). Dazu gehören neben im engeren Sinn betriebs- und arbeitsmarktbezogenen Gesichtspunkten auch übergreifende Aspekte, wie die bereits erwähnten familienpolitischen, aber auch gesundheitspolitische Überlegungen, die als Folge wachsender Ungleichgewichte zwischen Arbeits- und Privatleben bzw. spezifischer Belastungskonstellationen mit negativen gesundheitlichen Auswirkungen relevant werden[43]. Wachsende Kosten einer tendenziell überforderten Gesellschaft machen auch fast vergessene Tugenden wie die der „Muße" wieder interessant (Siemers 2002) und entdecken die „Lust am ganzen Leben" in der Verbindung zwischen Leistung und Lebensgenuss auf neue Weise (Opaschowski 2002). Mit der Einblendung der bisher weitgehend als „extern" behandelten wechselseitigen Zusammenhänge zwischen Erwerbs- und Lebenswelt ist damit zum einen zwar ein wichtiger Schritt zur Verbesserung von Integrationsmöglichkeiten getan, zum anderen stößt die Entwicklung insbesondere in der Frauen- und Geschlechterforschung auf Skepsis. Kritisiert wird, dass trotz aller „modischen Work-Life-Balance-Rhetorik" (Jurczyk 2002) die Erfordernisse, die insbesondere mit der Vereinbarkeit von Familie und Berufsleben einher gehen, weiterhin nicht wahrgenommen werden und allein mit Flexibilisierungsrezepten nicht zu beantworten sind.

Der Wandel in der Arbeits- und Lebenswelt erzeugt auf verschiedenen Ebenen neue *Spannungsfelder zwischen Chancen und Risiken*, durchlässigerer Grenzen sowie auch instabilere Arrangements in der Vereinbarkeit unterschiedlicher Lebensbereiche. Frauen als treibende Kräfte und Wegbereiterinnen dieses Wandels haben v.a. mit der Ausweitung der Teilzeitbeschäftigung ein deutliches Signal für das zunehmende Interesse an Vereinbarkeitsmöglichkeiten gesetzt. Als bisher überwiegend von Frauen genutzte Form der Erwerbsbeteiligung, unterliegt

---

[42] Die Zusammenhänge und (neue) Balancen im Spannungsfeld zwischen Berufsleben und außerberuflichen Lebensbereichen stehen in jüngster Zeit bei verschiedenen gesellschaftlichen Akteuren auf der Agenda, u.a. die bereits erwähnte Hertie-Stiftung, die unter Mitarbeit der Unternehmensberatung Fauth-Herkner & Partner ein spezielles Audit „Beruf und Familie" für Privatunternehmen entwickelt hat (1998, 1999), weiterhin die Familienservice GmbH von Gisela Erler, auf gewerkschaftlicher Ebene erwähnt seien die Arbeitszeitinitiativen des DGB „ZeitWeise" (gegründet 1999), der ÖTV „Neue Zeitpraxis im öffentlichen Dienst (2000) der IG Metall „Meine Zeit ist mein Leben" (1999), sowie das Forum von Kirche und Gewerkschaften „Arbeit:Leben:Zeit" (2000). Auf bundespolitischer Ebene: die Initiativen des Bundesfamilienministeriums zur Förderungen familienfreundlicher Betriebe (2001), die Kampagne „Mobilzeit für Fach- und Führungskräfte" (1999), auf landespolitischer Ebene: die Landesinitiative „Chancengleichheit im Beruf" des Landes Nordrhein-Westfalen (1998) sowie die Bremer Initiative „familien freundliche stadt" (2002).

[43] Als Stichworte der Überlastung, etwa das „Burn-out"-Syndrom oder das „Karoshi"-Phänomen (Tod durch Überlastung) genannt, als Störungen der Motivation etwa workoholismus oder „innere Kündigung".

diese vom Standard der Vollzeitbeschäftigung abweichende, als „atypisch" konnotierte Arbeitszeit jedoch vergleichsweise hohen Risiken und ist damit Beleg und dauerhafter Streitpunkt zugleich, dass der „Preis der Zeit" (Eckart 1990) für Aufgaben und Bedürfnisse jenseits des Erwerbs einseitig zu Lasten von Frauen geht (Gottschall 1995, Geissler/Maier/Pfau-Effinger 1998, Stolz-Willig 2001). Die Zunahme von Erwerbsformen jenseits des Normalarbeitsverhältnisses und die Herausbildung neuer Zeitpräferenzen neben „klassischen" Formen der Arbeitszeitreduktion markieren Grenzverschiebungen im traditionellen Arrangement von „Arbeit und Leben". Offen bleibt, wie nachhaltig diese Grenzverschiebungen sind und ob sie *neue, gelingende Mischungsverhältnisse oder neue Ungleichheitslagen* produzieren (Hochschild 2002). Eindeutig kann dagegen die Inanspruchnahme neuer Arbeitszeitmodelle als ein Fingerzeig dafür interpretiert werden, dass sich der Referenzrahmen von Arbeitszeitfragen nicht auf betriebliche Größen beschränken darf. Außerbetriebliche Anforderungen und Bedürfnisse, wie *Erziehen, Pflegen, Lernen, gemeinnützige Tätigkeiten oder auch Regeneration* nehmen in ihrem Stellenwert - auch über Geschlechtergrenzen hinweg - zu und verlangen verstärkt Berücksichtigung. In dieser Perspektive gibt auch die Nutzung von Sabbaticals Hinweise darauf, dass individuelle Bedürfnisse in den Betrieb hinein getragen werden. Damit handelt es sich bei *Sabbaticals* nicht nur um ein Arbeitszeitmodell, sondern um ein *Instrument der Lebensgestaltung*, das die Relevanz und Problemstellungen lebensweltlicher Bezüge widerspiegelt und die Verflechtungen zwischen Arbeits- und Privatleben deutlich werden lässt.

2. Neue Freistellungsregelungen: Charakteristik und Forschungsstand

Festzustellen ist, dass ein reges Interesse an der Erforschung aktueller Veränderungen der Arbeits- und Lebenswelt im Zuge der dynamischen Verbreitung flexibilisierter Arbeitsverhältnisse besteht. Dabei rücken bei der Frage nach den Wechselwirkungen zwischen veränderten Arbeitszeit- und Lebensführungsmustern die meisten Forschungsarbeiten die Einflüsse auf das Alltagsleben in den Mittelpunkt. Verschiedene Untersuchungen widmen sich der alltäglichen Koordination und Synchronisierung von verschiedenen Tätigkeiten und Lebensbereiche der Menschen (Jurczyk/Rerrich 1993, Reinecke/Jürgens 1998, Garhammer 1994, 1999). Besondere Beachtung in der sozialwissenschaftlichen Forschung hinsichtlich der Auswirkungen auf die Lebensführung von Beschäftigten hat dabei das Mitte der neunziger Jahre von Volkswagen auf den Weg gebrachte, seinerzeit besonders innovative Arbeitszeitmodell der so genannten „4-Tage-Woche" erfahren (Jürgens/Reinecke 1998, Hielscher/Hildebrandt 1999).

Auch Sabbaticals werden als ein außergewöhnliches Arbeitszeitmodell wahrgenommen und haben in den letzten Jahren ein erhöhtes Interesse in den Medien der Fach- und breiteren Öffentlichkeit auf sich ziehen können. Stärker als der Einfluss auf die Alltagsorganisation stehen hierbei jedoch die Gestaltbarkeit in der Lebensperspektive im Vordergrund. Zugleich besteht ein großes Interesse der Beschäftigten an Möglichkeiten zum temporären Berufsausstieg. In aktuellen Umfragen äußerten zwischen 43 % (Forsa 2002) und 53 % (Bielenski 2000:235) der befragten Arbeitskräfte Interesse an einem Sabbatical. Tendenziell ist danach die Bereitschaft zur Auszeit bei Jüngeren größer, aber auch im fortgeschrittenen Erwerbsleben halten 35 % der ArbeitnehmerInnen im Alter zwischen 45 bis 59 Jahre ein Sabbatical für wünschenswert. Allerdings weisen die Ergebnisse auch auf eine Kluft zwischen Arbeitszeitwunsch und deren Realisierung hin. Demnach hält letztlich nur „ein harter Kern" von 7 % der potenziellen NutzerInnen ihren Sabbaticalwunsch auch tatsächlich für umsetzbar (a.a.O.:236) Als Barriere für die Realisierung werden neben finanziellen Einbußen durch das Sabbatical von einer Mehrheit von zwei Dritteln der Interessierten betriebliche Gründe angegeben, die es nicht möglich erscheinen lassen, an ihrem Arbeitsplatz eine Auszeit durchzusetzen (ebd.).

Tatsächlich gehören Sabbaticals mit einer Verbreitung in nur 2,6 % der Unternehmen in der betrieblichen Praxis[44] noch eher zu Ausnahmeerscheinungen in der Arbeitszeitlandschaft. Aus betrieblicher Perspektive weniger „exotisch", sondern gebräuchlicher erscheinen dagegen so genannte „Blockfreizeiten". Auch sie ermöglichen neben Sabbaticalmodellen - längerfristige - Unterbrechungen der Erwerbstätigkeit auf der Basis von Arbeitszeitkontenmodellen[45]. Hervorgegangen aus herkömmlichen Gleitzeitregelungen sind Kontenmodelle mittlerweile in unterschiedlichen Variationen weiterentwickelt worden[46], wobei

---

[44] Berechnet vom WSI auf der Grundlage einer Befragung des ISO (vgl. Klenner et al. 2002:181ff). Differenzierte Daten zur Verbreitung von Sabbaticalangeboten siehe Kap. 6.1.

[45] Mit ihrer Hilfe können Beschäftigte individuelle Zeitguthaben auf einem Zeitkonto ansammeln. Sie erlauben das Ansparen von Zeiteinheiten bis zu einer Größenordnung, die Freistellungen von mehreren Wochen und Monaten oder einen vorzeitigen Ruhestand ermöglichen (vgl. Hoff 1998). Die spezielle Form so genannter „Langzeitkonten", die Gelegenheit bieten, Arbeitszeit für längerfristige Freistellungen anzusparen, hat sich nach ISO-Angaben erst in 5 % der Betriebe durchgesetzt (Bauer et al. 2002: 232).

[46] Arbeitszeitkontenmodelle lassen sich grob vier Kategorien zuordnen: *Erstens* hervorgegangen aus Gleitzeitregelungen, die Schwankungen bei der täglichen und wöchentlichen Arbeitszeit ermöglichen, sind sie seit den 70er Jahren weit verbreitet. *Zweitens* das Überstundenkonto, auf dem Mehrarbeitsstunden anstelle der Vergütung mit Geld in Freizeit abgegolten werden. *Drittens* Ansparmodelle, die Differenzen zwischen tariflich verkürzter und effektiv gleichbleibender Arbeitszeit verbuchen. Als *vierte* und langfristige Version schließlich das Langzeitkonto (Becker 2000:213f). Arbeitszeitkontenmodelle gehören mittlerweile zu den betrieblich meist verbreiteten Flexibilisierungsinstrumenten. Häufig handelt es sich um so genannte „Ampelkonten", die bis zu einer bestimmten Höchstgrenze geführt werden dürfen und darüber hinaus in Geld oder Zeit ausgeglichen werden müssen. Zu Konditionen, Praxis und Bewertung von Arbeitszeitkontenmodellen existieren mittlerweile einer Reihe von Publikationen vgl. u.a. Klenner/Seifert1998, Hoff 1998, Groß/Munz/Seifert 2000, Friedrich Ebert-Stiftung 2001, Muscheid et al.1999).

sich die zunächst noch recht eng gefassten zeitlichen Dispositionsmöglichkeiten schrittweise erweitert haben bis hin zu so genannten „Jahresarbeitszeit-" und „Langzeitkontenmodellen" (Kutscher/Weidinger/Hoff 1998, Lindecke/Lehndorff 1997, Klein-Schneider 1999). Aufgrund der Schnittstellen zwischen Blockfreizeiten und Sabbaticals soll der Fokus im Folgenden zunächst breiter auf die Diskussion von (Lang-) Zeitkontenmodellen gelenkt werden, um daraufhin Sabbaticals gegen das Modell der Blockfreizeiten sowie gegen weitere Freistellungsmöglichkeiten abzugrenzen. Im Anschluss werden die Erträge bisheriger empirischer Forschungsarbeiten vorgestellt, die sich (u.a.) mit Sabbaticalmodellen befassen.

2.1 Sabbaticals und Blockfreizeiten - Gemeinsamkeiten und Differenzen zweier Freistellungsmodelle

Sabbaticals und Blockfreizeiten werden oft in einem Atemzug genannt und auch in der Literatur nicht immer trennscharf unterschieden. Tatsächlich sind die Grenzen z.t. fließend und es bestehen konzeptionell eine Reihe von *Gemeinsamkeiten* zwischen beiden Arbeitszeitformen. So eröffnen beide Regelungen neue Spielräume in der Lage und Verteilung der Arbeitszeit, dadurch dass Beschäftigten die Möglichkeit zu längerfristigen Freistellungsphasen eingeräumt wird. Diese Zeit kann von den Freigestellten zu unterschiedlichen Zwecken genutzt werden, die betrieblicherseits nicht festgelegt sind. Doch nicht nur die inhaltliche Zeitverwendung richtet sich nach den individuellen Bedürfnissen der Beschäftigten, darüber hinaus haben diese auch Einflussmöglichkeiten auf den Zeitpunkt und Dauer der Freistellung.

In der betrieblichen Praxis kristallisieren sich jedoch schnell die Differenzen zwischen beiden Modellen heraus. Dabei erweisen sich die Möglichkeiten von Blockfreizeiten als begrenzter, denn *erstens* besitzen Blockfreizeiten eine geringere Reichweite. Dadurch dass sie im Modus „angesparter" Guthaben auf Arbeitszeitkonten entstehen und i.d.R. auf vorab erbrachte Arbeitsleistung aufbauen, bleiben sie meist weit unterhalb der Zeiträume, die ein Sabbatical umfasst und damit auch in größerer *Nähe zu alltagszeitlichen Strukturen* verbunden. *Zweitens* haben Arbeitszeitkontenmodelle ihre in den letzten Jahren rasche und umfangreiche Verbreitung in erster Linie den Kostenvorteilen zu verdanken, die sie für die Betriebe erbringen[47]. Mittels Arbeitszeitkontenregelungen kommt es zu einer unmittelbaren Verlagerung unternehmerischer Risiken auf die Beschäftigten[48]. Damit weist die Tendenz, die sich in der Entwicklung von Arbeitszeit-

---

[47] Nach Erhebungen des ISO wuchs der Anteil der Betriebe und Dienststellen mit Arbeitszeitkontenregelungen von 19 % in 1998 auf 29 % in 2001. Für 40 % der abhängig Beschäftigten haben demnach Kontenregelungen Geltung (Bauer et al. 2002:182f).

[48] Überwälzt wird insbesondere das betriebliche Risiko, die Arbeitskraft von ArbeitnehmerInnen nicht kontinuierlich und so intensiv wie möglich nutzen zu können. Darüber hinaus

49

kontenmodellen ausdrückt, zugespitzt formuliert folgende Züge auf: Statt MitarbeiterInnen einzustellen, nimmt der Arbeitgeber lediglich ein bestimmtes Quantum an Arbeitszeit unter Vertrag, die dann von den Beschäftigten zu den wirtschaftlich günstigsten Zeitpunkten abzuleisten sind (Klenner 1997:264). In der engen Verknüpfung mit wirtschaftlichen Zielgrößen bleiben aber konfliktorische *Widersprüche mit den Gestaltungswünschen der Beschäftigten* nicht aus. Nicht nur die Entscheidung, wann Mehrarbeit zu leisten ist, sondern auch die Frage, zu welchem Zeitpunkt die durch Mehrarbeit angesammelten Guthaben in Freizeit abgegolten werden können, richtet sich beim Modell der Blockfreizeit stärker als bei den Sabbaticals nach betrieblichen Interessen der Flexibilisierung (Linne 2002). In diesem Zusammenhang richtet sich Kritik auch gegen die Bezeichnung „Zeitkonto", die bei den Beschäftigten falsche Assoziationen auslösen kann. Becker (2000) macht darauf aufmerksam, dass sich die im Begriff implizite Vorstellung des „Zeitsparens" - und umgekehrt des Einlösens der Guthaben nach individuellen Bedürfnissen - nicht erfüllt. Zeit ließe nicht allein als quantitative Dimension begreifen, sondern stelle auch eine qualitative Größe dar, so dass Zeiten nicht beliebig verschieb- und austauschbar wären. Da „alles seine Zeit hat", erfordere die Berücksichtigung von Eigenzeiten schließlich ein flexibles Maß an *Verfügung über die eigene Lebenszeit* (a.a.O.: 218). Die Arbeitszeitberater Weidinger (1995) und Hoff (1998) weisen auf das weitere Problem hin, dass Arbeitszeitkonten eine „Zeitverbrauchskultur" unterstützen, in dem sie das Erbringen von Mehrarbeit sowie das Horten von Überstunden begünstigen. Als *drittes* Unterscheidungskriterium leisten Blockfreizeitmodelle mit ihren tendenziell in die weitere Zukunft verlagerten Ausgleichszeiträumen anders als Sabbaticals einer problematischen Verschiebung zwischen Arbeitszeit und Freizeit Vorschub: In der Gegenwart wird „rangeklotzt", um die angesparten Arbeitszeitvolumina zu einem späteren, tendenziell ungewissen Zeitpunkt - oft erst gegen Ende des Erwerbslebens - „abzufeiern" (Kutscher 1996). Das Konzept „Jetzt schuften - später genießen" gerät insbesondere in der gewerkschaftlichen Diskussion zur Streitfrage (Metall 2000).
Generell lässt sich festhalten: Je weiter die Zeithorizonte von Zeitkontenmodellen gesteckt sind, desto risikoreicher wird die Einlösung der Zeitguthaben für die Beschäftigten (Rinderspacher 1998:32). Neben der viel diskutierten Problematik des möglichen Verfalls von Zeitguthaben (Seifert 2001a), und der insbesondere bei Langzeitkonten problematischen Absicherung ihres monetären Gegenwertes im Fall von Insolvenz (Schroth 2000), richtet sich die Kritik unter lebensweltlichen Aspekten somit vor allem gegen die dem Konzept implizite Logik, dass arbeitsfreie Lebenszeit immer langfristiger in die Zukunft verlegbar, möglichst aber in betrieblich „flaue" Zeiten dirigiert wird (Jurcyzek/Voß 2000:177f). Entgegen dieser Logik ist es jedoch faktisch unmöglich, „ein Leben in Raten" zu

werden auch Krankheits- und andere soziale Zeiten zunehmend durch das Reservoir selbst angesparter Arbeitszeitguthaben abgedeckt (Klenner 1997:264).

50

führen (Becker 2000:219). Jürgens bringt das Problem der Funktionslogik von Blockfreizeiten in der Balance von Arbeit und Leben als *Prinzip von „Leistung vorholen, Leben nachholen"* auf den Punkt (Jürgens 2003). Demnach zeige die Praxis von Blockfreizeiten, dass deren Umsetzung nicht in erster Linie an den Zeitinteressen der Beschäftigten ausgerichtet ist, sondern maßgeblich von betrieblichen Belangen bestimmt wird.

Die Erfüllung der mit den Dispositionsmöglichkeiten von Arbeitszeitkonten verbundenen Hoffnungen auf erhöhte Chancen für Zeitsouveränität und Nutzung der Freistellungszeit im Sinne individueller Präferenzen bleiben beim Modell der Blockfreizeiten auf verschiedenen Ebenen fraglich. Die geäußerten *Zweifel an den Selbstbestimmungsmöglichkeiten* für die Beschäftigten bestätigen auch einschlägige Untersuchungen der betrieblichen Praxis von Arbeitszeitkonten (Klenner 1997, Seifert/Klenner 1998, Seifert 2001a). Freistellungsmodelle auf dieser Basis stellen damit letztlich kein optionales Instrument, sondern eine vielmehr Zwangsinstitution dar, die auf der Unvermeidbarkeit zusätzlicher Arbeitspensen beruhen und diese legitimatorisch durch das angebliche Eingehen auf Beschäftigtenbedürfnisse stützen. Tatsächlich aber sind Entnahmezeitpunkt der Zeitguthaben sowie längerfristige Entnahmemöglichkeiten in erster Linie von betrieblichen Interessen abhängig. Nicht zuletzt fördert die andauernde Leistung von Mehrarbeit zudem einen frühzeitigen oder gesteigerten Regenerationsbedarf[49].

Für die hier vorliegende Untersuchung wurden Blockfreizeitenmodelle auf der Basis von Zeitkontenregelungen grundsätzlich nicht berücksichtigt[50], sondern solche Freistellungsmodelle zugrunde gelegt, die in Abgrenzung zu Blockfreizeiten eine bestimmte langfristige Dauer und individuelle Gestaltungsfreiheiten bei der Lage der Freistellung ermöglichen sowie ausgehend von einer regelmäßigen Wochenarbeitszeit, einen Tausch von Geld- gegen Zeiteinheiten vorsehen.

---

[49] Gleichwohl fällt die wissenschaftliche Beurteilung dieses Arbeitszeitmusters nicht rundweg negativ aus. Nach Einschätzung Klenners können Blockfreizeiten als eine regulierte Form von flexiblen Arbeitszeiten, dennoch neue Möglichkeiten eröffnen, auf persönliche Zeitbedarfe zu reagieren. Vor dem Hintergrund ohnehin unumgänglicher Flexibilisierungsanforderungen böten Arbeitszeitkonten den Vorteil, die Schwankungen in der Arbeitszeit zu definieren und so auf eine berechenbare Grundlage zu stellen. Darüber hinaus könnte den Beschäftigten zugute kommen, dass bei zunehmender Normalisierung flexibler Arbeitszeitgestaltung umgekehrt auch individuelle Wünsche der Beschäftigten nach Veränderungen in Länge, Lage und Verteilung der Arbeitszeit immer weniger begründungspflichtig würden (Klenner 1997).

[50] Zur näheren Bestimmung der Auswahl der hier zugrunde gelegten Sabbaticalmodelle siehe Kap. 5.1.

2.2 Entwicklung und Besonderheiten von Sabbaticals

Sabbaticals oder Sabbatzeiten[51] sind individuell wählbare Formen eines temporären Ausstiegs aus der Erwerbsarbeit. Anders als bei regelmäßiger Teilzeitarbeit ergeben sich die erwerbsfreien Zeiten durch eine von der Normalarbeitszeit abweichende Verteilung der Arbeitszeit, die als „geblockte" Freiphase zusammengefasst, zu einer gewollten Unterbrechung der Erwerbstätigkeit führen. Während des Sabbaticals zählen die AnwenderInnen auch weiterhin als Betriebsangehörige; je nach Ausgestaltung des Modells beziehen sie zum Teil fortlaufend - reduziertes - Einkommen, sind aber in jedem Fall der Verpflichtung zur Arbeitsleistung enthoben.

Urspungsgedanke

Sind Sabbaticals in der Anwendung als betriebliches Arbeitszeitinstrument ein in der Bundesrepublik historisch noch junges Phänomen, so gehen die Ursprünge der Idee und Praxis einer - wiederkehrenden - Auszeit weit zurück auf den traditionellen Ruhetag in der jüdischen Religion, den Sabbat. Das hebräische Wort „Schabbat" bedeutet „ruhen" und bezog sich im alten Israel nicht allein auf die Notwendigkeit menschlicher Regeneration an einem Tag innerhalb eines wöchentlichen Arbeitsrhythmus. Auch ihre Felder und Äcker sollten die Menschen nach einem längeren Zeitraum kontinuierlicher Bewirtschaftung ein Jahr brach liegen lassen. Hess (2002) zitiert dazu aus dem alten Testament: „Sechs Jahre sollst du dein Land besäen und seine Früchte einsammeln. Im siebten Jahr aber sollst du es ruhen lassen". Die Einhaltung dieser regelmäßigen Ruhezeit sollte dem Boden Gelegenheit geben, sich wieder mit neuen Nährstoffen anzureichern und so verhindern, dass seine Produktivkraft frühzeitig ausgelaugt würde und er nur noch mäßige Erträge hervorbrächte.

Sabbatical als modernes Arbeitszeitinstrument

In der Moderne wird die Idee einer längerfristigen Freiphase im Produktions- und Arbeitsprozess erstmals wieder an israelischen und amerikanischen Universitäten aufgegriffen (Langkau/Scholten 1986). Mit dem „Sabbatical" - aus dem amerikanischen zu übersetzen mit „Pause einlegen" - sollte den dortigen Professoren Gelegenheit gegeben werden, nach einigen Jahren der Lehre eine Auszeit als „kreative Pause" einzulegen, um neue Energie und Ideen für ihre For-

---

[51] In der Arbeitszeitdiskussion und -forschung werden unterschiedliche Begriffe zur Bezeichnung dieser Freistellungsformen benutzt, u.a. Langzeitfreistellung, langzyklische Teilzeit oder optionale Arbeits(-zeit)unterbrechung. Allerdings scheint sich der Terminus „Sabbatical" durchzusetzen. Er wird auch in dieser Untersuchung durchgängig als Oberbegriff verwendet. Andere Begriffe finden sich nur dann, wenn spezifische Modelle gemeint oder betriebliche Modellbezeichnungen verwandt werden, wie das „Sabbatjahr" oder der „Langzeiturlaub".

schungsarbeiten und Vorlesungen zu sammeln. In der Folgezeit verbreitete sich die Praxis auch an europäischen Hochschulen unter der Bezeichnung „Forschungsfreisemester". In der Industrie wurden Sabbaticals im angelsächsischen Raum zuerst zur Gratifikation langjähriger Mitarbeiter eingesetzt (Miethe 2000:1). Seit Ende der 80er Jahre nimmt das Interesse an Sabbaticals als Instrument der Arbeitsmarktpolitik zu. Dänemark beschreitet in den 90er Jahren mit der Einführung staatlich finanzierter Jobrotationsmodelle[52] beschäftigungspolitisches Neuland (Madsen 1998). Die zunächst an bestimmte Nutzungsarten wie Weiterbildung und Kinderbetreuung gebundenen Freistellungsmöglichkeiten werden später auch auf Sabbaticals bis zu einem Jahr zur freien Verwendung ausgedehnt[53].

Auch in der Bundesrepublik ist der öffentliche Diskurs und die Verbreitung von Sabbaticalangeboten über die Grenzen der Hochschulen hinaus zunächst in erster Linie mit der Erwartung verknüpft, beschäftigungspolitische Effekte zu erzielen (Hoff 1994). Der öffentliche Dienst übernimmt hier mit der sukzessiven Einführung des so genannten „Sabbatjahres" vor allem ab Beginn der 90erJahre eine Vorreiterrolle. Angesichts überschüssiger Personalkapazitäten, insbesondere in den Lehrberufen sowie knapper öffentlicher Haushalte - auch im Zusammenhang mit Überkapazitäten durch die deutsche Wiedervereinigung -, sollten Sabbaticals der Einsparung von Personalkosten bzw. der Umverteilung von Arbeit dienen (Bäcker/Schäfer/Seifert 1994). Die anvisierten Ziele können aber letztlich, auch aufgrund verschiedener Zugangsbarrieren[54] bei der Inanspruchnahme der Modelle, nur teilweise realisiert werden (Miethe 2000, vgl. auch Kap. 2.3.2).

---

[52] Zum Überblick über die Bedingungen von Jobrotationsmodellen in verschiedenen europäischen Ländern vgl. Schömann et al. 1999.

[53] Seit 1994 gibt es in Dänemark verschiedene staatlich geförderte Freistellungsmöglichkeiten für Ausbildung, Kindererziehung oder Teilzeit-Sabbatical mit einer Mindestdauer von 13 Wochen und der Auflage, dass stellvertretend ein Langzeitarbeitsloser eingestellt wird. Für die Finanzierung des Sabbaticals ohne Zweckbindung wurde zwischenzeitlich der Anteil der Arbeitslosenunterstützung von zunächst 80% auf 60% abgesenkt. 1999 wurde der Sabbaturlaub dann wegen rückläufiger Arbeitslosigkeit und aus Sorge vor Arbeitsmarktengpässen ganz abgeschafft (Höcker 2000). Frankreichs Beschäftigte haben seit Mitte der 80er Jahre einen gesetzlichen Anspruch auf ein unbezahltes Sabbatical von 6-11 Monaten Dauer nach mindestens sechsjähriger Berufstätigkeit (congé sabbatique) bzw. das congé pour la creation d'enterprise für berufliche Neuorientierung bis zur doppelten Zeit (Breit1998).
Da hier jedoch keine ländervergleichende Perspektive eingenommen werden soll, wird an dieser Stelle auf eine systematische Auflistung und Erläuterung von Sabbaticalmodellen europäischer Nachbarstaaten verzichtet (vgl. zu näheren Informationen das Europäische Beschäftigungsobservatorium/MISEP oder Veröffentlichungen der Europäischen Stiftung zur Verbesserung der Lebens- und Arbeitsbedingungen).

[54] Näheres zu Nutzungsbarrieren bei Sabbaticals vgl. Kap 6.1.

Haben sich arbeitsmarktwirksame Erwartungen in Form von Neueinstellungen als überzogen erwiesen, scheinen Sabbaticals heute ein größerer Stellenwert als personalpolitisches Steuerungsinstrument zuzuwachsen. Mit dem 1998 in Kraft getretenen „Gesetz zur sozialrechtlichen Absicherung flexibler Arbeitszeiten" erhalten die Tarifparteien flankierend erweiterte Vereinbarungsmöglichkeiten für längerfristige Freistellungsphasen, da nun der Erhalt von Sozialversicherungsleistungen auch bei längerer Abwesenheit von Arbeitnehmern gewährleistet bleibt, was allerdings bisher v.a. Langzeitkontenmodellen Vorschub geleistet haben dürfte (Miethe a.a.O.:54). In jüngster Vergangenheit erfolgte die Implementation von Sabbaticalmodellen in privatwirtschaftlichen Unternehmen häufiger vor dem Hintergrund stark schwankender Auftragslagen. Aus betrieblicher Sicht soll die Nutzung von Sabbaticals damit der Bewältigung von Krisenzeiten dienen und die Personalplanung erleichtern. Statt Arbeitsplätzen soll - temporär - Arbeitszeit abgebaut werden, um so wertvolle Fachkräfte kostensparend über wirtschaftlich schwächere Phasen halten zu können[55].

Wesentliche Merkmale von Sabbaticalmodellen

Die *Spezifika von Sabbaticalregelungen* umfassen im Wesentlichen drei Merkmale: Erstens die *Optionalität* der Angebote: Die Entscheidung über eine Inanspruchnahme des Sabbaticalangebots bleibt dabei der/dem einzelnen Beschäftigten überlassen, die Teilnahme am Modell ist damit freiwillig. Individuelle Wahlmöglichkeiten bestehen darüber hinaus im Hinblick auf den Zeitpunkt der Freizeitphase sowie - je nach Ausgestaltung der einzelnen Regelungen - auch bezüglich der Dauer des Sabbaticals. Am relativ hohen Grad von Autonomie und Mitwirkung an den Freistellungsbedingungen ist erkennbar, dass sich Sabbaticalangebote über ihre Funktion als betriebliches Steuerungsinstrument hinaus explizit auch an den Bedürfnissen der Beschäftigten orientieren wollen. Durch den optionalen Charakter sind Sabbaticalmodelle an betriebliche Entscheidungs- und Aushandlungsnotwendigkeiten geknüpft und verweisen damit auch auf die Frage von Anpassungsprozessen im Wechselverhältnis zwischen individuellen Präferenzen und betrieblichen Belangen. Die institutionelle Verankerung der Freistellungsmodelle erfolgt bisher auf dem Weg betrieblicher Vereinbarungen bzw. im öffentlichen Dienst per Beschluss des Arbeitgebers. Die Besonderheit der Modelle liegt zweitens in ihrer *Langfristigkeit*. Die Freistellungszeiten bei Sabbaticalmodellen umfassen i.d.R. zwischen 6 bis 12 Monate, womit sie sich deutlich vom Umfang gewöhnlicher Jahresurlaube abheben. Auch zu den Blockfreizeiten grenzen sich Sabbaticals, wie schon erwähnt, in ihrer zeitlichen Dimension ab. Als definitorische Grenzziehung kann dem Vorschlag von Klenner et al. gefolgt werden, die freie Phasen unterhalb eines Mo-

---

[55] Diesem Leitgedanken folgte - auf Grundlage eines anderen Verteilungsmodus - schon das Modell der so genannten Vier-Tage-Woche" bei VW, allerdings nicht als optionale, sondern obligatorische Arbeitszeitvariante (Richter/Spitzley 2003).

nats als „Blockfreizeiten" bezeichnen, Freistellungszeiten zwischen einem bis zu drei Monaten als „Kurzsabbatical" und oberhalb dieses Limits als „Sabbatical". Für Sabbatzeiten von einem Jahr wird die Bezeichnung „Sabbatjahr" gewählt (Klenner et al. 2002:178). Zwei mögliche Zugangswege lassen sich beim Zustandekommen von Sabbatzeiten[56] unterscheiden: Zum einen auf Basis befristeter Teilzeit mit ungleichmäßiger Verteilung der Arbeitszeit. Hier wird für einen bestimmten Zeitraum bei unvermindertem Umfang der Arbeitszeit lediglich ein anteiliges Einkommen gezahlt. Der Ausgleich der überzählig geleisteten Arbeitszeit erfolgt dann zusammenhängend in der Freistellungszeit. Die zweite Variante ergibt sich durch ein Ansparen von zusätzlich geleisteten Zeit- und/oder Geldeinheiten. Dies können sowohl Mehrarbeitsstunden als auch tarifliche bzw. betriebliche Sonderleistungen wie Weihnachts- oder Urlaubsgeld sein, die auf Zeit- bzw. Geldkonten angesammelt und dann in Form eines Sabbaticals abgegolten werden. Beim Erwerb des Freistellungsanspruchs wird der Unterschied zwischen Blockfreizeiten und Sabbaticals als Sonderform von Teilzeitarbeit abermals deutlich. Während Sabbaticalmodelle auf Teilzeitbasis dazu beitragen, die individuelle Arbeitszeit zu reduzieren, setzen Blockfreizeiten i.d.R. gerade umgekehrt einen vorangegangenen erhöhten Arbeitseinsatz voraus. Nicht nur im Hinblick auf arbeitsmarktpolitische Ziele wie Überstundenabbau und Umverteilung von Arbeit können Blockfreizeiten, die auf Zeitkontenmodellen beruhen, daher kritisch als Teil des Problems - hier der „Mehrarbeitskultur" - betrachtet werden, Sabbaticals dagegen als Teil der Lösung. Auch aus arbeitskrafts- und lebenspolitischer Perspektive erscheinen Freiphasen dann mit Vorsicht genießbar, wenn sie explizit auf vorheriges „Auspowern" aufbauen.

Als drittes Kennzeichen ist die besondere *Gestaltungsfreiheit* von Sabbaticals hervorzuheben. Durch ihre formale Offenheit bezüglich der Zweckbestimmung lassen sie eine Zeitverwendung je nach individuellen Motiven und Bedürfnislagen zu und stellen speziell eine der wenigen Regelungsmöglichkeiten für Regenerationsbedarfe dar. In ihrer inhaltlichen Offenheit unterscheiden sie sich damit grundsätzlich von zweckgebundenen Angeboten wie Bildungsurlaub und Elternzeiten oder auch von der Altersteilzeit als Blockmodell[57]. Die Nutzung verschiedener anderer Freistellungsregelungen, wie Langzeitkonten- oder Lebensarbeitszeitmodelle ist in der Praxis vorrangig für einen vorzeitigen Eintritt in der Ruhestand vorgesehen. Zwar lässt sich davon ausgehen, dass diese Verwendungsart auch Schnittpunkte mit Interessen der Beschäftigten aufweist, doch

---

[56] Unberücksichtigt sind hier „unbezahlte" Sabbaticals, also Freistellungen ohne jegliche Fortsetzung von Einkommenszah lung und sozialer Sicherung.

[57] Die Möglichkeit zur Altersteilzeit wurde von den Beschäftigten bislang weit überwiegend in Form einer geblockten Freiphase zum Ende des Erwerbslebens hin für einen vorzeitigen Übergang in den Ruhestand genutzt. Nach aktuellen Vorschlägen der Bundesregierung im Rahmen der sog. „Agenda 2010" steuert die Politik nun in entgegengesetzte Richtung. Zum Erhalt der Sozialsysteme sollen (Lebens-) Arbeitszeiten wieder verlängert und die Altersteilzeit als Blockmodell abgeschafft werden. Zur Kritik vgl. Spitzley 2003.

sind ihre individuellen Gestaltungsoptionen in der einseitigen Ausrichtung auf eine Verkürzung der Lebensarbeitszeit stark eingeschränkt. Für die Möglichkeiten des Einzelnen, einen Freistellungsanspruch per Sabbatical zu erlangen, sind schließlich die materiellen Konditionen von Belang. Dabei handelt es sich bei allen Sabbaticalangeboten im Prinzip um von den Beschäftigten selbst zu finanzierende Modelle. Damit unterscheiden sich Sabbatphasen etwa vom „bezahlten" Jahresurlaub. Entweder beziehen die SabbatanwenderInnen während der Freiphase keinerlei Einkommen (unbezahlte Freistellung) oder ein fortlaufendes Gehalt wird anteilig (als Teilzeitvariante) vorab oder rückwirkend durch die abgeleistete Arbeitszeit selbst erwirtschaftet. Bei fortgesetzten - reduzierten - Bezügen aus dem Arbeitsverhältnis bleiben SabbaticalteilnehmerInnen auch weiterhin über den Arbeitgeber sozialversichert. Ohne Einbußen relativ zum regulären Einkommen lassen sich nur solche Sabbaticals finanzieren, die durch überschüssige Leistungen, also Mehrarbeit oder auch tarifliche bzw. überbetriebliche „Sonder"-Leistungen ausgeglichen werden. Sabbaticals als befristete Ausstiege orientieren sich heute weniger an zyklischen Pausenrhythmen, sondern vielmehr an individuellen Bedarfen und der betrieblichen Machbarkeit. Mit Sabbaticals als einem neuen Element der Arbeitszeitflexibilisierung haben Beschäftigte die Chance, eine neue Form von Zeitsouveränität zu erlangen. Sie können auf eigenen Wunsch ihre Erwerbstätigkeit zu einem bestimmten Zeitpunkt für eine längere Dauer unterbrechen, sie bestimmen selbst, wie sie ihre Freistellungszeit verwenden und haben danach die Möglichkeit in den Betrieb zurückzukehren.

2.3 Empirischer Forschungsstand zu Sabbaticals

Bisher liegen erst wenige wissenschaftliche Arbeiten vor, die die Freistellungsform der Sabbaticals explizit thematisieren. Zum Teil werden Sabbaticals im Zusammenhang mit anderen flexiblen Arbeitsformen untersucht. In einem aktuellen Forschungsprojekt hat sich das Wirtschafts- und Sozialwissenschaftliche Instituts (WSI) in der Hans-Böckler-Stiftung (HBS) mit Blockfreizeiten sowie Sabbaticals im Hinblick auf neue familiäre Zeitarrangements beschäftigt (Klenner et al. 2002). Eine kürzlich abgeschlossene Dissertationsarbeit an der Uni Mannheim befasst sich im Vergleich zwischen Sabbaticals und anderen flexiblen Arbeitszeitformen aus wirtschaftspsychologischer Perspektive mit den Auswirkungen auf die Arbeitszufriedenheit und Commitment (Deller 2003). Als einzige - unveröffentlichte - Forschungsarbeit, die sich bisher ausschließlich dem Sabbatical widmet, hat Miethe, im Auftrag der Hans-Böckler-Stiftung, Sabbaticals als ein Instrument zur Umverteilung von Arbeit untersucht (Miethe 2000). Im Folgenden werden wichtige Ergebnisse sowohl der WSI-Studie als auch aus dem Gutachten von Miethe vorgestellt.

2.3.1 Sabbaticals zur besseren Vereinbarkeit von Familie und Beruf?

Die aktuelle Studie des WSI thematisiert den Zusammenhang von Arbeits- und Familienzeiten (Klenner et al. 2002). Klenner, Pfahl und Ryeuß wählen gleichfalls einen qualitativen Zugang und nähern sich dem Thema aus der Perspektive der Subjekte. Mit der Frage nach der Passfähigkeit von Blockfreizeiten[58] und Sabbaticals mit Familienaufgaben bzw. -zeiten stellt das Forschungsprojekt Sabbaticals ebenfalls in den Kontext gesellschaftspolitischer Probleme. Dabei gehen die ForscherInnen von Flexibilisierungstendenzen in der Arbeitszeit aus und sehen v.a. durch die Einführung von Arbeitszeitkonten einen „tiefgreifenden Modellwechsel" (Seifert 2001) in der Arbeitszeitgestaltung gekommen, mit dem sich die Spielräume für eine flexible Arbeitszeitverteilung erheblich vergrößern. Der besondere Vorteil von Blockfreizeiten und Sabbaticals liegt für die AutorInnen darin, dass diese Modelle durch längere zusammenhängende Freizeiten Raum für Aktivitäten bieten, die im beruflichen Alltag oft zu kurz kommen. Ob und inwieweit dies positive *Auswirkungen im Rahmen einer gemeinsamen, familialen Lebensführung* (Jürgens 2001) für das Zusammenleben mit Kindern hat, ist die zentrale Frage, der die Studie schwerpunktmäßig anhand von qualitativen Befragungen unter den erwerbstätigen Elternteilen, sowie unter den Kindern selbst nachgeht[59] (Klenner et al. a.a.O.: 38ff).

Ausgehend vom zentralen Motiv der Eltern, mehr Zeit mit ihren Kindern zu verbringen, werden die unterschiedlichen Gestaltungsarrangements und -möglichkeiten beider Modelle herausgearbeitet. Als Gründe für die Attraktivität von Blockfreizeiten benennen die AutorInnen zum einen den Wunsch, in dieser Zeit häusliche Arbeiten, die im Arbeitsalltag unerledigt geblieben sind, mit weniger Zeitdruck „nachzuholen". Auch das Bedürfnis nach Entschleunigung des Alltags und „einfach mal die Seele baumeln zu lassen" spielt eine Rolle. Die

---

[58] Ein weiteres kürzlich abgeschlossenes Forschungsprojekt in Kooperation zwischen dem Wissenschaftszentrum Berlin für Sozialforschung (WZB), dem Institut für Sozialforschung und Sozialwirtschaft in Saarbrücken (iso) und dem Institut für Soziologie an der Universität Hannover stützt sich in seiner Untersuchung individueller Umgangsformen mit neuen Arbeitszeitmustern ebenfalls auf den Wechsel von Arbeits- und Blockfreizeiten (Eberling/Hildebrandt/Hielscher/Jürgens 2004).

[59] Neben Gesprächen mit ExpertInnen basieren die Ergebnisse auf Interviews mit 28 Beschäftigten, größtenteils mit Kindern, davon überdurchschnittlich viele alleinerziehende Frauen. Zusätzlich wurden 10 Interviews mit Kindern dieser Beschäftigten im Alter zwischen sechs und 15 Jahren durchgeführt. Mit insgesamt sechs Beschäftigten bilden NutzerInnen von Sabbaticals nur einen kleinen Teil des Samples. Grundlage für die Befragungen zum Sabbatical sind zwei unterschiedliche betriebliche Regelungen. Zum einen die Option eines „Sabbatjahres" in einem Wohlfahrtsverband durch einen 50% Gehaltsverzicht über 24 Monate finanziert. Zum anderen das Sabbaticalmodell einer öffentlichen Verwaltung mit Variationsmöglichkeiten zwischen einem Monat und einem Jahr, finanziert über einen Teilzeitansparmodus (a.a.O.: 190).

57

ForscherInnen erkennen hier in regelmäßigen[60] Blockfreizeiten ein Emanzipationspotenzial für das Geschlechterverhältnis, da sich Väter während der Blockfreizeiten intensiver an Kindererziehung und Hausarbeit beteiligen würden (Pfahl/Reuyß 2002: 462). Allgemeines Kennzeichen der Familienorganisation bei regelmäßigen Blockfreizeiten ist danach die Unterteilung des Alltags in arbeitsintensive und arbeitsfreie Phasen. Während in den Arbeitsphasen die Spielräume für familiäres Zusammensein stark eingeschränkt sind und lediglich ein Familienleben „light" stattfindet, bemühen sich die Eltern während der Blockfreizeiten, all jene zuvor reduzierten oder unberücksichtigten Bedürfnisse des Familienlebens nachzuholen. Diese Strategie geht jedoch nicht immer auf, denn um die entsprechenden Arbeitszeitguthaben zu erarbeiten und die Organisation des Familienalltags um die flexibilisierten Arbeitsphasen herum abzusichern, bedarf es zusätzlicher Aufwendungen und (Vereinbarkeits-) Leistungen, die vor allem bei Alleinerziehenden oder besonders belasteten Eltern mit erheblichen Schwierigkeiten verbunden sein können (ebd.).
Von den Blockfreizeiten unterscheiden Klenner et al. Sabbaticals zunächst vor allem durch ihre längere Dauer (Klenner et al. 2002:178), ordnen sie aber ebenfalls einer *Strategie des „Nachholens"* zu, als Ausgleich für herrschenden Zeitmangel im Alltag. Zugleich wird festgestellt, das ein und dieselbe Form des Sabbaticals völlig unterschiedliche familiäre Funktionen erfüllen kann. Für diese Heterogenität sorgen den AutorInnen zufolge v.a. die gegebenen familiären Zeit- und Arbeitsteilungsmuster, die Kinderbetreuungssituation sowie die jeweiligen Ansprüche der Familienmitglieder an die Gestaltung des Familienlebens. Nach Einschätzung der Studie können sowohl Blockfreizeiten als auch Sabbaticals als Bestandteile einer sozialverträglichen Arbeitszeitpolitik (Büssing/Seifert 1995) gelten. In der Form längerer Auszeiten mitten im Erwerbsleben werden speziell Sabbaticals als geeignet betrachtet, Familien *in besonderen Lebenssituationen von Kindern* (z.B. Einschulung) zu unterstützen, eine Alternative bei Engpässen zu bieten (z.B. bei Ausfall der Kinderbetreuung) oder die Betreuung und Pflege von alten oder kranken Familienangehörigen zu ermöglichen (Klenner et al. 2002:196f). Zugleich wird betont, dass Sabbaticals eine notwendige regelmäßige Reduzierung der Erwerbsarbeitszeit nicht ersetzen können, d.h. bei chronischem Zeitmangel und Vereinbarkeitsproblemen *keine adäquate* Lösung böten.
Eine möglichst optimale Nutzung von Sabbaticals setzt nach Ansicht der AutorInnen zudem ein hohes Maß an Planbarkeit und Mitbestimmung bei der Dauer und Lage von Ansparphase sowie des Freistellungszeitraums voraus. Parallel zur

---

[60] Ein Teil der untersuchten Blockfreizeiten waren i.d.S. „unregelmäßig", dass sie beispielsweise durch Überstundenabbau nur gelegentlich zustande kamen. Als „Zeitreserven" werden nicht fest in das Familienleben eingeplant, sind aber als Dispositionszeiten „wenn mal Not am Mann ist...", für besondere familiäre Anforderungen oder nichtalltägliche Tätigkeiten willkommen (a.a.O.:209f).

Planbarkeit sollten Sabbaticalmodelle daher hinsichtlich ihrer Flexibilität verbessert werden[61]. Um sie auch für die „Wechselfälle des Lebens" anwendbar zu machen, schlagen Klenner et al. vor, Sabbaticals betrieblich auch ohne Vorlaufzeit zu ermöglichen. Auf Verbesserungsbedarf wird darüber hinaus im Zusammenhang mit der Selbstfinanzierung durch die Beschäftigten hingewiesen. Da finanzielle Einbußen vor allem für Eltern oft nicht verkraftbar wären, sollten Möglichkeiten der betrieblichen oder staatlichen (Ko-)Finanzierung erwogen werden.

2.3.2 Sabbaticals als arbeitsmarktpolitisches Instrument?

Als eine erste, quantitativ ausgelegte wissenschaftliche Studie hat Miethe die Sabbatical-Programme des öffentlichen Dienstes, die von 1987 an erstmals im Bundesland Berlin eingeführt wurden, untersucht (Miethe 2000). Auf Basis von Expertenauskünften wird gefragt, wie die „Sabbatjahr"-Regelungen als besondere Form der Teilzeitbeschäftigung in den verschiedenen Bundesländern ausgestaltet sind, in welchem Umfang die Programme von den Beschäftigten angenommen werden und inwieweit sich die in das Instrument gesetzten *beschäftigungspolitischen Erwartungen* erfüllt haben. Wie die Auswertung der quantitativen Daten zeigt, ist die Inanspruchnahme der Sabbatical-Teilzeit im Vergleich zu anderen Angeboten der Teilzeitbeschäftigung im öffentlichen Dienst eher gering. Lediglich 5,3 % der Teilzeitbeschäftigten zählen beispielsweise im Land Berlin zu den AnwenderInnen[62]. Dennoch wird die Bedeutsamkeit der Sabbaticalteilnahme für bestimmte Beschäftigtengruppen hervorgehoben. Denn insbesondere für *höhere Qualifikations- und Statusgruppen sowie für Männer*, die in den verschiedenen Dienstbereichen einen Nutzeranteil zwischen 43 % und 65 % aufweisen[63], findet Teilzeitarbeit in der Variante des Sabbaticals hohen Zuspruch (a.a.O.:19). Dabei wird die Möglichkeit der kompakten und befristeten Teilzeit nach den Erhebungen vor allem im Schuldienst genutzt. Hier ist der Anteil der Inanspruchnahme mehr als doppelt so hoch wie in anderen Bereichen des öffentlichen Dienstes. Einen wesentlichen Grund hierfür sieht Miethe in den Einführungsbedingungen: Demnach ist das „Sabbatjahr" in fast allen Bundesländern zuerst im Schuldienst angeboten worden, von wo aus das Modell im Zeit-

---

[61] Dieser Vorschlag entspricht dem Konzept von „Flexicurity" als einer - beschäftigtenorientierten Kombination von Planbarkeit und Flexibilität (Klammer 2001). Vgl. dazu auch die Vorschläge im Ausblickskapitel.

[62] Bezogen auf alle Anspruchsberechtigten für ein Sabbatical errechnet Miethe einen Anteil von 0,65 % der Beschäftigten. Alle Daten der Untersuchung beziehen sich auf den Stand von 1999.

[63] Datenangaben aus verschiedenen Länderministerien bezogen auf nicht näher ausgewiesene Zeitpunkte.

verlauf auf weitere Bereiche und Beschäftigtengruppen ausgedehnt wurde[64]. Weitere Faktoren, die der Nutzung in diesem Berufssegment Vorschub geleistet haben, sind nach Einschätzung der Studie das hohe Engagement der Gewerkschaft Erziehung und Wissenschaft für das „Sabbatjahr"-Modell sowie das relativ hohe Einkommensniveau der überwiegend verbeamteten Lehrer. Dass Sabbatical-Programme in den ostdeutschen Bundesländern noch kaum eine Rolle spielen, wird denn auch als Resultat des anhaltenden Einkommensgefälles zwischen alten und neuen Ländern und des fehlenden „Wohlstandssockels" im Osten interpretiert (a.a.O.:29).

Als arbeitsmarktpolitisches Instrument ist mit dem Sabbaticalangebot die Intention verknüpft, Erwerbsarbeit umzuverteilen. Die Beschäftigungswirksamkeit äußert sich in der Praxis zum einen als - befristete - Neueinstellung für Beschäftigte, die sich im Sabbatical befinden, zum anderen können so genannte „Personalüberhangkräfte" durch die mit Sabbaticals eingesparten Personalkosten finanziert werden. Quantifizierbare Effekte sind allerdings bisher allein im schulischen Bereich nachzuweisen[65].

Neben den direkten Arbeitsmarkteffekten, die Miethe eher als geringfügig veranschlagt, sind jedoch noch weitere, *indirekte arbeitsmarktpolitische Wirkungen* mit der Inanspruchnahme von Sabbaticals verbunden (a.a.O:51f). Zu diesen eher qualitativen Perspektiven zählt z.B. die Steigerung der Attraktivität von Teilzeitarbeit für ansonsten „teilzeitscheue" Beschäftigtengruppen, insbesondere bei Männern und höheren Statusgruppen. Während sich diese Erwartung durchaus erfüllte, ließ sich die angestrebte Veränderung der Altersstruktur, vor allem innerhalb der Lehrerschaft, mit dem Instrument des Sabbatjahres nicht realisieren, da Neueinstellungen junger LehrerInnen nur in wenigen Bereichen erfolgten. Positive Effekte erkennen die befragten Experten lt. Miethe hingegen bezogen auf das Arbeitskraftpotential. So sei bei den Rückkehrern eine sichtliche Wiederbelebung von Motivation und Leistungsbereitschaft für ihre Tätigkeit festzustellen. Die Tauglichkeit des Sabbatjahrs als Prophylaxe bei Stress- und Überforderungssymptomen oder zur Vermeidung von Frühpensionierung wird dennoch angezweifelt, da das Modell aufgrund der langen Ansparzeiten nicht flexibel genug auf gesundheitliche Problemsituationen reagieren könne. Widersprüchliche Aussagen registriert Miethe (hier am Beispiel des Landes Berlin) hinsichtlich des Nutzens der Freiphase als Bildungszeit. Während Experten aus dem Bereich der Personalvertretung den Bildungsansatz des Sabbaticalmodells

---

[64] Zu den Zugangsvoraussetzungen im Einzelnen vgl. Teil III, Kap. 6.3.1. Die Aussagen der Studie beziehen sich insgesamt fast ausschließlich auf die Nutzung des Modells innerhalb der Lehrerschaft.

[65] Wobei, wie Miethe einräumt, eine konkrete Zuordnung der Umverteilungseffekte speziell zum Sabbaticalangeboten nicht möglich ist. Für die Zurechnung kommt erschwerend hinzu, dass Beschäftigungseffekte nicht schon ab der Ansparphase, sondern erst im Moment der Freistellung eintreten, sich also jeweils Teile der ModellteilnehmerInnen in der Freiphase, andere erst in der Ansparphase befinden. (a.a.O.:48).

nicht nur verteidigen, sondern auch eine derart ausgerichtete Nutzung durch die AnwenderInnen bestätigen, sehen dagegen Fachleute des Landesministeriums bzw. im unmittelbaren Schulbereich, Bildungsaktivitäten kaum als primären Inhalt des Sabbatjahrs. Vorrangige Nutzungsintensionen wären vielmehr, ungestört über einen längeren Zeitraum hinweg, privaten Interessen nachgehen zu können - insbesondere sich dem Reisen oder Hausbau zu widmen - bis hin zur Herausbildung neuer Lebensorientierungen (a.a.O.:52f). Generell wird SabbaticalnutzerInnen attestiert, besonders aktive Persönlichkeiten zu sein. Für die Annahme einer eher an individuellen, persönlichen Interessen und Bedürfnissen ausgerichteten Auszeit spricht nach Ansicht Miethes insbesondere die festgestellte Paarorientierung bei der Inanspruchnahme des Modells. Demnach versuchen LehrerInnen das Sabbatjahr gemeinsam mit dem Partner zu verbringen bzw. die Freistellung in gegenseitiger Abstimmung zu organisieren. Was die Reichweite der von ihm zusammengetragen Aussagen zu den Erfahrungen mit dem Sabbatjahrmodell anbelangt, weist der Autor abschließend vorsorglich daraufhin, dass es sich bei dem „Lehrer"-Sabbatical nur um einen Teilausschnitt handelt. Dennoch ver-mutet Miethe, dass diese Erfahrungswerte auf allgemeine Tendenzen der Sabbaticalnutzung hindeuten. Diese Annahme ließe sich jedoch erst mit Hilfe einer direkten Befragung von TeilnehmerInnen am Modell nachweisen.

Beide Studien wenden sich in unterschiedlicher Weise relevanten Fragestellungen im Zusammenhang mit Sabbaticals zu. Während Miethe zum einen die an das Sabbatical geknüpften direkten beschäftigungspolitischen Erwartungen relativiert, kann er zum an-deren auf andere, stärker *qualitative Effekte für die Beschäftigungspolitik* hinweisen. Sabbaticals scheinen damit im Zusammenhang mit qualitativen Strukturveränderungen die perspektivisch interessanteren Daten zu liefern. Aussagen wie die, dass Sabbaticals insbesondere für männliche Beschäftigte attraktiv sind, die bisher traditionellen Arbeitsverhältnissen verhaftet waren oder mit Blick auf eine Arbeitskraftpolitik neue Gestaltungspotentiale bieten können, sind Ergebnisse, die Miethe im Rahmen seiner Untersuchung jedoch nicht weiter ausführen kann. Diese Lücke wird durch die vorliegende Arbeit insofern geschlossen, als mit dem qualitativen Ansatz Fragen nach den Potenzialen des Sabbaticalmodell jenseits von „nackten" arbeitsmarktrelevanten Eckdaten tiefergehend behandelt und in ihren Bedingungszusammenhängen ausgeleuchtet werden können.

Die Arbeit von Klenner et al. dagegen stützt sich zur Beantwortung ihrer Fragestellung, ähnlich der vorliegenden Arbeit, auf einen qualitativen Forschungsansatz. Dabei ist hervorzuheben, dass neben den ausführlichen Befragungen von Beschäftigten der Versuch, die Perspektive von Kindern durch separate Interviews mit einzubeziehen, eine forschungsmethodisch besondere Herausforderung darstellt. Anders als in dieser Arbeit jedoch, setzt sich das Gros der befragten Beschäftigten aus NutzerInnen von Blockfreizeiten zusammen. Auch liegt mit lediglich zwei ausgewählten Sabbaticalregelungen aus den Bereich

Dienstleistung und öffentliche Verwaltung eine geringere Variationsbreite vor. Mit dem Fokus auf der Bedeutung von Sabbaticals für familiäre Arrangements schließlich ist vor allem die Frage nach den Gestaltungsmöglichkeiten von Sabbaticals auf eine bestimmte Lebensphase von Elternschaft (mit jüngeren Kindern) sowie auf den Lebensbereich von Familie begrenzt, der sich darüber hinaus u.a. durch seine besonderen alltagsrelevanten Anforderungen auszeichnet. Die Frage, welche Gestaltungschancen Sabbaticals unter welchen Bedingungen für un-terschiedliche Aktivitäten und Bedürfnisse in verschiedenen Lebensbereichen und biographischen Phasen für Beschäftigte bereithalten, ist jedoch bislang noch unzureichend beantwortet. Ziel der vorliegenden Arbeit ist es daher, weitergehende Erkenntnisse über Chancen - und Risiken - von Sabbaticals als Instrument der Lebensgestaltung zu gewinnen.

Teil II: Konzeption und Forschungsdesign

3. Untersuchungsziel und Fokus

Wie der Blick auf den Stand (arbeits-)soziologischer Diskussionen und einschlägige Empirie zeigen konnte, bewegen sich die Individuen unter den gegenwärtigen Bedingungen des soziales Wandels in einem Spannungsfeld. *Einerseits* wachsen in einer Arbeits- und Lebenswelt, deren Komplexität und Veränderungsdynamik beständig zunimmt, Vereinnahmungstendenzen und die Notwendigkeit zur inneren Rationalisierung, nicht zuletzt durch das Verschwimmen früherer Grenzziehungen zwischen diesen beiden Lebensbereichen. So nehmen im Alltag der Menschen die Erfordernisse in der Koordination und Synchronisation ebenso zu wie im Lebensverlauf die Anforderungen an eine biographische Flexibilität. *Auf der anderen Seite* zeichnet sich mit der Entgrenzung und voranschreitenden Vermischung von Arbeit und Leben eine gesellschaftliche Entwicklung in Richtung erweiterter Optionalität ab, die Möglichkeiten von Autonomiezuwächsen beinhaltet. Damit gewinnt für die Subjekte die Einflussnahme auf die Gestaltung und Verwendung ihrer Zeit im Sinne individueller Belange und Präferenzen an Bedeutung. Hierzu zählen sowohl Einflussmöglichkeiten auf die Zeitstrukturen der tagtäglichen Lebensführung als auch die Gelegenheit, angesichts stärker von Diskontinuität gekennzeichneter Lebens- und Berufsverläufe, *temporär befristet Verschiebungen und Prioritätenwechsel in bestimmten Lebensphasen* vornehmen und damit die Bandbreite persönlicher ihrer Entwicklungsmöglichkeiten erweitern zu können. In diesem Zusammenhang könnte im Prozess der gegenwärtigen Ausbreitung flexibler anstelle von starren und rigiden Arbeitszeitmustern die Chance enthalten sein, an subjektive Ansprüche für eine Balance zwischen Arbeit und Leben, anzuknüpfen. Wie insbesondere der Blick in die Praxis von Arbeitszeitkonten zeigen konnte, lassen betriebliche Flexibilisierungsmodelle gegenüber den individuellen Flexibilitätserwartungen der Beschäftigten oft zu wünschen übrig, wenn sie nicht sogar zu einer Mehrbelastung führen[66]. Demgegenüber scheinen Arbeitszeitangebote, wie Sabbaticals ihrer Intension und Konstruktion nach in einem weit größeren Ausmaß mit individuellen Gestaltungsfreiheiten verbunden zu sein.

An diesem zentralen Punkt setzt die Untersuchung an. Vor dem Hintergrund eines ambivalenten Zusammenspiels von Chancen und Risiken im gesellschaftlichen (Zeiten-) Wandel sollen am Beispiel der Inanspruchnahme von Sabbaticals die Möglichkeiten neuer Arrangements, Spielräume und Strategien der Lebens-

---

[66] Im Allgemeinen kann dies für Formen extremer Ausdehnung von Arbeitszeiten sowie für die Verlagerung auf sozial oder physiologisch ungünstige Zeiten gelten, wie dies bei klassischen Flexibilisierungsstrategien der Schicht- oder Wochenendarbeit der Fall ist. Doch auch neuere Flexibilisierungsvarianten, wie die zunehmend verbreiteten Arbeitszeitkontenmodelle, können spezifische Risiken für die Balance von Arbeit und Leben mit sich bringen (vgl. Kap. 2.1.).

gestaltung von Beschäftigen ausgelotet werden. Angenommen wird, dass Sabbaticals dem Individuum besondere Gestaltungsfreiräume eröffnen können, da sie in spezifischer Weise die Dualität von Arbeit und Leben im Alltag Erwerbstätiger unterbrechen und von herkömmlichen Flexibilisierungsmustern abweichen.

Drei Merkmale begründen im Wesentlichen die Annahme dieser besonderen Gestaltbarkeit: Erstens liegt Sabbaticalmodellen eine stärker *individualisiert-freiheitliche Konstruktion* zugrunde. Zweitens setzen die Modelle *Eigeninitiative und eigene Gestaltungsfähigkeiten* voraus und drittens können Sabbaticals *über die Freistellungsphase hinaus weisende Ergebnisse und Konsequenzen* mit sich bringen.

Zu Punkt 1: Die individualisiert-freiheitliche Konstruktion von Sabbaticals kommt auf verschiedenen Ebenen zum Tragen. So erfolgt die Teilnahme am Modell, anders als bei kollektiv verbindlichen Arbeitszeitstrategien, auf *freiwilliger Basis* und ist an die individuelle Entscheidung des Einzelnen gebunden. Durch den optionalen Charakter ergeben sich für die InteressentInnen *Mitbestimmungs- und Steuerungsmöglichkeiten*, v.a. im Hinblick auf Zeitpunkt und Dauer der Freistellung und erlauben damit die Planbarkeit der Freistellung. Besondere Gestaltungsspielräume bieten Sabbaticals auch dadurch, dass die erwerbsfreie Zeit zu zusammenhängenden Freiphasen gebündelt wird. Anstelle einer regelmäßigen, aber eher geringfügigen Entlastung bzw. eines Zeitgewinns lässt sich die Zeit durch ihre *Komprimierung im Block* und jenseits der Zwänge des Berufsalltags in qualitativ anderer Weise erfahren und nutzen. Einen außerordentlichen Gestaltungsrahmen eröffnen Sabbaticals jedoch nicht allein durch die Art der Arbeitszeitverteilung. Auch der *großzügige Zeithorizont* von mehreren Monaten bis zu einem Jahr und mehr lässt besondere Entfaltungschancen vermuten. Neben der ungewöhnlichen zeitlichen Dimension zeichnen sich die hier zugrunde gelegten Modelle außerdem durch ihre *inhaltliche Offenheit* aus. Für die Art der Zeitverwendung bestehen betrieblicherseits keine formellen Vorgaben. Welchen Zweck die Freistellung erfüllen soll, bleibt demnach den jeweiligen Interessen und Bedarfen der NutzerInnen überlassen. Mit der Möglichkeit eines befristeten *Ausstiegs mitten im Erwerbsleben* kommen Sabbaticalangebote schließlich auch im biographischen Verlauf der Menschen wechselnden zeitlichen Bedürfnislagen entgegen.

Da die Teilnahme am Sabbatical auf einer individuellen Wahlentscheidung beruht, kann sie als Folge oder Verarbeitung bestimmter sozialer Lagen und Konstellationen interpretiert werden. Die im Rahmen dieser Untersuchung zu ihren Sabbaticalerfahrungen befragten Personen befinden sich zum Zeitpunkt der Inanspruchnahme in sehr heterogenen Lebens- und Arbeitssituationen. Sie gehören verschiedenen Altersgruppen an, stammen aus unterschiedlichen Arbeitszusammenhängen und stehen in ihrer Berufsbiographie an unterschiedlichen Punkten. Auch ihre privaten Verhältnisse sind verschieden formiert: die Befragten leben alleine, in Partnerschaft oder haben Familie. Darüber hinaus bieten die Sabbaticalmodelle selbst im Hinblick auf die mögliche Dauer und den Finanzierungsmodus einen vielgestaltigen Rahmen für die Freistellungsnahme an. Daraus leiten sich zunächst Fragen nach den *Ausgangsbedingungen für das Sabbatical* ab: Vor welchem Hintergrund, eingebettet in welche arbeits- und lebensweltlichen Kontexte entscheiden sich die Individuen zur Nutzung eines Sabbaticals? Von welchen Motiven ist der Wunsch nach einem Sabbatical jeweils geleitet?

2. Sabbaticalmodelle scheinen in ihrer optionalen, freizügigen Ausgestaltung eine besonders günstige Ausgangslage für eine an individuelle und eigensinnige Perspektiven ausgerichtete Nutzung zu bieten. Zugleich sind die Angebote an die betrieblichen Kontexte rückgebunden, so dass die Inanspruchnahme im Einvernehmen mit betrieblichen Belangen erfolgen muss. Ein unabhängiges „Recht auf Sabbatical" existiert nicht[67]. Als konsensorientierte Angebote müssen an Sabbaticals interessierte Beschäftigte demnach nicht nur persönlich die Entscheidung zur Freistellung treffen, sondern ihren Wunsch auch betrieblich durchsetzen. Insbesondere bei divergierenden Interessenlagen erfordert dies eine aktive Auseinandersetzung und Aushandlung. *Eigeninitiative und eigene Gestaltungskompetenzen* setzen die Modelle aber nicht nur bei der Durchsetzung, sondern, wegen der fehlenden Vorgaben in der Zeitverwendung, ebenso für die Umsetzung des Sabbaticals voraus. Neben betrieblichen spielen dabei auch Abstimmungsprozesse im privaten Umfeld eine Rolle. Darüber hinaus kann eine Unterbrechung der Erwerbstätigkeit für einen längeren Zeitraum mit spezifischen Risiken einhergehen. Zu den vergleichsweise kalkulierbaren Risiken gehören Einbußen im Einkommen und der sozialen Sicherung, z.B. bei späteren Rentenansprüchen. Daneben sind diffuse Unsicherheitslagen von Bedeutung, wie mögliche Abstriche bei Karrierechancen und Arbeitsplatzsicherheit. Vor allem im Rahmen von ein- und mehrjährigen Freistellungszeiträumen ist die Rückkehr an den vorherigen Arbeitsplatz nicht garantiert, so dass sich TeilnehmerInnen diesen „Sicherheitsproblemen" stellen müssen. Aus der Ambivalenz zwischen individuellen Gestaltungswünschen und den Einschränkungen der betrieblich-institutionalisierten Sabbaticalform folgt, dass von den Subjekten ein *aktives Selbst- und Risikomanagement* gefordert ist. Wie die Chancen, können auch die Risikolagen von den einzelnen AnwenderInnen jedoch auf unterschiedliche Weise wahrgenommen und verarbeitet werden. Was der einen Person als Bedrohung oder Zwang erscheint, kann eine andere als - willkommene - Herausforderung definieren. Insofern sind nicht allein die „objektiven" Bedingungen, die das Sabbatical einrahmen, für die Art der Verarbeitung ausschlaggebend, sondern ebenso die Frage, wie die Freigestellten ihre jeweilige Situation subjektiv wahrnehmen und deuten. Mit Blick auf die Handlungsmuster und

---

[67] Dagegen hat sich die Rechtslage hinsichtlich der Ansprüche auf Teilzeitarbeit seit Anfang 2001 verändert und räumt Beschäftigten einklagbare Rechte auf Umwandlung ihrer Arbeitsverhältnisse ein (vgl. Presse und Informationsdienst der Bundesregierung 2000).

praktischen Arrangements, die die Subjekte im Sabbatical anwenden sowie deren Deutungen, stellen sich daher folgende Fragen: Wie und wofür verwenden die Freigestellten ihr Sabbatical? Wie erleben sie die Zeit ihres Sabbaticals? Wie und unter welchen Umständen können sich die Subjekte im und durch das Sabbatical Spielräume und Freiheitsgrade eröffnen bzw. in welcher Weise begegnen sie Zwangs- oder Risikolagen?

3. SabbaticalnutzerInnen, so die erweiterte und differenzierte Annahme, sind also durch das Freistellungsangebot nicht allein in die Lage versetzt, ihre persönliche Freiheitsgrade zu vergrößern, sondern auch mit Zwängen bzw. Risiken konfrontiert. Diese spezifische Kombinationen und Ambivalenz im Verhältnis von Steigerung der Optionen in der Lebensgestaltung und Risiken langfristiger Freistellungen, legt die Vermutung einer insgesamt dynamischen Entwicklung der Freistellungsverläufe[68] nahe. Diese Dynamik kann von vorne herein dadurch angelegt sein, dass das Angebot besonders jene Beschäftigten anspricht, die ohnehin beruflich und/oder privat an einer nachhaltigen Veränderung ihrer Lebensperspektive interessiert sind oder diese zumindest billigend in Kauf nehmen. Sie kann aber auch dadurch hervorgerufen werden, dass im Verlauf einer längerfristigen Freistellung unvorhergesehene Entwicklungen zu einer Umorientierung führen können. Mit dem Hinausreichen über den Horizont der Alltäglichkeit können Sabbaticals eine besondere (erwerbs-)biographische Wirksamkeit entfalten, die spezifische Chancen zu „Kurswechseln" bzw. Veränderungsrisiken beinhalten. Insgesamt sind damit biographische, *über die Freistellungsphase hinaus weisende Ergebnisse und Konsequenzen* nicht ausgeschlossen. In diesem Zusammenhang sind folgende Fragen aufgeworfen: Wie bewerten die Subjekte ihre Sabbaticalerfahrungen? Welchen Stellenwert hat das Sabbatical in der Biographie der einzelnen NutzerInnen? Welche nachhaltigen Veränderungen resultieren aus der Erfahrung des Sabbaticals?

Zusammenfassend soll in der Arbeit das Spannungsverhältnis von persönlichem Wollen, institutionellen Brechungen und biographisch wirksamen Einflüssen ausgelotet werden. Dabei geht es im Einzelnen um Erkenntnisgewinne hinsichtlich der Motive und Gestaltbarkeit einer längerfristige Unterbrechung des Berufsalltags. Mit welchen Chancen für eine selbstbestimmte, individuelle Gestaltung bzw. mit welchen Restriktionen die Anwendung von Sabbaticals verbunden ist, soll im Blick auf die jeweiligen Arrangements geklärt werden. Die subjektive Bewertung und Einordnung der (Zeit-)Erfahrungen im Sabbatical, die Relevanz bezüglich des biographischen Stellenwerts sowie mögliche (nachhaltige) Folgewirkungen, die sich aus der Freistellungserfahrung vor allem hinsichtlich

---

[68] Der Verlaufsaspekt ließ sich dadurch erheben, dass die Interviews i.d.R. nach Beendigung des Sabbaticals geführt wurden. Anders als bei einer Längsschnittuntersuchung wurden die Sabbaticalerfahrungen damit nur zu einem Zeitpunkt erhoben und geben die Einschätzungen der NutzerInnen aus der Retrospektive wieder.

zukünftiger Arbeitszeitpräferenzen und Verschiebungen in der Balance zwischen Arbeit und Leben ergeben, sind hier zu untersuchende Bereiche[69].
Die Erkenntisse, ob und inwieweit die mit dem Sabbatical verbundenen Ambivalenzen in der subjektiven Verarbeitung die Freistellungsnahme eher zu einer *riskanten Unterbrechung der Erwerbsbiographiet* oder zu einem *Gewinn an Freiheit in der Lebensgestaltung* werden lässt, sollen als Konfiguration zu spezifischen Mustern der Sabbaticalnutzung verdichtet werden und schließlich in eine Typenbildung münden.

4. Konzeption

Die vorrangig empirisch ausgerichtete Arbeit greift auf zwei theoretische Konzepte zurück. Diese eröffnen jeweils unterschiedliche Zugänge, indem sie auf differente forschungsrelevante Fragestellungen fokusieren und verschiedene gelagerte Perspektiven betonen. Das am Münchner Sonderforschungsbereich 333 erarbeitete Konzept der *„Alltäglichen Lebensführung"* legt den Schwerpunkt auf die Frage nach lebenspraktischen Arrangements der Individuen und betont damit die Handlungsebene in der Koordination der verschiedenen Tätigkeiten im Alltag (Projektgruppe Alltägliche Lebensführung 1995). Das Konzept des *institutionenstrukturierten Lebenslaufs* (Kohli 1985, 1989) hingegen erweitert die Perspektive der synchronen Dimension in der alltäglichen Lebenspraxis um die diachrone Dimension der individuellen Lebensspanne.
Vor dem Hintergrund und im Zusammenwirken dieser beiden Forschungsperspektiven ist es möglich, die Inanspruchnahme von Sabbaticals sowohl in ihrer Relevanz im (alltags-)praktischen Arrangement der Integration verschiedener Lebensbereiche und Tätigkeiten zu beleuchten als auch ihren Stellenwert für eine auf den Lebensverlauf bezogene Balance zwischen Arbeit und Leben auszuloten. Bevor in den folgenden Kapiteln eine Erläuterung dieser beiden Konzepte und ihrer Bezüge zum Untersuchungsthema folgt, soll jedoch zunächst auf die *subjektorientierte Forschungsperspektive* als übergreifender Untersuchungsfokus eingegangen werden.

---

[69] Methodisch zu beachten sind allerdings zwei Selektionsstufen in der Anlage der Untersuchung: Der erste Filter betrifft die erfolgreiche Durchsetzung und Passage *in* die Freistellung. Nicht realisierte Freistellungswünsche finden somit keine Berücksichtigung. Der zweite Filter betrifft die Passage *aus* der Freistellung. Hier sind durch den betrieblichen Zugang zu den SabbaticalanwenderInnen (vgl. dazu auch Kap. 5.2 in diesem Teil) vornehmlich solche Fälle vertreten, bei denen die NutzerInnen im Anschluss an das Sabbatical in den Ausgangsbetrieb zurückgekehrt sind. Eine Ausnahme bilden lediglich einige Befragte aus der Gruppe der Lehrer insofern, dass diese nach dem Sabbatical an eine andere Schule gewechselt sind.

4.1 Subjektorientierte Untersuchungsperspektive

Die subjektorientierte Forschungsperspektive, wie sie hier zugrunde gelegt wird, geht von den Handlungsstrategien der Individuen aus, die sowohl von persönlichen Einstellungen und Werthaltungen geprägt sind, als auch aus der Auseinandersetzung mit gesellschaftlichen, betrieblichen und privaten Strukturen heraus entwickelt werden. Abgeleitet aus den Arbeiten des o.g. Sonderforschungsbereichs, versteht sich die „Subjektorientierte Soziologie" als eine Forschungsrichtung, die an Beziehungen zwischen Menschen interessiert ist und diese in ihrer historisch konkreten Ausgestaltung nicht als naturgegeben, sondern als von Menschen konstruierte betrachtet. Bolte (1997) definiert subjektorientierte soziologische Forschung als eine, die sich nicht einseitig auf gesellschaftliche Phänomene (wie etwa die Berufsstrukturen, das Gefüge sozialer Ungleichheit oder Systeme sozialer Sicherung) bezieht, sondern darüber hinaus systematisch die je *wechselseitigen Einwirkungen von Individuen und gesellschaftlichen Strukturen* in den Blick rückt. Subjektorientierte Soziologie betreibe nur, wer Menschen und gesellschaftliche Strukturen aufeinander beziehe (a.a.O.:35). Diese forscherische Perspektive ist insbesondere in der gegenwärtigen Phase von Bedeutung, da durch so genannte Individualisierungsprozesse immer mehr Menschen aus herkömmlichen Lebensbahnen und fest gefügten sozialen Geflechten gelöst und hinsichtlich ihrer Lebensgestaltung in einem weitreichenden Ausmaß mit Zumutungen und Chancen gesellschaftlicher Strukturen konfrontiert sind (a.a.O.:37).

Nach dieser Auffassung ist subjektorientierte Soziologie nicht als soziologische Theorie im engeren Sinne zu verstehen, sondern als ein Rahmen, der es ermöglicht, sowohl vorhandene Theoriekonzepte anzuwenden als auch eigene zu entwickeln. Als Beispiel wird die Verknüpfung zur Theorie der alltäglichen Lebensführung angeführt, die im Folgenden näher in ihren Bezügen zu dieser Untersuchung dargestellt wird.

4.2 Bezüge zu den Konzepten der „Alltäglichen Lebensführung" und des institutionenstrukturierten Lebenslaufs

Bezüge zum Konzept der „Alltäglichen Lebensführung"

Die Auseinandersetzung mit Fragen zum Verhältnis von Arbeit und Leben hat in den Sozialwissenschaften eine lange Tradition. Entsprechende theoretische Konzepte bildeten bislang jedoch primär die industriegesellschaftliche Arbeitsteilung ab: Während die einen die Erwerbsarbeit in den Blick rückten, konzentrierten sich andere auf Freizeit und Familie (Voß 1991). Die Münchener Projektgruppe „Alltägliche Lebensführung"[70] arbeitete Ende der 80er Jahre verstärkt

---

[70] Zur Entwicklung dieses Sonderforschungsbereichs und Anwendung des Konzepts in der empirischen Forschung vgl. u.a. Jurczyk/Rerrich 1993, Projektgruppe „Alltägliche Lebensführung" 1995, Voß 1994, Voß/Weirich 2001, Weihrich/Voß 2002.

69

daran, diese dichotome Konstruktion der beiden Lebensbereiche in einen - zentralen - Erwerbsbereich und einen als „Restkategorie" eingestuften Lebens- bzw. Freizeitbereich zu überwinden. Im Verlauf ihrer Forschungen entwickelten sie ein Konzept, dass wesentlich auf die komplexen Wechselbeziehungen zwischen Erwerb und anderen Lebensbereichen abhebt. Ausgehend vom Zusammenhang aller Tätigkeiten im Lebensquerschnitt, betont der Ansatz das integrative Moment einer aktiven Koordinationsleistung im Alltag. Parallel zu gesellschaftlichen Prozessen, die als „reflexive Modernisierung" (Beck/Giddens/Lash 1996) umrissen werden und u.a. in neuen und kontingenten Kombinationen in der Berufs- und Privat-orientiertheit des Lebens ihren Ausdruck finden, bildet sich eine „reflexive Lebensführung" (Hildebrandt 2000) heraus. Diese entwickelt sich in der Auseinandersetzung mit dem sozialen Wandel und hier speziell in Gestalt sowie mit der Verbreitung veränderter, flexibilisierter Arbeitszeitmuster. In deren Folge wächst für die Subjekte beständig der Druck, einmal getroffene Arrangements zur Organisation und Synchronisation der individuellen Lebensführung immer wieder neu zu überprüfen und aktiv anzupassen (Jurczyk/Voß 2000).

Mit seinem besonderen Augenmerk für die lebenspraktischen Arrangements der Individuen, liefert das Konzept der „Alltäglichen Lebensführung" einen passenden Rahmen für das hier verfolgte Forschungsinteresse. Anknüpfungspunkte ergeben sich *zum einen* durch die subjektorientierte Betrachtung der alltäglichen Lebensführung als eine *aktive Konstruktion und Leistung der Person*. Die Herstellung eines Gesamtzusammenhangs zwischen allen im Berufsalltag zu leistenden Tätigkeiten ist zwar geprägt durch die Einflüsse institutioneller Rahmenbedingungen, welche das Handeln der Einzelnen dennoch nicht einseitig determinieren. Vielmehr befinden sich die Subjekte in einer aktiven Auseinandersetzung mit den jeweiligen institutionellen Vorgaben, ihren eigenen Ansprüchen sowie den ihnen verfügbaren Ressourcen. Entsprechend ihrer individuellen Spielräume wählen sie spezifische Strategien, um die an sie gerichteten Anforderungen und Optionen der verschiedenen Lebensbereiche bestmöglich zu koordinieren und integrieren. Das Münchner Konzept begreift *Lebensführung* damit primär *als Praxis* der Menschen, orientiert sich an ihrem alltäglichen Tun und hebt die *personale Eigenqualität* ihrer Arrangements hervor (Projektgruppe „Alltägliche Lebensführung" 1995:34f). Erst in zweiter Linie geht es, in Abgrenzung zur Lebensstilforschung, um Sinnstrukturen, Identität und deutende Aneignung.

Zum anderen lenkt das Lebensführungs-Konzept die Aufmerksamkeit für Tätigkeiten und Handlungsmuster auf deren *integrativen Zusammenhang*. Damit ist weniger von Interesse, wieviel und wie lange etwas getan wird - wie es die Zeitbudgetforschung erfragt -, sondern untersucht wird die Struktur[71] der Tätigkei-

---

[71] Der alltägliche Zusammenhang der Tätigkeiten der Menschen wird als individuelles „System" der Handlungen einer Person begriffen. Der *Struktur* dieses Handlungssystems ent-

ten, wie sie für eine bestimmte Phase das Leben der Menschen prägen. Im Vordergrund steht damit die Frage nach den *Gestaltungsformen und Gestaltungsmöglichkeiten*. Bezogen auf den Alltag geht es um die Untersuchung der Art und Weise, wie dessen Stabilität und Kontinuität als Synchronie des Lebens tagein, tagaus hergestellt wird. In dieser Sicht stellt Lebensführung ein relativ stabiles Konstrukt dar. Zwar erfordern veränderte Rahmenbedingungen, wie die Flexibilisierung der Arbeitszeiten, von den Individuen ein hohes Maß an Anpassungsfähigkeit und -leistungen. Trotzdem wird angenommen, dass die Lebensführungsarrangements, obwohl einerseits - dynamisches - Produkt der Person, anderseits dennoch von ihr nicht beliebig veränderbar ist. Der „handlungsstrukturierende Modus für den Alltag" (a.a.O.:35) ist demnach nur begrenzt als Ergebnis bewusster Gestaltung und Planung zu verstehen. Vielmehr entwickeln die vielfältigen und komplexen Verbindlichkeiten der sozialen Bezüge die Tendenz, sich gegenüber der Person zu einem Gutteil funktional sowie strukturell zu verselbständigen und als *„etablierte" Lebensführung eine Art „Eigenleben"* zu gewinnen. Die alltägliche Lebensführung bewegt sich also in einem Spannungsverhältnis zwischen Möglichkeiten aktiver und reflexiver Konstruktion und Steuerung und einer „Eigenlogik" als Abhängigkeit von der eigenen Alltagskonstruktion.

Am Beispiel temporärer Ausstiege aus der Erwerbsarbeit will sich auch die vorliegende Untersuchung der Frage nach gewandelten, möglicherweise neuartigen Arrangements der Lebenspraxis widmen. Das Interesse bezieht sich auf die Verarbeitung flexibilisierter Arbeitszeiten, wobei sich Sabbaticals als eine Gestaltungsoption auffassen lassen, mittels derer verschiedene Lebensbereiche von der Person aktiv integriert werden können. Jedoch erfolgt die Anwendung von Sabbaticals per se nicht als eine Anpassung an strukturelle Vorgaben, wie sie vor allem bei traditionellen Flexibilisierungsformen häufig als Belastung erfahren wird (Jurczyk/Rerrich 1993). Im Gegensatz dazu steht am Beginn einer veränderten Lebenspraxis per Sabbatical die eigene Entscheidung. Da Sabbaticalmodelle außerdem für sich reklamieren, auch den zeitlichen Bedürfnissen der Beschäftigten gerecht zu werden, erweitert sich damit die Perspektive gegenüber dem Konzept der Alltäglichen Lebensführung, welches die Handlungs- und Entscheidungszwänge betont. Neben dem Grad an Wahlmöglichkeit verspricht überdies die zeitliche Dimension und Reichweite der hier zugrunde gelegten Arbeitszeitmodelle auch gegenüber anderen innovativen Arbeitszeitkonzepten, wie etwa dem VW-Modell der 28,8-Tage-Woche, spezifische persönliche Frei-

---

sprechen dann die Verteilung der Tätigkeiten in zeitlicher, räumlicher, sachlicher etc. Hinsicht auf die verschiedenen relevanten sozialen Bereiche (Erwerbsarbeit, Familie, Freizeit etc.) und deren Regulierung in diesen Lebenssphären. Insofern koppelt das Lebensführungskonzept zwar einerseits strukturell an die soziale Differenzierung von „Arbeit und Leben" an, hebt sie jedoch auf in einer je eigenen Differenzierung als „personale Arbeitsteilung" (vgl. Projektgruppe „Alltägliche Lebensführung" 1995:32f).

heitsgrade und neue Perspektiven. Denn anders als in der Sicht auf die alltägliche Dimension in der Lebensführung und dem ihr inhärenten Bemühen um die Bildung und Aufrechterhaltung von Regelmäßigkeiten und Routinen, scheint mit einem befristeten Ausstieg gerade umgekehrt der Wunsch verbunden zu sein, u. U. als zu eng empfundene Grenzen eines vorgängigen „Normal"-Alltags zu überschreiten. Steht also bei bisherigen empirischen arbeitszeitpolitischen Arbeiten mit Bezug zum Konzept der „Alltäglichen Lebensführung" [72] die Frage im Zentrum, wie Menschen die Belastung, Tag für Tag unterschiedlichste Anforderungen „auf die Reihe zu kriegen", bewältigen, wird in der Untersuchung von Sabbaticals die Aufmerksamkeit über den Rand des Alltagsgeschehens hinaus gelenkt. Mit dem Sabbatical wird gerade ein wesentliches Element des alltäglichen Arrangements durch den temporären Ausstieg aus der Erwerbsarbeit verändert. Das Interesse richtet sich damit weniger auf die Bedingungen von Gestaltungsmöglichkeiten im Berufs*alltag*, sondern gefragt wird vielmehr danach, inwiefern die Individuen qua Sabbatical bisherige Alltagsrelevanzen und -regularien außer Kraft setzen und veränderte Prioritäten in ihr Erwerbs*leben* einbauen.

Das Konzept des institutionenstrukturierten Lebenslaufs

Sowohl das Merkmal der Optionalität von Sabbaticalmodellen als auch die mit ihnen verbundene Möglichkeit, den beruflichen Alltag durch den zeitweiligen Ausstieg aus der Erwerbstätigkeit zu durchbrechen, eröffnen potenzielle Freiräume für eine individuelle biographische Relevanzsetzung und weisen damit über die Problematik der Arrangements des Alltagshandelns hinaus. Um den Alltags-Ansatz im Konzept der „Alltäglichen Lebensführung" durch eine stärker auf die Bedeutung verschiedener Lebensphasen ausgerichtete Perspektive zu erweitern, erscheint das Konzept des institutionalisierten Lebenslaufs als hilfreiche Ergänzung. Zwar lässt sich Lebensführung als Kategorie der Organisation und Synchronisation der Abläufe im (Berufs-)Alltag analytisch von biographischen, auf den Lebensverlauf orientierten Perspektiven unterscheiden, jedoch sind beide als Konzepte komplementär und faktisch in einem *dialektischen Zusammenhang* miteinander verwoben (Kudera 1995:86). Nach dem Fokus „Alltag", rücken neuere Forschungsansätze zur Frage von Balancen zwischen Arbeits- und Lebensbereich nun den Lebenslauf als Perspektive auf Arbeitszeitarrangements in den Mittelpunkt (Barkholdt 1998, 2003).

Die Institutionalisierung des Lebenslaufs ist insbesondere von Kohli (1985/1989) analysiert worden. Danach verändert sich mit dem Prozess der Modernisierung das bis dahin von wechselnden Ereignissen und geltenden Traditionen bestimmte, situative Dahinleben der Menschen in einen von Tag zu Tag

---

[72] Im thematischen Zusammenhang mit flexiblen Arbeitszeiten vgl. hierzu insbesondere die Arbeiten von Jurcyzk und Rerrich (1993), sowie von Jürgens/Reinecke (1998) und Jürgens (2001, 2002).

72

sequentiell geordneten Lebenslauf und eine methodisch regulierte Lebensführung[73]. *Drei Aspekte* charakterisieren den instutionalisierten Lebenslauf: Erstens
Kontinuität im Sinne einer verläßlichen, materiell gesicherten Lebensspanne,
zweitens *Sequenzialität* als chronologische Ordnung im Ablauf der wichtigsten
Lebensereignisse und drittens *Biographizität*, i.S. einer vom Subjekt reflexiv
strukturierten und verzeitlichten Selbst- und Weltdeutung. Im gegenwärtigen
Prozess der Individualisierung hat sich anstelle von Traditionalität *nun Individu-
alität als Handlungsregulativ* gesellschaftlich institutionalisiert mit der Folge,
dass die ausdifferenzierten Lebensverhältnisse die objektiv gegebenen und subjektiv verfügbaren biographischen Horizonte ausdehnen. Die Lebenspraxis der
Einzelnen wird so immer weniger abschließend institutionell geregelt, selbstver-
ständliche Gewissheiten immer mehr abgelöst von entscheidungsnotwendigen
Handlungsoptionen. Diese Zunahme verfügbarer Orientierungs- und Handlungsoptionen erzeugt eine sich im biographischen Verlauf verändernde Dynamik (Holst/Schupp 1995). Die Öffnung für Optionen ziehen damit einerseits
wachsende Anforderungen an individuelle Regulierungsleistungen nach sich,
andererseits erfolgt eine Einbindung in neue soziale Muster, die die allgemeine
Struktur der Lebenszeit und Lebenspraxis prägen und für einen regelhaften Lebenslauf und Lebensführung bürgen sollen. In der gängigen Perspektive der Lebenslaufforschung ist dieser „Normal-"Lebenslauf korrespondierend zum
„Normalarbeitsverhältnis", also in der Hauptsache entlang der Erwerbsarbeit
gegliedert (Levy 1977) und von dorther in seinen Verlaufsmustern vereinheit-
licht: Für die zeitliche Strukturierung des Lebens und seines Verlaufs entlang
von Statuspassagen sind demnach das Bildungswesen, der Arbeitsmarkt sowie
die sozialpolitische Steuerung die entscheidenden Institutionen.
Die institutionelle Absicherung des zugrunde gelegten Normalitätsmodells kontinuierlicher Erwerbsarbeit erweist sich jedoch als höchst voraussetzungsvoll.
Wie feministische Forschungsarbeiten zu Erwerbsbiographien gezeigt haben,
basiert dieses Modell einer im Wesentlichen männlichen Normalbiographie auf
der Versorgung des Vollerwerbstätigen in der Familie[74]. Lebenslauftheoretische
Beiträge zur Untersuchung von Erwerbs- und Familienverläufen (u.a. Bloss-
feld/Drobnic 2001, Geissler/Oechsle 1998, Krüger/Born 1987, Born/Krüger
1993, Krüger 1995, Born et al. 1996) wenden sich daher gegen eine derartig
vereinheitlichende, auf Erwerbsarbeit zentrierte Sicht des „Normallebenslaufs".
Davon abweichend ist das Ziel ihrer Betrachtungen, die Spannungen von *Arbeitsmarkt und Familie in ihrer Wechselbeziehung* zu deuten, anstatt die kom-

---

[73] Schon Weber hat auf die Entwicklung zu einer gesellschaftlich erzwungenen Selbstbeherr-
schung neuer Art aufmerksam gemacht, die einem expliziten sozialen Fremdzwang nur
wenig nachstehen würde (Weber 1986).

[74] Es besteht auch hier ein wechselseitiges Abhängigkeitsverhältnis: auch umgekehrt wird die
Familie durch den Vollerwerbstätigen versorgt, dadurch aber die eingeschränkte Erwerbsbeteiligung der „versorgten" Versorgenden gefördert.

plementären Relationen der Lebensbereiche hierarchisch zu einer Seite hin aufzulösen. Argumentiert wird, dass insbesondere für den weiblichen Lebenslauf
die vorausgesetzten Mechanismen zur Herstellung von Erwerbskontinuität nicht
greifen. Frauen mit Kindern könnten eine Teilhabe am Arbeitsmarkt nur unter
beträchtlichen subjektiven Anpassungsleistungen erlangen, dazu gehören die
Hinnahme erhöhter Belastungen, Abstriche bei der Arbeitszeit sowie qualitativen und materiellen Ansprüchen an die Erwerbsarbeit (Geissler 1998a:149). An
der *strukturellen „Unfähigkeit" von Frauen mit Familienverantwortung*, sich in
die Erwerbsnormalität zu integrieren, haben, nach dieser Auffassung, auch der
soziale Wandel im Geschlechterverhältnis und egalitäre Leitbilder in Partner-
und Elternschaft bisher nur wenig geändert. Trotz der selbstverständlichen Berufsorientierung in den jüngeren Frauengenerationen, sind Frauen auch heute
nicht gleichermaßen wie Männer von Familienaufgaben „freigesetzt" und entsprechend defizitär im Hinblick auf eine dauerhafte erwerbsbezogene Verfügbarkeit und Mobilität.
Der moderne Lebenslauf ist also keineswegs naturwüchsig kontinuierlich. Zum
einen gliedert er sich in unterschiedliche biographische Phasen, zum anderen
sind die Statuspassagen zwischen den einzelnen Phasen in ihrer Struktur und
Dauer nicht eindeutig antizipierbar (a.a.O.:154). Sozialpolitische Maßnahmen
und Vorgaben sind auf eine möglichst nahtlose *Überbrückung von Brüchen und
Status-Wechsel* angelegt. Institutionelle Vorkehrungen sowie individuelles Handeln sollen den Erwerbsverlauf möglichst kontinuierlich gestalten. Dennoch
kann beispielsweise der Übergang in die Erwerbstätigkeit erschwert sein oder
misslingen oder bestimmte Anforderungen und Ereignisse zu Brüchen in der
Erwerbsbiographie führen. Friktionen wie diese können eine Entwertung von
Qualifikation, Verlust von Einkommen und biographische Desorientierung nach
sich zu ziehen. Weitgehend ausgeblendet in der arbeits- und sozialpolitischen
Steuerung in ihrer erwerbszentrierten Perspektive ist vor allem die *Familie als
den Lebenslauf beider Geschlechter steuernde Institution*. Geissler benennt im
Wesentlichen drei Kritikpunkte der Frauenforschung am erwerbszentrierten Ansatz in der Lebenslaufforschung: Erstens benötigt der (voll-)erwerbstätige „Ernährer" die Unterstützung durch die (Ehe-)Frau im Privaten. Zweitens bestehen
besondere Anforderungen an die Arbeitskraft von Frauen in Haus und Familie.
Deren Flexibilität und Empathie in der Sorge für andere sind zu Anforderungen
des Arbeitsmarktes in Beziehung zu setzen, um die Qualifikationen, das Erwerbsverhalten und Erwerbsverläufe von Frauen zu begreifen. Dieser Aspekt
impliziert ebenfalls eine *Kritik am auf Erwerbstätigkeit reduzierten Arbeitsbegriff*. Drittens offenbaren, im Blick auf die Subjekte, auch private biographische
Entscheidungen und subjektive Arrangements ihre Relevanz für den Lebenslauf.
Insbesondere der Lebenslauf von Frauen ist durch private Ereignisse und Statuspassagen wie Partnerbindung und Familiengründung strukturiert, die zum einen
zugleich ihre Erwerbschancen beeinträchtigen. Zum anderen wird die wohl-

74

fahrtsstaatliche Steuerung familienbezogener Passagen systematisch vernachlässigt (Krüger/Levy 2000). Das „Normal"-Erwerbsmodell und außererwerbliche Anforderungen, insbesondere familienbezogene Statuspassagen „passen" also strukturell nicht ohne weiteres zusammen. Dennoch mehr oder weniger gelungene Passungen, v.a. im Verhältnis von Beruf und Familie, herzustellen, bleibt bisher ganz überwiegend der individuellen Lebensplanung von Frauen überlassen. Doch auch über die Geschlechtergrenzen hinweg entfernen sich Lebens- und Erwerbsverläufe in steigendem Maße von institutionell gestützten Normalitätsvorstellung einer aufeinanderfolgenden Dreiteilung des Lebensverlaufs von Ausbildung, Vollzeiterwerbstätigkeit und Ruhestand. Für eine veränderte Perspektive, die lebenszyklisch unterschiedliche Zeit- und Vereinbarkeitsbedürfnisse und -wünsche im Verlauf des (Erwerbs-)Lebens berücksichtigt, könnten u.a. Sabbaticals - als Alternative etwa zur Exit-Option und vollständigen Rückzugs - zu einer systematischen Öffnung der Erwerbsbiographie und neuen Verknüpfungsmöglichkeiten von Arbeit und Leben beitragen.

5. Datenbasis und methodisches Vorgehen

Da als Fokus dieser Untersuchung die Frage subjektiver Nutzungs- und Gestaltungschancen im Umgang mit Sabbaticals im Vordergrund stehen soll, ist als eine zentrale methodische Frage die Art des Zugangs zu den AnwenderInnen von Sabbaticalangeboten zu klären. Alternativ zur Möglichkeit, über Zeitungsanzeigen Kontakt zu NutzerInnen herzustellen, ist die Entscheidung zugunsten des *betrieblichen Zugangs zum Forschungsfeld* ausgefallen. Dafür sprechen mehrere Gründe. Zwar richtet sich das Forschungsinteresse in erster Linie auf die individuellen Gestaltungsmöglichkeiten und Arrangements der Subjekte bei der Anwendung von Sabbaticals. Doch soll die Nutzung nicht losgelöst von den betrieblichen Hintergründen betrachtet werden. Aufgrund des geringen Kenntnisstandes über diese neuen Freistellungsvarianten, soll die betriebliche Perspektive als Anbieter von Sabbaticals sowohl Informationen hinsichtlich der *Ausgestaltung von Sabbaticalmodellen* als auch in Bezug zu den *unternehmensseitigen Motiven* für das Angebot liefern. Sie stellen somit wertvolles Hintergrundwissen dar und vervollständigen das Bild von dem zu erkundenden Forschungsfeld. Zudem erweist sich die Betriebsperspektive als notwendig, um subjektive Aussagen zu hemmenden oder fördernden Faktoren im Zusammenhang mit der Freistellung in Kenntnis um den dazugehörigen betrieblichen Rahmen verstehen zu können. Die forschungsstrategische Entscheidung, sich in der Hauptsache auf betriebliche Sabbaticalmodelle anstelle etwa von individuell getroffenen Arrangements für einen Ausstieg zu beziehen, verspricht zudem den Vorteil, ggf. eine einheitliche Regelungsform zur Untersuchungsgrundlage machen zu können. Darüber hinaus ist zu vermuten, dass kollektive betriebliche Regelungen den Beschäftigten die Inanspruchnahme eines Sabbatical erleichtern und die Wahrscheinlichkeit erhöhen, auf eine größere Anzahl von NutzerInnen zu treffen. Allerdings zielt die Untersuchung in ihrer Anlage nicht auf Repräsentativität ab, sondern will sich in explorativer Weise an Sabbaticals als neue Regulierungsform in der Balance von Arbeit und Leben annähern. Angestrebt wird daher eine große Bandbreite kollektiver Modelle, um einen Querschnitt über verschiedene Arten der Sabbaticalnutzung liefern zu können.

Die folgenden Kapitel gehen ein auf den Zugang zum Forschungsfeld und die Recherche der betrieblichen Modelle (5.1). Kapitel 5.2 beschreibt die anschließenden Expertengespräche mit den betrieblichen Initiatoren der Sabbaticalangebote sowie den Zugang zu den Modell-anwenderInnen. In Kapitel 5.3. wird die Entscheidung für eine qualitative Datenerhebung erläutert; Kapitel 5.4 gibt Auskunft über die Samplebildung. Über die Durchführung der Interviews informiert das Kapitel 5.5 und Kapitel 5.6 beschreibt die ersten Auswertungsschritte.

5.1 Sondierung des Forschungsfeldes und Recherche der Sabbaticalmodelle

Zu Beginn der Forschungsarbeit standen allgemein zugängliche Informationen über die Verbreitung und Anwendung von Sabbaticals in der Bundesrepublik so gut wie nicht zur Verfügung[75]. Für das weitgehend wissenschaftliche Neuland der Sabbaticalforschung bot sich daher für den Einstieg und ersten Überblick über die Thematik eine breitgestreute *Recherche bei ExpertInnen* an. Zu diesem Zweck wurde im ersten Schritt eine schriftliche Anfrage an bundesweit rund einschlägige 50 Institutionen bzw. Einzelpersonen gerichtet. Gefragt wurde nach eigenen Forschungsarbeiten oder Veröffentlichungen bzw. nach Kenntnissen von Untersuchungen anderer Personen oder Institutionen zum Thema „Sabbaticals". Darüber hinaus sollten, sofern bekannt, Wirtschaftsbereiche bzw. Einzelunternehmen benannt werden, die diese Arbeitszeitoption bereits anbieten.

Anhand der eingegangenen Rückmeldungen wurde schnell deutlich, dass in der Bundesrepublik eine Kluft besteht zwischen der Aufmerksamkeit, dass Sabbaticals in aktuellen arbeitszeitpolitischen Diskussionen und in den Medien entgegengebracht wird und dem Bestand an substanziellen Kenntnissen bzw. Erfahrungen mit diesem Instrument. So spielen, trotz zunehmender Indizien für ein wachsendes Interesse der Beschäftigten an neuen Arbeitszeitverteilungsmodi,

---

[75] Abgesehen lediglich von einer Studie zum Nutzen von Kurzsabbaticals im Rahmen von Arbeitsumverteilung (Hoff 1994) begleitend zur Einführung und möglichen Weiterentwicklung des Sabbatjahrmodells im öffentlichen Dienst sowie einem Gutachten zu Effekten von Arbeitszeitverkürzung in Ostdeutschland mit Hinweisen speziell auf das Berliner Sabbatjahrmodell (Bäcker/Schäfer/Seifert 1994). Zum aktuellen Stand der Sabbaticalforschung in Deutschland vgl. Kap. 2.3. Zu den Freistellungsregelungen außerhalb Deutschlands, allen voran den skandinavischen Freistellungs- bzw. Rotationsprogrammen liegen dagegen eine Reihe von Publikationen vor (vgl. u.a. Höcker/Reissert u.a. 1995, Höcker 2000, Madsen 1998). Diese Quellen wurden jedoch in diesem Rahmen nicht näher ausgewertet, da hier nicht vergleichend vorgegangen werden soll.

Sabbaticals nach gewerkschaftlichen Angaben in der Tarifpolitik keine Rolle. Der Abschluss von Sabbaticalregelungen bleibt demnach bislang den Betriebsparteien überlassen. Arbeitgeberverbände zeigten sich auf Nachfrage zwar interessiert an der Weiterentwicklung tariflicher Bestimmungen zugunsten einer Ausweitung betriebsindividueller Arbeitszeitsysteme, doch wurde auch von dieser Stelle konstatiert, dass Sabbaticals in diesem Zusammenhang kaum zur Debatte stünden. Grund dafür sei die betriebspolitisch schwierige Durchsetzung von Sabbaticals, die deswegen ohnehin allenfalls in Großbetrieben oder im öffentlichen Dienst eine Realisierungschance hätten.

Tatsächlich kommt dem öffentliche Dienst im Hinblick auf Sabbaticalangebote eine Pionierfunktion zu. Entsprechende Regelungen zum so genannten „Sabbatjahr" sind dort schon Ende der 80er Jahre eingeführt worden und existieren mittlerweile nahezu in allen alten Bundesländern. Allerdings sollte sich das Untersuchungsspektrum nicht allein auf den relativ homogenen Bereich des öffentlichen Dienstes beschränken, sondern eine möglichst breite Palette von Angeboten und Anwendungen in verschiedenen Branchen widerspiegeln. Insofern erschien es unerläßlich, gerade auch Modelle und Erfahrungen aus der Privatwirtschaft in die Untersuchung mit einzubeziehen.

Betriebliche Recherche

Im *ersten Zugriff* ergaben sich aus den Hinweisen der angefragten ExpertInnen und politischen Akteure, nach dem „Schneeballprinzip" zusätzlich gewonnenen Informationen sowie eigene Forschungs-, Literatur- und Presserecherchen insgesamt rund 60 Hinweise auf Arbeitszeitmodelle mit Freistellungsoptionen in privatwirtschaftlichen Unternehmen, öffentlichen Verwaltungsbereichen und Kirchen. Nach ersten Sondierungen und Selektion im telefonischen Direktkontakt wurde an für die weitere Recherche aussichtsreiche Betriebe eine gezielte schriftliche Anfrage gerichtet, die sowohl auf die Regelungsinhalte als auch auf die Inanspruchnahme des Modells bezogen war.

Auf dieser Informationsstufe wurden für den weiteren Untersuchungsverlauf dann im *zweiten Schritt* diejenigen Unternehmen und öffentlichen Dienste ausgewählt, deren Sabbaticalangebote die folgenden Kriterien erfüllten:

1. Die Regelungen haben *optionalen Charakter* und ermöglichen den Beschäftigten eine freiwillige Teilnahme.

2. Die Regelungen erlauben eine *längerfristige Unterbrechung* der Erwerbstätigkeit, d.h. zusammenhängende Freistellungszeiträume von mindestens dreimonatiger Dauer und werden in diesem Zeitrahmen auch tatsächlich genutzt.

3. Sie gewährleisten einen *höchstmöglichen Grad an Gestaltungsfreiheit* insbesondere dadurch, dass die Vereinbarungen auf bestimmte Zweckbindungen des Sabbaticals verzichten.

4. Es ist möglich, die Freistellung „mittendrin" im Erwerbsleben zu nehmen, womit ein *Wiedereinstieg in den Beruf* vorgesehen ist.

5. Es handelt sich bei den Vereinbarungen idealerweise um eine *kollektive Arbeitszeitregelung*, die möglichst allen Beschäftigtengruppen zugänglich ist. Ferner sollte die Sabbatical-Vereinbarung in der betrieblichen Praxis erprobt sein, also bereits Erfahrungen mit der Anwendung der Modelle vorliegen[76]. Von der Auswahl ausgeschlossen bzw. im weiteren Untersuchungsverlauf unberücksichtigt blieben insbesondere:

- Regelungen, deren Freistellungsmöglichkeiten unterhalb von drei Monaten lagen[77].
- Regelungen, die in der Hauptsache auf der Ansammlung von Mehrarbeitszeiten[78] auf so genannten Langzeitkonten beruhten, und/oder die für betrieblich vorab festgelegte Zwecke bestimmt waren. Hierzu gehörten insbesondere Modelle mit dem Ziel des Vorruhestandes.

Wie sich herausstellte, war mit diesen Auswahlkriterien ein relativ hoher Maßstab an die Modelle angelegt, so dass der Kreis der für die Untersuchung in Frage kommenden Betriebe sich beträchtlich reduzierte und letztlich auf nur wenige Großunternehmen zusammenschrumpfte. Zeigte sich schon beim Kriterium einer mindestens dreimonatigen durchgängigen Freistellungsphase, dass viele Modelle mit ihren Möglichkeiten unterhalb dieser Größenordnung blieben, so erwies sich zudem die Bedingung der faktischen und relevanten Nutzung als weiteres wirksames Selektionskriterium. Nicht berücksichtigt wurden demnach Modelle, die in der Praxis nicht oder nur in Einzelfällen und/oder lediglich für kurze Zeiträume von den Beschäftigten in Anspruch genommen sowie auslaufende oder zwischenzeitlich außer Kraft gesetzte Vereinbarungen, die seit längerer Zeit nicht mehr oder kaum noch genutzt wurden. Auch Sabbaticalangebote, die erst seit kurzer Zeit in Kraft getreten waren, so dass noch keine Erfahrungen mit der praktischen Anwendung vorlagen, wurden nicht weiter verfolgt.

Im Endresultat waren es neben den Vereinbarungen des öffentlichen Dienstes drei weitere Sabbaticalangebote aus privatwirtschaftlichen Betrieben, die den genannten Kriterien entsprachen. Dabei fiel die Auswahl aus dem Sabbatical-Programm des öffentlichen Dienstes stellvertretend auf die Angebote der beiden Stadtstaaten Hamburg und Bremen[79]:

---

[76] Das Kriterium der faktischen Nutzung hatte insbesondere für die Befragung der SabbaticalanwenderInnen Relevanz. Da die Sabbaticalanwendung als Ganzes in den Blick genommen werden sollte, war es nicht nur wichtig, etwas über die Motive und Intentionen *im Vorfeld* des Sabbaticals in Erfahrung zu bringen, sondern ebenso über die konkrete Verwendung der Auszeit sowie die Phase des Wiedereinstiegs ins Berufsleben *nach* der Sabbaticalzeit.

[77] Damit blieben neben Blockfreizeiten auch so genannte „Kurzsabbaticals" unberücksichtigt, d.h. der Fokus richtete sich speziell auf „Langzeitfreistellungen".

[78] Zur ausführlicheren Begründung dieses Ausschlusskriteriums vgl. auch Kap. 2.1.

[79] Die Auswahl dieser beiden Bundesländer erfolgte auch aus forschungspraktischen und materiellen Erwägungen, die späteren Anlaufstellen für die Erhebungen möglichst regional zu bündeln.

Öffentlicher Dienst in Bremen:
Modell: „Sabbatjahr" als Teilzeitmodell
Dauer: bis max. 1 Jahr innerhalb 4-7jähriger Ansparphase
Gültigkeit: seit 1995 für Beamte, seit 1998 erweitert auf alle Beschäftigten
Form: Senatsrichtlinien von 1995 und 1998

Öffentlicher Dienst in Hamburg:
Modell: Sabbatjahre als Sonderform von Teilzeit
Dauer: mind. 1 Jahr, längere Zeiträume möglich, innerhalb 2-7jähriger Ansparzeit
Gültigkeit: ebenfalls seit 1998 für alle Beschäftigten, zuvor nur für Beamte
Form: Senatsrichtlinie von 1998

Aus dem Bereich der Privatwirtschaft wurden folgende Unternehmen mit ihren Angeboten ausgewählt[80]:

Automobilhersteller A:
Modell: Freizeitblock über Anrechnung von Sonderzahlungsansprüchen
Dauer: bis zu 6 Monaten
Gültigkeit: für alle MitarbeiterInnen ab 1-jähriger Betriebszugehörigkeit
Form: Betriebsvereinbarung seit 1994

Automobilhersteller B:
Modell: Wiedereinstellzusage nach unbezahlter Langzeitfreistellung
Dauer: ab 6 Monate bis max. 5 Jahre
Gültigkeit: für alle MitarbeiterInnen
Form: Betriebsvereinbarung von 1990

Energiewirtschaftsunternehmen:
Modell: „Langzeiturlaub"-Angebot ohne Vergütung
Dauer: mind. 1 Jahr bis max. 5 Jahre
Gültigkeit: für alle MitarbeiterInnen ab 3 Jahren Betriebszugehörigkeit
Form: Haustarifvertrag von 1996

Um das wider Erwarten begrenzte Spektrum privatwirtschaftlicher Sabbaticalangebote zu erweitern und eine bessere Streuung der späteren InterviewpartnerInnen auf Seiten der NutzerInnen zu gewährleisten, wurden Nachrecherchen angestellt. Dabei erwies sich die Medienbranche mit ihren besonders dynami-

---

[80] Trotz zunächst aussichtsreicher Kontakte konnten in zwei Privatunternehmen im Untersuchungszeitraum letztlich betrieblich keine bzw. keine verwertbaren Kontakte zu NutzerInnen hergestellt werden. Damit verringerte sich die Zahl der untersuchten privatwirtschaftlichen Modelle von fünf auf drei.

schen Arbeitsbedingungen als ein vielversprechender Bereich. Die Anwendung flexibler Arbeitszeitmuster sind hier keine Neuigkeit, allerdings beruhen entsprechende Praxen häufig nicht auf formalisierten Regelungen. In den drei Unternehmen, in denen Kontakt zu SabbaticalnutzerInnen hergestellt werden konnte, wurde die Inanspruchnahme jeweils in individueller Absprache vereinbart[81]. Folgende Fälle entstammen als individuelle Absprache aus der Medienwirtschaft:

Verlagsunternehmen A
Fall 1: Sabbatical von 6 ½ Monaten Dauer (incl. Jahresurlaub), davon 5 Monate unbezahlt.
Fall 2: (Tochtergesellschaft für Fernsehproduktion desselben Unternehmens): Sabbatical von 7 Monaten Dauer (incl. Jahresurlaub) als „Job-Sharing" deklariert. Finanzierung gemäß Teilzeitmodell: ein Jahr 50 % Gehaltsreduzierung, aufgeteilt auf den Zeitraum vor und nach dem Sabbatical.

Verlagsunternehmen B
Fall 1: Sabbatical von 6 Monaten Dauer. Wegen leitender Funktion des Sabbaticalnehmers Rückwandlung in einen normalen Arbeitsvertrag notwendig. Finanzierung nach Teilzeitmodell: für ein Jahr um 50% reduzierter Gehaltsbezug, fortlaufende Sozialversicherung.

Rundfunkanstalt
Fall 1: Sabbatical von insgesamt 5 Jahren Dauer als „unbezahlte Freistellung" (Bezug auf Passus im Haustarifvertrag
Fall 2: Sabbatical von einem Jahr Dauer unter Berufung auf bevorstehende Änderung der Gesetzgebung zugunsten verlängerter Erziehungszeiten. Finanzierung: unbezahlt.

Mit dieser Sampleauswahl sind schließlich sowohl private wie auch öffentliche Arbeitsbereiche, kollektive wie auch individuelle Vereinbarungen sowie unterschiedliche Finanzierungsformen und Zeithorizonte berücksichtigt und damit die wesentlichen Elemente in der Varianz von Sabbaticalregelungen abgedeckt.

5.2 Expertengespräche und Zugang zu den AnwenderInnen

Um die vorliegenden Informationen über die betrieblichen Hintergründe und Erfahrungen mit den Sabbaticalangeboten zu vertiefen, wurden in einem *dritten Schritt* Expertengespräche in den ausgewählten Betrieben und Verwaltungen geführt. Diese Gespräche fanden 1999 statt, hatten vor allem eine explorativ-felderschließende Funktion und waren den Beschäftigteninterviews zeitlich vor-

---

[81] Allerdings fanden in einem der Unternehmen zum Zeitpunkt der Recherche erste Gespräche statt, um die Möglichkeiten einer Kollektiv-Regelung von Sabbaticals auszuloten.

gelagert. Als ExpertInnen standen sowohl LeiterInnen und MitarbeiterInnen aus den Personalabteilungen als auch Betriebs- bzw. Personalräte sowie Frauenbeauftragte zur Verfügung. Idealerweise sollte es sich dabei um VertreterInnen handeln, die auch an den Verhandlungen zum Sabbaticalmodell beteiligt waren. Inhaltlich war die Interviewperspektive auf das Kontextwissen der ExpertInnen ausgerichtet (Meuser/Nagel 1991). Zu folgenden Fragebereichen wurde ein entsprechender Gesprächsleitfaden entwickelt:

• Vorgeschichte der Vereinbarung
  - Anlass bzw. Ausgangspunkt der Implementation
  - betriebliche Motive und Ziele
  - Ablauf der Aushandlung (Initiative, Beteiligung, Information, Hindernisse)
• Ausgestaltung der Regelungen im Einzelnen
• Personenkreis und Inanspruchnahme
• bisherige Erfahrungen mit dem Sabbaticalangebot und Bewertung

Mehrheitlich verständigten sich die Akteure beider Betriebsparteien - sofern sie sich am selben Betriebsstandort aufhielten - auf einen gemeinsamen Interviewtermin. Eine wichtige Grundlage des gemeinsamen Auftretens bildet das Verständnis dieser Arbeitszeitregelung als ein konsensuales Modell: Beide Seiten verbinden demnach mit der Vereinbarung Vorteile und identifizieren sich entsprechend mit dem Verhandlungsergebnis. Wenn auch in Detailfragen Ansichten u.U. auseinander gingen, traten im Kern i.d.R. kaum konträre Meinungen über Sinn und Nutzen des Freistellungsangebots zutage. In dieser Haltung, die sich u.a. in einer ungewöhnlich hohen Mitteilungsbereitschaft ausdrückte, zeigte sich auch eine gewisse Befriedigung der Protagonisten darüber, dass derartige, noch selten praktizierte Angebote den betrieblichen VertreterInnen eine besondere Innovationsfähigkeit bescheinigen.

Abgesehen von der Chance, im direkten Gespräch mit den betrieblichen Initiatoren bzw. Akteuren ausführlich über die Genese und Praxiserfahrungen informiert zu werden, sollte der persönliche Kontakt zu den Aushandlungsparteien forschungsstrategisch zugleich den Zugang zu den NutzerInnen der jeweiligen Modelle erleichtern. Den betrieblichen Akteuren wurde erklärt, dass über die betrieblichen Rahmenbedingungen der Freistellungsmodelle hinaus, Erkenntnisgewinne über deren individuelle Anwendung ein Kernstück der vorliegenden Untersuchung bilden sollen. In allen Fällen signalisierten diese ihre Bereitschaft, unter Berücksichtigung datenschutzrechtlicher Bestimmungen, bei der Herstellung von Kontakten zu ModellteilnehmerInnen behilflich zu sein.

Kontakt zu InterviewpartnerInnen

Über betriebliche Verteiler wurde im *vierten Schritt* ein Informationsschreiben zur Idee und Rahmen der Untersuchung, sowie Bedingungen der geplanten Interviews an die potentiellen InterviewpartnerInnen weitergeleitet. Ein beigelegter Kurzfragebogen[82], sollte es den AdressatInnen ermöglichen, im Falle ihrer Bereitschaft, an der Befragung teilzunehmen, unter Angabe einiger Daten zur Nutzung des Sabbaticals und zu ihrer Person, Rückmeldung zu geben. Schwierigkeiten bei dem Verfahren ergaben sich durch die Notwendigkeit, vorab in etwa die Größenordnung der aktuellen Nutzung abzuschätzen. Wie sich herausstellte, wurden die TeilnehmerInnen der Sabbaticalmodelle in den Personalstatistiken selten als eigene Kategorie aufgeführt, sondern häufig unter der allgemeinen Rubrik „Teilzeit" subsummiert. Wie schon bei der Modellauswahl erwies sich außerdem die Vorgabe langfristiger Freistellungszeiten als problematisch. Insbesondere in den Privatbetrieben lagen die durchschnittlichen Freistellungszeiträume bei der faktischen Nutzung der Modelle zumeist unterhalb von drei Monaten. Der Wunsch, nur solche NutzerInnen befragen zu wollen, die ihre Freistellung zum Zeitpunkt des Interviews bereits beendet hatten sowie der Aktualitätsanspruch bewirkten weitere Einschränkungen. Danach sollte die Erfahrung der Freistellung den Befragten noch "frisch" in Erinnerung sein, d.h. nach Möglichkeit nicht länger als ein bis zwei Jahre zurückliegen. Speziell im Fall des Freistellungsmodells des Energieunternehmens ließ sich dieses Kriterium nicht in allen Fällen durchhalten, da das Angebot relativ jungen Datums war, die Laufzeiten der Freistellungsphasen mit bis zu 5 Jahren jedoch extrem lang ausfielen.

Die Kontaktierung der Modell-NutzerInnen entwickelte sich insbesondere in privatwirtschaftlichen Bereichen als unvorhergesehen langwieriger Untersuchungsschritt. Zwar konnte der persönliche Kontakt zu den betrieblichen Experten den Verbindlichkeitsgrad für die Unterstützung des Forschungsprojekts erhöhen, dennoch blieben die Chancen mit den Freistellungs-TeilnehmerInnen in Verbindung treten zu können, stark vom Engagement und der Hilfestellung einzelner betrieblicher Akteure abhängig. Am konkreten Einzelbeispiel zeigte sich darüber hinaus, wie sehr der Erfolg, SabbaticalnutzerInnen für eine persönliche Befragung zu gewinnen, nicht zuletzt von der jeweils aktuell herrschenden betrieblichen Situation beeinflusst ist. So kam in einem anfänglich sehr vielversprechenden Bereich letztlich kein Interview zustande, da die Belegschaft, nach Aussage der betrieblichen Ansprechpartner, aufgrund einer zeitlich parallel laufenden, rationalisierungsbedingten betriebsinternen Umfrage verunsichert war und keine weiteren Auskünfte geben wollten.

In den Fällen der erfolgreichen Vermittlung konnten auf der Basis der Daten aus den zurück gesandten Kurzfragebögen mit einer ersten Selektion und Zusammenstellung des AnwenderInnen-Samples begonnen werden. Als Endresultat

---

[82] Der beigefügte Kurzfragebogen hatte die doppelte Funktion, erstens den Adressaten in einem niedrigschwelligen Verfahren, d.h. durch einfache Rücksendung des Fragebogens im Freiumschlag, zu ermöglichen, ihre Bereitschaft zur Teilnahme an der Untersuchung zu signalisieren. Zum anderen bildeten die darin erhobenen Daten eine erste Grundlage für die spätere Zusammenstellung des Samples.

82

dieses Rechercheschrittes konnten nach der Versendung von insgesamt rund 230 Anschreiben ein Rücklauf von gut 100 Meldungen von Sabbatical-Anwender-Innen registriert werden, davon der überwiegende Teil per Rücksendung des Kurzfragebogens. Lediglich 12 TeilnehmerInnen wurden durch Listen direkt vom Betrieb gemeldet und anschließend telefonisch kontaktiert. Bei ca. 10 % der (Rück-)Meldungen waren die Fälle für ein Interview nicht geeignet[83].

5.3 Qualitatives Design

Für ein weithin unerschlossenes Feld wie die Sabbaticalforschung bieten sich präzise operationalisierte quantitative Verfahren nicht an. Vielmehr soll es das methodische Instrumentarium erlauben, möglichst vielschichtige und ganzheitliche Eindrücke vom Untersuchungsgegenstand, den Motiven und Arten seiner Nutzung zu ermitteln. Gegenüber dem Interesse an der Exploration von Sachverhalten und der komplexen Ermittlung von Bezugssytemen der SabbaticalteilnehmerInnen traten Ansprüche von Repräsentativität und Verallgemeinerbarkeit der Forschungsergebnisse zurück.

Für das Hauptanliegen der Untersuchung, Kenntnisse über individuelle Arrangements und Gestaltungschancen im Umgang mit Sabbaticals zu gewinnen, erschien für die Generierung der empirischen Daten eine *„weichere", wenig standardisierte Herangehensweise* am besten geeignet. Die Strukturierung des Forschungsfeldes erfolgt damit nicht über vorab exakt ausformulierte Hypothesen, sondern bevorzugt wird in Reflexion auf die Komplexität und Prozesshaftigkeit des Forschungsgegenstands eine Annäherung nach der Programmatik *qualitativer Sozialforschung* (Lamneck 1995:21ff). Dem dort formulierten methodischen *Prinzip der Offenheit* folgend, bildet ein relativ flexibles und offenes theoretisches Konzept den Ausgangspunkt der Datenerhebung. Verbunden mit der Fragestellung der Untersuchung soll sich der Forschungsprozess dadurch auf die *Problemsicht der Subjekte* konzentrieren, um dann Schritt für Schritt diejenigen Sinn- und Handlungsstrukturen zu rekonstruieren, die die zu untersuchenden Ausschnitte der Lebenswelt (mit-) konstituieren. Eine engere theoretische Rahmung wird also zunächst absichtsvoll zurückgestellt zugunsten einer weitgehenden Exploration des Forschungsfeldes. Unter Anwendung flexibler Erhebungskonzepte soll die Untersuchung so offen wie möglich gegenüber neuen Entwicklungen und Dimensionen im Forschungsverlauf gehalten und mit diesem Vorgehen ebenfalls einer Forderung qualitativer Forschung Rechnung getragen werden (a.a.O.:22f). Das eher hypothesengenerierende, denn hypothesenprüfende Verfahren in der qualitativen Forschung ist allerdings nicht einem naiven He-

---

[83] Die Gründe dafür waren unterschiedlicher Natur. In einigen Fällen erfolgte die Freistellung auf der Grundlage anderer, zweckgebunder Modelle, in anderen bewegte sich die Zeitdauer des Sabbaticals unterhalb der 3-Monats-Marke, in einem speziellen Fall lehnte eine Anwenderin ein Interview schließlich ab, da ihr die Sabbaticalerfahrungen als zu persönlich erschienen.

rangehen gleichzusetzen, sondern führt mit Hilfe „theoretischer Sensibilität"[84] zu einer behutsamen Strukturierung der Daten. Die Einsichten, die es dem Untersuchungsgegenstand abzugewinnen gilt, sind somit in erster Linie an der komplexen Alltagswelt der Individuen orientiert. Statt in der Anwendung und Verarbeitung von Sabbaticals eindeutige Kausalzusammenhänge herstellen zu wollen, geht es bei den hier angestellten Betrachtungen vielmehr um die Suche nach Begründungungszusammenhängen und der sozialen Einbettung von Handlungen und Absichten, also dem Erfassen sozialer Figurationen, wie sie sich am ehesten durch eine *kommunikative Erhebungsmethode* zu Tage fördern lassen. Forschung als Kommunikationsprozess zu begreifen, auch diese Vorstellung gehört zu den grundlegenden Ideen qualitativer Methodologie. Interaktionsbeziehungen zwischen ForscherIn und Beforschten werden nicht, wie im objektiven Paradigma, als Störgröße versucht zu eliminieren, sondern ganz im Gegenteil, als konstitutiver Bestandteil der Erhebung mit vorausgesetzt (a.a.O.:23f). Um dem Untersuchungsgegenstand mit angemessener Offenheit zu begegnen und die forschungsspezifische Kommunikationssituation weitestmöglich an alltagsweltliche Gesprächssituationen anzunähern, wird die Methode des *qualitativen Interviews* in Anlehnung an die problemzentrierte Forschungstechnik nach Witzel (1985/1989, 2000)[85] gewählt. Ihr Vorteil liegt darin, dass die am Prinzip der Kommunikativität orientierte und dem Alltagsdiskurs ähnliche Fragestellung *erstens* die Auskunftsbereitschaft der Befragten anregt. Der offene, erzählgenerierende Fragestil eröffnet notwendige Freiräume für *subjektive Schwerpunktsetzungen und eigene Logiken* in den Antworten. Die vor dem Hintergrund theoretischen Vorwissens vorsichtig strukturierte Sammlung von verbalem Datenmaterial erzeugt ein mehr oder weniger abgerundetes, ganzheitliches Bild von den Umständen, Handlungen und Orientierungen der InterviewpartnerInnen. „Problemzentrierte Interviews" ermöglichen damit Offenheit gegenüber der Artikulationsstruktur der Interviewten, fokussieren jedoch zugleich das Themenspektrum, dass zur Sprache kommen soll, auf bestimmte Problembereiche. Insofern bietet der Leitfaden *zweitens* eine Gewähr dafür, dass die Thematisierung nicht beliebig erfolgt, sondern sich überwiegend auf das *spezifische Forschungsinteresse* bezieht. In einem *„induktiven-deduktiven Wechselverhältnis"* (Witzel 2000:3) wird so einerseits die Problemsicht der Befragten nachvollzogen, indem die individuellen Relevanzsetzungen durch Narrationen angeregt werden. Andererseits dient das *theoretische Vorwissen*, d.h. bestimmte für das Themengebiet und die Forschungsfragen für relevant befun-

---

[84] Gemeint ist die durch bestimmtes, theoretisches „Vorwissen" gelenkte Fokussierung der Fragestellung.

[85] In der Konzeption Witzels handelt es sich um eine Methodenkombination von qualitativem Interview, Fallanalyse, biographischer Methode und Gruppendiskussion. Für die vorliegende Untersuchung wurde das problemzentrierte Interview als Einzelmethode angewandt (vgl. auch Lamneck 1995:74ff).

dene Aspekte als *heuristisch-analytischer Rahmen* für die Fragekomplexe, die den Interviewleitfaden konstituieren. *Drittens* trägt dieser Rahmen für eine *Vergleichbarkeit der Daten* Sorge, indem sich alle Interviewten in Kernbereichen zu den selben untersuchungsrelevanten Themen äußern. Mit der Wahl eines leitfadengestützten Interviews wird also eine bestimmte thematische Eingrenzung und Reduktion der interessierenden Aspekte vorgenommen. Bei den für die vorliegende Untersuchung ausgewählten *Oberthemen des Leitfadens* handelt es sich um allgemeine, empirisch wenig gehaltvolle Alltagskategorien, m.a.W. um Alltagswissen als Grundlage für alltagsweltliches Verstehen. In die Auswahl und Zusammenstellung der Fragenkomplexe und Einzelfragen sind sowohl die theoretischen als auch konzeptionellen Vorüberlegungen aus dem Teil I, sowie Teil II, Kapitel 2 eingeflossen. Die Themen konzentrierten sich auf Wahrnehmungen und Verarbeitungsmuster auf individueller, biographischer und institutioneller Ebene und folgen im Wesentlichen der Chronologie der Ereignisse[86] im Zusammenhang mit der Freistellung. Im Einzelnen untergliedert sich der Leitfaden in folgende *vier Fragebereiche*:
Im Komplex 1 geht es um die betriebliche und private Ausgangssituation und Durchsetzung der Freistellung. Daran anschließend wird im zweiten Komplex nach den Motiven und Abwägungsprozessen im Vorfeld der Freistellung gefragt. Die praktische Umsetzung, die Zeitverwendung und das subjektive Zeiterleben im Sabbatical sind der Schwerpunkt im Fragenkomplex 3. Im letzten Bereich sollen sich die Befragten zu den Umständen des Wiedereinstiegs, ihrer Bewertung der Freistellungszeit und ihren künftigen Perspektiven der Lebensgestaltung äußern, insbesondere mit Blick auf die Arbeitszeitarrangements.

5.4 Samplebildung

Die Überlegungen hinsichtlich der Zusammenstellung des Samples der SabbaticalanwenderInnen waren von dem Bestreben geleitet, Zusammenhänge und Gestaltungsmöglichkeiten bei der Anwendung von Sabbaticals in möglichst vielfältiger Weise sichtbar zu machen. Ziel sollte sein, nach dem *Konzept der maximalen Variation* eine möglichst heterogene Stichprobe zusammenzustellen, dabei jedoch relevante Verzerrungen, wie z.B. im Hinblick auf die Verteilung nach Geschlecht, Alter oder nach unterschiedlichen Modellen zu vermeiden (Kelle/Kluge 1999:38f). Als Grundlage für die Auswahl des Samples dienten im Wesentlichen die im bereits erwähnten *Kurzfragebogen* erhobenen Daten. Als eine Art Voruntersuchung lieferte dieser eine überschaubare Anzahl von Informationen zu sozialstrukturellen Kriterien und Angaben zur Freistellung, von de-

---

[86] Die Orientierung an der chronologische Abfolge der Ereignisse sollte den Befragten zum einen die erzählerische Darstellung der Zusammenhänge erleichtern. Zum anderen diente es auch der Interviewerin als Hilfestellung, um einen besseren Überblick über die bereits behandelten bzw. noch ausstehenden Themenbereiche zu behalten.

nen anzunehmen war, dass sie wichtige Einflussgrößen für die Nutzung der Freistellungsmodelle darstellen[87].

Anhand dieser Daten sowie dem Wissen um die betrieblichen Kontexte sollte im Verfahren der Fallkontrastierung nach dem *Konzept des „qualitativen samplings"* (a.a.O.:44ff) und in Anlehnung an die Strategie des „theoretical samplings" (Glaser/Strauss 1998)[88] ein möglichst *breites Spektrum* unterschiedlicher Motivationen zur Freistellung einerseits und Modellvarianten andererseits in das Sample aufgenommen werden. Weiterhin galt es, die Teilnahme nach Alter und Geschlecht abzubilden sowie Unterschiede im beruflichen Status zu berücksichtigen. Obwohl auch qualitative Verfahren die Absicht verfolgen, Erkenntnisse systematisch zu gewinnen und intersubjektiv nachvollziehbar darzulegen, interessiert hier weniger die zahlenmäßige Verteilung und Repräsentativität bestimmter Merkmale, als vielmehr die Einsicht in ihre wesentlichen und typischen Zusammenhänge. Klassische Auswahlkriterien für Stichproben, wie Alter, Beruf, Geschlecht haben in qualitativen Untersuchungen somit allenfalls die Funktion eines Orientierungsrahmens, beanspruchen aber für sich genommen noch keine Erklärungskraft. Auch aus diesem Grund sollte das Sample ausgewogen und nach Möglichkeit breit gestreut sein (Kaufmann 1999:60).

Nach diesem Verständnis genügt durchaus eine kleine Anzahl von Fällen. Eine Begrenzung auf maximal *30 Interviews* erschien daher sowohl mit Blick auf den qualitativ-explorativen Charakter der Untersuchung als auch unter Berücksichtigung der Ressourcen des Forschungsprojekts und der anschließenden Bearbeitungsmöglichkeiten hinsichtlich der Datenauswertung als sinnvoll und ausreichend. Vom Verfahren her wurden die eingegangenen Rückmeldungen per Fragebogen sowohl im Gesamtüberblick dokumentiert, als auch nach Einzelkriterien systematisiert aufgelistet. Für die Auswahl bot sich ein sukzessives Vorgehen an, indem zunächst lediglich innerhalb eines Unternehmens bzw. Freistellungsmodell nach relevanten Ausprägungen und Variationen Ausschau gehalten wurde. Dieses Herangehen erlaubte eine adäquate Anpassung an die Dynamik des Rückmeldeprozesses und entsprach darüber hinaus den Erfordernissen einer flexiblen Annäherung an das Feld durch *schrittweise Gewinnung und Prüfung der gesammelten Daten* (Lamneck 1995:118f). Nach dem Leitprinzip der größtmöglichen Vielfalt, gilt es, im Verlauf der Erhebung gezielt InterviewpartnerInnen ausfindig zu machen, die als relevant vermutete und noch nicht vertretene Merkmale erfüllen (Kluge/Kelle 1999:38ff). Diese Flexibilität war außer-

---

[87] Die betriebliche Zugehörigkeit wurde aus Rücksicht auf vielfach geäußerte Bedenken bezüglich der Anonymität an dieser Stelle nicht explizit abgefragt. Sie ergab sich jedoch i.d.R. durch die Kombination der Angaben zur Freistellung und zur beruflichen Tätigkeit.

[88] Dieses Vorgehen entspringt der Methodologie der „grounded theory" von Glaser/Strauss (1967). Danach soll Theoriebildung auf empirischen Daten und Einsichten beruhen und damit empirischen Phänomenen und Situation eher gerecht werden. Ergebnis ist eine „Theorie besonderen Typs, die sich am Konkreten gerieben hat und nur langsam aus den Daten auftaucht" (Kaufmann 1999:33).

dem von Vorteil, um auf unerwartete Entwicklungen zu reagieren. So gelang es, „Ausfälle" an der einen durch Nacherhebungen an anderer Stelle zu kompensieren.

Bei den, einschließlich Pretest, insgesamt 31 interviewten Personen[89] handelt es sich, nach Branchen unterschieden, in der Hälfte der Fälle um Beschäftigte des öffentlichen Dienstes, was ihrem hohen Anteil an den Rückmeldungen entspricht. Innerhalb dieser Gruppe waren wiederum ein Großteil Lehrer an allgemeinbildenden Schulen und Berufsschulen. Diese Berufsgruppe stellt im Sample mit insgesamt zehn Fällen (inklusive Pretest) die Mehrheit der Befragten. Hinzu kommen fünf weitere Fälle aus anderen Bereichen des öffentlichen Dienstes. Aus den drei privatwirtschaftlichen Betrieben der Erst-Recherche wurden insgesamt elf Personen befragt. Aus der Nachrecherche im Medienbereich ergaben sich nochmals fünf Kontakte zu SabbaticalanwenderInnen, die bereit waren, sich interviewen zu lassen.

Zusammenfassend lässt sich für die Zusammensetzung des Samples festhalten, dass Personen in der Altersgruppe zwischen 20 und 30 Jahren unterrepräsentiert sind, wohingegen die Verteilung in den mittleren Lebensjahren und zum Ende des Berufsleben hin relativ gleichmäßig gestreut ist. Nahezu gleichverteilt ist das Sample im Hinblick auf die Kategorie Geschlecht. Bei den privaten Lebensformen überwiegen Partnerschaften (mit und ohne Kinder) leicht die Anzahl der Alleinlebenden. Alleinerziehende bilden mit nur einem Fall die Ausnahme[90]. In Bezug auf den Ausbildungsgang haben die Befragten etwa je zur Hälfte eine betriebliche Ausbildung bzw. ein Studium absolviert, wobei ein Teil sich nach der Lehre zusätzlich mit einem Studium weiterqualifiziert hat. Im Hinblick auf die berufliche Position vor dem Sabbatical ist der Anteil der hochqualifizierten gegenüber den mittleren Qualifikationen nur wenig höher. Geringqualifizierte bzw. ungelernte Personen sind nicht vertreten. SabbaticalnehmerInnen aus dem öffentlichen Dienst und Privatwirtschaft halten sich im Sample in etwa die Waage. Hinsichtlich der Dauer der Freistellung haben die Befragten in gut der Hälfte der Fälle ein einjähriges Sabbatical in Anspruch genommen, die andere Hälfte verteilt sich fast zu gleichen Teilen auf mehrjährige Modelle sowie Sabbaticals unter einem Jahr. Die Angaben zu den Motiven lassen sich grob zwei Kategorien zuordnen. Inhaltlich „diffusere" Motive, wie „Regeneration", „Muße", „Neuorientierung" auf der einen sowie klarer konturierte wie „Kinderbetreuung", „Weiterbildung" oder „Hausbau" auf der anderen. In den meisten

---

[89] Der Pretest diente vornehmlich zur Überprüfung der Kategorien des Leitfadens und wurde im Folgenden nicht weiter ausgewertet. Ein weiteres Interview konnte wegen schlechter Tonqualität nicht verwertet werden. Dieser Verlust wurde jedoch durch eine zweite, nahezu identische Fallkonstellation gemildert. Insgesamt standen damit letztlich 29 Interviews zur detaillierten Auswertung zur Verfügung.

[90] Informationen zur privaten Lebenssituation wurden nicht per Kurzfragebogen erhoben.

Fällen wurde jedoch statt nur einem Motiv, ein Motivbündel benannt (s. Tabelle 1).

5.5 Durchführung der Interviews

Die Interviews mit den SabbaticalanwenderInnen wurden in der Zeit von Frühjahr bis Herbst 2000 durchgeführt. Eingeschlossen der Vor- und eventueller Nachgespräche[91] nahmen sie in der Regel zwischen 1 ½ bis zwei Stunden, in einigen wenigen Fällen auch drei und mehr Stunden in Anspruch. Nach Möglichkeit sollten die Interviews nicht im Betrieb, sondern bei den zu befragenden Personen zu Hause stattfinden, da es dort der Vermutung nach einfacher sein würde, einen relativ ungestörten Rahmen für die Befragung zu organisieren. Auch für etliche der Befragten selbst schien, angesichts der Thematik, der private Bereich gegenüber dem Betrieb die passendere Umgebung zu sein. Nur in einem kleineren Teil der Fälle erwies es sich zweckmäßiger, die Interviews im Betrieb durchzuführen. Neben praktischen Erwägungen, wie z.B. bei entlegenem Wohnort, fanden insbesondere solche Interviews eher in der betrieblichen Umgebung statt, bei denen die Befragten ihr Sabbatical auch inhaltlich in engem Bezug zu beruflichen Motiven gesetzt haben. Auch jene Interviews, die in den Betrieben stattfanden, ließen sich in aller Regel ungestört in Büros oder Besprechungsräumen durchführen. Nicht auszuschließen ist dennoch eine unterschwellige, der unterschiedlichen Atmosphäre zwischen betrieblichen und privaten Räumlichkeiten geschuldete Differenz in der Thematisierung und Schwerpunktsetzung in Abhängigkeit zur Umgebung.

Alle Interviews wurden von der Autorin selbst geführt; in zwei Fällen zu Beginn der Reihe im Beisein einer Praktikantin. Obwohl es sich in der qualitativen Forschung erfahrungsgemäß als günstig erwiesen hat, Interviews im Tandem zu führen, hat sich das Fehlen einer zweiten InterviewerIn nicht als nachteilig für die Gesprächssituation erwiesen. Möglicherweise hat das Klima eines Zweiergesprächs in manchen Gesprächen eher dazu beigetragen, sehr persönliche oder sogar intime Ereignisse und Eindrücke zur Sprache zu bringen. Bis auf wenige Ausnahmen wurden die Interviews in Einzelgesprächen durchgeführt. In einem Fall, in dem beide Ehepartner ein Sabbatical beantragt und gemeinsam verbracht hatten, entschied sich das Paar auch für eine gemeinsame Befragung. In einem zweiten Fall hatte lediglich der Ehemann ein Sabbatical beantragt, es aber über den gesamten Zeitraum mit seiner nicht mehr erwerbstätigen Ehefrau verbracht. Auch hier nahmen beide Partner gemeinsam am Interview teil.

---

[91] Im Gegensatz zu den Vorgesprächen, die in jedem Fall ein Bestandteil des Interviews waren und der Erfassung einiger sozialstatistischer Daten sowie zur Einführung und zum Überblick über das folgende Interview dienten, ergaben sich Nachgespräche eher spontan aus einem noch nicht erschöpften Erzählbedürfnis.

5.6 Erste Auswertungsschritte

Die Selektion und Verarbeitung der erhobenen Daten vollzieht sich in einem mehrstufigen Prozess und beginnt bereits mit der Eingrenzung durch die im Leitfaden festgelegten Themenkomplexe. Dabei versteht sich der Leitfaden jedoch nicht als strikt einzuhaltende Vorgabe, sondern als eine Orientierungshilfe, die ein flexibles, auf die jeweilige konkrete Gesprächssituation abgestimmtes Vorgehen erlaubt. Entsprechend der Gesprächsdynamik in den jeweiligen Einzelinterviews kann es schon während der Befragung zu selektiven Prozessen im Sinne „spontaner Auswertungsentscheidungen" als Reaktion und in Verarbeitung von Aussagen der InterviewpartnerInnen kommen, wenn beispielsweise auf einzelne Themen vertiefend eingegangen wird, andere dafür u.U. nur am Rande berührt werden.

Im Anschluss an jedes Interview diente die Erstellung eines Postskripts dazu, den jeweiligen Rahmen und die Begleitumstände der Interviewsituation (wie Örtlichkeit, Atmosphäre etc.), spontane Eindrücke zur befragten Person und Interviewinhalten (wie Redeweise, Gesprächsfluss, besonders exponierte Themen, einen bestimmten Grundtenor in der Darstellung) sowie Besonderheiten (anwesende Dritte, Störungen) und eventuell stattfindende Nachgespräche festzuhalten. Als zusätzliche Information wurden sie ggf. bei der späteren Auswertung hinzugezogen. Mit dem Einverständnis der Befragten wurden alle Interviews auf Band aufgezeichnet und anschließend wörtlich transkribiert[92]. Das verschriftlichte Interview wurde anschließend nach den angesprochenen Themengebieten gekennzeichnet und relevante Äußerungen hervorgehoben, um die spätere Handhabung und das Wiederfinden von Textstellen zu erleichtern. Die Erstellung einer zusammenfassenden Darstellung ermöglichte es, jeden Fall in seiner Gänze im Überblick präsent zu haben. Ausführungen zum weiteren Verlauf der Auswertung bis hin zur Typenbildung finden sich, der Typologie der Sabbaticalanwendung vorangestellt, in Kapitel 2 im Teil III der Arbeit. Zu Beginn der Darstellung der empirischen Ergebnisse im nun folgenden dritten Teil werden Sabbaticals zunächst im betrieblichen Kontext vorgestellt.

---

[92] Auf die Verschriftlichung von Elementen der nonverbalen Kommunikation (wie Pausen, Stottern, Lachen) wurde jedoch, mit Ausnahme besonders ausdrucksstarker Äußerungen, verzichtet.

Tabelle 1: Übersicht über soziostrukturelle Merkmale des Gesamtsamples

Nr.[93]	Name[94]	Alter[95]	Berufsausbildung	Berufliche Position (v.S.)	Branche	Haushaltstyp[96]	Dauer des Sabbaticals[99]	Ende des Sabbaticals	Motive[97]
(1) 19	Frau Hillmann[98]	45	Studium	Studienrätin	Öff. Dienst (ÖD), HB	Partnerschaft ohne Kinder	1 Jahr[99]	09/1999	Erholung/ Reise/ Muße/Neuorientierung
(2) 36	Herr Barkhan	42	Lehre, Studium	Berufsschullehrer	ÖD, HB	Partnerschaft, 3 Kinder	1 Jahr	07/1998	Erholung/ Reise/ Muße/ Kinder/ andere Aufgaben
(3) 52	Herr Gerding	52	Lehre, Studium	Berufsschullehrer	ÖD, HB	Partnerschaft o.K.	1 Jahr	09/1999	Erholung/ Reise/ Muße
(4) 54	Frau Gerding	49	Studium	Lehrerin	ÖD, HB	Partnerschaft o.K.	1 Jahr	09/1999	Erholung/ Reise/ Muße
(5) 60	Frau Sydow	46	Studium	Lehrerin	ÖD, HB	Partnerschaft, 2 Kinder	1 Jahr	07/1999	Kinder/ Weiterbildung/ Muße
(6) 71	Herr Rehberg	52	Studium	Studiendirektor	ÖD, HB	Partnerschaft, 2 Kinder	1 Jahr	08/1999	Erholung/ Muße/ Kinder
(7) 3	Frau Gelldorf	57	Lehre, Studium	Fortbilderin	ÖD, HB	Partnerschaft, 1 Kind	1 Jahr	04/2000	Erholung/ Ruhestand

[93] Laufende Nummer und Nummer nach Eingang der Rückmeldungen.

[94] Alle Namen sind geändert.

[95] Jeweils bei Antritt des Sabbaticals.

[96] Verhältnisse bei Antritt des Sabbaticals. Unter dem Begriff „Single" sind auch LAT's (Living Apart Togehter) oder anderweitig getrennt Lebende subsumiert. Unter der Rubrik „Partnerschaft ohne Kinder" sind auch solche inbegriffen, deren Kinder bereits das Elternhaus verlassen haben.

[97] Die Reihenfolge der Nennungen sagt nichts über die Prioritäten aus. Die Kategorien *Weiterbildung* und *Neuorientierung* beziehen sich sowohl auch auf berufliche sowie auch persönlich relevante Inhalte.

[98] Pretest-Interview

[99] Das Sabbatjahr ist bei Lehrern i.d.R. noch um die Sommerferien verlängert. Bei den mit * gekennzeichenten Fällen sind in das Sabbatical auch Gleitzeitguthaben und/oder Anteile des Erholungsurlaubs eingeschlossen.

Nr.[93]	Name[94]	Alter[95]	Berufsausbildung	Berufliche Position (v.S.)	Branche	Haushaltstyp[96]	Dauer des Sabbaticals	Ende des Sabbaticals	Motive[97]
(8) 64	Herr Findeisen	46	Lehre, Studium	Richter	ÖD, HB	Single	1 Jahr	03/1999	Reise/ Ehrenamtliche Tätigkeiten
(9) 24	Frau Zabel	51	Studium	stellvertr. Schulleiterin	ÖD, HH	Single	1 Jahr	07/1999	Erholung/ Weiterbildung/ Neuorientierung/ Reise/ Muße
(10) 25	Frau Harjes	35	Studium	Lehrerin	ÖD, HH	Single	1 Jahr	08/1999	Erholung/ Muße/ Sonstiges: mit Freund zusammenwohnen
(11) 50	Herr Brünjes	49	Studium	Studienrat	ÖD, HH	Single	1 Jahr	08/1999	Weiterbildung/ Neuorientierung/ Reise/ Sonstiges: schriftstell. Tätigkeit
(12) 69	Herr Vosskamp	41	Studium	Studienrat	ÖD, HH	Alleinerziehend	1 Jahr	08/1999	Erholung/ Neuorientierung/ Muße
(13) 35	Herr Radtke	49	Lehre	Justizbeamter	ÖD, HH	Partnerschaft o.K.	1 Jahr	07/2000	Erholung/ Reise
(14) 56	Herr Michaelis	34	Studium	Regierungsrat	ÖD, HH	Single	1 Jahr	09/1999	Erholung/ Reise/ Muße
(15) 68	Frau Bischoff	33	Lehre, Studium	stellvertr. Abteilungsleiterin	ÖD, HH	Single	1 Jahr	09/1999	Erholung/ Reise/ Muße
(16) 10	Frau Herzog	34	Lehre	Kundenberaterin	Energie-UN	Partnerschaft, 1 Kind	5 Jahre	08/2002	Kinderbetreuung
(17) 11	Herr Hundt	25	Lehre	Elektriker	Energie-UN	Single	4 Jahre	12/2002	Weiterbildung/ Neuorientierung
(18) 22	Frau Thennstedt	36	Lehre, Studium	Bauingenieurin	Energie-UN	Partnerschaft, 2 Kinder	5 Jahre	04/2004	Kinderbetreuung
(19) 39	Herr Schäfer	26	Lehre	Kundenberater	Energie-UN	Single	5 Jahre	08/2004	Weiterbildung/ Neuorientierung

Nr.[93]	Name[94]	Alter[95]	Berufsausbildung	Berufliche Position (v.S.)	Branche	Haushaltstyp[96]	Dauer des Sabbaticals	Ende des Sabbaticals	Motive[97]
(20) 95	Frau Freyholt	19	Lehre	Bürokauffrau	Automobil-UN	Single	5 Jahre	09/1998	Weiterbildung
(21) 96	Herr Thiemann	23	Lehre	Mechaniker	Automobil-UN	Single	5 Jahre	09/1998	Weiterbildung
(22) 23	Frau Gesevius	30	Lehre	Assistentin	Automobil-UN	Single	6 Monate	10/1997	Neuorientierung
(23) 98	Herr Reitmeyer	26	Lehre	Mechaniker	Automobil-UN	Single	*6 Monate	1998	Weiterbildung
(24) 99	Herr Kießling	48	Lehre; Meister	Planer	Automobil-UN	Partnerschaft, 3 Kinder	*4,5 Monate	1998	Andere Tätigkeit: Hausbau
(25) 100	Herr Everts	36	Lehre, Meister	Techniker	Automobil-UN	Single	*6 Monate	09/1999	Weiterbildung
(26) 101	Herr Steininger	38	Studium, Promotion	Teamleitung	Automobil-UN	Partnerschaft, 3 Kinder	6 Monate	01/1999	Kinderbetreuung
(27) 89	Frau Linnert	32	Lehre	Archivangestellte	Runkfunkanstalt	Partnerschaft, 1 Kind	1 Jahr	06/1994	Kinderbetreuung/ Weiterbildung
(28) 90	Frau Hagen	54	unklar	Sekretärin	Runkfunkanstalt	Partnerschaft o.K.	5 Jahre	12/2000	Weiterbildung
(29) 85	Frau Zinnowitz	37	Lehre	Herstellungsleitung	Verlags-UN	Single	7 Monate	12/1999	Erholung/ Reise
(30) 86	Frau Bergheim	33	Lehre	Gruppenleitung	Verlags-UN	Partnerschaft	6,5 Monate	11/1999	Erholung/ Muße/ (kleine)Reise(n)/ Weiterbildung/ Neuorientierung
(31) 87	Herr Jensen	47	Studium, Voluntariat	Stellvertret. Chefredakteur	Verlags-UN	Partnerschaft, 1 Kind	6 Monate	12/1998	Erholung/ Muße

Teil III: Untersuchungsergebnisse

In diesem Kapitel werden die Ergebnisse der überwiegend mit qualitativen Methoden erhobenen Empirie vorgestellt. Erhebung sowie die Auswertung der Daten zielen in der Hauptsache auf die Frage nach spezifischen Mustern der individuellen Nutzung und Verarbeitung von Sabbaticals auf Seiten der NutzerInnen. Unterschiedliche Nutzungs- und Umgangsweisen werden herausgearbeitet und in Form einer Typologie dargelegt.

Da sich die Untersuchung der subjektiven Anwendung von Sabbaticals in erster Linie auf kollektive Freistellungsangebote stützt, sollen Sabbaticals jedoch zunächst in ihrer Einbettung in den betrieblichen Kontext näher betrachtet werden. Nach einem Überblick über die quantitative Verbreitung von Sabbaticalangeboten in der Bundesrepublik[100], wird an ausgewählten Freistellungsmodellen gezeigt, welche Regelungsinhalte die Vereinbarungen enthalten, welches Procedere die Nutzung der Regelungen voraussetzt und zwischen welchen Akteuren die Inanspruchnahme[101] abgestimmt werden muss. Beleuchtet wird darüber hinaus, welche Beweggründe betrieblicherseits zur Einführung der Modelle geführt haben und wie deren Nutzungsmöglichkeiten aus betrieblicher Sicht eingeschätzt werden.

6. Sabbaticals in der betrieblichen Praxis

6.1 Betriebliche Sabbaticalangebote - fördernde und hemmende Faktoren

Betrieblich geregelte Sabbaticals gehören in bundesdeutschen Betrieben keineswegs selbstverständlich zur Palette flexibler Arbeitszeitangebote, sondern weisen bisher einen noch eher geringfügigen Verbreitungsgrad auf, obwohl sie auch aus betrieblicher Sicht eine *Reihe von Vorteilen* bieten. Insbesondere arbeitsorganisatorische und personalpolitische Überlegungen können für eine Einführung von Sabbaticalangeboten sprechen. So lassen sich mit Sabbaticals *als Rationalisierungsstrategie bzw. Instrument zur Personalsteuerung* z.B. Personal(-kosten) zeitweilig reduzieren und/oder Neu- bzw. Ersatzeinstellungen ermöglichen. In Krisenzeiten können Unternehmen Sabbaticals einsetzen, um einer Abwanderung wertvoller Fach- und Spitzenkräfte vorzubeugen und diese, anstelle von Entlassung, qua Freistellung bis zur Überwindung der „Durststrecke" als Beschäftigte zu halten. Auch können Betriebe Sabbaticals nutzen, um ihren Flexibilitätsgrad zu erhöhen, indem sie ihren MitarbeiterInnen Freistel-

---

[100] Da innerhalb dieser Untersuchung quantitative Daten nicht systematisch erhoben wurden, wird für diesen Überblick auf aktuelles Material anderer Erhebungen zurückgegriffen.

[101] Der Begriff ist nicht im juristischen Sinne zu verstehen, denn als so genannte „Kann-Regelungen" besteht grundsätzlich kein Rechtsanspruch auf ein Sabbatical.

94

lungsoptionen als attraktive Teilzeitmöglichkeit anbieten. *Als Selektionsstrategie* ermöglichen Sabbaticals, die Personalstruktur zu verändern und entweder bestimmte Arbeitnehmergruppen zu fördern, wie bspw. Nachwuchskräfte oder - phasenweise - auszugliedern, wie bspw. Frauen mit Familienaufgaben[102]. Neben möglichen direkten beschäftigungspolitischen Wirkungen lassen sich mit Hilfe von Sabbaticalangeboten aber auch „weichere" Faktoren beeinflussen, die auf indirekte beschäftigungssichernde Effekte zielen. Werden Sabbaticals von Beschäftigten z.b. zur beruflichen Weiterbildung genutzt, entfaltet das Arbeitszeitmodell *als Qualifikationsstrategie* positive Auswirkungen auf die Personalentwicklung. Aber auch durch Stellvertretungslösungen wie - interne - Jobrotation können Sabbaticals dazu beitragen, die Qualifikationsbreite von Arbeitskräften und zugleich die innerbetriebliche Flexibilität zu vergrößern. Unter dem Aspekt der „Human Resources" bieten sich Sabbaticals *als Strategie* an, das Ziel *eines - nachhaltigen - Arbeitskrafterhalts* umzusetzen. Insbesondere „Leistungsträgern" stellen betriebliche Sabbaticaloptionen attraktive Kompensationsmöglichkeiten für besondere Belastungen in Aussicht. Unternehmen können dabei nicht allein durch die vorzeitigem Verschleiß vorbeugende Wirkung einer Auszeit profitieren, sondern auch durch den Effekt der Wiederbelebung von Arbeitsmotivation und Kreativität. Auch an anderer Stelle „rechnet" sich, nach neuerer Erkenntnis[103], die Berücksichtigung von Zeitansprüchen der Beschäftigten für die Unternehmen. In der Frage von Vereinbarkeitsmöglichkeiten von Beruf und außerberuflichen Lebensbereichen und Aufgaben wächst zukünftig die Bedeutung familienfreundlicher Arbeitszeitangebote. Dies insbesondere, um (hoch-)qualifizierte Arbeitskräfte mit Betreuungs- und Pflegeaufgaben für Unternehmen als Potenzial zu erschließen bzw. zu erhalten.

Trotz der Vielzahl möglicher Positiveffekte von Sabbaticals im Hinblick auf Rationalisierungs-, Flexibilisierungs- und Rekrutierungschancen, sowie „nachhaltiger" Beschäftigungspolitik existieren zugleich eine nicht weniger gewichtige Anzahl von *Barrieren*, die gegen die Einführung von Sabbaticals sprechen bzw. Einführung und Umsetzung dieser Freistellungsform erheblich behindern können. Wie jene Aspekte, die ein betriebliches Sabbaticalangebot befürworten, sind auch die Kontrapunkte auf unterschiedlichen Ebenen angesiedelt. Auf der „objektiven" Ebene ist die wichtigste Barriere für Sabbaticalangebote aus Unternehmenssicht leicht auszumachen. Im Fall, dass Sabbaticals nicht lediglich als Strategie des Personalabbaus eingesetzt werden, bestehen vor allem *Befürchtungen von Effizienz- und Reibungsverlusten* an den arbeitsorganisatorisch neuralgischen Punkten des Zeitpunkts des Ausstiegs und Stellvertretungslösung. Dies gilt v.a. in solchen Arbeitsbereichen und Wirtschaftssektoren, die einem

---

[102] Vgl. dazu insbesondere die Darstellungen im „Kinderbetreuungsstypus"

[103] Vgl. dazu die Ergebnisse einer aktuellen Kosten-Nutzen-Analyse des Prognos-Instituts, die im Auftrag des Bundesfamilienministeriums die Wirtschaftlichkeit von „Familienfreundlichkeit" am Beispiel mittelständischer Unternehmen feststellt (Prognos 2003).

besonders dynamischen Wandel unterliegen. Darüber hinaus existieren grundlegende *Widerstände auf der Einstellungs- und Mentalitätsebene*. Der Akzeptanz eines Ausstiegs auf Zeit steht insbesondere eine arbeitskulturelle Prägung entgegen, die permanente Verfügbarkeit im Beruf verlangt und zum vorrangigen Gradmesser für beruflichen Leistungswillen und -fähigkeit erklärt. Diese Barriere ist besonders komplex, da die Kultur der „All-Round-Verfügbarkeit" nicht allein auf der Seite des Managements die Machbarkeit von Sabbaticals negiert. Die Beschäftigten selbst haben dieses Leitbild häufig internalisiert. Vor allem in solchen Arbeitsbereichen, in denen schon mehrwöchige Urlaube als Luxus gelten, muss der Wunsch nach einem Sabbatical entsprechend als „Karrierekiller" erscheinen. Verschärft wirken solche Hemmnisse bei unsicherer Arbeitsmarktlage in Zeiten betrieblicher oder branchenweiter Krisen. Wie jüngst am Beispiel der Mobilfunksparte zu beobachten, funktioniert das *Sabbatical* als „Win-Win-Strategie" *als akutes Krisenbewältigungsinstrument* nur höchst eingeschränkt[104]. Die Idee, das Bedürfnis des Unternehmens, kurzfristig Personal(-kosten) zu sparen und das Interesse der MitarbeiterInnen an Arbeitsplatzsicherheit mit einem Sabbaticalangebot und entsprechender Rückkehrgarantie zusammenzuführen, fand in der Praxis kaum Zuspruch. Vor dem Hintergrund wirtschaftlicher Umstrukturierungen und instabiler Beschäftigungslagen, wachsen Verunsicherungen und Ängste vor negativen Konsequenzen eines Sabbaticals und halten die Bereitschaft zur Nutzung entsprechender betrieblicher Angebote in engen Grenzen.

---

[104] Das 2001 aufgelegte so genannte „Timeout"-Programm in der Mobilfunksparte bei Siemens war der erste Versuch eines Großunternehmens einer tiefgreifenden Krise mit einem Sabbaticalangebot zu begegnen und zeigte zugleich dessen Grenzen auf. Zum einen hatten die Mitarbeiter v.a. bei längeren Laufzeiten erhebliche finanzielle Einbußen zu verkraften, zweitens gab es im Unternehmen bis dato kaum Praxis und Erfahrungen mit modernen Arbeitszeitangeboten, so dass die Umsetzungen in den Abteilungen auf entsprechende Barrieren und Widerstände stieß. Die generelle Befürchtung, dass „wer mitmacht, feststellt, dass seine Karriere schon beendet ist", führte in der Krise um so mehr dazu, dass lediglich ein geringer Bruchteil der Adressaten das Angebot tatsächlich nutzte (Schwede 2001). Angesichts der äußerst geringen Akzeptanz von Sabbaticals als Mittel der Personalanpassung in der Krise, vertrat der Geschäftsführer der Unternehmensberatung Boston Consulting Group sogar die Ansicht, Sabbaticals statt zur Motivation von Mitarbeitern zur Krisenbewältigung einzusetzen, beschädige das „extrem sinnvolle Instrument". Diese Entwicklung sei daher als „gefährlich" einzustufen (Büschemann 2001). Allgemein lässt sich festhalten, dass die Aufforderung zum Absenz bei akuter Krisenlage nicht funktioniert. Da das Sabbatical auf dem Prinzip „Freiwilligkeit" basiert, greift es als Instrument für kurzfristigen, wenn auch befristeten, Stellenabbau nur schlecht.

6.2 Verbreitung von Sabbaticalmodellen in der Bundesrepublik Deutschland

Auch wenn die Bedeutung von Sabbaticals nicht in erster Linie in ihrer quantitativen Verbreitung liegt und explizite Sabbaticalangebote v.a. in der privaten Wirtschaft noch eher selten anzutreffen sind, sollen an dieser Stelle einige statistische Daten die quantitative Einordnung des Freistellungsmodells erleichtern. Daten zur Verbreitung von Langzeitkonten sowie zum Themenkomplex „Sabbaticals" wurden erstmals in Kooperation des WSI mit dem Institut zur Erforschung sozialer Chancen in Köln (ISO) im Rahmen einer im Jahr 2001 bundesweit durchgeführten, repräsentativen Befragung zu „Neuen Formen des betrieblichen Arbeits- und Betriebszeitmanagements" (Bauer et al. 2002) erhoben[105]. Nach eigenen Berechnungen des WSI auf der Grundlage dieser Erhebungen bieten danach 2,6 % der Betriebe im produktiven und Dienstleistungsbereich sowie der öffentlichen Verwaltung ihren Beschäftigung die Möglichkeit zum zeitweiligen Ausstieg per Sabbatical (Klenner et al. 2002:181ff). Dieser Wert erhöht sich auf 3,3 % der Betriebe, wenn Regelungen dazugerechnet werden, die zwar keine Sabbaticalmodelle im engeren Sinne darstellen, jedoch ebenfalls Muster der Arbeitszeitverteilung mit entsprechend langen Freistellungsphasen erlauben[106]. In der Mehrzahl der Betriebe mit Sabbaticalangebot sind die entsprechenden Vereinbarungen erst seit neuerer Zeit in Kraft und diese Arbeitszeitform damit ein noch junges Phänomen. So haben 31,5 % der Betriebe die Regelungen erst in den letzten 12 Monaten abgeschlossen, bei 27,2 % gelten sie seit zwei bis drei Jahren und nur in 41,3 % der Fälle besteht das Angebot bereits länger als drei Jahre[107].

Unterschieden *nach Wirtschaftsbereichen* stehen die Chancen für die Möglichkeit zum Sabbatical im öffentlichen Dienst 3,5 mal besser und in privaten Dienstleistungsunternehmen immerhin doppelt so hoch wie im industriellen Sektor. Auch die Betriebsgröße hat erheblichen Einfluss auf die Existenz von Sabbaticalvereinbarungen. Generell wachsen die Chancen zu einer längeren Auszeit mit zunehmender *Größe des Betriebes*: Sind in Kleinbetrieben mit bis zu 19 Beschäftigten nur in 2,1 % der Fälle eine Vereinbarung über Sabbaticals zu finden, bieten in mittleren Betrieben bis zu 500 Beschäftigten bereits 7,2 % eine Auszeit an, in Großbetrieben dagegen liegt die Angebotsquote mit 16,4 % deutlich höher. Der enge Zusammenhang leitet sich zum einen aus den größeren arbeitsorganisatorischen und personellen Spielräumen ab. Der befristete Ausstieg einzelner MitarbeiterInnen lässt sich in größeren Betrieben leichter durch

---

[105] Die Auswertung der Daten erfolgte über eine bi- und multivariate Auswertung, ergänzt durch weitere Ergebnisse aus der Betriebsbefragung, etwa zu Betriebsgröße, Beschäftigtenstruktur und Führung von Arbeitszeitkonten (Klenner et al. 2001: III und 186f).

[106] Damit bewegen sich die Werte im Rahmen früherer Schätzungen von Hoff (1994), die von Sabbaticalangeboten in rund 3 % aller Unternehmen ausgehen.

[107] Alle Daten stützen sich auf die Betriebszeitenbefragung im Jahr 2001.

interne Arbeits-umverteilung bzw. Ersatz- oder Neueinstellungen bewältigen. Zum anderen verfügen Großbetriebe häufiger als kleine Unternehmen über eine *institutionalisierte Interessenvertretung* der Beschäftigten. Hier liegt die Wahrscheinlichkeit einer Vereinbarung über Sabbaticals doppelt so hoch wie in Betrieben ohne Betriebs- oder Personalrat. Keinen nachweislichen Einfluss auf den Abschluss einer Sabbatical-Vereinbarung hat dagegen die Frage der *Tarifbindung*.

Förderlich für das Zustandekommen von Sabbaticalregelungen können sich im Betrieb bereits erprobte flexible Arbeitszeitmuster und -modelle auswirken. Bei *betrieblichen Zeitpraxen* von Gleitzeit- oder Langzeitkontenmodellen ist die Quote von Sabbaticalangeboten mit 3,8 % überdurchschnittlich hoch. Noch eindeutiger zeigt sich der Zusammenhang zwischen Langzeitkontenregelungen und Sabbaticalangeboten: in 6,3 % der Betriebe mit langfristigen Kontenmodellen besteht die Möglichkeit des Sabbaticals[108].

6.3 Sabbaticalangebote im betrieblichen Kontext

Wie bereits im Teil II unter Kap. 5.1 dargelegt, wurden bei der Recherche und Auswahl der für diese Untersuchung zugrunde gelegten Sabbaticalmodelle bestimmte übergeordnete Kriterien festgelegt. Im Folgenden werden die Regelungsinhalte der betrieblichen Sabbaticalangebote, auf denen auch die empirischen Ergebnisse der NutzerInnen-Analyse basieren, modellübergreifend dargestellt, so dass sich bestimmte Formen von Sabbaticalangeboten identifizieren und differenzieren lassen. Anschließend werden über die formellen Regularien hinaus auch die Intensionen und betrieblichen Hintergründe bei der Einführung der Modelle sowie die Nutzungserfahrungen und die Hindernisse in der Anwendung eingehender betrachtet.

6.3.1 Muster der Regelungsinhalte

A. *Kollektive Regelungen*

Art des Zugangs zum Sabbatical

Im Hinblick auf die möglichen Zugangswege zur Inanspruchnahme eines Sabbaticals lassen sich die berücksichtigten Modelle grob zwei Kategorien zuordnen:

---

[108] Lt. Klenner et al. erklärt sich der Zusammenhang durch den Ansparmodus: Immer, wenn Betriebe die Möglichkeit eröffneten, Zeit- bzw. Geldeinheiten über eine längere Zeit anzusparen, geschähe dies mittels Langzeitkonten. Dass dennoch nicht viel mehr Beschäftigte die Möglichkeit zum Sabbatical hätten, läge daran, dass Langzeitkonten häufig durch kürzere Freistellungsphasen ausgeglichen werden, der Ausgleich auf finanzieller Basis sowie durch Weiterbildungszeiten oder verkürzte Lebensarbeitszeiten erfolgt. Sabbaticals befänden sich insofern u.a. in Konkurrenz zu Modellen, die einen früheren Ausstieg aus dem Erwerbsleben ermöglichten (vgl. a.a.O.:184f).

Bei der ersten Gruppe handelt es sich um „bezahlte" Varianten[109], in dem Sinne, dass die NutzerInnen auch während der Freistellungszeit - mehr oder weniger reduziert - Gehalt beziehen und durchgehend über den Arbeitgeber sozialversichert sind. Zu dieser Gruppe zählen die so genannten *Ansparmodelle*. Generell werden dabei Geldeinheiten gegen Zeiteinheiten getauscht. Bei der Mehrheit der Modelle basiert der Ansparmodus auf einer *Sonderform der Teilzeitarbeit*. Bei i.d.R. gleichbleibender Arbeitszeit wird ein je nach vereinbarter Laufzeit anteilig geringeres Arbeitsentgelt gezahlt und darüber die Finanzierung der Freistellungsphase gesichert. Mit zunehmender Länge der Gesamtlaufzeit werden die Einkommenseinbußen entsprechend moderater. Bei der Wahl einer Laufzeit von sieben Jahren Ansparphase bei einjähriger Freistellung beläuft sich der Einkommensverlust auf 7/8 des monatlichen Gehalts.

Eine andere Möglichkeit des Ansparens besteht in der *Umwandlung von betrieblichen bzw. tariflichen Zusatz- oder Sonderleistungen*. Hier werden z.B. Urlaubs- und Weihnachtsgeld sowie Erfolgsprämien gegen freie Zeit getauscht, während das regelmäßige Einkommen erhalten bleibt. Zu den Ansparmodellen gehören auch die Kontenmodelle, auf denen Mehrarbeitsstunden angesammelt werden können. In der Praxis entstehen Sabbatzeiten z.T. auch aus einer Mischung verschiedener Arbeitszeitmodelle, z.B. durch die Umwandlung von Sonderleistung sowie Auflösung von Gleitzeit- oder Mehrarbeitsguthaben.

Zur zweiten Gruppe zählen die *„unbezahlten" Modelle*. Bei dieser Variante müssen die NutzerInnen während der Freistellungsphase auf ein fortlaufendes Gehalt verzichten und fallen außerdem nicht mehr unter die Sozialversicherungspflicht durch den Arbeitgeber[110].

Dauer der Freistellung

Je nach finanzieller Ausgestaltung sind auch die Zeithorizonte der einzelnen Freistellungsformen von unterschiedlicher Reichweite. Während Sabbaticals als Variante von Teilzeit zumeist Freiphasen von einer Dauer zwischen sechs und zwölf Monaten erlauben (das Modell des öffentlichen Dienstes wird entsprechend als „Sabbatjahr" bezeichnet), liegt die Freistellungsdauer derjenigen Modelle, die Geld- und Zeitzuschläge in Anrechnung bringen meist darunter und bewegen sich zwischen einem und sechs Monaten[111]. Wesentlich langfristigere

---

[109] Um Missverständnissen vorzubeugen: Sabbaticals beruhen in allen Fällen de facto auf einer Selbstfinanzierung der AnwenderInnen und sind damit für die Betriebe kostenneutral oder, als Sonderform von Teilzeitbeschäftigung, sogar kostenreduzierend.

[110] Als eine dritte Variante, die zwischen der ersten und zweiten anzusiedeln wäre, können Modelle gelten, die relativ hohe Einkommenseinbußen voraussetzen, im Gegenzug aber keine Ansparzeiten benötigen. Solche Modellvarianten sind aktuell in Krisenbranchen, wie z.B. im IT- und Mobilfunkbereich, angeboten worden.

[111] Insbesondere auf der Grundlage von Zeitkontenmodellen lassen sich i.d.R. lediglich kürzere Freiphasen realisieren (vgl. Seifert 2001a:84, Klenner et al. 2002: 200ff).

Auszeiten sind auf der Grundlage von Freistellungsmodellen ohne Bezüge möglich. Diese eröffnen Freistellungszeiträume von sechs Monaten bis hin zu 5 Jahren[112].

Adressaten der Sabbaticalangebote

Bei einem Teil der Sabbaticalangebote sind einzelne Beschäftigtengruppen von der Inanspruchnahme ausgenommen. So eröffnete das Sabbatjahr-Angebot des öffentlichen Dienstes die Möglichkeit zum Sabbatical in mehreren Bundesländern zunächst beschränkt für den Kreis der Beschäftigten im *Beamtenverhältnis*. Das (Vor-)Urteil, dass sich Sabbaticalmodelle von vorne herein nur an bestimmte, privilegierte Arbeitnehmergruppen richten, trifft aber immer weniger zu. Als Modell der Arbeitsmarktpolitik und kostensparendes Instrument wurde die Begrenzung des Sabbaticals auf Bedienstete im Beamtenstatus in den meisten Ländern zwischenzeitlich aufgehoben und die Teilnahmemöglichkeit am Modell auf *alle Beschäftigten* im öffentlichen Dienst erweitert (vgl. Miethe 2000:13). Dennoch bleiben zum Teil Beschäftigte in *Führungspositionen* von der Möglichkeit des Sabbatjahrs ausgeschlossen. Dies betrifft zum Beispiel so genannte Funktionsträger in Schulen, wie Schulleitungen und deren Stellvertreter. Sie müssen sich, um in den Genuß eines Sabbaticals zu kommen, ggf. im Vorfeld von ihren Funktionen entbinden lassen. *Ältere Bedienstete* müssen den Zeitpunkt ihres Ruhestandes im Auge behalten. Sie haben nur dann eine Chance zum Sabbatical, wenn das Freistellungsjahr vor dem Ende ihres 60. Lebensjahr beendet ist.

Bei der Mehrzahl der recherchierten Freistellungsoptionen in Privatunternehmen steht das Sabbaticals ebenfalls allen MitarbeiterInnen offen. Einschränkungen unterliegen jedoch ArbeitnehmerInnen in einem befristeten oder nicht sozialversicherungspflichtigen Arbeitsverhältnis, umgekehrt wird für die Teilnahme am Modell häufig eine bestimmte Anzahl von Jahren der *Betriebszugehörigkeit* vorausgesetzt. Dagegen schließen Teilzeitarbeit bzw. Arbeitsverhältnisse unterhalb von Vollzeit die Möglichkeit zum Sabbatical prinzipiell nicht aus[113]. Auch Beschäftigte in *Führungspositionen* finden sich im allgemeinen nicht ausdrücklich von der Inanspruchnahme ausgenommen. Doch selbst dort, wo Sabbaticalangebote explizit auch Führungskräfte ansprechen sollen, gestaltet sich eine Unterbrechung der Erwerbstätigkeit in der Praxis eher schwierig.

---

[112] Diese Modelle ermöglichen allerdings auch die Teilung des Freistellungszeitraums.

[113] Im öffentlichen Dienst mit seinen relativ vielfältigen und weitgehenden Teilzeitofferten gilt das Angebot für Teilzeitbeschäftigte jedoch mit der Einschränkung, dass durch die Teilnahme am Sabbatical die Geringfügigkeitsgrenze für die Sozialversicherungspflicht nicht unterschritten werden darf.

Formeller Zugang/Antragsverfahren

Grundsätzlich besteht kein formeller *Rechtsanspruch* auf die Nutzung eines Sabbaticals. Beschäftigte, die sich für eine Teilnahme am Modell entscheiden, müssen dies zumeist per formellen Antrag, z.T. bereits mit einer Stellungnahme des Vorgesetzten, in ihrer jeweiligen Personalstelle bekannt geben. Eine *Begründungspflicht* für den Wunsch nach Teilnahme am Sabbatical besteht jedoch nicht. Für die Beantragung gelten, i.S.d. Planungssicherheit für beide Seiten in der Regel bestimmte *Fristen*. Die meisten Modelle sind so angelegt, dass sich MitarbeiterInnen nicht „von heute auf morgen" ins Sabbatical verabschieden können. Oft ist eine Vorlaufzeit von mehreren Monaten vorgeschaltet, um dem Betrieb eine Anpassung der Arbeitsorganisation zu ermöglichen. Allerdings ist die Handhabung in der betrieblichen Praxis weniger von den formellen Fristen abhängig, als vielmehr von der *Übereinkunft* zwischen SabbaticalinteressentInnen und dem Unternehmen im individuellen Fall. Ohnehin ergibt sich ein zeitlicher Vorlauf dann, wenn der finanzielle Ausgleich für das Sabbatical erst noch „angespart" werden muss. Vor der formellen Beantragung empfehlen sich ganz generell Gespräche mit den direkten Vorgesetzten und KollegInnen, um Einzelfragen, insbesondere zur arbeitsorganisatorischen Bewältigung bzw. Einpassung des Sabbaticals und ggf. Stellvertretungsmöglichkeiten und Rückkehrbedingungen zu erörtern.

Auch während des Sabbaticals bleibt das *Arbeitsverhältnis* bei allen Regelungen in Kraft. Bei „unbezahlten" Modellen ruht das Arbeitsverhältnis insofern, dass weder eine Verpflichtung zur Arbeitsleistung noch zur Zahlung von Arbeitsentgelt besteht. In anderen Fällen wird der *Arbeitsvertrag* auf eine Teilzeitbeschäftigung abgestimmt oder aber unverändert belassen, so dass die Beschäftigten durchgehend als Vollzeitkräfte gelten. Das Sabbatical wird von der Personalstelle ggf. in Abstimmung mit dem Betriebs- oder Personalrat bewilligt. Eine *Ablehnung* des Sabbaticalantrags ist nach Wortlaut der meisten Vereinbarungen nur dann zu erwarten, wenn betriebliche oder personalwirtschaftliche Belange der Freistellungsnahme entgegen stehen. Dies kann z.B. - je nach betrieblicher Situation - dann der Fall sein, wenn der Arbeitsplatz durch eine externe Einstellung wiederbesetzt werden müsste. Für den Fall, dass keine Einigung über die Teilnahme am Sabbaticalangebot zustande kommt, existieren i.d.R. keine formellen Schiedsverfahren. In der Praxis werden bei Unstimmigkeiten ggf. der Betriebs- bzw. Personalrat hinzugezogen.

Stellvertretung/Rückkehrkonditionen

Zu den neuralgischen Punkten beim befristeten Ausstieg aus der Erwerbsarbeit gehören Fragen der Stellvertretung und Rückkehrkonditionen. Deren Bedingungen hängen ganz wesentlich davon ab, mit welcher Intension das jeweilige Unternehmen die Sabbaticalregelung eingeführt hat. Soll das Angebot dem Abbau personeller „Überkapazitäten" dienen, stellt sich das Problem der Stellvertretung während der Freiphase zumeist nicht. Dennoch kann sich die Situation für einzelne Arbeitsplätze oder Positionen dazu abweichend darstellen und eine Stellvertretung erfordern. Zur Förderung der Nutzungsfreundlichkeit wurde bswp. in einem Betrieb die „Beweislast" umgekehrt, so dass im Zweifelsfall der Vorgesetzte den Nachweis liefern muss, dass ein/eine Sabbaticalinteressent/in unabkömmlich ist.

In anderen Bereichen, in denen Auszeiten nicht in erster Linie als Instrument zur Reduktion von Personal bzw. deren Kosten gedacht sind bzw. die spezielle Tätigkeit einen Ersatz erfordert, wird auf unterschiedliche Stellvertretungslösungen zurückgegriffen. Können Arbeitsumschichtung oder Veränderungen in der Arbeitsorganisation, wie z.B. bei Gruppenarbeitsplätzen, einen reibungslosen Arbeitsablauf allein nicht sicher stellen, finden u.a. folgende *interne Lösungen* Anwendung: Bei der innerbetrieblichen Job-Rotation wechseln andere, z.t. auch kostengünstigere (z.b. jüngere oder weniger qualifizierte) MitarbeiterInnen, Werkstudenten oder Praktikanten auf die freigewordene Position und haben die Chance, damit zugleich die eigene Qualifikation erweitern. Eine andere Strategie ist die Wahl eines günstigen Zeitpunkts, z.b. mögliche „Sollbruchstellen" im Arbeitsablauf (Beendigung eines Projekts oder Ablauf eines Arbeitsturnus, im Schuldienst fügt sich das Sabbatjahr in den Rhythmus der Schuljahre ein) oder aber es werden Vereinbarungen getroffen, einen partiellen Kontakt zum Unternehmen auch während der Freistellungsphase aufrecht zu erhalten. *Externe Lösungen* regeln die Stellvertretung im besten Fall über die (befristete) Einstellung neuer MitarbeiterInnen[114]. Alternativ dazu können auch LeiharbeitnehmerInnen angefordert werden. Die Frage der Stellvertretung ist zumeist nicht Gegenstand der Sabbatical-Vereinbarungen. Welches Arrangement gefunden wird, bleibt also letztlich den Verhandlungen zwischen den AntragstellerInnen und deren jeweiligen Vorgesetzten überlassen. Ein Interesse an einer zufriedenstellenden Lösung besteht jedoch auf beiden Seiten. Auch für die SabbaticalteilnehmerInnen ist es wichtig, durch die eigene Freistellung weder KollegInnen übermäßig zu belasten noch Gefahr zu laufen, durch die Stellvertretung später „verdrängt" zu werden.

Ein explizit behandelter Punkt in jeder Sabbatical-Vereinbarung ist dagegen die Regelung der Rückkehrbedingungen. SabbaticalteilnehmerInnen bleiben auch während ihrer Abwesenheit formell ArbeitnehmerInnen des Betriebes; der *mögliche Wiedereinstieg* ins Unternehmen ist somit wesentlicher Bestandteil aller Sabbaticalmodelle. Doch stellen nur wenige Unternehmen den TeilnehmerInnen eine problemlose Rückkehr an ihren bisherigen Arbeitsplatz in Aussicht. Solche Zusagen werden, wenn überhaupt, nur bei überschaubaren Freistellungszeiträumen bis zu maximal sechs Monaten gemacht. Die Praxis in Privatunternehmen

---

[114] Dies entspräche dann der Idee der Job-Rotations-Modelle. Allerdings sind diese Modelle nach dem Job-Aqtiv-Gesetz nur bei beruflicher Qualifizierung von Angehörigen der Stammbelegschaft anwendbar (vgl. SGB 3 §229ff).

102

zeigt, dass bei der Wahl des Freistellungszeitraums jedoch nur selten die maximale Dauer ausgeschöpft wird, so dass sich die Rückkehr für den Großteil der Beschäftigten reibungslos gestalten dürfte[115]. Dies deckt sich mit Aussagen der betrieblichen Akteure, wonach es nur in Ausnahmefällen zu Konflikten bei der Aushandlung des Sabbaticals kommt, da die InteressentInnen in aller Regel selbst einschätzen würden, ob die betriebliche bzw. individuelle Arbeitsplatzsituation für eine längere Abwesenheit eher günstige oder ungünstige Voraussetzungen bietet.

Bei Freistellungen von längerer Dauer oder wenn Sabbaticals in komplexe Personaleinsatzstrategien eingebettet sind, müssen SabbaticalnutzerInnen damit rechnen, bei ihrer Rückkehr an einem anderen Arbeitsplatz eingesetzt zu werden. Jedoch ist das *Risiko des Wechsels* formell beschränkt auf Umsetzungen an einen adäquaten Arbeitsplatz innerhalb des früheren Arbeitsbereichs bzw. Dienststelle. Vor allem bei mehrjährigen Angeboten sichern die Vereinbarungen explizit zu, dass den NutzerInnen keine Benachteiligungen entstehen dürfen. In bestimmten Fällen allerdings ist ein Wechsel des Arbeitsplatzes vonseiten der Beschäftigten durchaus intendiert, wie z.B. nach einem Sabbatical zur beruflichen Qualifizierung. In solchen Fällen liegt das Risiko u. U. auf Seiten des Betriebes, wenn MitarbeiterInnen nach erfolgreicher Weiterbildung Beschäftigung in anderen Unternehmen suchen. Da die Motivation der Freigestellten, Kontakt zum Unternehmen zu halten, nach Auskunft der Betriebe, außerdem recht unterschiedlich ausfällt, erscheinen Rückkehrregelungen im Modus von „Arbeitsplatzgarantien" nicht praktikabel. Dies umso mehr vor dem Hintergrund, dass die jeweils aktuelle betriebliche Situation und Veränderungen in einzelnen Arbeitsbereichen einer zunehmenden Dynamik unterliegen, so dass Arbeitskräfte tedenziell ohnehin weniger damit rechnen (können), über einen kontinuierlichen Zeitraum ihren „angestammten" Arbeitsplatz zu behalten.

B. Individuelle Absprachen

Ergänzend zu Sabbaticalregelungen, die als betriebliche Vereinbarungen kollektive Angebote darstellen und im Sample ganz überwiegend in dieser Form vertreten sind, wurden ergänzend einige Fälle der Sabbaticalnahme auf Grundlage individueller Absprache in die Untersuchung mit aufgenommen. In diesen Fällen, die ausschließlich aus privatwirtschaftlichen Bereichen (hier: Medienbranche) stammen, gestalten sich die Wege zur Realisierung des Sabbaticals zwar heterogener, lassen sich aber dennoch in die Bandbreite der bereits dargelegten

---

[115] Im konkreten Beispiel lag die Nutzungsdauer eines Modells der Pprivatwirtschaft mit einer Angebotsspanne zwischen einem bis sechs Monaten bei durchschnittlich 2,5 Monaten. Die Tendenz, die Freistellungen eher kürzer zu halten, wird aus betrieblicher Sicht v.a. mit dem Aspekt finanzieller Einbußen in Verbindungen gebracht. Sabbaticals würden deswegen häufig mit dem normalen Jahresurlaub verbunden, um eine längere und dennoch weniger kostenaufwändige Auszeit zu ermöglichen.

Varianten einordnen. So wird die Finanzierung der Freistellung hier ebenfalls - auch in Abhängigkeit zur Dauer der Freiphase - zum Teil über Einkommensreduzierung nach Art der Teilzeitbeschäftigung praktiziert oder aber eine unbezahlte Freistellung vereinbart. Auch im Hinblick auf die Freistellungsdauer fügen sich die Fälle in die Palette von 6 Monaten über eine einjährige Freistellung bis hin zu einer 5jährigen Unterbrechung ein.

Der Wunsch nach einem Sabbatical wurde hier in der Mehrzahl der Fälle zunächst mit den direkten Vorgesetzten besprochen, wobei von Fall zu Fall je nach betrieblicher Gesamtsituation (wirtschaftliche und/oder personelle Situation), den spezifischen Bedingungen am Arbeitsplatz (Einzel- oder Teamarbeit, Projektarbeit, Position in der betrieblichen Hierarchie) und individuellen Sicherheitsbedürfnissen, Fragen der möglichen Finanzierung, Zeitpunkt, Dauer, Stellvertretungslösungen und Arbeitsplatzsicherheit in unterschiedlicher Gewichtung im Vordergrund standen.

6.3.2 Hintergründe und Intentionen bei der Einführung von Sabbaticalmodellen

Aus betrieblicher Perspektive werden Angebote zum Sabbatical mit unterschiedlichen Intentionen verbunden. Zum Teil sind es akute wirtschaftliche Umwälzungen, die Geschäftsleitungen dazu veranlassen, Vorschläge – zumeist von Seiten des Betriebsrats – für eine Erweiterung von Teilzeitmodellen aufzugreifen. Bei der *Implementation* aktueller Sabbaticalmodelle wirken dann betriebliches Personalwesen und kollektive Arbeitnehmervertretung zusammen. Die Einbindung des Betriebs- bz. Personalrats gilt als wichtige Voraussetzung für die Akzeptanz des Modells in der Belegschaft. Um keine „knöchernen Flops" vorbei an den Arbeitszeitbedürfnissen der Beschäftigten zu produzieren, werden zum Teil auch interessierte MitarbeiterInnen an der Entwicklung der Modelle beteiligt[116]. Initiativen auf dem Gebiet der Arbeitszeitpolitik sind auch über den Betrieb hinaus von Interesse. Fügen sich Sabbaticals beispielsweise als innovatives Instrument für die Umverteilung von Arbeit in gesamtgesellschaftliche Trends, fördert dies nicht nur die Verankerung und Akzeptanz im Unternehmen, sondern stoßen entsprechende Vereinbarungen, wie am Beispiel der Vereinbarungen im Öffentlichen Dienst zu sehen, auch übergreifend in Politik und Gewerkschaften auf ein gewisses, wenn auch noch schwach ausgeprägtes Interesse.

Je nach betrieblicher Ausgangssituation ist die Einführung von Sabbaticalmodellen eingebettet in ganz unterschiedliche Kontexte. Wie bei Miethe (2000) bereits ausgeführt, ist die Implementation des Sabbatjahr-Modells im öffentlichen Dienst einerseits als Komponente der Arbeitsmarktpolitik zu sehen, soll aber

---

[116] In einem der recherchierten Betriebe wurde das Sabbaticalangebot zudem im Rahmen des „mobilZeit"-Projektes des Bundesministeriums für Familie evaluiert.

ebenso Einsparungszielen bei den Personalkosten dienen[117]. Je nachdem, welche Ziele politisch im Vordergrund stehen, variieren die Sabbatjahrangebote in verschiedenen Bundesländern. So lag der Akzent bei der Modelleinführung beispielsweise im Land Hamburg stark auf *beschäftigungspolitischen Aspekten*. In einer Situation von Personal- bzw. Bewerberüberhängen sollte das Sabbatjahr, anstelle von „Zwangsteilzeit"[118], durch Schaffung „künstlicher Ersatzbedarfe" dennoch Einstellungen ermöglichen. In der Besonderheit der Sabbatical-Teilzeit wurde die Chance gesehen, Beschäftigte zur freiwilligen Reduktion ihrer Arbeitszeit anzuregen und so Arbeitslosen Beschäftigungsmöglichkeiten zu eröffnen. Vor allem im Lehrerbereich sollte die Wiederbesetzung der zeitweise freien Stellen durch Junglehrer einerseits und die Förderung der Fluktuation per vorzeitigen Ausstieg über Vorruhestandsregelungen andererseits zudem zu einer *Verjüngung der Altersstruktur* verhelfen. Um die angestrebten Umverteilungseffekte möglichst rasch erzielen zu können, wurden die Hamburger Sabbaticalregelungen bereits ein Jahr nach Inkrafttreten allen Beschäftigten des öffentlichen Dienstes zugänglich gemacht. Zusätzlich wurde den Hamburger Lehrern die Möglichkeit eingeräumt, die einjährige Freistellungsphase gleich an den Anfang der Laufzeit zu stellen, statt das Sabbatjahr wie sonst üblich, erst frühestens nach der Hälfte der Ansparzeit nehmen zu können. Das „Ansparen" der Freistellungszeit konnte damit auf die Zeit nach dem Sabbatical verlagert werden[119].

Anders als im Hamburger öffentlichen Dienst, wo das Ziel der Umverteilung von Arbeit den zentralen Hintergrund für das Sabbaticalangebot bildete, stand die Einführung im Land Bremen stärker unter dem Vorzeichen der Finanznot der öffentlichen Haushalte. Da die Beschäftigten für die Kosten ihrer Freistellung durch Einkommensminderung selbst aufkommen, wurde das Sabbatjahrmodell vornehmlich unter dem Gesichtspunkt der *Reduzierung von Personalkosten* eingeführt. Gleichzeitig sollte mit dem Angebot aber auch die Attraktivität von Teilzeitarbeit erhöht und an Bedürfnisse der Beschäftigten nach flexiblen Arbeitszeiten angeknüpft werden[120]. Für die Einführung des Modells sprachen aus Sicht der öffentlichen Arbeitgeber zudem dessen Eignung zur Vorbeugung des Burn-out-Syndrom oder die mögliche Nutzung zu Weiterbildungszwecken.

---

[117] Die Spannbreite reicht vom Abbau von Arbeitslosigkeit durch - befristete - Neueinstellungen bis zur Entlastung des Arbeitsmarktes durch Hinauszögern von vorgesehenem Personalabbau. Im letzteren Fall werden die freien Stellen dann zur zeitweisen Finanzierung von Personalüberhängen genutzt (Miethe 2000:47).

[118] Mit diesem Begriff wird die Praxis einer zwangsweisen Reduzierung der Arbeitszeit bei Neueinstellungen bezeichnet.

[119] Diese größere Flexibilität in der Wahl der Lage des Freistellungsjahrs durch „Vorfinanzierung" des Sabbaticals wurde später aus fiskalischen Gründen wieder zurückgenommen.

[120] Im Land Bremen wurde das Sabbatjahrmodell zusammen mit der so genannten „stufenlosen Teilzeit" eingeführt, beides Maßnahmen, die die Aktraktivität von Teilbeschäftigung erhöhen sollten.

Auch in der Privatwirtschaft stehen Sabbaticalangebote im Zusammenhang mit personalwirtschaftlichen Maßnahmen zur Rationalisierung und Kosteneinsparung. Im Rahmen von *„Teilzeitoffensiven"* sollen Teilzeitangebote erweitert und die Bereitschaft zur Teilzeitarbeit in der Belegschaft gesteigert werden. Als neue Form langzyklischer bzw. phasenweiser Teilzeitarbeit soll das Interesse und die Attraktivität individueller Absenkungen der Arbeitszeit auch bei jenen Mitarbeitergruppen geweckt werden, die bisher üblicherweise keine Teilzeitarbeit akzeptiert haben. Durch den flexibleren, bedarfsorientierten Arbeitseinsatz sowie vereinfachte Mehrarbeitsregelungen versprechen sich die Akteure weiterhin eine Steigerung der Effektivität von Produktion und Dienstleistungen bzw. bei Unterauslastung eine Abschöpfung von Arbeitsvolumen durch die freiwillige, individuelle Arbeitszeitverkürzung. Zugleich sollen, neben der normalen Fluktuation, mit Freistellungsangeboten Reserven für künftige personelle Zusatz- bzw. Ersatzbedarfe geschaffen werden, die beschäftigungssichernde Effekte bewirken. Auch zur Überbrückung zeitweilig akuter Auslastungsprobleme erscheint das Sabbatical in einigen Unternehmen als attraktive Alternative für sozialverträglichen Personalabbau bzw. Beschäftigungssicherung. In der Praxis stößt das Sabbaticalmodell hier jedoch, wie am Beispiel der Mobilfunkbranche zu sehen war, an spezifische Grenzen.

Im Bereich der *Personalsteuerung* werden Sabbaticals als taugliches Instrument erachtet, um der Abwanderung wertvoller Fachkräfte entgegen zu wirken. Im Rahmen der *langfristigen Personalplanung* sollen typische „Vereinbarkeitsdilemmata", wie im Fall von Mutterschaft oder bei längeren Qualifizierungsvorhaben, im Sabbatical eine Lösung finden. Attraktive Arbeitsbedingungen sollen insbesondere Leistungsträgern geboten und den so genannten „High Potentials" mit der Arbeitszeitoption eine Kompensation für ihre besondere Belastungssituation in Aussicht gestellt werden. Eigenverantwortlich arbeitende Beschäftigte bekommen durch Sabbaticals mehr Spielräume in der Arbeitszeitgestaltung zugebilligt; ihr Gewinn an „Zeitsouveränität" soll sich in der Folge positiv auf die Arbeitsmotivation und -zufriedenheit der Arbeitskräfte niederschlagen und zugleich deren Bindung an das Unternehmen stärken[121]. Damit dienen Angebote attraktiver und innovativer Arbeitszeitmodelle sowohl nach innen gerichtet der Festigung der Identifikation mit dem Unternehmen, als auch in der Außenperspektive einem fortschrittlichem Image als Bestandteil einer *modernen Unternehmenskultur*. Auch im Hinblick auf *die Personalentwicklung* erkennen Betriebe Vorteile im Sabbatical, indem sie von MitarbeiterInnen, die die Auszeit zur Qualifizierung nutzen, profitieren und sich auf diese Weise qualifiziertes Personal sichern können. Selbst das „Stellvertretungsproblem" lässt sich in dieser Perspektive positiv wenden: Durch die Suche nach Stellvertretungslösungen

---

[121] Diese möglichen Wirkungszusammenhänge hat Christian Deller im Rahmen eines modellvergleichenden Dissertationsprojektes an der Universität Mannheim untersucht (Deller 2003).

wird eine „produktive Ungemütlichkeit" erzeugt, welche die innerbetriebliche Dynamik vorantreibt. Aus betrieblicher Perspektive stellt sich das Sabbatical-modell damit insbesondere für den Bereich der beruflichen Qualifikation als *Win-Win-Arrangement* dar: Während das Unternehmen zeitweilig Personalkosten spart, „ersparen" sich die MitarbeiterInnen die Kündigung (die ansonsten für eine längere Qualifizierungsphase notwendig wäre) und können später intern in neue, höherwertige Arbeitsbereiche wechseln. Für das Unternehmen wiederum liegt darin eine weitere Option zur Sicherung qualifizierten Personals.

6.3.3 Nutzungserfahrungen aus betrieblicher Sicht

Ähnlich breit gestreut wie die Intensionen bei der Einführung von Sabbaticals in Abhängigkeit von der jeweiligen betrieblichen Situation, sind auch die Erfahrungen mit der Nutzung der Modelle. Allgemeingültige Aussagen über den „Erfolg" von Sabbaticalangeboten sind aber nicht nur wegen der Heterogenität der jeweils vorherrschenden betrieblichen Belange schwierig. Zudem sind die hier zugrunde gelegten Modelle zu unterschiedlichen Zeitpunkten eingeführt worden, in manchen Unternehmen also bereits stärker als in anderen etabliert. Hinzu kommt, dass es für Sabbaticals als Teilzeitvariante in der Regel eines zeitlichen Vorlaufs, d.h. einer „Ansparphase" bedarf, bevor die TeilnehmerInnen das Sabbatical faktisch in Anspruch nehmen können. Unabhängig von Etablierungsgrad und Angebotsdauer der Sabbaticalregelungen zeigt sich aber, dass für die Akzeptanz und Annahme dieser Arbeitszeitoption durch die Adressaten, *Sicherheitsaspekte* eine entscheidende Rolle spielen.

Das Bedürfnis der Interessenten, sich bei der Entscheidung für eine längerfristige Abwesenheit vom Arbeitsplatz abzusichern, macht sich dabei auf verschiedenen Ebenen bemerkbar. Nach den Erfahrungen der betrieblichen Akteure erleichtert *erstens* eine gute und/oder flexible *materielle Ausgestaltung* die Annahme von Sabbaticalangeboten. Je weniger Abstriche bei Einkommen und späterer Rente den MitarbeiterInnen abverlangt werden bzw. je flexibler und vielfältiger die Möglichkeiten im Ansparen der Freistellungsphase gestaltet sind, desto größer der Kreis potenzieller NutzerInnen. Dass die Teilnahme am Sabbatical nicht unabhängig vom Einkommen ist, zeigt sich bspw. im öffentlichen Dienst daran, dass SabbaticalanwenderInnen mehrheitlich dem Lehrerbereich bzw. höheren Besoldungsgruppen entstammen. Wie das Hamburger Beispiel[122] zeigt, rekrutieren sich 80 % der SabbaticalanwenderInnen aus dem schulischen Bereich, 96% der TeilnehmerInnen sind Beamte (Miethe 2000:31). Doch auch auf der Basis eines hohen Einkommens präferieren viele NutzerInnen lange Modelllaufzeiten, um ihre finanziellen Einbußen so gering wie möglich zu halten. Die Mehrzahl der NutzerInnen des Sabbatjahrs entscheidet sich für Laufzeiten von vier und mehr Jahren (Miethe 2000). Dagegen zeigen Erfahrungen mit Mo-

---

[122] Vergleichszahlen in der Nutzungsstruktur für Bremen fehlen für diesen Zeitraum (vgl. auch Miethe a.a.O.:18).

107

dellvarianten in der Privatwirtschaft, die es den Beschäftigten ermöglichen, trotz Sabbatical ihr Einkommen beizubehalten, dass die Anwendung von Sabbaticals durchaus auch in untere Lohnbereiche - bspw. in der industriellen Fertigung - diffundieren kann. Insofern müssen Sabbaticals nicht zwangsläufig auf privilegierte, einkommensstarke Arbeitnehmergruppen beschränkt bleiben. Aus der Sicht von Betrieben, die Sabbaticals ohne jegliche finanzielle Ausstattung anbieten, wird hingegen die Ansicht vertreten, dass diese Konditionen keine hemmende Wirkung auf die Nutzung haben. Der Vorteil eines möglichen Ausstiegs unter Beibehaltung des Arbeitsverhältnisses rücke demnach die Frage der Finanzierung in den Hintergrund.

Zweifellos zeigt sich als *zweiter* wichtiger Punkt der Sicherungsbedarf der NutzerInnen im hohen Interesse an der *Sicherheit ihres Arbeitsplatzes*. Grundsätzlich garantieren alle Sabbaticalvarianten nach der Freistellung die Rückkehrmöglichkeit in den Betrieb. Das spezifische Risiko, nicht mehr an den früheren Arbeitsplatz zurückkehren zu können, ist dagegen je nach Dauer der Freistellung, betrieblicher Lage und den Hintergründen für das Modellangebot unterschiedlich einzuschätzen. Bemerkenswert ist, dass obwohl in der Privatwirtschaft den Freistellungsspannen der geregelten Sabbaticals ohnehin engere Grenzen gesetzt sind, diese nur selten maximal ausgeschöpft werden. Das Gros der SabbaticalanwenderInnen beschränkt sich dagegen auf Freistellungszeiträume zwischen ein bis drei Monaten. Je unsicherer und unwägbarer sich die betriebliche Situation darstellt, desto zurückhaltender die generelle Resonanz auf die Möglichkeit zum befristeten Ausstieg. Dies gilt insbesondere für solche Angebote, die anläßlich akuter Absatzflauten eingeführt werden. Trotz Rückkehrklausel wird hier das Risiko eines Arbeitsplatzwechsels oder beruflichen Abstiegs subjektiv höher eingeschätzt. Umgekehrt steigt die Neigung, dem Arbeitsplatz für längere Zeit den Rücken zu kehren, wenn Beschäftigte ihr Arbeitsverhältnis in einem stabilen Rahmen aufgehoben wissen. Das Beamtenarbeitsverhältnis im öffentlichen Dienst gewährt in dieser Hinsicht einen außergewöhnlich hohen Sicherheitsstandard, was ebenfalls eine Erklärung für die relativ hohe Zahl von NutzerInnen unter den verbeamteten Lehrkräften ist. Demgegenüber stellen betriebliche Akteure in der Privatwirtschaft fest, dass jüngere Beschäftigte eine Mentalität entwickeln, nach der einem dauerhaften und sicheren Arbeitsplatz erst gar nicht ein hoher Stellenwert eingeräumt wird.

Zu einer erfolgversprechenden betrieblichen Einbettung von Sabbaticals und einem *sicherheitsstiftenden Rahmen* tragen mehre Faktoren bei: Wichtigen Einfluss auf die Bereitschaft, Sabbaticalmodelle anzunehmen, hat dabei die *Betriebskultur*. Auf dieser Ebene geht es zum einen um die Frage des *Vertrauens- und Loyalitätsverhältnisses* zwischen Unternehmen und Mitarbeitern. Eine Rolle spielen hier die Einhaltung von Absprachen, die Möglichkeiten der kooperativen Gestaltung und das Bemühen um Konsens. Neben der Etablierung eines kooperativen betrieblichen Aushandlungsmodus erzeugt eine Kultur der personellen

Kontinuität[123], im Gegensatz zu hoher Flukuation, ein Gefühl von Verlässlichkeit, welches den zeitweiligen Ausstieg erleichtert. Zum anderen ist für die erfolgreiche Einbettung auch die *Frage der Arbeitskultur* von ausschlaggebender Bedeutung. Betriebe, die ihren Beschäftigten grundsätzlich „All-Round-Verfügbarkeit" abverlangen und diese zum Gradmesser für beruflichen Leistungswillen und -fähigkeit machen, stoßen mit einem Sabbaticalangebot bei ihren MitarbeiterInnen auf größere Skepsis, als solche Unternehmen, in denen Arbeitszeitgestaltung jenseits von „Normalarbeitszeit" kein Fremdwort ist. Aber auch innerbetrieblich werden je nach in den Abteilungen jeweils herrschendem spezifischen Selbstverständnis und Arbeitsmoral Sabbaticalangebote unterschiedlich frequentiert.

Weiterhin wirkt sich wiederum der *Zusammenhang mit den betrieblichen Motiven* befördernd oder hinderlich für die Inanspruchnahme aus. Neue Arbeitszeitmodelle werden von den Beschäftigten um so eher akzeptiert, wenn sie nicht lediglich aus der betriebswirtschaftlichen Logik heraus „übergestülpt" werden, sondern sich an den Bedürfnissen der Beschäftigten orientieren. Im Rahmen von Teilzeitinitiativen beispielsweise lassen sich Eigeninteressen der Unternehmen mit Ansprüchen von MitarbeiterInnen verbinden. Aus ökonomischer Sicht beinhalten Teilzeitmodelle Einsparpotentiale, den Beschäftigten kann sich das Sabbatical als Angebot zu mehr persönlicher Freiheit bei der Disposition und Gestaltung der individuellen Arbeitszeit präsentieren. Anders fällt die Resonanz aus, wenn Sabbaticalmodelle vornehmlich als Instrument zur Bewältigung von akuten Auftragsrückgängen und konjunktureller Talfahrt in Verbindung gebracht werden. Wer in Zeiten betrieblicher Krise konkret um die Sicherheit seines Arbeitsplatzes fürchten muss, entscheidet sich nur in seltenen Fällen zur Absenz von eben diesem gefährdeten Arbeitsplatz. Verstärkt wird eine Zurückhaltung in der Nutzung von Sabbaticalangeboten in solchen Unternehmen zu erwarten sein, wo verschiedene „Sicherungsaspekte" nur unzureichend eingelöst sind, also neben Ängsten um den Arbeitsplatz zudem eine konfliktorische Betriebskultur und/oder eine an tradierten Arbeitszeiten orientierte Arbeitskultur vorherrschen.

Doch auch dort, wo Sabbaticalangebote neben betrieblichen Rationalisierungsmotiven an Mitarbeiterbedürfnisse anknüpfen, kann die Nutzung hinter den Erwartungen zurückbleiben oder sich auf bestimmte Nutzerkreise reduzieren. Ein Beispiel dafür ist ein Sabbaticalangebot, welches sich aus einer zuvor bestehenden betrieblichen Freistellungsregelung zur Verlängerung des Erziehungsurlaubs entwickelt hat. Das Unternehmen reagiert damit zunächst auf eine vielfach geäußerte Präferenz der weiblichen Beschäftigten. Doch auch nachdem der Adressatenkreis erweitert und die frühere Zweckbindung weggefallen ist, wird das Modell nach wie vor überwiegend von Frauen zum Zweck der Kinderbetreuung genutzt. Dabei zeigt sich, dass zum einen vom Unternehmen das Potential der

---

[123] Als vertrauensbildende Struktur gilt das Leitbild personeller Kontinuität nicht nur mit Blick auf die Belegschaft, sondern auch auf die Geschäftsführung.

Nutzungsmöglichkeiten jenseits traditioneller Familienaufgaben zu wenig wahrgenommen wurde. Zum anderen wird in dieser einseitigen Ausprägung der Sabbaticalnutzung aber eine grundsätzliche Diskrepanz deutlich zwischen der Intension, Teilzeitarbeit einerseits im Betrieben breiter installieren zu wollen und andererseits der andauernden Stigmatisierung der Teilzeitarbeit als „Frauenarbeitszeit", der die Betriebe zu wenig begegnen.

Um einer lediglich marginalen oder einseitigen Nutzung vorzubeugen und eine möglichst breite Resonanz zu erzeugen, sind bei der Einführung von Sabbaticalangeboten eine *offensive Bekanntmachung* im Betrieb und ausreichende Informationsmöglichkeiten für die Beschäftigten entscheidend. Demgegenüber verbuchen es allerdings manche Unternehmen bereits als Erfolg, wenn sich gegen neu eingeführte Regelungen kein Widerstand regt. Für angebliche „Selbstläufer", wie das Sabbatical, wird dort nur ein geringer Informationsaufwand betrieben. Gute Erfahrungen machten solche Betriebe, die Sabbaticals im Rahmen von breiter angelegten „Teilzeitoffensiven" vorstellten. Gezielte Informationsveranstaltungen, Angebote zur Klärung von Einzelfragen beim Personalwesen oder Betriebsrat, Veröffentlichungen in der hauseigenen Presse bzw. über das Intranet sowie ansprechend gestaltete, anschauliche Broschüren trugen wesentlich dazu bei, das Augenmerk der MitarbeiterInnen auf die neuen Gestaltungsmöglichkeiten zu lenken und Zugangshemmnisse zu senken. Im öffentlichen Dienst hat eine intensive Berichterstattung über die Ersterfahrungen mit dem Sabbatjahr-Modell und im Verlauf der Verbreitung des Modells in verschiedenen Bundesländern insbesondere die starke Unterstützung durch die Gewerkschaft Erziehung und Wissenschaft dazu beigetragen, Aufmerksamkeit und Informationstand auf Seiten der Adressaten zu erhöhen.

Exkurs: Sabbaticals - tauglich für die Wechselfälle des Lebens?

Betriebliche Sabbaticalangebote basieren zum einen auf Flexibilisierungsinteressen der Unternehmen, zum anderen wollen sie ausdrücklich an Interessen der Beschäftigten für eine flexiblere Gestaltung ihrer Arbeitszeiten anknüpfen. Bei der Berücksichtigung arbeitnehmerseitiger Flexibilitätswünsche treten allerdings Grenzen zutage, insbesondere dann, wenn Beschäftigte relativ kurzfristig auf akute Situationen oder persönliche Notlagen reagieren wollen, für die eine längere Freistellung von der Erwerbsarbeit erforderlich ist. Die *Problematik der kurzfristigen Inanspruchnahme von Sabbaticals* soll im Folgenden an einem konkreten Beispiel veranschaulicht werden. In dem Fall des Sabbaticalanwenders Hans Kießling[124] geht es um Nutzung der Sabbaticalreglung für Tätigkeiten im Rahmen eines Eigenheimbaus. Aktivitäten in „Haus und Hof", sind, nach Auskunft betrieblicher Akteure, wie auch Tätigkeiten in gemeinnützigen Berei-

---

[124] Name ist anonymisiert.

chen[125], an sich als Freistellungsmotiv keine Seltenheit. Unter „normalen Umständen" wäre der vorliegende Fall daher als Anwendungsmotiv „Sabbatical für eigene Projekte" dem fünften Nutzungstypus zuzuordnen gewesen. Was ihn jedoch zu einer besonderen und „abweichenden" Fallkonstellation werden lässt, ist die Tatsache, dass sich das „Projekt Hausbau" hier nicht als ein „freiwilliges" und im voraus planbares Vorhaben gestaltet, sondern eine unfreiwillige Situation darstellt[126], die kurzfristiges Handeln erfordert. Hierzu eine kurze Schilderung des Falles:

Der 49jährige Herr Kießling ist Familienvater, langjähriger Mitarbeiter bei einem Automobilhersteller und seit vielen Jahren als Projektplaner tätig. Während des Bau am neuen Eigenheim der Familie kommt es zu Schwierigkeiten mit dem beauftragten Architekten. Herr Kießling befürchtet, dass ihm „die Fäden aus der Hand laufen" und „die einen Schrott bauen" und sieht sich gezwungen, die Überwachung der weiteren Arbeiten selbst zu übernehmen. Für die Freistellung von der Erwerbsarbeit will er das betriebliche Sabbaticalangebot in Anspruch nehmen. Aus Sicht von Herrn Kießling ist der Zeitpunkt für die Freistellung insofern günstig, dass sich sein aktuelles Arbeitsprojekt dem Ende zuneigt und ohnehin ein Arbeitswechsel bevorsteht. Diese „Sollbruchstelle" glaubt er für seine Freistellung nutzen zu können. Für ihn unerwartet, trifft er jedoch bei seinen Vorgesetzten sowie im Personalbüro auf eine reservierte Haltung:

> „(...) die Signale waren eher so: so schnell geht das nicht, da müssen wir erstmal schauen, was kann man tun. Also, die Signale waren eindeutig zurückhaltend." (226)

Erst mit Einschalten des Betriebsrates bahnt sich eine Lösung an. Statt des gewünschten sechsmonatigen Sabbaticals werden Herrn Kießling jedoch nur drei Monate bewilligt, weitere sechs Wochen kann er sich über anteiligen Jahresurlaub und Gleitzeitguthaben organisieren. „Federn lassen" muss Herr Kießling schließlich auch nach seiner Rückkehr in den Betrieb. Durch die Kurzfristigkeit, mit der er nicht nur die Freistellung, sondern außerdem eine Zusage für eine neue Projektstelle, obendrein in einer neuen Abteilung, benötigte, hat er berufliche Nachteile erlitten. An seinem neuen Arbeitsplatz ist Herr Kießling nun mit weniger anspruchsvollen Tätigkeiten beschäftigt als zuvor:

> „Ja, es hat sich ein bißchen verändert, wenn man zwangsläufig auf die Schnelle „Ja" sagen muß, ja, man hat keinen besonderen Spielraum. Also, ich hab mich dadurch schon verschlechtert. Wenn ich da ehrlich sein soll." (445)

---

[125] Leider fand sich im Rahmen dieser Untersuchung für diesen Bereich der Sabbaticalnutzung kein/e geeignete/r Interviewpartner/in, dennoch ist das „Nebeneinander" von beruflicher und ehrenamtlicher Tätigkeit für viele Beschäftigte alltägliche Praxis, deren Vereinbarkeit nicht zuletzt durch Freistellungsmöglichkeiten wie das Sabbatical erleichtert würden (vgl. Klenner, Pfahl, Seifert 2001).

[126] Aufgrund dieser „Unfreiwilligkeit" der Ausgangssituation wurde davon abgesehen, den Fall in den Anwendungstypus der „ProjektlerInnen" aufzunehmen, bei denen das freiheitliche Moment ihrer Tätigkeit ein wesentliches Merkmal darstellt.

Herr Kießling ist überzeugt, bessere Chancen für eine attraktive Aufgabe gehabt zu haben, wenn er im Betrieb präsent geblieben wäre. Für ihn ließ seine Situation jedoch keine andere Alternative zu, als sich kurzentschlossen selbst um seinen Hausbau zu kümmern.

Für die Inanspruchnahme langfristiger Sabbaticalangebote gelten i.d.R. bestimmte Ankündigungsfristen. Auch wenn diese nicht unbedingt formal festgelegt sind, wird betrieblicherseits die Einhaltung eines angemessenen zeitlichen Vorlaufs erwartet, um den Arbeitsablauf nicht zu beeinträchtigen. Sabbaticals mit ihrem vergleichsweise weiten Zeithorizont stellen damit von ihrer Konstrution zunächst kein optimales Instrument für die *„Wechselfälle des Lebens"* (Sichtermann 1988) dar. Diese Feststellung treffen auch Klenner et al. (2002: 198f) in ihrer Untersuchung zu Blockfreizeiten und Sabbaticals (vgl. Teil I Kap. 2.3.1) und plädieren für eine *modifizierte Konzeption von Sabbaticals*, die, neben der Option zu ausgedehnten Freiphasen, auch eine offene, reagible „Unterbrechbarkeit" der Erwerbsarbeit für spontane und akute Erfordernisse im Leben zulassen. In der Form von „Kurzsabbaticals" könnten zum einen Auszeiten von geringerer Dauer realisiert werden, ohne dass die Beschäftigten dazu z.B. auf ihren Jahresurlaub zurückgreifen müssten. Zum anderen ließen sich Freistellungen kurzfristig dadurch ermöglichen, dass die Freiphase erst nach der Rückkehr der Beschäftigten finanziell ausgeglichen werden. Allerdings beinhalten Vorschläge für finanzielle Verbesserungen allein noch keine Lösung für das Problem der Passfähigkeit zwischen kurzfristigen Auszeiten und Sicherung reibungsloser Arbeitsabläufe.

1.3.4. Synopse ausgewählter Sabbatical-Regelungen[127]

Anbieter	Jahr d. Einführung	Adressaten	Mögliche Gestaltungs- und Finanzierungsvarianten	Spezielle Regelungen innerhalb der Vereinbarung	Stellvertretung/ Rückkehrkonditionen
Öffentlicher Dienst Bremen „Sabbatjahr"	1995 per Senatsrichtlinie	für Beamte; 1998 weitere Öffnung für Angestellte und ArbeiterInnen, incl. Teilzeitbeschäftigte	4-Jahres-Modell: 3/4 der Vergütung; 5-Jahres-Modell: 4/5 der Vergütung 6-Jahres-Modell: 5/6 der Vergütung 7-Jahres-Modell: 6/7 der Vergütung bei jeweils einjähriger Freistellungsphase	Freistellungsphase kann bei Beamten ab der Mitte der vereinbarten Modelllaufzeit gelegt und die Zeit entsprechend „nachgearbeitet" werden.	Wegen Einsparungszielen nach Möglichkeit keine Stellvertretung; Einsatz bei Rückkehr auf anderem Arbeitsplatz der gleichen Dienststelle ist ausdrücklich ermöglicht
Öffentlicher Dienst Hamburg „Sabbatjahr"	1997 per Senatsrichtlinie	Zunächst für Beamte, seit 1998 für alle Bediensteten, ausgenommen: Führungspositionen	Vom 2-Jahres-Modell: 1/2 der Vergütung in jährlicher Staffelung bis hin zum 7-Jahres-Modell (siehe oben) Freistellungszeitraum: mind. 1 Jahr, auch längere Freiphasen sind möglich: 1,5-4 Jahre	Bei der Einführung des Modells war es möglich, die Freiphase an der Beginn der Modelllaufzeit zu legen. Eine solche Kreditierung des Gehalts wird heute aus fiskalischen Gründen nicht mehr angeboten.	Ersatz- bzw. befristete Neueinstellungen intendiert. Nach Möglichkeit kein Arbeitsplatzwechsel, Risiko der Umsetzung aber nicht ausgeschlossen.

[127] Alle Angaben auf dem Informationsstand von 1999/2000.

113

Anbieter	Jahr d. Einführung	Adressaten	Mögliche Gestaltungs- und Finanzierungsvarianten	Spezielle Regelungen innerhalb der Vereinbarung	Stellvertretung/ Rückkehrkonditionen
Automobilunternehmen A „Freizeitblock"	1994 per Betriebsvereinbarung	Für alle MitarbeiterInnen mit mind. 1jähriger Betriebszugehörigkeit	Mind. 1 Monat bis max. 6 Monate; Freistellung erfolgt auf der Basis von Sonderzahlungsansprüchen (Weihnachtsgeld, Urlaubsgeld und Erfolgsbeteiligungen). Das regelmäßige Gehalt wird durchgehend weiter gezahlt. Auf Wunsch ist es auch möglich, höhere Rückzahlungsbeträge zu vereinbaren. In diesem Fall verringert sich das durchschnittliche Einkommen. Auch eine teilweise Vorfinanzierung des Sabbaticals ist möglich. Der Gehaltsabzug erfolgt dann sowohl vor als auch nach dem Sabbatical.	Durch Kombination mit anderen Freistellungsmöglichkeiten (z.B. Gleitzeit, Jahresurlaub) können auch bei der Wahl eines kürzeren Freizeitblocks eine insgesamt längere Freistellungsphase erzielt werden. Bei Freistellungswünschen oberhalb von 6 Monaten bis zu einem Jahr wird eine „Austrittsvereinbarung" mit Wiedereinstellungsgarantie an einen adäquaten Arbeitsplatz getroffen.	Rückkehr ohne besondere Regelungen, auf den vorherigen Arbeitsplatz.
Automobilunternehmen B „Wiedereinstellzusage"	1990 per Betriebsvereinbarung	Alle MitarbeiterInnen	Ab 6 Monate bis max. 5 Jahre, ohne Vergütung. Der Gesamtzeitraum kann mit einer Unterbrechung in zwei Freistellungsphasen unterteilt werden.	Die frühere Zweckbindung an die Bereiche, wurde zwischenzeitlich aufgehoben, der Mindestfreistellungszeitraum auf 6 Monate herabgesetzt.	Rückkehr in die ehemalige Beschäftigtengruppe; MitarbeiterInnen haben bei (vorzeitiger) Rückkehr und gleicher Qualifikation Vorrang vor externen Bewerbern.
Energieunternehmen „Langzeiturlaub"	1997 per Betriebsvereinbarung	Alle MitarbeiterInnen im Dauerarbeitsverhältnis mit mind. 3-jähriger Betriebszugehörigkeit	Mind. 1 bis max. 5 Jahre als unbezahlter Sonderurlaub. Grundsätzlich darf die Berufstätigkeit durch den Langzeiturlaub nur einmal unterbrochen werden.	Wird der Langzeiturlaub im Anschluss an Erziehungszeiten genommen, können sich (bei zwei Kindern) u.U. Unterbrechungszeiten bis zu mehr als zehn Jahren ergeben.	Keine externe Stellvertretung; Wiedereinstieg grundsätzlich innerhalb der früheren Hauptabteilung. MitarbeiterInnen haben bei (vorzeitiger) Rückkehr bei gleicher Qualifikation Vorrang vor externen Bewerbern.

7. Sabbaticalnutzung zwischen Optionalität und Zwängen - Einführende Bemerkungen zur Typenbildung

Über unterschiedliche und lebensphasenspezifische Anwendungsformen und Verarbeitungsweisen von Sabbaticals liegen bisher nur vereinzelt Kenntnisse vor. Vorliegende Studien haben Sabbaticals in ihrer Arbeitsmarktfunktion untersucht (Miethe 2000). Als neue individuelle Zeitoption sind sie bislang begrenzt auf ihre Potenziale speziell für familiäre Aufgaben erforscht worden (Klenner et al. 2002). Im Fokus dieses familial bestimmten Anwendungsbereichs aber werden Sabbaticals stärker in eine Lebensführungsperspektive und in den Kontext der Frage nach Verbesserungen eher alltagsrelevanter Koordinationsmöglichkeiten gestellt. Demgegenüber nimmt diese Untersuchung eine anders gelagerte Forschungsperspektive ein. Nicht nur wird die Anwendung von Sabbaticals in dem nun folgenden empirischen Hauptteil dezidiert aus der Subjektperspektive betrachtet, um die Problemsicht der einzelnen SabbaticalnutzerInnen nachzuzeichnen. Darüber hinaus wird der Rahmen früherer Analysen erweitert, indem in die Studie zum einen eine Bandbreite verschiedener Nutzungsmöglichkeiten einfließt. Zum anderen wird die Sabbaticalzeit, über die alltagsnahe Lebensperspektive hinaus, im biogaphischen Kontext betrachtet. Die Unterbrechung des Berufsalltags für einen befristeten Ausstieg von längerer Dauer bietet den Subjekten vielfältige Gestaltungsmöglichkeiten, bringt aber ebenso spezifische Risiken mit sich. Mit Blick auf die Nutzung von Sabbaticals ist daher zu fragen, mit welchen Intensionen, unter welchen Bedingungen und mit welchen Konsequenzen Sabbaticals als Gestaltungsoption im individuellen Lebenszusammenhang angewendet werden.

Wurden die Daten über Sabbaticals als betriebliches Regulierungsmodell im vorangegangen Kapitel vornehmlich deskriptiv verarbeitet, soll die nun folgende Auswertung des Datenmaterials aus den qualitativen Interviews mit den ModelanwenderInnen über die beschreibende Ebene hinaus, den Blick auf die Komplexität der Zusammenhänge und Hintergründe von Motivationen und Verarbeitungsstrategien bei der Inanspruchnahme von Sabbaticals lenken. Ziel ist die Rekonstruktion von Motiven, Verläufen und Konsequenzen der phasenweisen Unterbrechung des Berufslebens zu sozialen Figurationen. Für dieses Analyseziel erscheint die *Bildung einer Typologie* besonders geeignet. Ihr doppelter Vorzug ist, dass sie sowohl *deskriptive als auch heurististische Funktionen* verbindet. Mit Hilfe dieser Methode lässt sich der Untersuchungsbereich zunächst rein deskriptiv strukturieren und das empirische Material ordnen und übersichtlicher gestalten. Damit wird die im empirischen Material enthaltene Fülle von Informationen auf einen überschaubaren Merkmalsraum begrenzt:

„Mittels Typen und Typologien kann also eine komplexe Realität auf wenige Gruppen bzw. Begriffe reduziert werden, um sie greifbar und damit letztlich begreifbar zu machen" (Kluge 1999:85).

Auf der *Ebene des Typus*, d.h. hier der einzelnen Motivgruppen in der Sabbaticalanwendung, ist das Ziel, die Gemeinsamkeiten der Gruppenelemente zu verdeutlichen. Eine möglichst hohe interne Homogenität lassen die wesentlichen und charakteristischen Züge eines Typus und die hinter ihnen stehenden Sachverhalte erkennbar werden. Auf der *Ebene der Typologie* geht es dagegen darum, die einzelnen Motivgruppen als voneinander abgrenzbare darzustellen, d.h. den Blick auf die Differenzen zu lenken. In einer hohen externen Heterogenität zeigt sich letztlich die Vielfalt und Spannweite des interessierenden Forschungsgebiets (Wohlrab-Sahr 1994:269, Lamneck 1995b:356, Kluge 1999: 43ff).

Zentrales Moment bei der Bildung von Typen sind demnach *Fallvergleiche und Fallkontrastierungen* (Gerhardt 1986, 1991), die es ermöglichen, Ähnlichkeiten und Differenzen im Material zu erkennen und ähnliche Fälle zu Gruppen zusammenzufassen. In Vorbereitung solcher Fallvergleiche sind die Fälle bzw. Fallverläufe im ersten Schritt auf Einzelfallebene zu rekonstruieren. Dafür werden die einzelnen transkribierten Interviewtexte zunächst entlang ihrer Aussagen zu den fünf Themenschwerpunkten des Interviewleitfadens[128] markiert. Mit Hilfe eines eigens entwickelten Kodierschemas[129] lassen sich anschließend themenspezifische Textstellen herausfiltern und zu Substraten komprimieren. In diesem Analyseschritt geht es zunächst darum, den „subjektiven Sinn", also die Bedeutung der Ereignisse für die Handelnden nachzuvollziehen. Wörtliche Zitate werden dazu mit inhaltlichen Darstellungen kombiniert, die sich an der Erzählperspektive der Interviewten orientieren (vgl z.B. Witzel 1982) und widersprüchliche Aussagen als Interpretationsprobleme bzw. Ambivalenzen explizieren. Auf dieser Grundlage werden im nächsten Schritt Fallbeschreibungen verfasst, die, inhaltlich fokussiert, einen komprimierten Überblick über den jeweiligen Einzelfall liefern. An diesem Punkt der Auswertung sind bereits erste Charakterisierungen als Vorstufe zur Typenbildung möglich. Die Fälle können nun annäherungsweise zu Gruppen geordnet und intern zu einander in Bezug gesetzt werden[130].

Über die Strukturierungsmöglichkeiten hinaus bietet sich die Bildung von Typen aber auch an, um inhaltliche Sinnzusammenhänge zwischen und innerhalb der Typen heraus zu arbeiten und zu kontrastieren. Aus diesen Erkenntnissen lassen sich dann im weiteren Vorgehen Kategorien ableiten oder theoriegeleitete Rückschlüsse ziehen. Im Gegensatz zu einem Forschungszugang, der linear von der Literatur und Theorie zur Entwicklung von Hypothesen führt, um dann nach vorab formulierten methodologischen Überlegungen empirisches Material zu

---

[128] Zu den fünf Themenschwerpunkten vgl. die Ausführung in Kap.5.3.

[129] Hierzu wurde eine Matrix entwickelt, mit deren Hilfe, die wichtigsten Aussagen zu den einzelnen Leitfadenschwerpunkten komprimiert zusammengestellt werden konnten.

[130] Zusätzlich diente eine tabellarische Zusammenstellung deskriptiver und inhaltlicher Merkmale der Überprüfung der Konturen der angenommenen Gruppierungen.

erheben und auszuwerten, entwickelt sich die qualitativ empirische Forschung im Wesentlichen als ein zirkuläres Vorgehen (Hackmann 2000). In diesem Prozess bahnt sich die Forscherin aus der eigenen Praxis einen Weg, zieht Theorien heran, die die empirischen Analysen unterstützen (selektive Theorieauswahl) oder die auf der Basis der empirischen Befunde modifiziert werden[131]. Damit vollzieht sich die Bildung von Typen nicht auf rein induktive Weise, d.h. sie werden nicht allein auf Grundlage der Analyse der empirischen Daten ermittelt. Vielmehr wird bereits im Vorfeld, abgestimmt auf die jeweilige Fragestellung und unter Einbeziehung vorhandenen Vorwissens darüber entschieden, welche Einzelaspekte für die Konstruktion der Typen von Belang sind. Die nachfolgende Darstellung der fünf Anwendungstypen von Sabbaticals orientiert sich in der inhaltlichen Analyse an *drei thematischen Schwerpunkten*, die vor dem Hintergrund der lebensphasenspezifischen Bedeutung des Sabbaticals der chronologischen Abfolge der Ereignisse folgt:

Der erste Schwerpunkt bezieht sich auf die *Ausgangssituation* der AnwenderInnen vor dem Sabbatical, aus der heraus sich die Motivation zur Inanspruchnahme einer Auszeit entwickelt hat. Hierzu gehören, neben Einflussfaktoren der privaten Situation, insbesondere der betriebliche Kontext, da Sabbaticals als betriebliches Arbeitszeitmodell wahrgenommen und durchgesetzt werden müssen. Der zweite Komplex beschäftigt sich mit der konkreten *Zeitverwendung* sowie *Wahrnehmung von Zeit* (Zeiterleben) während des Sabbaticals. Unterschiedliche Strukturierungsformen von Zeit geben Auskunft über die Verknüpfungen zwischen Sabbatical und Berufsleben. Im dritten und letzten Analysebereich werden Fragen der *Bewertung, Bilanzierung und Perspektiven* nach der Sabbaticalerfahrung in den Fokus gerückt[132]. Die eingangs erwähnte Doppelfunktion der Typenbildung kommt in der folgenden Typologie explizit durch eine Zweiteilung in der Darstellung zum Ausdruck. Für jeden Typ folgt, nach einem einführenden Überblick über das jeweilige Teilsample, im Anschluss an den ersten deskriptiven, die Subjektsicht nachvollziehenden Analyseschritt ein weiterer, der die typischen Merkmalsausprägungen zu theoretischen Konzepten und Diskursen in Bezug setzt.

Typenbildungen können in verschiedenartiger Weise vorgenommen werden[133]. Das hier favorisierte Konzept soll gewährleisten, zum einen die soziale Realität

---

[131] Dieses Vorgehen deckt sich im Wesentlichen mit dem Konzept der „gegenstandsbegründeten Theoriebildung" (grounded theorie) von Glaser/Strauss (1965/1997).

[132] Die allermeisten, aber nicht alle Interviews konnten nach Beendigung des Sabbaticals geführt werden und damit nicht allein die antizipierten, sondern auch faktische Auswirkungen mit erfassen.

[133] In der Literatur wird zwischen Real-, Ideal-, Durchschnitts- und Extremtypen, sowie Prototypen unterschieden. Das methodische Verfahren bzw. die Typenbildung variiert dabei je nach Definition, Ziel und Art der Typologie. Zum Überblick über unterschiedliche Konstruktionen von Typen und Typologien in der qualitativen Sozialforschung siehe Kluge (1999) sowie Kelle/Kluge (1999).

möglichst umfassend abbilden, zum anderen aber das Charakteristische des Typus veranschaulichen zu können. Dafür bietet sich die *Wahl einer prototypischen Darstellungsweise* an. Beim Prototypus handelt es sich um einen Fall, der für eine bestimmte Gruppe besonders repräsentativ[134] und typisch, eben prototypisch erscheint. Zwar wird der Prototypus entlang der konkreten empirischen Daten entfaltet, stellt also keine artifizielle Konstruktion im Sinne eines Idealtypus dar, dennoch soll er den Typus in nahezu idealer Weise „im Sinne eines konkreten Musterstücks" (Von Zerssen, zitiert nach Kluge 1999:84) zur Geltung bringen. Im Anschluss an die inhaltliche Analyse der Sinnzusammenhänge und Gruppierung der Fälle konnte für jede Gruppe ein als Prototypus tauglicher Fall identifiziert und nachfolgend mit Hilfe einer Matrix einer weitergehenden systematischen Strukturierung unterzogen werden.

Den Ausgangspunkt für die Typologie bilden die *Motive* für die Freistellung. Sie sind Entscheidungsmovens und besitzen insofern eine besondere Aussagekraft, als sie Hinweise auf die Genese und Stoßrichtung der Sabbaticalnutzung geben. Da die Sabbatical-angebote prinzipiell zweckoffen sind, deuten die Motive auf subjektive Erwartungen und Orientierung in der Zeitverwendung hin. Als erster wichtiger Anhaltspunkt für die Zuordnung zu den verschiedenen Anwendungstypen dienten die Ergebnisse des Kurzfragebogens (vgl. auch Tab. 1, Teil II). Doch nicht in allen Fällen fanden die Angaben, die die NutzerInnen selbst über ihre Motive gemacht haben, eine deckungsgleiche Umsetzung in der Typenbildung. Insbesondere bei einer Bündelung von unterschiedlichen und inhaltlich „diffusen" Motiven, kristallisierte sich erst im Prozess der Auswertung heraus, welches der Motive als „treibende Kraft" im Sabbaticalzusammenhang gewirkt bzw. die Freistellungszeit in der individuellen Umsetzung maßgeblich formiert hat. Nach verschiedentlichen Umgruppierungen[135] haben sich im Verlauf der Auswertung schließlich insgesamt *fünf spezifische Anwendungs- und Verarbeitungsformen von Sabbaticals* herauskristallisiert (vgl. Tabelle 2):

I.   der Regenerationstypus
II.   der Kinderbetreuungsstypus
III.   der Qualifizierungstypus
IV.   der Neuorienterungstypus
V.   der Projektetypus

In der *Darstellung der einzelnen Typen* stützt sich der deskriptive Teil, nach einer kurzen übersichtsartigen Einführung in den Typus, in der Hauptsache auf die - problemorientierte - Rekonstruktion eines prototypischen Falls. Über diese

---

[134] Repräsentativität im Sinne quantitativer Studien kann hier natürlich nicht Ziel sein, sondern gemeint ist eher Repräsentanz.

[135] Zunächst waren bspw. die NeuorientierInnen als Unterfall des Regenerationstypus zugeordnet bis sich im Auswertungsprozess immer deutlicher Differenzierungen abzeichneten, die für eine Konturierung als eigene Motivgruppe sprachen.

Konstellation hinaus fanden sich jedoch zum Teil in anderen Einzelfällen Aspekte, die im Zusammenhang mit dem Typus als bedeutsam erschienen und nicht unerwähnt bleiben sollten. Diese Merkmale sind im Anschluss an den Prototypus in so genannten „Variationen" aufgeführt. Bis auf den fünften und letzten Typus werden alle anderen Typen durch mindestens eine Variante ergänzt.

Die Typologie zeigt Strukturen und Differenzen innerhalb der Gruppe der Sabbatical-anwenderInnen auf, die über die rein deskriptive Beschreibung der Sabbaticalmotive und der objektiv beobachtbaren Freistellungsverläufe hinausreicht, indem sie die individuelle Perspektive, d.h. die Wahrnehmungen, Verarbeitungsformen und Ergebnisse der einzelnen AnwenderInnen in den Mittelpunkt stellt. Dieser vielschichtigen Entfaltung der individuellen Perspektive im ersten Teil der Typenbeschreibung, folgt in einem zweiten Teil eine stärker theoretisierende Einordnung der typspezifischen Anwendnungsmuster. Die Einordnung der empirischen Befunde in der Doppelperspektive von subjektiven Deutungen und objektiven Strukturen, verschafft eine komplexe Sicht auf die Gestaltungsoptionen von Sabbaticals und die Möglichkeit, zu beurteilen, inwieweit sich mit diesem neuen Arbeitszeitangebot die Handlungsspielräume für die Lebensgestaltung erweitern bzw. diese auf eine Zunahme von Risiken und Verunsicherungen im individuellen Lebenszusammenhang hinweisen.

Tabelle 2: Quantitative Besetzung der einzelnen Motivgruppen nach Geschlecht, Altersgruppe und Branche

Typ	insgesamt	Frauen	Männer	Altersgruppen insgesamt:					
				-20	-30	-40	-50	50-	
Typ 1: Regeneration:	8	2	6	0	0	1	5	2	Öffentlicher Dienst: 7 Privatwirtschaft: 1
Typ 2: Kinderbetreuung	3	2	1	0	0	3	0	0	Öffentlicher Dienst: 0 Privatwirtschaft: 3
Typ 3: Weiterbildung	6	2	4	1	3	2	0	0	Öffentlicher Dienst: 0 Privatwirtschaft: 6
Typ 4: Neuorientierung	8	7	1	0	0	5	1	2	Öffentlicher Dienst: 5 Privatwirtschaft: 3
Typ 5: Eigene Projekte	3	1	2	0	0	0	2	1	Öffentlicher Dienst: 2 Privatwirtschaft: 1

7.1 Typus 1: Sabbatical zur Regeneration - Einführung in das Teil-Sample

Der Erwerbsarbeit den Rücken kehren, um sich von Stress und Hetze des Berufslebens zu erholen, Abstand gewinnen und neue Kraft tanken - ein Sabbatical in dieser Art zu verbringen, erscheint naheliegend und stimmt auch mit dem Ursprungsgedanken des Sabbats am weitesten überein: Den Dingen - im engeren Sinne gemeint sind die Produktivkräfte, wie auch die menschliche Arbeitskraft - von Zeit zu Zeit ihre Ruhe lassen, so dass sie während dieser Pause ihre Produktivität wiedererlangen können. In dieser „klassischen" Form wird das Sabbatical auch in der Gegenwart von seinen AnwenderInnen genutzt. Bei den eingegangenen Rückmeldungen von SabbaticalanwenderInnen wurde unter den zur Wahl gestellten Motiven die Rubrik „Regeneration/Muße" am häufigsten genannt[136].

Bei Beschäftigten, die eine Auszeit zur Regeneration und Entspannung in Anspruch nehmen wollen, handelt es sich durchweg um beruflich hoch engagierte Menschen, die sich im Berufsleben über lange Zeit oder auf hohem Niveau verausgabt haben. Im Sabbatical suchen sie vor allem nach weitläufiger Distanz zum Berufsalltag, um neue Kräfte zu mobilisieren und mit den aufgefrischten Energiereserven schließlich die restliche Zeitspanne des Erwerbsleben bei noch relativ guter Gesundheit zu bestehen. Häufig ist das Regenerationsmotiv vielschichtig angelegt und wird gemeinsam mit einem Bündel von weiteren Motiven genannt, wie Weiterbildung, Neuorientierung, Zeit für Kinder oder Reisen. Im Verlauf der Auswertung des empirischen Materials kristallisierten sich letztlich zwei unterschiedliche Ausprägungen in Verbindung mit dem Regenerationsmotiv heraus: Auf der einen Seite sozusagen die „echten" RegenerierInnen, die die Zeit des Sabbaticals in allererster Linie zur Erholung und persönlichen Rekreation nutzen wollen und dies auch tun. Auf der anderen Seite Personen, bei denen Regenerationsbedürfnisse im Kontext der Suche nach neuer beruflicher und privater Orientierung steht. Sie verwenden das Sabbatical hauptsächlich dazu, ihr Leben in neue Bahnen zu lenken. Diese Motivgruppe wird unter dem Fokus der Neuorientierung als eigener Typus separat vorgestellt.

Die insgesamt acht Personen, die dem Regenerationstypus zugeordnet sind, gehören meist zur Altersgruppe der „elder ones" und zählen sowohl im Hinblick auf ihr Privatleben als auch auf die Berufskarriere eher zu den „Gesettelten": Sie befinden sich in fest gefügten Paarbeziehungen, mehrheitlich mit Kindern und stehen im Erwerbsleben in vollzeitigen und kontinuierlichen Beschäftigungsverhältnissen, oft mit (sehr) langer Betriebszugehörigkeit. Ihre Berufsprofile sind durch besondere Leistungserfordernisse und oftmals beträchtliche psychische Stressfaktoren gekennzeichnet. Die Ansprüche der Beschäftigten an die eigene Arbeitsleistung sind entsprechend hoch. Gemäß des zentralen Stellenwerts der

---

[136] Vgl. zum Überblick Tabelle 2 in Teil II.

120

Erwerbstätigkeit im Leben des Regenerierungstypus, ist der Anteil der Männer in dieser Gruppe relativ groß. Kennzeichnend für diese Motivgruppe ist weiterhin, dass AnwenderInnen des Regenerationssabbaticals zum Großteil aus dem Bereich des öffentlichen Dienstes stammen, an erster Stelle Lehrer[137]. Für die prototypische Darstellung des Regenerationsmotivs wird im Folgenden ein Fall aus dieser Berufsgruppe ausgewählt. Dabei handelt es sich um ein Lehrerehepaar, dass das Sabbatical gemeinschaftlich verbracht hat. Zwar stellt das „Paar-Sabbatical" eine besondere Konstellation dar, entspricht aber zugleich einem häufig geäußerten Wunsch innerhalb dieser Nutzergruppe. Seine Realisierung stellt allerdings eher den Idealfall dar. Charakteristisch in diesem Fallbeispiel ist die komfortable Einbettung des Freistellungsanliegens im Hinblick auf das institutionalisierte Modell des Sabbatjahrs im öffentlichen Dienst, der Beschäftigungssicherheit, die der Beamtenstatus bietet sowie der günstigen betrieblich-kulturellen Strukturen im Arbeitsbereich der Lehrkräfte. Diese Faktoren tragen zu einem größtenteils reibungslosen Aus- und Wiedereinstieg bei. Der relativ gesicherte Rahmen, in dem die Arbeits- und Freistellungsbedingungen hier reguliert werden, korrespondiert mit seinen Nutzern, die im gesetzteren Alter und mit dem Ausblick auf den - vorzeitigen - Ruhestand keine wirklichen Abenteuer suchen.

Als Variation des Regenerationsmotivs wird im Anschluss an den Prototypus ein Fall aus dem privatwirtschaftlichen Bereich beschrieben. Unter den dort gegebenen Arbeitsbedingungen stellt sich nicht nur der Regenerationswunsch in einer dringlicheren Form dar, darüber hinaus spitzen sich durch die weniger günstigen Umsetzungsmöglichkeiten die Problematik und Risiken des Regenerationsmotivs zu.

Um neben den ausgewählten Fallkonstellationen einen Überblick über das gesamte Teilsample zu geben, folgt zunächst eine tabellarische Übersicht, die durch eine nachfolgende kurze Skizzierung aller nicht ausführlich dargestellten Fälle dieses Teilsamples ergänzt wird.

---

[137] Für die relativ starke Besetzung im Sample durch Beschäftigte des Öffentlichen Dienstes, speziell von Lehrern, ist auch der unkompliziertere Zugang zu den AnwenderInnen dort im Vergleich zu privatwirtschaftlichen Bereichen mit verantwortlich (vgl. auch Kap. 5.2).

Tab.: Teilsample „Regeneration" nach soziostrukturellen Merkmalen

Merkmal	Variablen	Anzahl
Alter	35 bis unter 40 Jahre	1
	40 bis unter 45 Jahre	0
	45 bis unter 50 Jahre	4
	50 bis unter 55 Jahre	3
Geschlecht	Männlich	6
	Weiblich	2
Familienstand	Partnerschaft ohne Kinder	1[138]
	Mit einem Kind	1
	Mit zwei bis drei Kindern	3
	Single	2
Alter der Kinder	unter 6 Jahre	2
	6 bis unter 10 Jahre	2
	10 bis unter 18 Jahre	4
	über 18 Jahre	2
	im Elternhaus lebend	4
	im eigenen Haushalt lebend	2
	keine Kinder	2
Berufliche Qualifikation	Hochqualifiziert	8
Betrieblicher Kontext	Privatbetrieb	1
	Öffentlicher Arbeitgeber	7
Betriebl. Regulierungsstatus	Institut. kollektive Regulierung	7
	Individuelle Regulierungsformen	1
Dauer des Sabbaticals	„Sabbatjahr"	7
	Sabbaticals um 6 Monate	1

Kurzbeschreibung der weiteren Fälle des Teilsamples:

Heiner Rehberg[139] ist als Gymnasiallehrer bereits über 20 Jahre im Beruf und fühlt sich zum Zeitpunkt seines Sabbaticals „ziemlich ausgebrannt". Im Sabbatjahr sieht der 52jährige die Chance, aus der tagtäglichen Einbindung in den Schulalltag „rauszukommen". Dabei drehen sich seine Vorstellungen vor allem um den Wunsch zu reisen. Als Vater zweier Kinder im Alter von sieben und zwölf Jahren lassen sich diese Wünsche durch die Bindung an die Familie jedoch nur eingeschränkt und ohne seine Ehefrau verwirklichen. So verbringt Herr Rehberg den Großteil seines Sabbaticals in häuslicher Umgebung, widmet sich dort insbesondere dem jüngeren Sohn sowie verschiedenen „kleinen Dingen", für die er im Berufsalltag sonst keine Muße findet. Überschattet wird die Auszeit von der Nachricht der bevorstehenden Zusammenlegung seiner Schule mit einer anderen. Durch seine Abwesenheit in dieser Phase befürchtet der Lehrer

---

[138] Bei dieser Nennung handelt es sich um ein Sabbatical beider Partner, die hier nur *einmal* gezählt werden.

[139] Die Namen aller InterviewpartnerInnen sind geändert.

das Risiko, sich unter den neuen Bedingungen keine ihm adäquate Position sichern zu können. Außerdem ist er während des Sabbatjahres unerwartet massiv mit gesundheitlichen Problemen konfrontiert, hinter denen er zum Teil psychosomatisch bedingte Schwierigkeiten vermutet, die freie Zeit „richtig (...) genießen" zu können. Diese Erfahrung mündet in die ambivalente Erkenntnis, ohne die Aufgaben des ihm streckenweise „verhassten" Berufs letztlich doch schlecht auszukommen. Als zukünftige Arbeitszeitoption fasst Herr Rehberg die Möglichkeit der Altersteilzeit ins Auge.

Das Problem, die Berufsarbeit zu vermissen, ist *Thomas Barkhan* in seiner Freistellungszeit nicht begegnet. Mit Anfang 40 Jahren gehört er zu den Jüngeren dieser Motivgruppe, ist aber auch bereits seit fast 15 Jahren als Berufsschullehrer tätig und nimmt das Sabbatjahrangebot sofort nach dessen Einführung wahr. Als Vater von drei, teilweise noch kleinen Kindern, verbringt auch er den Großteil der Sabbaticalzeit zu Hause, beschäftigt sich mit umfangreichen Renovierungsarbeiten am Wohnhaus und mit seinen Kindern. Obwohl Herr Barkhan es genießt, mehr Zeit für die Familie zu haben und gemeinsam mit seiner Ehefrau, die sich zunächst noch im Erziehungsurlaub befindet, den Kindern als Elternpaar zur Verfügung zu stehen, meldet er auch individuelle Regenerationsbedürfnisse an. Die Unterbrechung seines Berufsalltags sieht er als Chance, „urlaubsmäßig" längerfristig „rauszukommen", seine Tage ohne den üblichen Arbeitsdruck verbringen, einfach mal „in den Tag hinzuleben" und sich um „nichts kümmern" zu müssen. So nimmt sich Herr Barkhan genügend Zeit für die eigene Rekreation und eine längere Auslandsreise ohne Familie. Durch seine zeitlichen Freiräume, auch für die Kinderbetreuung, erleichtert er seiner Frau jedoch später den schrittweisen Wiedereinstieg als Lehrerin. Für Herrn Barkhan steht fest, nach dem Sabbatjahr wieder an seine Schule zurückzukehren. Trotz dort anstehender Umstrukturierungen vertraut er darauf, seine Arbeit dort unverändert wieder aufnehmen zu können.

Auch *Henriette Sydow* ist Lehrerin und arbeitet, als Mutter von zwei Kindern, auf einer Halbtagsstelle. Nach zehn Beschäftigungsjahren an einer Hauptschule wechselt sie mit Mitte Vierzig an eine Gesamtschule und beantragt zeitgleich ein Sabbatjahr. Frau Sydow, die früher des öfteren zeitweise nicht berufstätig war oder im Ausland gearbeitet hat, sucht nach einem Jahrzehnt kontinuierlicher Doppelbeanspruchung durch Beruf und Familie „eigentlich nur meine Ruhe". Mit mehr Ruhe möchte sie sich in der Freistellungszeit insbesondere ihren Kindern zuwenden. Beim Jüngeren, einem Schulanfänger, aber auch dem pubertierenden Älteren, registriert die Mutter erhöhte Bedarfe an Zeit und Aufmerksamkeit. Dass ihr Lebenspartner während ihres Sabbaticals aus der Erwerbslosigkeit in eine befristete Beschäftigung wechselt, verschafft Frau Sydow außerdem eine gute Gelegenheit, ihre Bedürfnisse im häuslichen Umfeld auszuleben. Da sich der Partner trotz der veränderten Zeitbalance auch weiterhin an Aufgaben im Haushalt beteiligt, findet sie nicht nur mehr Zeit für ihre Kinder, sondern darüber hinaus noch Muße für die Verwirklichung ganz eigener, vor allem künstlerischer Ambitionen. Aus ihrer Sicht gelingt es Frau Sydow, das Sabbatjahr mit nur spärlichen Planungen und ohne besondere Attraktionen, dafür in aller Gelassenheit zu verbringen. Eine zwischenzeitliche Ungewißheit hinsichtlich ihrer Rückkehr lässt sich letztlich klären und Frau Sydow kann - bei leicht erhöhter Stundenzahl - an ihren vorherigen Arbeitsplatz zurückkehren.

Aus einem anderen, organisatorisch modernisierten Arbeitsumfeld stammt *Frank Michaelis*. Nach seinem Berufsstart in einer Unternehmensberatung ist er in den höheren öffentlichen Dienst gewechselt und dort seit mehreren Jahren in leitender Position in einer projektförmigen Tätigkeit beschäftigt. Mit knapp Mitte Dreißig soll ihm die Freistellung per Sabbatjahr die Gelegenheit eröffnen, sich von der aufreibenden Projektarbeit zu erholen, Kraft und Inspiration für neue Aufgaben zu entwickeln und - ohne Außenzwänge - den „Kopf frei zu haben" für Bedürfnisse, die er im Alltagsleben aufgrund seiner langen Arbeitszeiten regelmäßig vernachlässigen muss. Aus gesellschaftspolitischen Gründen möchte der engagierte Beamte gern Vorreiter für die Nutzung von Sabbaticals sein. Von Seiten seiner Vorgesetzten wird der junge, aufstrebende Mann wegen seiner Freistellungswünsche allerdings unmißverständlich auf mögliche negative Konsequenzen für seine weitere Karriere hingewiesen. Auf Widerstände vorbereitet, lässt sich Herr Michaelis dennoch nicht von seinem Vorhaben abbringen. Karriereängsten begegnet er, indem er einen eventuellen Neuanfang, als Chance wahrzunehmen versucht. Nur wenige Monate vor Antritt seines Sabbatjahrs hat der Mitdreißiger eine neue Partnerin kennengelernt. Diese ist ebenfalls im öffentlichen Dienst beschäftigt, so dass auch ihr die Option des Sabbatjahrs offen steht. Kurzfristig entschließt sich das Paar zu einem gemeinsamen Sabbatical, dass sie zum Großteil auf Fernreisen verbringen. Nach der Sabbatzeit, die Herr Michaelis sehr selbstbestimmt und freiheitlich erlebt, steht ihm schließlich die Rückkehr in seine frühere Dienststelle und in eine neue Aufgabe offen, wo er sich mit frischem Elan sogleich wieder überdurchschnittlich für den Beruf einsetzt. Arbeit und Privatleben zukünftig im Alltag in ein ausgewogeneres Verhältnis zueinander zu bringen, dafür sieht er auf mittlere Frist in seinem Beruf keine Chancen.

Rolf Findeisen ist ebenfalls Beschäftigter im öffentlichen Dienst. Nach einem langen und verzweigten Ausbildungswerdegang ist er dort seit knapp einem Jahrzehnt als Richter tätig und hat im Alter von Mitte Vierzig das Gefühl, auszubrennen. Allerdings weniger durch seine hauptberufliche Tätigkeit, die er, trotz zunehmender Arbeitsverdichtung, durch „Nachtschichten", Effektivierung und Routinebildung im Griff zu behalten meint. Über seinen Beruf hinaus ist Herr Findeisen eine gesellschaftspolitisch höchst interessierte Person und hat sich als Rollstuhlfahrer in einer Fülle von ehrenamtlichen Initiativen und Projekten insbesondere im Betreuungs- und Pflegebereich engagiert. Mit Hilfe des Sabbaticals hofft er sich für ein Jahr der Situation wachsender Überlastung und Vereinbarkeitsproblemen zwischen Beruf und Ehrenämtern entziehen zu können. Seine Vorstellung ist, die Freistellung als Erholungszeit zu nutzen und sich obendrein, mit Blick auf seine berufliche Weiterentwicklung und in Bezug auf die Organisation seiner übrigen Aktivitäten, neu zu orientieren. Tatsächlich jedoch sieht sich der Aktivist im Sabbatjahr, nun ohne die festen Strukturen und Grenzen seiner Richtertätigkeit, von den Anforderungen seiner diversen Ehrenämter förmlich „aufgefressen". Auch sein privates Arrangement mit seiner Lebensgefährtin setzt dieser Vereinnahmung kaum Grenzen. Erst zum Ende der Sabbatzeit gelingt es dem „verhinderten Regenerierer" schließlich sämtliche Verpflichtungen „zu kappen" und für die letzten drei Monate auf Reisen zu gehen. Für die Zukunft wünscht er sich mehr Zeit für seine ehrenamtlichen und politischen Ambitionen. Dafür würde er gern seine Arbeitszeit dauerhaft reduzieren, denkt aber auch über einen grundsätzlichen beruflichen Richtungswechsel nach.

7.1.1 Prototypische Fallbeschreibung: Ehepaar Gerding - Ausbruch aus der endlosen Schiene des Berufsalltags

„(...) das geht so weiter, man ist auf dieser Schiene, und man merkt dann nicht mehr .... man hat nur die Rente dann vor sich, wenn man auf dieser Schiene fährt."

Nach fast drei Jahrzehnten nahezu kontinuierlicher Berufstätigkeit hat sich das Lehrerpaar Gerding zu einem gemeinsamen Sabbatjahr entschlossen, dass sie zum überwiegenden Teil mit einer Individualreise durch Asien verbringen. Zum Zeitpunkt des Ausstiegs hat Anne Gerding das 50. Lebensjahr erreicht, ihr Mann Benno ist einige Jahre älter. Die beiden Töchter des Ehepaars sind bereits im Erwachsenenalter und leben in eigenen Haushalten in der Nähe des Elternhauses. Nach der Freistellungszeit kehren die Gerdings wieder an den früheren Arbeitsplatz zurück.

I. Ausgangssituation: Sabbatical als Fluchtpunkt im beruflichen Alltag

Seit Beendigung ihrer Ausbildungszeit sind beide Ehepartner seit rund 30 Jahren nahezu durchgängig als verbeamtete Lehrkräfte im Schuldienst beschäftigt. Während Herr Gerding in einer Berufsschule Elektrotechnik lehrt, unterrichtet seine Frau als Fachlehrerin an einer Gesamtschule. Nach der Geburt der beiden Kinder unterbricht Frau Gerding zwar ihre Berufstätigkeit, kehrt aber nach insgesamt nur dreijähriger Erziehungszeit an ihre Schule zurück. Dort arbeitet sie zunächst auf halber Stelle bis sie feststellt, dass sich ihre Arbeitsaufgaben, aber auch der eigene Anspruch, eine „Beziehung zum Schulleben" aufrecht zu erhalten, bei reduzierter Arbeitszeit - zumal an einer Ganztagsschule - nur bedingt verwirklichen lassen. So wechselt sie nach gut einem Jahr wieder auf eine Vollzeitstelle. Ihr Mann ist, mit Ausnahme einer kurzzeitigen und geringfügigen Arbeitszeitreduzierung im Rahmen einer Umverteilungskampagne zugunsten der

Neueinstellung junger Lehrer, sein gesamtes bisheriges Erwerbsleben in Vollzeit tätig gewesen.

Mit ihrem Beruf als Lehrer zeigen sich beide Partner stark identifiziert und bringen mit Blick auf dessen Anforderungen ein hohes Maß an persönlichem Engagement ein. Entsprechend dem hohen Stellenwert, die die Erwerbsarbeit im Leben der Gerdings genießt, beansprucht sie im Alltag viel Zeit. So betrachtet es Herr Gerding im Sinne des eigenen Berufsverständnisses und der persönlichen Zufriedenheit als unerläßlich, sich in seinem Fachbereich mit seiner besonderen Dynamik fortwährend mit neuen Entwicklungen und Lehrstoffen auseinanderzusetzen. Einen derart hohen Arbeitseinsatz begreift er für sich als „normales Kontingent":

> „Ich kann natürlich auch Dünnbrett bohren und kann mich irgendwie über die Runden retten, aber das ist nicht zufriedenstellend." (Herr Gerding 091f)

Verärgert ist er allerdings darüber, dass die erbrachten Leistungen und sein Einsatz nicht mit entsprechenden Karriere- und Verdienstchancen honoriert werden. Auch wenn er dafür letztlich nicht individuelle Gründe, sondern strukturelle Benachteiligungen des (regionalen) Beförderungssystems für Lehrer verantwortlich sieht, frustriert ihn diese Erfahrung doch persönlich:

> „Natürlich würd´ ich gerne A14 kriegen. (...) wenn ein Münchener sich mit mir unterhält, der im gleichen Bereich tätig ist, du bist Studienrat. Gedanklich fragt der sich, was hast du denn ausgefressen, dass du nach 25 Dienstjahren noch Studienrat bist? Also es ist wirklich kein Einzelfall und ich denke einmal, das ist eine Beschäftigungsbedingung, die eigentlich untragbar ist."(Herr Gerding 54 B)

Über die Lehre hinaus hat sich Herr Gerding im Verlauf seines Berufslebens weitere Tätigkeitsfelder erschlossen. So kümmert er sich außerdem um Aufgaben als organisatorischer Geschäftsführer einer Forschungseinrichtung. Dafür entfällt zwar eine geringere Unterrichtsverpflichtung auf ihn, doch im Gegenzug ist er in dieser Funktion terminlich oft auch noch in den Abendstunden oder an Samstagen gebunden. Frau Gerding dagegen kann sich als Gesamtschullehrerin ihre Zeit über den Tag verteilt zwar freier einteilen. Doch wegen des Unterrichts am Nachmittag, sitzt sie für Vor- und Nachbebereitungen häufig auch noch in den Abendstunden am häuslichen Arbeitsplatz. Wieviel Zeit sie wöchentlich mit beruflichen Tätigkeiten verbringen, wissen die Gerdings nicht genau zu beziffern, ihre Schätzungen liegen aber jeweils bei einer 50 bis 60 Stunden-Woche. Zu den ausgedehnten Arbeitszeiten des Paares kommt die Asymmetrie der jeweiligen Arbeitszeitlage hinzu: Wenn Frau Gerding aus der Schule zurückkehrt, verlässt ihr Mann oft das Haus, um seinen Verpflichtungen nachzukommen:

> „Ja, ich bin meistens bis halb drei zum Unterricht, es gibt Arbeitsgemeinschaften, die bis 16 Uhr gehen, und da bin ich häufig mittags nicht zu Hause, er geht dann häufig noch einmal weg, wenn ich nach Hause komme." (Frau Gerding 065f)

> „So wie er (der Berufsalltag, B.S.) jetzt abläuft im Grunde genommen, wir geben uns die Klinke in die Hand." (Herr Gerding ebd.)

Die umfangreiche und zudem wechselnde zeitliche Bindung durch ihren Beruf erschwert nicht nur die Alltagsorganisation, sondern macht sich für die Gerdings auch als spürbare Einschränkung im partnerschaftlichen Zusammenleben bemerkbar. Innerhalb der Woche wird es für das Paar nur am Wochenende „ruhig". Im Laufe der Jahre ist zudem das Gefühl gewachsen, dass selbst die Ferienzeiten keine ausreichende Gelegenheit mehr bieten, sich von Arbeitsstress und Zeitdiktaten zu erholen. In einem Prozess allmählicher Auszehrung durch die starke Berufsbelastung formiert sich bei beiden immer dringlicher der Wunsch nach einer großzügigen Auszeit, um *einmal* die Gelegenheit zu bekommen, der Tagespflicht mit ihrem Termin- und Zeitdruck zu entrinnen und „richtige" Erholung zu finden:

> „Wir hatten das Gefühl, unsere Ferien sind zu kurz, obwohl man das niemand sagen darf, der kein Lehrer ist. (...) wir wollten einmal viel mehr Zeit haben, damit das nicht nur so eine befristete Urlaubsreise wird, von daher so durchorganisiert ist, sondern damit man einfach einmal so in den Tag rein leben kann ...." (Frau Gerding 108f). Herr Gerding führt fort: „Einfach Zeit hat... Zeit hat, nicht den normalen Stress, sondern `was mach ich denn heute?' fragen kann." Frau Gerding ergänzend: „Wir haben ja schon relativ viel Ferien im Vergleich zu anderen Berufen, aber viele Ferien braucht man auch echt - vielleicht liegt das am Alter - immer mehr, um sich zu regenerieren." (124)

Zwar erleben die Gerdings Zeitnot als „normale" Alltagsbedingung, sehen sich aber dennoch vor Legitimationsprobleme gestellt, wenn sie als Lehrer ein Mehr an zeitlichen Freiräumen einklagen. Aus eigener Sicht im Vergleich zu anderen Berufen mit bevorzugten Freizeitkontingenten in Form der Schulferien ausgestattet, ist ihnen bewusst, in der Öffentlichkeit deswegen als Privilegierte wahrgenommen zu werden. Subjektiv wird ihr beruflicher Alltag allerdings zunehmend von der Wahrnehmung bestimmt, gemessen an den Anforderungen des Berufs nicht über ausreichende Rekreationsmöglichkeiten zu verfügen. Zwar schätzt das Paar die besonderen Chancen, als Lehrer einen Teil ihrer Arbeit in die Privatsphäre verlegen und die Arbeitszeiten flexibel handhaben zu können. Doch im gleichen Atemzug folgt der Hinweis auf die Schattenseiten dieser Vermischung:

> „Man kann sich zwar als Lehrer Freiräume schaufeln, kann sagen, wenn ich heute Mittag einkaufen gehen will, dann mache ich das, zwei Stunden lang, aber dann sitze ich dann abends oder in der übrigen Zeit ..." (Herr Gerding 108f)

> „Wenn ich nach Hause komme, setze ich mich oft an den Schreibtisch und sitze dort bis abends um neun und stehe zwischendurch überhaupt nicht auf..." (Frau Gerding 091)

Die tagtägliche Erfahrung der Vereinnahmung ihres Privatlebens hinterlässt den Eindruck fehlender Freiräume, um sich dem beruflichen Griff entziehen zu können. Wirklich „abzuschalten", sich loszulösen und mit neuer Vitalität zu versorgen, dazu sieht sich das Ehepaar Gerding während der „normalen" arbeitsfreien

Phasen kaum noch in der Lage. Dieses Defizit erklären sie sich auch durch eine altersbedingt gewachsene Erschöpfung nach der langen Beschäftigungszeit. Vor allem während kürzerer Ferienzeiten finden die Gerdings bei erhöhtem Regenerationsbedürfnis kaum ausreichende Gelegenheit, die nötige Distanz zum Schulalltag aufzubauen, um Kraft zu schöpfen. Mangelnde Abgrenzungsmöglichkeiten im Schulalltag und unzureichende Kompensation im „Normalurlaub" greifen ineinander und erwecken schließlich den Eindruck einer eigentümlichen Gesteuertheit des eigenen Lebens, der sie wie ohnmächtig ausgeliefert zu sein scheinen:

> „Wir haben beide das Gefühl gehabt, das geht so weiter, man ist auf dieser Schiene, und man merkt dann nicht mehr.... man hat nur die Rente dann vor sich, wenn man auf dieser Schiene fährt." (Herr Gerding 137)

Um die Bedürfnisse nach Lockerung ihrer aufs Berufliche programmierten Lebensführung, nach ausgiebigen Freiräumen und persönlicher Autonomie zu realisieren, scheint das Sabbatjahrangebot dem Ehepaar einen idealen Rahmen zur Verfügung zu stellen. Frau Gerding ist schon frühzeitig auf das Modell aufmerksam geworden. Als sich das Arbeitszeitangebot schließlich auch im eigenen Bundesland durchsetzt[140], ist sie im Hinblick auf die Inanspruchnahme die treibende Kraft. Herr Gerding gibt sich zunächst noch zögerlich, da er Bedenken wegen der Sicherung von Arbeitsplatz und Einkommen hegt. Seine Sorgen gelten zwar weniger den Konsequenzen für die Karriere, doch er befürchtet, das Sabbatjahr könne, als Bruch in seiner Berufskontinuität, im Anschluss zu Wiedereingliederungsproblemen führen. Seiner Frau hingegen fällt es schwer, sich diese Unterbrechung überhaupt auszumalen, sich

> „ (...) vorzustellen, wie ein Jahr ist, wo man nicht arbeitet und auch nicht hier zu Hause bleibt, sondern weit weg fährt - wie man sich da fühlt, ob man das überhaupt aushalten kann." (Frau Gerding 208)

Um so mehr steht für Frau Gerding fest, dass sie eine Freistellung, die so ungewohnt langfristig außerhalb des Berufsalltags angesiedelt ist, gemeinsam mit ihrem Partner verleben möchte:

> „Ich musste ihn nur überreden, da ich das nicht allein machen wollte, also das hätte mir nicht gefallen, alleine ein Jahr nicht zu arbeiten, erstmal macht es keinen Spaß alleine zu reisen, und zweitens einmal, wenn ich dann hier zuhause gewesen wäre, dann kenne ich uns ja doch, dann sitzt jeder wieder in seinem Arbeitszimmer und macht irgendetwas und man kommt dann so schnell in diesen Trott wieder rein, das war mir schon wichtig, dass er das mitmacht. (Frau Gerding 069II)

Gewohnt ihren Alltag eingebettet im familiären Kontext beziehungsweise in der Paarbeziehung zu leben, ist der Gedanke eines „Single-Sabbaticals" für Frau

---

[140] Eingeführt wurde das Modell erstmals an Schulen im Land Berlin im Schuljahr 1987/88, in den neunziger Jahren erfolgte die weitere Verbreitung in fast allen westlichen und einigen östlichen Bundesländern (Miethe 2000).

Gerding nicht verlockend. Gemeinsam gehegte Reisewünsche will sie auch zusammen mit ihrem Mann verwirklichen. Zudem befürchtet sie, ohne einen gemeinschaftlichen, auch räumlich vollzogenen, klaren Einschnitt, eine Ablösung vom Alltag tatsächlich nicht zu erreichen. Dabei fällt auch Frau Gerding der Abschied von der Routine alltäglicher Verpflichtungen nicht ganz leicht. Insbesondere in ihrer Rolle als Mutter hat sie Mühe, sich innerlich von den Ansprüchen ihrer Kinder nach Nähe zu lösen. Doch bietet die familiäre Situation den Eltern formal beste Voraussetzungen dafür, die Auszeit exklusiv als Paar zu nutzen: Die beiden volljährigen Töchter sind „alt genug", um den Eltern letztlich ein gutes Gewissen zu geben, „einmal (etwas) für uns alleine machen" zu können. Auch trauen ihnen die Eltern zu, sich während ihrer Abwesenheit im Sabbatjahr selbständig um „alles" kümmern zu können. Für einige Wochen nutzt eine der Töchter außerdem die Gelegenheit, ihre Eltern für einen Teil der Reise zu begleiten und an deren Erfahrungen teilzuhaben.

II. Zeitverwendung/Zeiterfahrung: Selbstbestimmt über viel Zeit verfügen

Erst wenige Jahre vor dem Sabbatjahr haben Herr und Frau Gerding begonnen, gemeinsam mit Freunden individuelle Fernreisen als „Rucksack"-Touren zu unternehmen. Sich auf konventionelle Weise als (Pauschal-)Touristen zu bewegen und „von einem High-light des Ortes oder des Landes zum anderen geflogen oder irgendwie anders gekarrt" zu werden, lehnt das Paar entschieden ab. Doch auch ihre Erfahrungen mit individuellen Urlaubsreisen sind zwiespältig. Einerseits angetan von der Entdeckung fremder Länder und Kulturen, sehen sie sich andererseits zu starkem Druck ausgesetzt, die knappe Urlaubszeit „richtig zu nutzen" und möglichst „alles zu sehen". Anstatt in Ruhe nach eigener Neigung zu verweilen, fühlen sie sich gedrängt, „(...) immer so präzise weiterreisen (zu müssen), auch wenn es schön gewesen ist (...)".

Unter den Bedingungen „normaler" Erholungszeiten und korrespondierend dazu „durchorganisierten Urlaubsreisen" aus der „Schiene" ihrer Lebensführung auszubrechen, gelingt den Gerdings nicht. Im Gegensatz zu einem freizügigen Umgang mit ihrer „freien" Zeit, erleben sie sich abermals in vorgefertigte Schablonen gezwängt; statt mit Muße genießen zu können, fühlen sie sich zur Eile getrieben und anstelle von Regeneration eher an die Bedingungen ihres Alltags erinnert. Vor dem Hintergrund dieser wenig freiheitlichen Freizeiterfahrung erhält der Wunsch nach autonomen Entfaltungsräumen neue Nahrung:

> „Ein Leben zu führen, wie wir das wollen, was zu sehen, zu reisen, entspannt zu reisen ohne entsprechenden Termindruck ..." (Herr Gerding 669)

Das Sabbatical soll dem Ehepaar die Möglichkeit verschaffen, „rauszukommen" und „was anderes" zu erleben und dies zu einem Zeitpunkt „bevor wir so alt und tattrig sind, dass wir das nicht mehr können".Statt sich wie in einer Art Perpetuum mobile in den Selbstlauf der Dinge fügen zu müssen, sehen sie sich nun in der Lage, selbst zu entscheiden:

„Wir haben es genossen. Man weiß das auch, wenn man jetzt wieder in der Schiene drin ist, weiß wie toll das war, wirklich zu sagen, komm, lass' uns noch ein paar Tage hierbleiben, oder wir machen das und das - also alle Möglichkeiten der Flexibilität, der Mobilität dann hat vor Ort." (Herr Gerding 243B)

Anders als im Alltagsleben soll der Ablauf ihrer Sabbatzeit so wenig wie möglich festgelegt sein. Schon bei der Vorbereitung auf die kommende Freiphase, verstehen sich Planungen für das Lehrerpaar allenfalls als lockeres Orientierungsraster und Richtungsweiser. Die Grobrichtung „Asien" wird lediglich durch „so eine grobe Planung, die mit der Regenzeit in diesem Raum zu tun hatte" ergänzt. Zielgenaue und detaillierte, zumal zeitliche Festlegungen werden bewusst vermieden, um für Spontaeniät und momentane Stimmungen Raum zu lassen:

> „(...) ja eigentlich haben wir da, wo wir waren, überlegt, bleiben wir hier noch, wenn wir keine Lust mehr haben zu bleiben, wo wollen wir hin und wie kommen wir da hin, und haben uns auch oft durch Leute, die wir getroffen haben, leiten lassen, die gesagt haben, fahrt mal dahin, da ist es schön oder so und dann haben wir das eben gemacht". (Frau Gerding 122 B)

Statt sich im eiligen „Vorübergehen" an festgesteckten Routen oder - kommerziellen - Sightseeing-Programmen abzuarbeiten, sind die Gerdings auf der Suche nach individuellem und intensivem Er-Leben. Dem zu entdeckenden „Anderen" mit Muße zu begegnen, erscheint ihnen als die entscheidende Voraussetzung dafür, sich neuen kulturellen Lebens- und Sichtweisen gegenüber in einer Art öffnen zu können, die die eigene Persönlichkeit berührt. Für das Bedürfnis, sich auf diese Art zu erholen, gibt der großzügige Zeithorizont des Sabbatjahrs einen idealen Rahmen ab und verspricht den Wunsch, „einmal viel mehr Zeit zu haben" und die eigene Zeit nach eigenem Ermessen zu nutzen, zu erfüllen:

> „(...) jetzt hatten wir die Möglichkeit, intensiv zu reisen und zu reisen ohne Zeitdruck und entspannt und mit Hinsetzen und Gucken, wie die Leute da am Markt hantieren, wie die leben, wie sie miteinander umgehen. Wahrnehmen, was in Ländern, die wir bereist haben, so geschieht, was da abläuft, wie Menschen leben, natürlich, warum nicht auch schöne Landschaften sehen, aber wichtiger Punkt war, wie die Menschen dort vor Ort leben. Und da die Zeit haben, das nachzuempfinden, auch selber in der Situation zu sein, das war das Wichtigste." (Herr Gerding 095Bff).

Sich anderen Lebenswelten und -weisen zu nähern, ist für das Ehepaar zum einen verknüpft mit der Gelegenheit zur Erholung, Muße und „schönen" Erlebnissen. Zum anderen aber bringt der Umstand, sich auf unbekanntes Terrain zu begeben auch Herausforderungen mit sich und eröffnet - manchmal unerwartet - Zugang zu neuen Erfahrungen und Möglichkeiten der Selbstentfaltung:

> "Diese Trekkingtour (...) wollten wir eigentlich nicht machen (...) wir sind keine so großen Wanderer vorher gewesen, wir fahren eigentlich mehr Fahrrad - als wir gesehen haben, wie viele junge Leute, die so unsportlich aussahen, sich diese trekking permits geholt haben, haben wir gedacht, wenn die das alle können, können wir das

auch. Und das fand ich schon eine Erfahrung, von der ich vielleicht nicht gedacht habe, dass ich das so kann." (Frau Gerding 355)

Die Intensität im Zeiterleben produziert eine Erlebnisqualität mit besonderem Wirkungspotential, die sogar Verschiebungen der inneren Einstellung und Wertigkeiten herbeiführt. „Mit der Zeit" weichen anfängliche Unsicherheits- und Fremdheitsgefühle mehr und mehr einer (neuen) Normalität, sich die Maßstäbe eines differenten sozialen Umfeldes zu eigen zu machen:

> „Man sieht überhaupt nichts mehr Fremdes, sondern man hat das Gefühl, dass das ganz normal ist, wie man da lebt und durch die Gegend geht und wundert sich, warum die Einheimischen das nicht auch so denken." (Frau Gerding 150B)

III. Bilanz/Perspektive: Kraftspritze für das berufsalltägliche Weiter-So

Mit der Inanspruchnahme des Sabbatjahres sieht das Ehepaar Gerding einen deutlichen Einschnitt in ihr bisheriges Alltgsgleben und eine weitgehende Distanzierung zum Berufsleben vollzogen. Die Möglichkeit eines Sabbaticals erscheint ihnen wie ein „unverhofftes Geschenk", mit dem sie „nie gerechnet" haben. Mit Hilfe dieses Modells konnte sich das Paar Erholungs- und Erfahrungsräume eröffnen, die ihnen ansonsten verschlossen geblieben wären. Entsprechend wird das Sabbatjahr in der Bilanz als ein besonderes und zugleich singuläres Ereignis gewertet:

> Frau Gerding: „Das war eine der besten Sachen, die ich gemacht habe ...(lacht)".

> Herr Gerding: „Unsere besten Jahre war dieses Jahr". (642)

In die deutlich positive Bewertung mischt sich zugleich Bedauern, nicht bereits frühzeitiger im Erwerbsleben eine solche Chance gehabt zu haben. Im Kontrast zur zunehmend ermüdenden, mühlartig wirkenden Struktur ihres berufsgeprägten Lebens, ist das Paar während der Freistellung ganz bewusst aus dem Rahmen ihrer Alltagserfahrungen herausgetreten, um sich als Personen jenseits ihrer Berufsidentität zu erleben. Entsprechend haben die Gerdings während ihres Sabbatjahrs Kontakte zum Schulbetrieb so weit wie möglich eingestellt beziehungsweise lediglich auf persönlichen Austausch mit befreundeten Kollegen beschränkt.

Trotz der deutlichen Abgrenzung zum „Berufsmenschen" während des Sabbbaticals, steht für beide Lehrkräfte jedoch außer Frage, nach dem Sabbatical wieder an ihren angestammten Arbeitsplatz zurückzukehren und ihr vorheriges Berufsleben wiederaufzunehmen. Zunächst führen die Erfahrungen aus dem Kontrastprogramm „Sabbatical" nach dem Wiedereinstieg zu einer spürbaren Sensibilisierung gegenüber den Bedingungen des Berufsalltags; provozieren Widerstand und Reibungen gegenüber herkömmlichen - arbeitskulturellen - Strukturen, Mustern und Selbstverständnissen:

„(...) als ich die ersten Tage wieder in der Schule war und eine Gesamtkonferenz - das darf ich eigentlich gar nicht laut sagen - dass wir uns über Sachen Gedanken machen und die Köpfe zerreden, die so etwas von unwichtig sind ...“ (Frau Gerding 410 B)

Herr Gerding ergänzt: „... engagiert und emotional uns so in die Klamotten kriegen und es ist so unwichtig ...“ Seine Frau führt fort: “... das geht so vorbei an dem, was wirklich wichtig ist im Leben (...)“.

Unter dem Einfluss der Eindrücke der Sabbatzeit, wünschen sich die Rückkehrer die neu gewonnenen (Selbst-)Erkenntnisse darüber, was das Leben wirklich ausmacht, auf ihren Alltag übertragen und erhalten zu können:

Frau Gerding: Dass man vielleicht auch gelassener wird vielen Sachen gegenüber oder dass man ....“ Ihr Mann setzt fort: „... dass man offener im Grunde genommen wird ....“ Seine Frau weiter:“... und sich nicht so wichtig nimmt ...“ Herr Gerding schließt an: „.... und nicht so abgespalten auf entsprechenden Gleisen fährt.“

Im Unterschied zu den als unverändert vorgefundenen Relevanzsetzungen im kollegialen Umfeld, erscheinen den Gerdings frühere Prioritäten nach der Freistellungserfahrung fragwürdig. Da der Sinn ihres Lebens nun nicht mehr allein um berufliche oder schulische Probleme und Anforderungen kreisen soll, grenzen sie sich in der Standortbestimmung von all jenen ab, die keine Gelegenheiten hatten, von den Zumutungen des Berufslebens Abstand zu nehmen und Werte und Gewichtungen im Leben zu verschieben:

„Als ich hierher kam und mit den Kollegen wieder Gespräche geführt habe (...) und dann kam vorwiegend, was für Krankheiten sie gehabt haben und welche Verschlechterungen der Arbeitsbedingungen sie hatten - alles unbestritten, aber das ist doch nicht wichtig für mich, also es gibt doch wichtigere Dinge als so ein Sumpf, da kann ich mich dann doch nicht drüber erheben, da kann ich doch nicht rausgucken. Und das war für mich schon eine Grunderfahrung, also ob sie nun über den Topfdeckelrand gucken können, was durchaus für viele immer schwerer wird. Aber dieses Gefühl, das ist wirklich wichtig für mich.“ (Herr Gerding 425B)

Ambivalenzen bei der Reintegration in den Berufsalltag: Gewandeltes (Selbst-)Verständnis versus alte Rahmenbedingungen

Im Ringen um den Erhalt der neu erlangten kritischen Distanz und Einblicke über den Tellerrand bestehender Verhältnisse hinweg, treten jedoch Widersprüche zutage: *Auf der einen Seite* sind mit der Freistellungserfahrung Fallstricke der alltäglichen Lebens- und Arbeitsumstände bewuster geworden. Die zeitweilige Loslösung von diesen Verhältnissen samt ihrer ´Klage-Kultur´ ermöglicht, sich in Abgrenzung zur Norm zu positionieren. *Auf der anderen Seite* zieht das Lehrerpaar die Rückkehr in die vorherigen, mehr oder weniger unveränderten Lebens- und Arbeitsverhältnisse zu keinem Zeitpunkt in Zweifel. Beide sind seit langer Zeit an ihren jeweiligen Schulen tätig und fühlen sich dort insbesondere auch wegen der guten sozialen Integration innerhalb des Kollegiums wohl. Von den neu formierten Werthaltungen aus der Sabbaticalzeit auf die Kontinuitäten des nachfolgenden Schulalltags kurzerhand „umzuschalten", fällt zwar schwer. Dennoch erlebt sich das Lehrerpaar nach der Rückkehr an ihren alten Arbeitsplatz von Seiten der Schule als derart umstandslos in die gewohnten Arbeitsabläufe reintegriert, dass das Gefühl entsteht, in den Augen der KollegInnen "gar nicht weg gewesen" zu sein. In gleichbleibender Form „sofort wieder mit Arbeit überschüttet" zu werden, macht es zusätzlich schwierig, „einen gewissen Abstand von dieser Schiene schon (zu) erhalten".

Mit der Diskrepanz zwischen gewandelter Einstellung und konstanten äußeren Umständen sehen sich die Gerdings in der Anfangsphase ihrer Rückkehr im Zwiespalt, der inneren Widerstand und die Hoffnung erzeugt, die Sabbaticalerfahrungen doch „irgendwie" in die Alltagswelt hinüberzuretten zu können:

> „(...) irgendwie versucht man mit seinen Erinnerungen oder mit Fotos, die man sich anschaut oder mit Kontakt zu Leuten, die man dort getroffen hat, sich .... das ist als würde man in zwei Welten leben wollen, sich so etwas zu erhalten." (Frau Gerding 467B).

> Herr Gerding: „ (...) mit den Kollegen, die also nur über Krankheiten und schlechte Arbeitsbedingungen reden, rede ich, aber eine begrenzte Zeit. Dann sage ich: Komm' mach was anderes. Also, das merke ich auch und ich weiß auch, die Kollegen sind auch psychisch belastet durch die Situation, das ist deren Interesse (sich durch Reden zu entlasten B.S.). Aber ich entziehe mich dem, weil ich im Grunde genommen da auch das Gefühl habe, auf diese Ebene wieder runtergezogen zu werden." (505B)

Auch im Nachhinein soll das Sabbatical davor schützen, in den „Sumpf" scheinbar unausweichlicher Belastungen und Bedrückungen der Berufswelt zurückzufallen. Diese Rückfallgefahr vor Augen, gerät das Sabbatical zum Inbegriff einer möglichen Leichtigkeit des Daseins und dient als Projektionsfläche für all jene Sehnsüchte, die im Berufsalltag ins Hintertreffen geraten und unbefriedigt bleiben. Die Retrospektive auf die noch frisch präsenten Erlebnisse im Sabbatjahr aktivieren das Bedürfnis nach Befreiung von den Zwängen und Zumutungen des Alltags aufs Neue:

> „So im Nachhinein, ich vermisse diese Länder, ich würde sofort alles hier hinschmeißen und wieder losfahren, wenn das möglich wäre, das vermisse ich schon, das Leben, so ein unbeschwertes Leben, dass keiner mehr etwas von einem will. (...) du hast eigentlich nie richtig wichtige Sorgen, weil keiner mehr eine Forderung an dich hat, sondern du kannst eigentlich machen, was du willst" (Frau Gerding 235B).

Die Zurückhaltung, den artikulierten Sehnsüchten nach Unbeschwertheit tatsächlich nachzugeben, entpuppt sich jedoch nicht als bloßer Fremdzwang, sondern entspringt ebenso der Erkenntnis der eigenen - verinnerlichten - Verwurzelung in (der Kultur) der Erwerbsarbeit:

> „Das ist ja schon ein Unterschied, wenn man hier wieder arbeiten muss, das ist auch schön, ich kann gar nicht sagen, dass ich nicht gern arbeite." (Frau Gerding 235B)

Reintegration auf faktisch unverändertem Niveau

Da die Berufstätigkeit letztlich weiterhin zentraler Bestandteil von Lebensinhalt und Lebenszufriedenheit bleibt, bemühen sich die Gerdings zwischen beiden Erfahrungswelten - Sabbatical und Berufsalltag - zu vermitteln. Dabei verschwimmen Divergenzen zum einen auf der passiven Ebene der zwangsläufigen Reintegration in den beruflichen Alltag. Zum anderen suchen Herr und Frau Gerding aktiv nach einem Brückenschlag zwischen den als prekär erkannten Stress-Bewältigungsmustern ihrer Umgebung und der Einsicht, sich selbst nicht nachhaltig vor Negativeinflüssen und Anforderungen der Arbeitssphäre abschirmen zu können. In der Frage, wie die Lebensführung unter Alltagsbedingungen erträglicher und befriedigender gestaltet werden könnten, setzt das Lehrerpaar daher den Akzent auf pragmatische Veränderungen in der Balance von Arbeit und Leben. Dabei stimmen beide darin überein, dass es notwendig ist, schon *während* des Berufslebens zu einer größeren Ausgewogenheit zu gelangen. Damit erteilen sie der gängigen Praxis eine Absage, vitale Bedürfnisse auf spätere Zeitpunkte zu verschieben, so dass „viele Leute (...) sich gar keine Ziele mehr (setzen), außer vielleicht in zehn Jahren in Rente zu gehen (...)". Dagegen plädiert Frau Gerding für ein dauerhaft wirksames Gegengewicht zur Berufswelt und betont die Wichtigkeit, sich „(...) ständig irgend etwas schaffen, worauf ich mich freuen kann, was schön ist, und dann kann ich auch die Arbeitszeit einfach anders überstehen." (448B).

Im Gegensatz zur veränderten Lebenseinstellung durch die Sabbaticalerfahrungen bewegen sich die konkreten Pläne des Ehepaars im Hinblick auf zukünftige Anpassungen ihrer Lebensführung allerdings in einem eher konventionellen als innovativen Rahmen. Nach dem Sabbatjahr wieder vollständig ins Erwerbsleben eingebunden, steht für die Gerdings eine Absenkung ihrer Arbeitszeit unterhalb des Vollzeitniveaus auch künftig nicht zur Debatte. Eine dauerhafte Reduktion kommt in ihren Augen schon deswegen nicht in Frage, da das erforderliche Arbeitspensum auch dem eigenen Anspruch nach nur unter Vollzeitbedingungen leistbar erscheint. Regelmäßige Teilzeitarbeit hätte unter diesen Voraussetzungen aus Sicht sowohl von Herrn als auch Frau Gerding lediglich Einkommenseinbußen zur Folge, nicht aber positive Auswirkungen auf das individuelle Zeitbudget, da trotz formal verringerter Arbeitszeit faktisch doch die „volle Arbeitskraft" investiert werden müsste.

Alternativ dazu erneut die Teilzeitvariante des Sabbaticals zu wählen, ist für die Gerdings zwar unter dem Gesichtspunkt des Zeitwohlstands reizvoll, kommt aber, unter der Voraussetzung nur mäßiger Einkommenseinbußen, schon wegen der langen Laufzeit des Modells nicht in Betracht. Die langfristige Bindung durch das Sabbatjahrmodell kollidiert insbesondere mit dem Ziel des Lehrerpaars, den vorgezogenen Ruhestand nach dem Altersteilzeitmodell zu nutzen[141].

---

[141] Das Altersteilzeit-Modell hat insbesondere in der Berufsgruppe der Lehrer viel Zuspruch gefunden. Die rege Inanspruchnahme rührt auch von der Altersstruktur innerhalb der Leh-

134

Ohne die Aussicht auf Eintritt in den frühzeitigen Ruhestand hätten beide bis zum Rentenalter noch ein weiteres Sabbatjahr „dazwischengeschoben". Aufgrund ihres fortgeschrittenen Alters und der Möglichkeit der Altersteilzeit passt das Freistellungsmodell jedoch kein weiteres Mal in ihr Lebens- und Erwerbskonzept. Haben die Gerdings mit dem Sabbatjahr, wenn auch erst gegen Ende ihres Erwerbslebens hin, eine Möglichkeit gefunden, sich von den auftretenden Erschöpfungserscheinungen ihrer berufsalltäglichen Routine zu erholen, fehlt es überbeanspruchten Beschäftigten in anderen, insbesondere privatwirtschaftlichen Arbeitsbereichen, häufig an Optionen, auf betriebliche Freistellungsangebote zur Regeneration zurückzugreifen. So kann es, wie in der folgenden *Fallvariation* passieren, dass die gesundheitlichen Auswirkungen dauerhafter Überlastung im Beruf solche Ausmaße annehmen, die den - individuell vereinbarten - Ausstieg per Sabbatical letztlich in eine „Notbremse" verwandeln.

Fallvariation: Herr Jensen: Deutliches „Nein" zu den herrschenden Arbeitsbedingungen

Olaf Jensen hat die Mitte Vierzig überschritten und ist seit fast 20 Jahren als Journalist tätig. Bei seinem Arbeitgeber, einem großen Zeitschriftenverlag, ist er zum Zeitpunkt seines Sabbaticals seit rund 10 Jahren als Redakteur beschäftigt, davon zuletzt über drei Jahre in leitender Position. Seine Tätigkeit, eine „von der ersten bis zur letzten Minute hochkonzentrierte Arbeit", befriedigt ihn sehr. Da ihm sein Beruf außerdem vielfach Erfolgserlebnisse vermitteln kann, hat er eine starke Identifikation sowohl mit dem Produkt seiner Arbeit als auch mit dem Unternehmen selbst entwickelt.

Verausgabung durch extreme Leistungsanforderungen und fehlende Kompensation

Im Gegensatz zu seiner Arbeitsaufgabe, die er beherrscht und ihn voll zufrieden stellt, sieht sich Herr Jensen angesichts der herrschenden Arbeitsbedingungen in seinem Arbeitsbereich zunehmend in die Enge getrieben. Neben der Selbstverständlichkeit überlanger Arbeitszeiten, ist aufgrund des hohen Produktionsdrucks ein Arbeitsrhythmus zu verkraften, in dem regelmäßig auf „eine „ruhigere Woche drei Wochen unter Hochdampf" folgen. Nach Ansicht des Redakteurs wird in seinem Betrieb „Hochleistungssport" betrieben und von den Mitarbeitern erwartet, ständig auf „Tabellenführerniveau" zu agieren. Während es Nachwuchskräften noch gelinge, dieses Pensum zu bewältigen, hätten Ältere zunehmend Schwierigkeiten, Schritt zu halten. Herr Jensen selbst, der sich als „Leitender" über die inhaltliche Arbeit hinaus außerdem mit Problemen inner-

---

rerschaft her sowie von deren relativ guten Einkommenverhältnissen als Voraussetzung für das Verkraften von Renteneinbußen.

halb der Mitarbeiterschaft auseinandersetzen muss, fühlt sich diesem Anforde-
rungsdruck nicht mehr gewachsen:

> „Es ist einfach too much. Also, es ist zuviel auf mich eingestürmt, was ich jedenfalls
> nicht auf Dauer abkonnte. Je mehr zu tun war, desto häufiger ging die Tür auf und zu.
> Also, das hat sich immer selbst verstärkt." (116)

Sich von den extremen Leistungs- und Verfügbarkeitsanforderungen zu erholen,
dafür bieten die betrieblichen Bedingungen nur sehr restriktive Spielräume. Ist
es im Unternehmen „ohnehin ein relativ verbreitetes Übel", dass Erholungsur-
laube eher von (zu) kurzer Dauer genommen werden, gelten in leitender Position
längere zusammenhängende Urlaube maximal bis zu zwei Wochen als machbar.
Herr Jensen hält diese Kurzurlaube generell für ungeeignet zur Regeneration.
Dass sie ihm selbst in keiner Weise zur Erholung ausreichen, wird offensichtlich, als ihm eine akute Herzkrankheit diagnostiziert wird. Zwar bestätigt sich
der Verdacht nicht, doch empfindet Herr Jensen dieses gesundheitliche Warn-
signal zusammen mit einem früher erlittenen Hörsturz zu alarmierend, um sich
darüber hinweg zu setzen. Statt dessen besteht nun für ihn akuter Handlungsbedarf.

Sabbatical als selbstorganisierter Notausstieg

Da im Unternehmen Freistellungsangebote für ein Sabbatical nicht existieren,
sieht Herr Jensen sich zur Eigeninitiative gezwungen. So kündigt er von sich aus
seinen Funktionsvertrag[142] und stellt damit seinen Arbeitgeber in der Frage der
Freistellung vor vollendete Tatsachen. Die Überwindung, „sich erstmal selber in
den Hintern (zu) treten" und trotz der Gefahr, „Minuspunkte einzusammeln", für
sein Regenerationsbegehren einzustehen und einen Weg zu bahnen, wertet Herr
Jensen persönlich als einen wichtigen „Schritt nach vorne":

> „Und das bedeutet, man sagt Nein. Für alle klar und deutlich, die's angeht, erkennbar
> und hörbar, sagt einer: Stop, Halt: Ich steig' hier für'n Moment aus und könnt ihr euch
> auf'n Kopf stellen, ich mach das. Also, das heißt, zu den herrschenden Arbeitsbedin-
> gungen zu sagen: Nee, bitte, nicht mit mir, jedenfalls für 'ne gewisse Zeit. (...) sich
> einfach abzugrenzen und zu sagen: Da bin ich und da seid ihr und für 6 Monate könnt
> ihr mich mal (...). Also, das ist sicherlich 'ne ganz wichtige Sache aus meiner Sicht bei
> so 'nem Sabbatical, dieses eigenständige Reißleine ziehen." (1088ff)

Dass trotz der Eigenmächtigkeit seiner Entscheidung für eine Auszeit, deren
Umsetzung betrieblicherseits „ohne große Geräusche über die Bühne gegangen
ist" erklärt sich für Herrn Jensen aus dem unausgesprochenen Wissen um die
gesundheitlichen Risiken, die die aufreibende Arbeit mit sich bringt und dem
Wunsch der Unternehmensleitung, die Vereinbarung einer individuellen Auszeit

---

[142] Dieser Vertrag regelt die Modalitäten in Leitungspositionen des Unternehmens und räumt
Herrn Jensen - nach dessen fristgemäßer Kündigung - das Recht auf Rückkehr auf eine
Redakteursstelle ohne Leitungsfunktion innerhalb des Hauses ein.

betriebsweit nicht „an die große Glocke (zu) hängen". Das Zugeständnis an sein Freistellungsbegehren ordnet der Redakteur sowohl als Ausdruck sozialer Verantwortlichkeit im Unternehmen ein, aber auch als Einsicht in ein Arrangement auf Gegenseitigkeit:

> „Es war für die (Arbeitgeberseite B.S.) vielleicht auch die Überlegung: der macht ja eigentlich gute Arbeit und den hätten wir von uns aus ja auch nicht da von seinem Schreibtisch entfernt, und wenn der schon die Reißleine zieht, dann wird's seine Gründe haben. Und das nützt dann sicherlich beiden Seiten, wenn wir ihm mal ein halbes Jahr gönnen." (185)

Ursprünglich hatte Herr Jensen sich vorgestellt, „so vielleicht mit 50 mal 'nen Jahr zu pausieren (...) den Rucksack nehmen" und „für ein Jahr raus aus der Mühle". Nun aber habe er „aus der Not heraus", auf seinen gesundheitlichen Zustand zu reagieren, die Pause um einige Zeit vorverlegen und gleichzeitig auf sechs Monate reduzieren müssen. Diese verkürzte Pause nutzt Herr Jensen nun vor allem für eine Australienreise, mit deren Hilfe er das Gefühl von Distanz zum Berufsleben, von Selbstbestimmung und Unabhängigkeit gewinnen möchte. Er tritt die Reise allein an, da nicht zuletzt durch die angespannte Berufssituation auch die familiären Beziehungen zu seiner Frau und der 14jährigen Tochter in Mitleidenschaft gezogen sind:

> „Ja, ich mein, man ist da auch, wenn man also so unter Strom steht und so belastet ist, dann ist man ja auch zu Hause vielleicht nicht immer der angenehmste Gast bei Tische. Also, ist schon klar, das 'ne längere Erholungszeit also auch 'ne Distanz von der Familie sicherlich nicht nachteilig sein würde." (325)

Der Preis der Zeit: Karriereeinbuße versus Gesundheitsverlust

Die Hoffnungen von Herrn Jensen, er würde sich im Sabbatical auf „unvorstellbar gute Weise erholen", erfüllen sich jedoch nicht. Dies vor allem deswegen, da sich schon während des Sabbaticals aufgrund betrieblicher Umstrukturierungen Schwierigkeiten für die Rückkehr auf den alten Arbeitsplatz abzeichnen:

> „Und dann stellt man natürlich schon wieder die Ohren auf Empfang und der Erholungseffekt reduziert sich schlagartig, weil man denkt, Scheiße ne, eigentlich wollste ja dahin zurück und hast deine Absprachen getroffen. Und es war also auch schon bis Australien zu hören, wie der an den Stühlen gesägt hat (...)." (485)

Nach erst der Hälfte seiner Auszeit ist der Redakteur bereits wieder mit seiner Arbeitssituation beschäftigt und kehrt schließlich sogar vorzeitig von seiner Reise zurück, um die Frage seiner Rückkehr vorort zu klären. Mit Hinweis auf die getroffenen Absprachen gelingt es ihm zwar zunächst, den früheren Arbeitsplatz wieder einzunehmen, doch nach nur kurzer Zeit muss er erkennen, dass unter den veränderten Bedingungen und von Seiten des neuen Vorgesetzen faktisch kein Wert mehr auf seine weitere Mitarbeit gelegt wird. Anders als sonst seine Art, geht Herr Jensen den Konflikt „radikal" an und wechselt kurzentschlossen in ein anderes Ressort auf einen Arbeitsplatz ohne Leitungsfunktion. Durch den

Abstand, dem ihm das Sabbatical verschaffen konnte, hat sich sein Blick für die Schattenseiten, insbesondere die „Eitelkeiten", Hierarchie- und Konkurrenzmechanismen in seinem Beruf geschärft. Im Gegensatz zu „vielen Leuten, die sich ein Bein abhacken (würden), um so einen Job (wie seiner vorherigen B.S.) zu kriegen", sieht er sich nun zum kritischen Blick auf verbreitete Strategien und Illusionen seines Berufsstandes in der Lage:

> „Und mir fällt's eben auch nicht schwer, wenn's dann irgendwann too much ist, zu sagen: So, danke, das war's. Also ich klammer mich nicht an so 'ne Position, das ist mir auch nicht wichtig. (...) bei dieser Distanz, die ich da auch bewusst gewählt habe, also 20.000 km weiter weg (...), hat man auch 'ne größtmögliche Distanz zu den Mechanismen am Arbeitsplatz. Und Journalismus ist ja 'nen ziemlich eitles Gewerbe, ne, is, hier im Hause ist es auch sehr stark hierarchisiert. (...) und je weiter man weg ist und je länger man weit weg ist, um so mehr merkt man natürlich auch, was das für'n eitler Quatsch ist. Hm. Und das hab' ich eigentlich bisher auch rüberretten können, aus diesem Sabbatical. Also, mir sind solche Sachen unwichtiger als früher". (770)

Umdeutung des Karriereknicks als Wahlentscheidung

Herr Jensen betrachtet es als persönliche Erkenntnisleistung und „sehr heilsame Geschichte", sich zum Arbeitsplatzwechsel und Rückschritt auf der Karriereleiter entschlossen zu haben. Zugleich ist ihm bewusst, „mit dieser gesundheitlichen Disposition" letztlich gar keine andere Wahl gehabt zu haben. Doch auch seine aktuelle Arbeitssituation erweist sich als ambivalent, denn der Rücktritt von der Leitungsfunktion zieht keine Reduzierung seines Arbeitspensums nach sich - im Gegenteil arbeitet der Redakteur mehr als zuvor. Dabei hat Herr Jensen einerseits das Empfinden, nach einem halben Jahr ohne Berufstätigkeit „wieder voll im Saft" zu stehen. Zudem sei durch die ressortspezifische Organisation im neuen Arbeitsgebiet die Ausdehnung seiner Arbeitszeit unvermeidlich. Darüber hinaus aber hält Herr Jensen seine neue Tätigkeit im Vergleich zur vorherigen auch inhaltlich für relevanter. Die subjektive Einschätzung einer qualitativen Steigerung seiner Tätigkeit vermittelt ihm „ein ganz gutes Gefühl". Im übrigen meint er, sich trotz aller Widersinnigkeit, an überlange Arbeitstage gewöhnt zu haben. Andererseits gibt er zu, noch immer „mehr Belastung (zu haben), als ich's wünschen würde" und hofft auf ruhigere Arbeitsphasen in nachrichtenärmeren Zeiten. Ein betriebsinternes Angebot, neuerlich eine Leitungsstelle zu übernehmen, lehnt er ab. Mit Blick auf die zukünftige Arbeitszeitgestaltung, wäre ihm aus Belastungsgründen eine Reduzierung auf drei oder vier Arbeitstage pro Woche am liebsten, aber auch andere, unregelmäßigere Reduzierungsformen findet er wünschenswert. Eindeutig liegt die Präferenz dabei auf „'nen großen Brocken Freizeit im Jahr und nicht diese Häppchen, diese 14-tägigen Not-Urlaube". Darüber hinaus hat Herr Jensen vage das Modell des Vorruhestandes ins Auge gefasst; eine Möglichkeit, die auch sein Unternehmen neuerdings anbietet und über die er sich genauer informieren will, „wenn's denn Thema werden sollte".

138

7.1.2 Theoretische Reflexionen zum Regenerations-Typus : Sabbatical - temporäre Distanzierung vom Primat des Beruflichen

Im Anschluss an die Falldarstellungen sollen die empirischen Konstellationen nun in den Zusammenhang gesellschaftlicher Strukturveränderungen gestellt und aus einer den spezifischen Einzelfall übergreifenden Perspektive betrachtet werden. Die Diskussion der verschiedenen Aspekte orientiert sich dabei an der bereits im deskriptiven Teil gewählten dreiteiligen Struktur von Ausgangsbedingungen, Zeiterfahrungen und Perspektiven bei der Anwendung von Sabbaticals zur Regeneration. Dabei sind die einzelnen Unterkapitel nicht sämtlich gleich gewichtet. Da im Regenerationstypus in der Hauptsache Beschäftigte vertreten sind, deren Erwerbsleben zum Großteil bereits hinter ihnen liegt, richtet sich der Fokus hier stärker auf Kriterien, die die Ausgangslage der NutzerInnen formieren als auf die Frage zukünftiger (Arbeitszeit-)Perspektiven.

I. Leiden unter der Zurichtung des Lebens auf hohe Berufsanforderungen

Im Leben der Berufstätigen, die ihr Sabbatical zur Regeneration genutzt haben, besitzt die Erwerbsarbeit in zweierlei Hinsicht einen zentralen Stellenwert. In der *Dimension des Alltags* befinden sich RegeneriererInnen häufig in Vollbeschäftigungsverhältnissen, wobei ihre tatsächlichen Arbeitszeiten die tariflich durchschnittliche oft wie selbstverständlich weit überschreiten. Ihr Berufsalltag ist damit von ausgedehnten bis überlangen Arbeitszeiten gekennzeichnet. Erfahrungen mit reduzierter Arbeitszeit hingegen sind seltener anzutreffen[143]. Zudem zeichnen sie sich auch in der *biographischen Dimension* durch eine hohe Kontinuität ihrer Erwerbstätigkeit aus. Mit dem Sabbatical erfährt ihr Berufsleben oft erstmals eine Unterbrechung, wenn die NutzerInnen bereits deutlich mehr als die Hälfte ihrer Erwerbsbiographie zurückgelegt haben. Bis zur Freistellung entspricht die Lebensführung des Regenerationstypus damit jenem Erwerbsmuster, wie es traditionell in erster Linie die männliche „Normal"-Biographie bestimmt (hat). Die Zeit des Sabbaticals, als längere Sequenz von Nicht-Erwerbstätigkeit, stellt für diese Personen damit oft die erste deutliche Abweichung von der „Normalarbeitszeit" überhaupt dar.

Lebensführung in der beruflichen „Schiene"

Gemäß dieser auf Zentralität und Kontinuität der Erwerbsarbeit zugeschnittenen Lebensführung, befinden sich unter den AnwenderInnen dieser Motivgruppe de facto insbesondere *Männer*, die *im fortgeschrittenen Erwerbsalter* ein erhöhtes Regenerierungsbedürfnis aufweisen. Doch auch für die vertretenen Frauen nimmt der Beruf - neben der Familie - einen wichtigen Stellenwert in ihrer Bio-

---

[143] In den untersuchten Fällen waren, von einem Teilzeitarbeitsverhältnis abgesehen, vereinzelt allenfalls Erfahrungen mit kürzeren Phasen geringfügiger Arbeitszeitverkürzung vorhanden, zumeist im Rahmen von Kampagnen zur Arbeitsumverteilung bei Lehrern.

graphie ein, wenn auch, aufgrund der Übernahme von Familienaufgaben ihre Erwerbsbeteilung vom Umfang her - zumindest phasenweise - im Vergleich zu den Männern geringer ausfällt. Die Dominanz des Beruflichen im Leben der RegenerierInnen wird zudem durch die arbeitsinhaltlichen Bezüge unterstützt. Angesiedelt in hochqualifizierten, kreativen beziehungsweise sozialen und personenbezogenen Feldern, stellen diese Professionen die Beschäftigten sowohl bei der Erfüllung ihrer Arbeitsaufgaben als auch hinsichtlich ihrer eigenen Ansprüche vor besondere Herausforderungen.

So verlangen die genannten Berufsprofile in der Regel einen *hohen persönlichen Einsatz* der Erwerbstätigen hinsichtlich ihrer zeitlichen Präsenz sowie psychosozialen, mentalen und organisatorischen Fähigkeiten, wie Einfühlungsvermögen, Orginalität und Effektivität. Die Aufgabenstellungen sind zumeist komplexer Natur und richten sich kaum nach einem vorab determinierbaren Zeitquantum. Die RegenerierInnen ihrerseits weisen eine ausgeprägte Identifikation mit dem Beruf und eine hohe Motivation auf und stellen an sich selbst den Anspruch, ihre jeweiligen Arbeitsaufträge bestmöglich zu erfüllen. Auf diese Weise greifen die besonderen subjektiven Berufsinteressen einerseits und die spezifischen beruflichen Anforderungen und Verfügbarkeitserwartungen andererseits ineinander und führen zu einer *Verflüssigung der Grenzen zwischen Berufsarbeit und Privatleben*. Als Reflex auf diese Entgrenzung müssen die Betroffenen ihren Lebenszusammenhang in einem Akt der Selbst-Rationalisierung systematisch und aktiv organisieren. Die „Grenzen der Entgrenzung" offenbaren sich jedoch in der Unfähigkeit des Regenerationstyps eine ausgewogene, gesundheitsverträgliche Balance zwischen „Arbeit und Leben" herzustellen. Die Entstrukturierung betrieblicher Arbeitszeitmuster und die Extensivierung von Arbeit in private (Reproduktions-)Bereiche üben einen Veränderungsdruck auf die Lebensführung aus und kristallisieren sich als neue Belastungsstruktur heraus. Darin inbegriffen ist das Risiko einer - massiven - Überforderung der Individuen (Hildebrandt 2000b: 228) bis hin zu paradoxen Umkehrungen im Verhältnis von Berufs- und Lebenswelt (Hochschild 2002)[144].

Aktuell unter dem Stichwort der „Selbstorganisation" im Bereich industrieller Facharbeit mit ihren ehemals fest umrissenen Zeitvorgaben als neues Phänomen diskutiert, sind prozess- und ergebnisorientierte Arbeitsabläufe in vielen Arbeitsbereichen, nicht nur im Lehrerberuf[145], sondern auch in anderen personen-

---

[144] In ihrer vielbeachteten Studie der us-amerikanischen Verhältnisse der Anfang 90er Jahre beschreibt Hochschild das bemerkenswerte Phänomen, wonach der Betrieb neuerdings nicht nur von Männern, sondern auch von Frauen eher als ein Ort individueller Entfaltung, Anerkennung und Wohlbefinden und in diesem Sinne als „Zuhause" wahrgenommen wird, als die aufreibende Organisation und Betätigung im familären Alltag - und damit auch zu neuen Grenzlinien zwischen den Geschlechtern führt. Vgl. dazu auch Rerrich 1991:53.

[145] So ist bei Lehrkräften zwar das jeweilige Unterrichtskontingent definiert, dagegen unterliegen Vor- und Nachbereitung keiner klaren Festlegung und sind überdies lokal meist im Privaten angesiedelt.

bezogenen Bereichen, wie den Pflegeberufen, in Kunst- und Kulturberufen schon seit langem Praxis. Die Tätigkeiten in diesen Bereichen folgen von jeher dem Prinzip der Selbstorganisation, orientieren sich in flexibler Manier an Zielvorgaben und setzen Eigenverantwortlichkeit im Arbeitszusammenhang voraus. Arbeits(zeit-)strukturen wie diese eröffnen den Beschäftigten dabei *einerseits* wichtige Autonomiespielräume und Chancen der Selbstverwirklichung am Arbeitsplatz. Sie können ein Klima schaffen, in dem der Entfaltung der Kreativität und Leistungsfähigkeit der Arbeitenden kaum Grenzen gesetzt sind. Dort, wo die Berufsarbeit gleichzeitig mit einer hohen gesellschaftlichen Anerkennung und Resonanz durch Erfolg und Aufstieg verbunden ist, wächst noch der Ansporn, (Höchst-)Leistungen zu erbringen.

Andererseits jedoch ziehen hohe Motivation, die eigene Anspruchshaltung und Eigenverantwortlichkeit im Arbeitsprozess für den Regenerationstypus die Notwendigkeit nach sich, sich selbst in starkem Maß im Sinne der Erwerbslogik zu kontrollieren und disziplinieren. Die auf diese Weise sich zu eigen gemachten und durch innere Instanzen ausgeübten Zwänge des Berufslebens werden als Tätigkeitsstrukturen, Routinen und Regelmäßigkeiten zu festen Bestandteilen des Alltagsarrangements (Projektgruppe „Alltägliche Lebensführung" 1995). Den Ausführungen zum theoretischen Konzept der alltäglichen Lebensführung zufolge, ist die Lebensführung - als ein System der Person - nicht etwa als ein statisches Gebilde vorzustellen, sondern als eine Konstruktion in der Auseinandersetzung und Anpassung des Subjekt mit seiner Umwelt (Voß 1995:34). Dabei zwingen die immer komplexer zugeschnittenen Arbeits- und Lebensbedingungen dazu, den Alltag zum einen überaus aktiv und rational zu gestalten, was - als Kehrseite des Individualisierungsversprechens vom Zugewinn an Gestaltungsautonomie - in einen Zustand der Selbstüberforderung münden kann (Voß 2000:73).

Im Wechselverhältnis zwischen Arbeitsanforderungen und eigenen Ansprüchen können Belastungen damit leichter auf die „ganze Person" durchschlagen. Im Verlauf des Berufslebens münden die sich verselbständigenden Belastungen in eine (Dauer-) Überbeanspruchung und rufen deutliche Erschöpfungserscheinungen hervor. Die spezifisch organisatorische Konzeption der beruflichen Tätigkeit untermauert dabei die subjektive Wahrnehmung, das Leben insgesamt sei durch die Erwerbsarbeit okkupiert. Wie Voß erläutert, kann die Lebensführung gegenüber der Person, die sie hervorgebracht hat, eine strukturelle sowie funktionale Eigenständigkeit gewinnen und sich verselbständigen. Denn verfügen Personen erst einmal über eine etablierte Lebensführung, wie dies insbesondere bei langjährig in festen Arbeitsverhältnissen Beschäftigten unterstellt werden kann, lässt sich dieses Regime der alltäglichen Handlungsregulierung nicht mehr ohne weiteres modifizieren. Der „Tätigkeitsstrom des Alltags" wird in einer bestimmten Weise kanalisiert, allerdings erhält diese Weichenstellung, obwohl vom Subjekt selbst einst so eingerichtet, eine Art von ihm unabhängige Dynamik und „Eigenleben" und verleiht dem System der Lebensführung damit eine

141

sich hinterrücks gebildete[146] eigensinnige innere „Logik" (Voß 1995:36). Wer, wie in der Motivgruppe der RegenerierInnen häufig, auf durchgängige und lang andauernde Beschäftigungsverhältnisse zurückblickt, fühlt sich in diesem Stadium *der „Mühle" des Berufsalltags fast wie ohnmächtig ausgeliefert*[147]. Als ungewollte „Nebenfolge" ihrer entgrenzten Arbeitssituation haben die RegeneriererInnen allerdings in bestimmter Hinsicht die Kontrolle über ihre Lebensführung verloren. Trotz partiell vorhandener Möglichkeiten, individuelle Veränderungen vorzunehmen, verdichten sich der Ablauf der Alltagstätigkeiten samt dazu komplementärer subjektiver Deutungen und Haltungen zu dem Lebensgefühl, wie in einer Schleife, von den Zumutungen des Berufs gefangen, zu zirkulieren: Dabei sind in der „Schiene des Lebens", die eingleisig und selbstverstärkend auf den Beruf ausgerichtet ist, anders lautende Lebensbedürfnisse verdrängt oder zumindest hinten angestellt.

Pyscho-somatischer Status durch Regenerationsdefizite

Im wechselseitigen Prozess der Identifikation mit dem Beruf, der Internalisierung beruflicher Belange und an diesen ausgerichteter Alltagsbewältigung auf das Format eines „Berufsmenschen" gebracht, verschärfen sich für den Regenerationstyp im Erwerbsverlauf die *Risiken gesundheitlicher Beeinträchtigungen* vom latenten Kräfteverschleiß bis hin zur akuten Verausgabung. Weil sich im Alltagsleben alles um den Beruf dreht, finden Verschiebungen statt. Artikulation und Realisierung vitaler Bedürfnisse jenseits der Berufsarbeit werden, vor allem, wenn sie mit größerem zeitlichen und organisatorischen Aufwand verbunden sind, aus dem Alltag unter der Woche verbannt und auf das Wochenende verlagert. Wo auch diese *zeitlichen Areale* (Rinderspacher 2000a:39) als Schutzzonen vor betrieblichen Übergriffen der Auflösung der Trennung von beruflichen und privaten Zeiten zum Opfer fallen, kann sich die Überwälzung bis zur physischen, mentalen oder sozialen Unverträglichkeit fortsetzen. Wie „ungesund" solche Verschiebestrategien sein können, zeigt sich nicht unbedingt schon am Beginn der Berufskarriere. Spätestens aber bei dauerhafter Bemächtigung der Lebenswelt durch berufliche Beanspruchung im Übermaß können im Resultat verschiedene Grade (psycho-)somatischer Beschwerden auftreten, die unter-

---

[146] Handlungstheoretisch ist dies im Sinne einer nicht-intendierten Strukturbildung in der Wechselwirkung komplexer Alltagsaktivitäten zu verstehen.
[147] Dieses Phänomen und „innere Umstand" findet sich in einem der Fälle - der allerdings dem Neuorientierungs-Typus zugeordnet ist - sehr treffend beschrieben: "Also, wie das geht mit dem Funktionieren (...) habe ich im Alltag selber gar nicht bemerkt, erst hinterher. (...) für mich ist mein ganzes leben im Grunde genommen etwas, was bestimmt ist dadurch, dass ich irgendwo zu irgendeiner Zeit - selbstbestimmt oder fremdbestimmt - sein will oder muss. Und jetzt frage ich mich ernsthaft, ist das das Leben? Ist es so? Oder ist es nur etwas, was ich nicht ändern kann, weil ich es 40 Jahre gemacht habe?" (vgl. Frau Gesevius 138B/350B).

schiedliche Stadien des Verlustes an Motivation, Energie und schließlich der Belastungs- und Leistungsfähigkeit insgesamt signalisieren. Was in jüngeren Jahren noch als „Herausforderung" lockte und „weggesteckt" werden konnte, zehrt im Laufe des Berufslebens Kraft und Nerven mehr und mehr auf. Bei einem Teil der RegeneriererInnen schlägt der Prozess schließlich um in das Gefühl des „Ausgebrannt-Seins" und markiert (über-)deutlich die Grenzen der Selbstausbeutung. Das *Phänomen des so genannten "Burn-out-Syndroms"* - als Konsequenz fortgesetzter Über- oder Unterforderung in der Arbeitswelt, in jüngster Zeit besonders ins Visier geraten (Gross 2001, Schmitz 2002) - betrifft vor allem beruflich stark Engagierte; Menschen, die ihren Beruf als "Berufung" und Teil der Persönlichkeit betrachten. Es beschreibt einen inneren Zustand, bei dem Erholungsdefizite, mangelnde Anerkennung in der Arbeit und Verlust an Freude im Privatleben als Stressverursacher über einen längeren Zeitraum kumulieren bis sie schlimmstenfalls in einen Zustand totaler physischer, psychischer und emotionaler Erschöpfung münden. Da sich Erschöpfungszustände meist über einen längeren Zeitraum erst allmählich und schleichend aufbauen, gelangen sie oft erst bei starken körperlichen Anzeichen als Alarmsignal zur Kurskorrektur ins Bewusstsein der Betroffenen. Zur „Risikogruppe" gehören zwar prinzipiell alle Altersgruppen, doch steigt mit zunehmenden Erwerbsalter deutlich die Gefahr, durch chronischen Berufsstress schließlich nachhaltig an Arbeitsfähigkeit und Lebensqualität einzubüßen.

Wie kaum eine andere Profession ist heute der *Lehrerberuf* zum Inbegriff für die Anfälligkeit gegenüber dem Burn-out-Syndrom geworden (Schmitz 2002)[148]. Mit Formeln wie, Lehrer sei kein Beruf, sondern eine „Diagnose" (Die Zeit) und Titulierungen wie „Depressive vom Dienst" (Die Tageszeitung) wird die angebliche Prädisposition dieser Berufsgruppe in den Medien in Szene gesetzt. Dieses Meinungsbild basiert auf neueren Untersuchungen, wonach Lehrkräfte in Deutschland im internationalen Vergleich zwar zu den höchsten Einkommensbeziehern gehören, sich die Höhe ihrer Unterrichtsverpflichtung jedoch lediglich im Mittelfeld bewegt. Dennoch scheidet ein Großteil der Pädagogen vorzeitig aus dem Dienst[149]. Die Ursachen dafür sind überdurchschnittlich häufig im *psychischen Dauerstress* zu suchen. Entsprechend groß ist das Interesse, aber auch die Inanspruchnahme von Sabbaticalangeboten in den Lehrberufen[150] (vgl. auch

---

[148] Ursprünglich wurde der Begriff für Erschöpfungszustände speziell in helfenden Berufen benutzt, heute dehnt er sich auf immer mehr Arbeitsfelder aus, insbesondere soziale und pädagogische Bereiche, ebenso auf Medienberufe und IT-Bereich. Arbeitsverhältnisse in Werbe- oder Internetfirmen stehen für einen besonders schnellen Verschleiß ihrer Mitarbeiter (Schmidbauer 2002, DeMarco 2001, PC-Magazin 2001, W&V 25/2000).

[149] Vgl. dazu die Ergebnisse der OECD-Studie „Bildung auf einen Blick" (2002).

[150] Die Studie von Miethe erfasst zwar in erster Linie quantifizierbare Daten, stellt die Nutzung aber ebenfalls in den Kontext einer Gegenstrategie zum Burn-out-Syndrom. Ursächlich für die hohe Resonanz dürfte außerdem die spezifische Altersstruktur in der Lehrerschaft sein.

Miethe 2000:17). Dass Lehrer sich derart regenerationsbedürftig fühlen, mag zunächst verwundern, schließlich steht gerade diese Berufsgruppe in dem Ruf, besondere Privilegien bei der Verfügung über freie Zeit zu genießen. Diese Sicht trifft allerdings nur dann zu, wenn lediglich die Zahl der Unterrichtsstunden, nicht aber die gesamte, auch die häuslichen Vor- und Nachbereitungszeiten umfassende Arbeitszeit berücksichtigt wird. Denn die Anforderung eines effektiven und „gut gemachten" Unterrichts setzt in der Regel ausgedehnte, im Privaten angesiedelte Arbeitszeiten jenseits der „Präsenzzeit" voraus[151]. Damit sind LehrerInnen, ebenso wie Angehörige vieler anderer hochqualifizierter Bereiche, neben der psychischen Belastung am Arbeitsplatz, auch einer *überdurchschnittlichen zeitlichen Beanspruchung* ausgesetzt, wobei vor allem der „häusliche" Arbeitsbereich von den Subjekten selbst strukturiert werden muss. Hinzu kommt, dass die Pädagogen für ihre Arbeitsleistung kaum mit gesellschaftlicher Anerkennung bedacht, sondern im Gegenteil, es sich gefallen lassen müssen, öffentlich als „faule Säcke" hingestellt zu werden[152]. Ein *„Zuviel" an beruflichen Anforderungen* verstärkt durch ein *„Zuwenig" an Resonanz auf erbrachte Leistungen* bzw. mangelnden Chancen, eigene Qualitäten und berufliche Qualifikationen zur Geltung zu bringen, führt umso eher rückläufige Arbeitszufriedenheit und sukzessiven Motivationsverlust herbei[153]. Korrespondierend dazu sehen Lehrkräfte ihre Karrieremöglichkeiten oft schon nach wenigen Berufsjahren ausgeschöpft. Persönliches Engagement und berufliche Weiterentwicklung, erforderlich für einen hochwertigen und interessant gestalteten Unterricht, wird damit über den längsten Zeitraum der Lehrertätigkeit nicht mehr durch Aufstieg und materielle Statuszuwächse honoriert. Die fehlende Außenresonanz spiegelt sich negativ in der inneren Befindlichkeit. Neben Versagensängsten vertieft der durch den ausbleibenden „Erfolg" ausgelöste „Karrierefrust" letztlich noch den Eindruck, sich wie in einer „Mühle" zu bewegen - ständig aufgerieben, ohne dabei tatsächlich „voranzukommen".

Komfortable Kompensationschancen durch Sabbatjahrmodell

Doch nicht allein der aus der Subjektperspektive zwiespältige Sinnbezug gegenüber ihrem beruflichen Tun und Überforderung durch die mangelnde interne

---

[151] Nach einem aktuellen Gutachten einer Bildungskommission der Böll-Stiftung ist eben diese Arbeitsorganisation - überfrachtete Präsenzzeit einerseits, ausgedehnte individuell organisierte Arbeitszeiten andererseits - eine wichtige Ursache für die Überlastungssituation im Lehrberuf (vgl. http://www.boell.de/downloads/bildung/4_empfehlung_bildung.pdf, gefunden 10.03.03).

[152] Die Ergebnisse der genannten OECD-Studie wurden in verschiedenen Medienberichten auf folgende Kurzformel gebracht: Deutsche Lehrer verdienen viel, arbeiten wenig, sind überaltert und gehen vorzeitig in den Ruhestand (vgl. taz v. 11.12.02).

[153] Die Psychologin Gerdamarie S. Schmitz (2002) spricht in dem Zusammenhang von der mangelnden *Selbstwirksamkeit* bei Lehrern, d.h. der fehlenden Überzeugung von der Wirksamkeit ihres eigenen Tuns.

144

Strukturierung ihrer Tätigkeit prädestiniert Lehrkräfte zu Vorreitern des Regenerationssabbaticals. Was Lehrerinnen und Lehrer neben berufsbedingten Auszehrungsprozessen zudem zu bevorzugten Anwendern macht, sind bestimmte *begünstigende institutionelle Strukturen*, die es ihnen ermöglichen, das Regenerationsmotiv zu entfalten. Dazu gehört, dass *längere und durchgehende Abwes*enheiten vom Arbeitsplatz im Berufsbild der Lehrer *als Zeitinstitution kulturell integriert* sind. Lösen in anderen Arbeits- und Berufsbereichen, zumal in der freien Wirtschaft, mitunter bereits die Inanspruchnahme des gesetzlichen oder tariflich vereinbarten Urlaubs am Stück Bedenken hinsichtlich der betrieblichen Machbarkeit und Akzeptanz aus, so gilt dies um so mehr für den Wunsch nach einer langfristigen Auszeit. Freistellungsbegehren existieren hier in ähnlicher Weise. Sie zu äußern, könnte jedoch ein Einfallstor für die Unterstellung mangelnder Einsatzbereitschaft für die Firma oder persönlicher Leistungsschwäche sein. Befürchtungen wie diese hegen Beschäftigte insbesondere dann, wenn explizit Regenerationsbedürfnisse den Hintergrund für den Freistellungswunsch bilden. Sich selbst und Dritten gegenüber einzugestehen, „ausgepowert" zu sein und daraufhin den Schritt ins Sabbatical zu gehen, erfordert unter diesen Bedingungen viel Courage. In Extremfällen ist dies der sprichwörtliche Mut der Verzweiflung und das Wissen um die Dringlichkeit, eine Abwärtsspirale zu unterbrechen[154]. Da betrieblich institutionalisierte Freistellungsregelungen nicht vorgesehen sind, bleibt den Betroffene dann nur der Versuch der individuellen Absprache verbunden mit entsprechend höheren Risiken.

Stehen den Tendenzen zur übermäßigen Verausgabung in vielen Berufen, insbesondere in der Privatwirtschaft, kaum institutionell abgesicherte Kompensationsmöglichkeiten gegenüber, fügt sich das Sabbatical speziell innerhalb des Lehrberufs hingegen - auch und gerade zum Zwecke der Erholung - in verschiedener Hinsicht günstiger ein. So ist durch die Institution der Schulferien bereits verankert, dass sich diese Berufsgruppe ihrem (Arbeits-)Verständnis nach gegen eine „Allround-Verfügbarkeit" sperrt[155]. Korrespondierend zu den institutionellen Strukturen hat sich innerhalb der Profession eine *spezifische Haltung zur Berufsarbeit* herausgebildet. Dieser Auffassung entspricht, dass der Wunsch nach Regeneration nicht zwangsläufig als Zeichen von „Schwäche" interpretiert und als „Fremdkörper" sanktioniert wird. Wo nach oft langjähriger Berufstätigkeit im Gemisch aus kräftezehrendem Engagement, hohem emotionalem Druck und dürftigen Erfolgserlebnissen herkömmliche Erholungszeiten nicht mehr ausreichen, stößt das Begehren nach ausgiebiger Regeneration schulintern weitgehend auf Verständnis und Akzeptanz, so dass Regenerationsmotive für die Inan-

---

[154] Als solcher „Extremfall" ist die geschilderte Situation im Fall von Herrn Jensen einzustufen, vgl. auch die Praxisberichte bei Hess 2002:37.

[155] Analoges gilt für den Hochschulbereich. Hier können ProfessorInnen zusätzlich auf die Institution des Forschungsfreisemesters zurückgreifen (welche formal jedoch an den Zweck der Forschung gekoppelt ist).

spruchnahme von Sabbaticals offen geltend gemacht werden können[156]. Zu dieser relativen Freimütigkeit trägt allerdings auch die *spezifische Arbeitsplatzsicherheit* entscheidend bei. Als zumeist verbeamtete Bedienstete müssen sich Lehrkräfte weder mit Ängsten vor Karriereknick und erst recht nicht vor Arbeitsplatzverlust auseinandersetzen[157] - ein Umstand, dem vor allem angesichts wachsender Unsicherheit in der Privatwirtschaft großes Gewicht zukommt. Außerdem befördert die finanzielle Situation im öffentlichen Dienst eine *aufgeschlossene Haltung gegenüber dem Sabbatical*: Angesichts desolater öffentlicher Haushalte ist freiwillige Arbeitszeitverkürzung und damit Personalkosteneinsparung nicht nur willkommen, sondern intendiert. Da das Sabbatjahrmodell einen Beitrag leisten soll, (rechnerische) Personalüberhänge abzubauen, stößt es, zumal bei vorhandenen Überkapazitäten, selbst bei vielen Vorgesetzten auf positive Resonanz. Nicht zuletzt steht der öffentliche Dienst im Ruf des Vorreiter eines komfortablen Sabbaticalangebots, welches eine Bandbreite von Wahlmöglichkeiten enthält.

Derart gute Kompensationsmöglichkeiten und Umsetzungschancen für befristete Ausstiege finden regenerierungsbedürftige Beschäftigte anderer Wirtschafts- und Arbeitsbereiche seltener vor. Außerhalb des schulischen Sektors nimmt selbst im öffentlichen Dienstes die Zahl der NutzerInnen des Sabbatjahres drastisch ab (Miethe 2000:17). Neben Fragen der Arbeitsorganisation, Einkommenshöhe und verkraftbaren Einbußen spielen nicht zuletzt *sozio-kulturelle Aspekte* eine wichtige Rolle. Da es an (kollektiven) tradierten Ansprüchen von Unterbrechungen des Berufsalltags jenseits des individuellen Urlaubsanspruchs in den meisten Berufs- und Arbeitsbereichen fehlt, stoßen Freistellungswünsche zumal mit Regenerationsmotiven eher auf deutliche Ressentiments und Widerstände[158]. Wer nicht aus dem Rahmen fallen oder „oben schwimmen" will, sieht sich genötigt, Zeitbedürfnisse jenseits der Berufstätigkeit systematisch und dauerhaft zurückzustellen. Bei der Beurteilung des Regenerationsanliegens sind in erster Linie Alter und Status der Beschäftigten bedeutsam. Jüngeren, ambitionierten Arbeitskräften werden eher Karrierenachteile avisiert, wenn sie frühzeitig in ihrer Erwerbsbiographie Regenerationswünsche äußern[159]. Umgekehrt ste-

---

[156] Dennoch ist zu vermuten, dass auch Lehrer sich nicht in jedem Fall umstandslos als „Burn-out-Geschädigte" zu erkennen geben und über die implizite Stigmatisierung als nicht mehr „vollwertige Arbeitskraft" hinwegsetzen. Eine formelle Begründung bei der Beantragung eines Sabbatjahrs ist ohnehin nicht nötig.

[157] Einschränkend ist lediglich eine Rückkehr an *dieselbe* Schule formal nicht garantiert, gelingt jedoch praktisch in vielen Fällen.

[158] Dies kann, wenn betriebsbedingte Gründe eine Freistellung nicht verhindern können, im schlimmsten Fall auch mobbingartige Verhaltensweisen provozieren, wie ein Fall in der Motivgruppe „Eigene Projekte" zeigt.

[159] Entsprechend findet sich in Ratgebern und Printmedien die Kompatibilität von Sabbatical und Karriere und die Vorteile für die Arbeitgeberseite ausgiebig thematisiert (vgl. z.B. Katzensteiner/Welp 2001, Gronwald 1999, Meyer 1999).

hen Ältere unter dem Zwang, im Wettlauf mit den nachfolgenden Generationen nicht „schlapp" zu machen, wollen sie nicht Gefahr laufen, auf die Reservebank des Arbeitsmarktes oder endgültig abgeschoben zu werden.

Regenerations-Paradox unter modernisierten Arbeitsbedingungen

Nicht nur der altersbedingte Abbau der Leistungsfähigkeit lässt Regenerationsbedarfe wachsen. Gleichzeitig stehen privatwirtschaftliche Betriebe, wie öffentliche Verwaltungen unter einem zunehmenden Modernisierungs- und Umstrukturierungsdruck, zu dessen Bewältigung innovative Arbeitszeitmodelle die ökonomische Leistungsfähigkeit steigern und Kosten senken helfen sollen (Muscheid u.a. 1999). In diesem Prozess kommt es zu einer gegenläufigen Entwicklung und *paradoxen Regenerationssituation*: Während auf der einen Seite durch Verdichtungsprozesse Arbeitskapazitäten pro Arbeitskraft zunehmen und damit deren Regenerierungsbedürfnisse steigern, schrumpfen auf der anderen Freiräume und Erholzeiten im Arbeitsalltag rationalisierungsbedingt und können obendrein aufgrund verschlechterter Arbeitsmarktlage und wachsender Arbeitsplatzunsicherheit zugleich weniger eingefordert werden. Zunehmend erwartungsunsichere Arbeitsbedingungen produzieren somit einen *doppelten Anstieg der Arbeitsbelastungen* und liefern Beschäftigte in besonderem Maße der Gefahr der Überbeanspruchung aus: Mit dem Verlust einer beständigen „Pausenkultur" (Tempel 2001) wächst der Zwang zur „großen" Pause. Zwar drängt auch im öffentlichen Dienst die Umorientierung vom Verwaltungsapparat zum kundengerechten und effizienten Dienstleister zur Umstellung von „Normalarbeitszeit" auf flexible Arbeitszeitformen als Instrumente der Personalanpassung und Kostensenkung. Ausgeprägter noch ist aber der privatwirtschaftliche Sektor vom Umschwung zu flexiblen Arbeitszeitkonzepten erfasst, die beitragen sollen, dem wachsenden Termin- und Wettbewerbsdruck standzuhalten. Insbesondere auf „*Hochleistungsarbeitsplätzen*", an exponierten und (eigen-)verantwortlichen Positionen schlägt sich die ständige Beschleunigung und Dynamisierung von Arbeitsprozessen im Belastungsgrad der einzelnen Arbeitskräfte merklich nieder.

Obwohl die beschriebenen Tendenzen der (Selbst-)Überforderung von Beschäftigten im Sinne einer vorsorgenden Politik des Areitskrafterhalts vielerorts ratsam erscheinen lassen, betrieblich individuell nutzbare Optionen zur Regeneration anzubieten, haben sich institutionalisierte Freistellungsangebote nach Art des Sabbaticals bisher noch kaum verbreitet. In den meisten Privatunternehmen bleibt Regenerationsbedürfigen nur der Weg, sich Auszeiten individuell, mit entsprechenden Risiken und Einbußen hinsichtlich Einkommen, Karriere und Arbeitsplatzsicherheit behaftet, zu organisieren. In einer Arbeitswelt, die nach den Maximen der Effizienz im „Highspeed- und Rund-um-die-Uhr-Format" konzipiert ist, steht, wie insbesondere die *Fallvariante aus dem Medienbereich* zeigt, das Bedürfnis nach Regeneration und Muße offenbar zu sehr im Widerspruch zum ökonomischen Regelwerk, um gute Chancen eingeräumt zu bekommen, in die betriebliche, aber auch subjektive Logik integriert zu werden (Glißmann/Peters 2001, Kadritzke 2000). Erschwerend kommt hinzu, dass Möglichkeiten konventioneller Arbeitszeitreduzierung, wie beispielsweise regelmäßige Teilzeitarbeit, an hochqualifizierter Stelle nur selten zu finden sind (BMFSFJ 1999). Tritt nach dauerhafter Verausgabung ohne ausreichende Kompensationsmöglichkeiten letztlich der Überlastungsfall ein, bieten Strategien des Beiseite-Schiebens vitaler Bedürfnisse dem Individuum keinen Ausweg mehr. In der Gruppe der „High-Performer" sind allerdings nicht nur Beschäftigte betroffen, die über lange Zeiträume (zu) hohen Anforderungen ausgesetzt sind. In der spezifischen Verknüpfung von hochqualifizierter Tätigkeit mit hoher Außenwirkung und Sanktionspotential werden auch Jüngere immer häufiger in einer - extremen - Weise zu Selbststeuerung gedrängt, die sie nicht mehr im Griff haben: Die Kombination „jung - dynamisch - ausgebrannt" ist längst kein Artefakt mehr. Unter Arbeitsbedingungen, die die frühzeitige Verausgabung von Arbeitskraft fördern, kommt dem - selbstorganisierten - Sabbatical die *Funktion einer „Notbremse"* zu, die, in letzter Konsequenz gezogen, noch knapp vor dem gesundheitlichen „Crash" bewahrt. Hier entpuppt sich das angebliche „Privileg" eines Sabbaticals bei genauerer Betrachtung als Ausdruck eines alternativlosen „Weiter so", einem erzwungenen „Boxenstop" ähnlich, bevor es in die nächsten Runde geht.

Kernmotiv: weitläufige Distanzierung zum Berufsalltag

Vor dem Hintergrund ihrer Erwerbsbedingungen, bildet der Wunsch nach weitläufiger Distanzierung zum Alltag, wie er durch das Berufsleben geformt ist, das Kernmotiv des Regenerationstypus. Vor allem Beschäftigte, die ihre Lebensperspektive bereits über eine lange Zeitspanne vornehmlich an Beruf und Karriere orientieren, nehmen diese Ausrichtung in ihrer Einseitigkeit und als Ungleichgewicht wahr: Der schleichende Verlust von Lebens- und Ausdrucksformen, die, neben der Erwerbsarbeit, Lebensinn und Lebensfreude vermitteln und Rekreation in Aussicht stellen, machen sich im fortgeschrittenen Erwerbsverlauf stärker als Leerstellen bemerkbar, die aus- und aufgefüllt werden wollen. In der Folge verbinden sich Regenerationswünsche oft mit *Vorstellungen von einem „anderen Leben"*. Diese spezielle Kombination von Erholungsbedürfnis und der Sehnsucht anders zu leben, kristallisiert sich besonders im *Reisemotiv*: Das Bedürfnis, Abstand zu gewinnen zur eigenen berufsgeprägten Alltagswelt, transformiert sich in den Wechsel des kulturellen Kontextes als Verstärker. Ferne Länder und andere Lebensweisen kennenzulernen, soll neue Impulse und Lebenskraft liefern. Nach den Maßstäben der westlichen Freizeitkultur ist die „Aneignung des Fremden" aufs Engste mit dem Moment der Regeneration verknüpft, besitzt Erholungswert. Der Reisemarkt wirbt analog mit dem Versprechen, in der Ferne allen Alltagsproblemen zu entrinnen, wahlweise per Entspannung oder Abenteuer. „Lieber Fernweh als Frust" (Richter 1999): Mit der Distanz zur gewohnten Umgebung relativiert sich das (Schwer-)Gewicht der Berufsarbeit und soll die Chance eröffnen, „Zeit für das Wesentliche" (W&V 51/2000) zu finden. Sinn und Zweck der Entdeckung anderer Welten und „wesentlicher" Lebensinhalte besteht schließlich jedoch nicht darin, sich neue Horizonte als alltagswirksames Veränderungspotential zu erschließen, sondern darin, sich durch das Reisen etwas „Schönes" zu gönnen, sich darüber wieder herzustellen und fit zu machen für den nachfolgenden - meist unveränderten - Berufsalltag.

Partner- und familienorientiertes Sabbatical

Vor allem in der Verknüpfung mit Reiseplänen, verbringen RegeneriererInnen ihr Sabbatical vorzugsweise gemeinschaftlich als Paar und zeigen damit auch ein (Nachhol-) *Bedürfnis hinsichtlich partnerschaftlicher Zeiten*. Voraussetzung ist, dass beide Partner über Möglichkeiten verfügen, sich beruflich und privat Freiräume zu organisieren. Insofern stellt ein Paar-Sabbatical *faktisch* nicht die Regel dar, vielmehr handelt es sich um eine ideale Konstellation, wie sie bei Lehrerehepaaren jedoch häufiger anzutreffen ist. Gestatten es eine günstige familiäre Situation zudem, die Partnerschaft in den Vordergrund zu stellen, haben Wünsche, die Auszeit als gemeinsame Beziehungszeit zu verleben, gute Realisierungschancen. Sind noch Kinder zu versorgen, werden die Gestaltungsmöglichkeiten von den Belangen der Kinderbetreuung mitbestimmt. Aktivitäten, die, wie zum Beispiel Fernreisen, den familiären Rahmen sprengen oder sich zeitlichen Institutionen, wie z.B. Schulferien widersetzen, sind dann allenfalls im Alleingang möglich. Umgekehrt stellt sich bei Alleinreisenden keine völlige Zufriedenheit ein, weil sie ihre Zeit und Erlebnisse nicht mit dem Partner teilen können.

Typische private Arrangements bei NutzerInnen des Regenerationssabbaticals sind stärker gefestigte Lebensformen im Rahmen der „Normalfamilie" oder modernisierter Ernährer-Ehe[160]. In dieser Konstellation sind es häufig *Männer*, die als „Familienernährer" Ermüdungserscheinungen aufgrund ihrer durchgängigen Berufszentrierung auch in Folge ihrer Verpflichtung auf einen erfolgreichen beruflichen Werdegang zeigen (Miethe 2000:20). Erst in einer relativ späten Lebensphase sehen sie sich, mit dem Erreichen bestimmter beruflicher Ziele einerseits und/oder nachlassenden Versogungsdruck andererseits, von der Pflicht zum Erwerb entlastet. Trotz ihres fortgeschrittenen Lebensalters, befinden sich die Väter unter den Regenerierern dennoch in sehr unterschiedlichen Familienpha-

---

[160] Danach übernimmt mit Gründung einer Familie der Mann als Hauptverdiener die Rolle des Familien-ernährers, hingegen reduzieren Frauen ihre Erwerbszeiten entsprechend ihrer Rolle als Hauptzuständige für den häuslichen Bereich und die Kinderbetreuung; arbeiten „nebenbei" allenfalls in Teilzeit oder unterbrechen - phasenweise- die Berufstätigkeit völlig.

sen: Während bei den einen die erwachsenen Kinder bereits das Elternhaus verlassen haben, sind sie bei anderen erst im minderjährigen Alter bis hinunter zum Kleinkind. Zwar unterliegen durch die innerfamiliäre geschlechtliche Arbeitsteilung, nach der Mütter den Großteil familiärer Aufgaben übernehmen, Väter nicht in gleicher Weise der Doppelanforderung an Verfügbarkeit in Beruf *und* Familie. Damit fehlt ihnen jedoch zugleich ein Gegengewicht, dass, relativ zum Primat der Erwerbsarbeit, auch Erleichterung und Entlastung verschaffen könnte. So steht das Sabbatical für die regenerierungsbedürftigen Väter einerseits primär im Zeichen individueller Ansprüche auf Erholung von den Anstrengungen des Berufs, für die familiäre Anforderungen eine Einschränkung bedeuten. Andererseits, sozusagen im Windschatten ihrer individuellen Bedürfnisse, *beziehen Väter*, vor allem bei noch jüngerem Nachwuchs, den Wunsch nach *„Zeit für Kinder"* *in ihren Motivkanon mit ein* und richten ihre Freistellungszeit explizit auch auf die familiäre Situation aus[161]. Die Spielräume, die ihnen das Sabbatical eröffnet, begreifen sie somit als Chance innerfamiliärer Modifikationen: einmal, um das vernachlässigte Verhältnis zwischen Vater und Kind(ern) neu auf- bzw. auszubauen, zum anderen, um sich selbst in dieser ungewohnten Nähe anders in der Vater-Rolle wahrzunehmen und auszuleben[162] (Fthenakis/Minsel 2001).

Eine ausgeprägte Orientierung auf den Erwerbsbereich ist jedoch nicht nur bei den männlichen Vertretern, sondern auch bei den Frauen des Regenerationstypus anzutreffen. Anders als Männer jedoch treten Frauen mit Regenerationsmotiven als *Mütter* von Kindern im jüngeren, betreuungsintensiven Alter als AnwenderInnen eines Regenerierungssabbaticals nicht in Erscheinung[163]. Im prototypischen Fall wird das Regenerationssabbatical *erst in der postfamiliären Phase* in Anspruch genommen. Doch selbst gegenüber den reduzierten familiären Verfügbarkeitserwartungen aufgrund der - relativen - Selbständigkeit der Kinder, fühlt sich Frau Gerding aufgrund des eigenen Selbstverständnisses „als Mutter" in der Pflicht und Verantwortung. Wo Väter sich traditionell auf ihre Ernährer- und Berufsrolle beschränken, fällt Müttern eine Loslösung in der Form, sich - für die Dauer eines Sabbaticals - ganz um die eigene Belange zu

---

[161] Inwieweit diese Motivation auch den Erwartungen der Partnerinnnen geschuldet ist, muss offen bleiben. In jedem Fall picken sich Väter bei ihrer Beteiligung an der Haus- und Familienarbeit, auch im Sabbatical häufig die „Rosinen" aus dem familiären Kuchen (Rerrich 1988:163): Ihr Engagement konzentriert sich, neben handwerklichen Aktivitäten, wie beispielsweise Renovierungsarbeiten am Wohnhaus, vor allem auf die Beziehung zu ihren Kindern. Einbindungen in die tagtäglichen Verrichtungen im Haushalt dagegen, versuchen Männer, trotz ihrer zeitlichen Möglichkeiten im Sabbatical, weiterhin aus dem Weg zu gehen.

[162] Für die ausgeführten Fälle trifft das nur zum Teil zu, da die Mehrzahl der Kinder bereits älter sind, eine eingehendere Betrachtung dieser Zusammenhänge findet sich als Fallvariation im Typus „Kinderbetreuung".

[163] Mütter jüngerer Kinder sind vorwiegend in der Motivgruppe „Kinderbetreuung" zu finden.

kümmern, auch bei älteren Kindern noch schwer. Gegenüber derart tradierten Mustern können unkonventionellere Formen des Zusammenlebens starre geschlechtliche Zuweisungen von Aufgaben und Zuständigkeiten aufweichen helfen und damit beiden Geschlechtern größere Spielräume zur Selbstverwirklichung einräumen. Sind Männer nicht nur auf die Ernährerrolle festgelegt, erlaubt dies auch den Müttern, sich von der Konzentration auf Haushalt und Familie zu lösen und sich trotz der Sorge um die Kinder durchaus auch eigene Freiräume zuzugestehen.

II. Zeitwohlstand als zentrales Element der Rekreation

Erleben Regenerationstypen ihren Alltag vom Beruf überfrachtet und fühlen sich entsprechend eingeengt, geht es im Sabbatical darum, kompensatorisch einen Gegenpol und ein Kontrastprogramm zum Berufsmenschentum zu schaffen und deutliche (neue) Abgrenzungen vorzunehmen zwischen persönlichen Bedürfnissen und beruflichen Interessen. Die über Jahre und Jahrzehnte gewohnte berufszentrierte Lebensführung verursacht ihnen ein immer größeres Unbehagen bis hin zum Leiden an der Zeit. Nach einer von Inglehart schon in den 70er Jahren vertretenen „*Wertewandel*"-These verlagern sich in Gesellschaften bei steigender materieller Wohlfahrt, individuelle und gesellschaftliche Relevanzen *hin zu postmateriellen Werthaltungen* (Inglehart 1979, 1995). Als knapp, wertvoll und begehrenswert werden nun andere, immaterielle Güter, empfunden: insbesondere Zeit, Muße und Ruhe, auch intakte Umwelt, persönliche Sicherheit und soziale Aufmerksamkeit - allesamt Faktoren, die die *Lebensqualität* entscheidend beeinflussen - anvancieren zu „neuen Luxusgütern" (Enzensberger 1996). Unverkennbare Hinweise auf eine wachsende gesellschaftliche Wahrnehmung von Zeitnotstand und umgekehrt eine deutliche Zunahme der *Sehnsucht nach „Zeitwohlstand"* (Rinderspacher 2000a) liefert die breite Resonanz auf Diskurse über die Ursachen von Zeitnot und einem anderen Umgang mit der Zeit[164]. Insbesondere den RegeneriererInnen erscheint ihre Alltagsstruktur im Zuschnitt aufs Berufliche als zeitliches Korsett, dass ihnen die notwendige Luft zum Atmen abzuschnüren droht. Da ihre beruflichen Aufgaben vielfach selbstorganisiert und so strukturiert sind, dass sie nirgendwo und zu keinem Zeitpunkt richtig enden, vermitteln sie den Betreffenden den Eindruck „eigentlich nie fertig" zu sein. Gleichzeitig beengend und endlos, zwingt dieses Korsett nicht nur Teile des Alltags in eine bestimmte Form, sondern das Leben in seiner Gänze. Verselbständigt sich die tagtägliche Lebensführung im Verlauf des Erwerbslebens

---

[164]Neben vielfältiger Literatur (u.a. Heintel 1999, Geißler 1999, Reheis 1998) widmen sich auch verschiedene gesellschaftspolitische und wissenschaftliche Initiativen und Projekte aktuell zeitpolitischen Themen (vgl. z.B. die Initiative „ZeitWeise" des DGB und Einzelgewerkschaften, die Kampagne „mobilZeit" des Bundesministerium für Arbeit und Soziales, das gemeinsame Projekt von Gewerkschaften und Kirche „Arbeit-Leben-Zeit" sowie die Aktionsforschungsinitiative „Zeiten der Stadt").

gegenüber anders lautenden Wünschen der Person schließlich soweit, dass Spielräume kaum mehr wahrgenommen oder zugelassen werden können, *formiert sich der Alltagszustand* dem subjektiven Empfinden nach immer mehr *zu einem Zwangskonstrukt* (Voß 1995:35f). Der von den Gerdings verwandte Begriff der „Schiene" symbolisiert das Gefühl einer Lebensführung, die dem Einfluss des eigenen Willens entzogen erscheint. In diesem Sinne alternativ- und bewusstlos bewegt ein jeder sich in dieser Spur, die üblicherweise erst - abrupt - im Rentendasein endet.

Aus dem von Zeittakten und -diktaten eingeschnürten Lebensgefühl und endlosen Schleifen, die sich um den Job drehen, wollen Regenerationstypen mit Hilfe des Sabbaticals für einen - längerfristigen - Zeitraum *„einfach mal raus"* (Siemers 2002). Auf der Suche nach einer anderen lebens-zeitlichen Qualität, achten sie dabei sehr bewusst darauf, sich bestmöglich vor neuerlichen Vereinnahmungen und Verpflichtungen zu verwahren. Im Gegensatz zum überwiegend als verplant wahrgenommenen Alltag, beschränken sich Planungen für das Sabbaticals oft nur auf das Allernötigste. Die *gewollt schwache Strukturierung* und bewusst in der Schwebe gehaltene zeitliche Bestimmung des Sabbaticals soll auch spontanen Lebensäußerungen Raum lassen und vermittelt den Individuen ein Gefühl von befreiter, wahrhaft „freier" Zeit, die sie nun ganz nach eigenem Belieben gestalten können.

Der Wille zu offenen Zeit-Horizonten findet im Wunsch nach Zeitwohlstand seinen Ausdruck. Zeitwohlstand, ein Begriff, der vor allem von Rinderspacher geprägt und weiterentwickelt wurde (Rinderspacher 1985, 2000a, 2002), soll aber gerade nicht als Luxusgut, sondern als eine Komponente von „gutem Leben" verstanden werden, die über die quantitative Dimension von Zeit hinausgreift:

„Nicht allein die formal-quantitative Verfügung über Zeit, nicht eine Vergrößerung der Zeitguthaben erscheint erforderlich, um der infiniten Verknappung der Zeit entgegenzuwirken, sondern eine Vergrößerung der zeitlichen Aktionsspielräume. Das Richtige im richtigen Moment tun zu können - darin besteht der Zeitwohlstand in einem System der Ökologie der Zeit." (Rinderspacher 1985:297)

Zwar hat das Sabbatical, durch den Grad ihres Erholungsbedürfnisses auch in der quantitativen Dimension „viel Zeit zu haben", einen besonderen Wert. Die gemessen am herkömmlichen Urlaubsrahmen ungewöhnlich lange Dauer der Freistellung entfaltet jedoch eine eigene Qualität und stellt die Basis für ein vielfach geäußertes (Grund-) Bedürfnis dieses Typus, „die Dinge *in Ruhe* anzugehen". Wird der Berufsalltag der RegenerierInnen vom Eindruck bestimmt, „fünf Dinge gleichzeitig" im Kopf jonglieren oder praktisch handhaben zu müssen, soll das Sabbatical Raum und Chancen offerieren, diese (Multi-)Funktionalität abzustreifen und einer *anderen Zeitlogik* Platz zu machen. Danach bleiben Ereignisse ihrem Selbstlauf überlassen, dürfen gemäß ihren Eigenzeiten ablaufen und können die Individuen sich Einzelheiten mit Gelassenheit und Konzentrati-

152

on zuwenden oder den rechten Zeitpunkt (Kairos) abwarten (Held/Geißler
1993). Wie „Inseln in einem Meer der allumfassenden realen und ideellen Ver-
zeitlichung der Gesellschaft", bezeichnet Rinderspacher Konstruktionen wie das
freie Wochenende, Feiertage oder Urlaub als *zeitliche Areale* (Rinderspacher
2000a:34ff), die sich daran erkennen lassen, dass Erwerbstätigkeit in diesen
Phasen einer besonderen Begründung bedarf. Im Sabbatical, wie es dem Regenerationstyp vorschwebt, ist die individuell „frei verfügbare Zeit" ebenfalls de-
finitiv von Erwerbsarbeit befreite Zeit[165]. Anstelle eines „Restlebens", gedrängt
in zeitliche Nischen, die der berufliche Vorrang übrig lässt, wollen sie ihre Lebenszeit nun nach eigenem Ermessen und Bedürfnissen strukturieren. *Zeitwohlstand und Zeitsouveränität bilden somit die beiden Hauptkoordinaten*, die
das Zeiterleben dieses Motivtypus in einer Art Gegenschnitt zur Alltagserfah-
rung auszeichnen.
Dass sich Zeitwohlstand als erstrebenswertes Gut nicht lediglich auf die Zeit-
menge, sondern darüber hinaus auf die Möglichkeit (und Fähigkeit) der Betreffenden bezieht, die Zeit zur Verbesserung der eigenen Lebensqualität im Sinne
eines „guten Lebens" einsetzen zu können, zeigt sich spätestens, wenn die „freie
Zeit" Probleme schafft. Mitten im Erwerbsleben im scharfen Kontrast zum ein-
gefleischten Berufsalltag ein Sabbatical einzuschieben, bedeutet, bisherige Orientierungen drastisch außer Kraft zu setzen. Für manche AnwenderInnen dieses
Typus ist bereits im Vorfeld die Vorstellung, von einer geregelten, in eine relativ
unstrukturierte Zeitorganisation zu wechseln, diffus angstbesetzt. Als Kehrseite
der Befreiung von beruflichen (Zeit-)Vorgaben entfällt der Beruf als Taktgeber
und Strukturierungsmoment und fordert zum *Umgang mit der Freiheit* heraus.
Mit dieser wenig geübten Aufgabe konfrontiert, tauchen neben Freiheitsgefüh-
len daher auch Empfindungen auf, die als „Zeitlöcher" oder „Versacken in der
Zeit" beschrieben, Orientierungsverluste signalisieren (Kerber 2001). Besonders
für diejenigen, die ihr Sabbatical als Einzelpersonen oder in gewohnter Alltags-
umgebung verbringen, ist der Übergang vom hochtourigen, raumgreifenden
„Fulltime-Job" auf eine längere Auszeit mit der irritierenden Erfahrung verbunden, dass die lang ersehnte Freiheit zeitweilig in ein Gefühl von Bodenlosigkeit
umschlagen kann[166].
Das Sabbatical bildet für die AnwenderInnen dieser Motivgruppe einen ersehn-
ten, verheißungsvollen und bewusst gewählten Fluchtpunkt aus den Zumutun-

---

[165] Diese Vorstellung gilt, so Rinderspacher, in entwickelten Marktwirtschaften für die überwiegende Mehrzahl der Menschen (2002:77).
[166] Als Gegenstrategien griffen manche AnwenderInnen zu selbstauferlegten Zwängen als
zeitweilige (Ersatz-)„Haltepunkte" oder berichteten von phasenweisen „Rückfällen" in
(Alltags-)Muster effektiver Zeitnutzung. In Extremfällen kam es auch zu physischen Re-
aktionen auf den Bruch mit der gewohnten Lebensweise: Wie auf „Entzug" machten sich
bei den Betroffenen gesundheitliche Beschwerden bemerkbar, die sie auf die ernüchternde
Tatsache verwiesen, mit dem Beruf noch weit über den Alltag hinaus aufs Engste verbunden zu sein.

gen und Zwängen des beruflichen Tagein-Tagaus. Anders jedoch als Medienberichte in Zeitschriften und Magazinen[167] verschiedentlich suggerieren, haben diese „Freigänge" mit spektakulär-extravaganten (Ego-)Trips meist wenig gemeinsam. Vor dem Hintergrund wachsender Zeitnöte im Alltag, geht es vielen Auszeitlern viel eher darum, im Sabbatical *„die kleinen Dinge"* zum Zuge kommen zu lassen, jene Bedürfnisse, Wünsche und Ambitionen, die mit der Entwicklung zum Berufsmenschen im Alltagsleben zurückgestellt werden bzw. regelmäßig zu kurz kommen und danach drängen, (wieder) belebt und ausgelebt zu werden. Bei der Erfüllung dieser Beürfnisse steht nicht Zielorientierung, sondern Muße im Vordergrund. Selbst im Rahmen von Reiseaktivitäten geht es bei den häufig unkonventionell organisierten „Rucksack"-Touren weniger um ein konkretes Ziel, sondern im übergreifenden Sinn um *eine Reise zu sich selbst*: Herausgelöst aus dem Alltagsschema gehen die RegenerierInnen in neuen Erfahrungswelten auf Tuchfühlung zu Anteilen ihrer Persönlichkeit, die zuvor fast unbemerkt auf der Alltagsstrecke geblieben sind. In einer Mischung aus Zeit-Haben, Offenheit und Neugier werden verschüttete Facetten individueller (Er-)Lebensfähigkeit freigelegt. Dabei beinhaltet dieser Prozess des „Wieder-zu-sich-selbst-Kommens" eine Dynamik, die die Subjekte nicht selten über sich hinauswachsen lässt und Potentiale für „Überschüssiges" freisetzt. Damit können „hinterrücks" auch (Selbst-)Erkenntnisse durchdringen, die den Rahmen der im Vorfeld reflektierten Erwartungen an das Sabbatical sprengen und den Erfahrungen in dieser Zeit ein eigenes und sehr persönliches Gewicht verleihen.

III. Sabbaticalerfahrung zwischen Singularität und Nachhaltigkeit

Die Gesamtbewertung des Sabbaticals fällt in der Regenerationsgruppe durchweg sehr positiv aus. Sich im arbeitsgesellschaftlichen Klima ewiger Betriebsamkeit und Demonstration von Leistungskraft im Sinne der Erholung und Muße für einen längeren Zeitraum ausklinken zu können, wird keineswegs als Selbstverständlichkeit aufgefasst (Jungkeit 2002). Die Chance zum Sabbatical gilt den meisten daher als besonderes Privileg. Vor allem NutzerInnen im öffentlichen Dienst wissen die Vorzüge des Sabbatjahrangebots zu schätzen. Hinsichtlich ihrer bisherigen Balance von „Arbeit und Leben" *markiert das Sabbatical* in der Motivgruppe für die RegenerierInnen typischerweise *einen Bruch*. Als Kontrastprogramm mit der Betonung auf Bedürfnisbefriedigung jenseits der Berufstätigkeit wirkt die Freistellungszeit als Einschnitt im bisherigen Alltag. Als eine besonders tiefgreifende Erfahrung soll das Sabbatical dabei einerseits auch über die Freistellungsphase hinaus wie ein *Gegengift mit Depotwirkung* davor bewahren, umstandslos in die zuvor herrschenden Zwangslagen zurückzufallen, sondern dazu befähigen, sich nachhaltig über sie zu erheben. Andererseits weisen Bewertungen als „einmaliges Erlebnis" oder „beste Zeit im Leben" dar-

---

[167] Beispielhaft für diese Darstellungsweise ist die Titelgeschichte „Lust auf Abenteuer - Aussteigen auf Zeit" des Stern-Magazins (Heft Nr. 20, 1998).

auf hin, dass das Sabbatical - im doppelten Sinne - als *außerordentliche Chance, aber auch eher singuläres Ereignis* in der Erwerbsbiographie eingeordnet wird. Trotz der gewünschten Zäsur werden vorherige Bezugspunkte und Konstellationen des Lebens nicht grundsätzlich in Frage gestellt. Es bleibt in der Regel beim einmaligen „Ausbruch" aus den Strukturen des Normalalltags. In diesem Umgang spiegelt sich die spezifische *Ambivalenz der Lebenssituation* dieses Typus wider. Zwar dürsten die RegenerierInnen nach weitreichender Distanz zur Lebensweise, die ihnen der Beruf als Zentralinstanz aufnötigt und dessen Sog sie sich nur ungenügend entziehen können. Das Sabbatical erlaubt es, hier temporär andere Zeit- und Lebenserfahrungen entgegenzusetzen. Doch sehen die Betreffenden kaum Veranlassung und Chancen, die Weichen ihrer Arbeits- und Lebensverhältnisse für die Zukunft nachhaltig und dauerhaft umzustellen. Diese Haltung ist von verschiedenen Faktoren beeinflusst. *Erstens* spielt das Lebensalter eine wichtige Rolle. Da Renerationstypen erwerbsbiographisch häufig bereits dem Ende ihrer beruflichen Laufbahn entgegen sehen, erscheinen grundlegende Neujustierungen des Alltags, beispielsweise durch Reduzierung der Wochenarbeitszeiten kaum noch lohnend, wenn nicht gar illusorisch. Teilweise eingefärbt von einer gewissen Portion Fatalismus, werden Gestaltungsoptionen altersbedingt als weniger zahlreich wahrgenommen. Die geringe Attraktivität einer regelmäßigen Verkürzung der Arbeitszeit als Entlastungsstrategie erklären die Betreffenden *zweitens* auch aus dem komplexen Zuschnitt der Berufsaufgaben selbst. Trotz der klaren Verschiebung von Prioritäten *während* des Sabbaticals, erfahren die mit dem Beruf verknüpften und in die Tätigkeit eingebrachten eigenen Ansprüche *danach* keine dauerhafte Absenkung auf ein niedrigeres Niveau. Die Möglichkeit, „kürzer zu treten", wird von den RegeneriererInnen zumeist als nicht umsetzbar angesehen, ohne entscheidende Abstriche in der Qualität der Arbeit hinzunehmen. Da dies jedoch der eigenen Arbeitsethik widerspricht, bliebe, so die häufige Einschätzung, als Konsequenz einer realisierten Arbeitszeitreduzierung statt eines Zugewinns an Zeit lediglich ein reduziertes Einkommen. Dass trotz der beruflichen Belastungen, die sich aus der Inanspruchnahme einer langfristigen Auszeit ablesen lässt, an der alltagsnahen Arbeitszeitschraube nicht gerührt wird, hängt *drittens* damit zusammen, dass zu dieser Motivgruppe zum Großteil männliche Beschäftigte zählen. Da deren Lebensführung traditionell vornehmlich durch den Beruf geprägt ist und verstärkt in der Position des Familienernährers auch aus materiellen Gründen allenfalls eine geringfügige Reduzierung von Arbeitszeit und Einkommen machbar erscheint, wird eine Arbeitszeit unterhalb des Vollzeitniveaus dauerhaft nicht in Erwägung gezogen.

Darüber hinaus ist die Alternative einer regulären, regelmäßigen Teilzeitarbeit auch von der Wahl der Laufzeit beim Sabbatjahrmodell beeinflusst. Hier stehen Laufzeiten bis zu acht Jahre zur Wahl, so dass die AnwenderInnen, wenn sie die Sabbaticalphase an den Beginn oder in die Mitte des Gesamtzeitraums legen, nach Beendigung ihrer Freistellung noch für mehrere Jahre trotz Vollzeittätig-

keit auf reduziertem Einkommensniveau verbleiben. Als weitere regelungsbe-
dingte Barriere gerade für ältere Beschäftige, wirkte sich in der Erhebungszeit
die *eingeschränkte Kombinationsmöglichkeit von Sabbatjahr und Altersteilzeit-
angebot* aus (vgl. auch Miethe 2000:44f). Als Voraussetzung für die von vielen,
vor allem besser verdienenden, Beschäftigten im öffentlichen Dienst angestrebte
Inanspruchnahme der Altersteilzeit galt zur Zeit der Interviews, dass dieser eine
mehrjährige und vollzeitige Beschäftigung voran zu gehen hatte[168] (Bundesministerium für Arbeit und Sozialordnung 2000:199).

Statt dem beruflichen Übergewicht per kontinuierlicher Arbeitszeitreduktion
entgegen zu treten, halten RegeneriererInnen vielmehr Ausschau nach Optionen,
die helfen sollen, die gegebenen Belastungen besser zu ertragen. Die zeitweise
Entlastung durch Sabbaticals wird in diesem Sinne als optimale Lösung eingestuft, um so mehr, wenn sie als institutionalisierte Angebote in mehr oder weniger regelmäßigen Abständen in die Erwerbsbiographie zu integrieren sind. Gerade im sozialen und pädagogischen Bereich würden die Befragten ausdrücklich
eine *regelmäßige Auszeit* begrüßen. Aufgrund des eigenen, oft fortgeschrittenen
Erwerbsalters sehen die AnwenderInnen selbst jedoch schon zu sehr dem Ende
ihres Berufslebens entgegen, als dass sie ein erneutes Sabbatical in Erwägung
ziehen. Stattdessen bevorzugen sie die Perspektive der Altersteilzeit und damit
eine *Verkürzung ihrer Lebensarbeitszeit.*

Mit der Altersteilzeitoption setzen die RegeneriererInnen damit letztlich auf ein
Arbeitszeitverkürzungsmodell, welches, als Blockmodell, erst am Ende des Erwerbslebens greift. Bis dahin knüpfen sie nach dem Sabbatjahr an eben jene beruflichen Verhältnisse an, denen sie zuvor den Rücken gekehrt haben. Gemäß
dem Muster der erwerbszentrierten (männlichen) Normalbiographie kommt der
Unterbrechung der Berufstätigkeit per Sabbatical für diesen Typus damit in erster Linie die *Funktion einer „Atempause"* zu: Nachdem man(n) den größeren
Teil seines Erwerbslebens hinter sich gebracht hat und sich „ausgelaugt" fühlt,
soll das Sabbatical die nötige Energiezufuhr und Auffrischung der Lebensgeister
liefern, um den „Endspurt" bis zum vorgezogenen Ruhestand gesundheitlich und
motivational noch einigermaßen schadlos zu überstehen. Das Sabbatical ist daraufhin ausgelegt, die Arbeits- und Leistungsfähigkeit soweit wiederherzustellen,
dass nach der Regenerationsphase die alltägliche Lebensführung weitgehend in
ihrer früheren Form wiederaufgenommen werden kann. Damit *dient der Ausstieg im Wesentlichen der Fortsetzung der vorherigen Lebens- und Arbeitsverhältnisse.* Zwar scheinen Erfahrungen und Erlebnisse im Sabbatical aufgrund
ihrer Dauer, Intensität und Konzentration gewisse Schutzmechanismen in Gang
zu setzen, die zumindest für eine Übergangszeit einer sofortigen Reokkupation

---

[168] Anspruchsvoraussetzung war zum damaligen Zeitpunkt eine mindestens dreijährige Voll-
zeit-Beschäftigung in den letzten fünf Jahren vor Eintritt in die Altersteilzeit. Diese Regelung ist in der Zwischenzeit modifiziert worden, um auch Teilzeitbeschäftigten eine Nutzung zu ermöglichen.

durch die Arbeit entgegenwirken und die Erkenntnisse aus dem „anderen Leben" in den anschließenden Alltag „hinüberretten" sollen. Statt konkrete Schritte in Richtung alltagswirksamer Veränderungen des Arrangements und Gewichtung von Berufs- und Privatleben *vor* Eintritt in den (vorzeitigen) Ruhestand anzuvisieren, trifft jedoch eher der umgekehrte Fall zu: Mit neu aufgeladenen Batterien ist es möglich, nach der Pause selbst mit erhöhter Arbeitsleistung wieder einzusteigen. Das ist subjektiv vor allem in Arbeitsbereichen bedeutsam, in denen die Beschäftigten nicht so sehr vor dem Hintergrund einer Versorgungsmentalität[169] agieren, als vielmehr von einem Bewusstsein geprägt sind, sich im Sinne einer Selbstinstrumentalisierung, auch weiterhin beruflich verausgaben zu können.

Vor dem Hintergrund seines dringlichen Erholungsbedürfnisses nutzt der Regenerationstyp das Sabbatical zur temporären Distanz vom aufreibenden Berufsalltag und findet so zumindest für einen befristeten Zeitraum die Gelegenheit zur gesundheitlichen Regeneration. Momente des Zwangs liegen auch der Inanspruchnahme des Sabbaticals im nun folgenden zweiten Typus zugrunde. Im Zusammenhang mit der Bewältigung familiärer Aufgaben sind die Zwänge hier jedoch anders gelagert und teilweise stärker ausgeprägt.

7.2 Typus 2: Sabbatical für Familienaufgaben - Einführung in das Teil-Sample

Die Verwendung des Sabbaticals für Familienaufgaben, hier speziell zur Kinderbetreuung, basiert im Sample auf einer spezifischen Variante von Langzeitfreistellungen. Unter der Bezeichnung „Langzeiturlaub" ist die Form des Sabbaticals in dieser zweiten Motivgruppe mehrheitlich durch einen ausgedehnten Freistellungszeitraum von bis zu fünf Jahren gekennzeichnet. Diese sehr langfristige Dauer wirkt sich insbesondere auf die Konditionen für die Rückkehr aus. Zwar sieht das Angebot generell eine Wiedereinstiegsgarantie in das Unternehmen vor, schränkt diesen jedoch auf den früheren Arbeitsbereich ein. So gehen die AnwenderInnen ein relativ höheres Sicherheitsrisiko ein, da sie den Verlust ihres früheren Arbeitsplatzes und Position einkalkulieren müssen. Auch hinsichtlich der finanziellen Rahmung dieser Freistellungsoption sind die Risiken vergleichsweise hoch: Da die Regelung die NutzerInnen in den Status passiv Beschäftigter versetzt, bestehen keinerlei Ansprüche auf Lohneinkommen und Sozialversicherung während der Freistellungszeit.

In dieser Ausgestaltung ist die Teilnahme am Modell deutlich geschlechtsspezifisch konturiert. Die überwiegende Mehrheit der InteressentInnen für das Angebot des Langzeiturlaubs sind berufstätige Mütter. Für die Einzelinterviews wur-

---

[169] Eine solche „Versorgungsmentalität" dürfte im Öffentlichen Dienst verbreitet sein, allerdings gilt dies stärker für die Kohorte der um die 50jährigen, als für jüngere Jahrgänge. Das Alter ist insofern für die individuelle Lebensplanung in der Verknüpfung mit den jeweiligen Arbeitsmarktbedingungen von Bedeutung.

den zwei Fälle ausgewählt, die in ihrer soziostrukturellen und lebensphasenbedingten Konstellation die Spezifik dieses Typus verdeutlichen. Danach haben die beruflich orientierten Frauen in der Phase der Familiengründung im Alter zwischen Ende zwanzig und Anfang dreißig ihre Berufstätigkeit zunächst auf der Grundlage des Erziehungsurlaubs unterbrochen, um sich der Versorgung ihres(r) Kindes(r) zu widmen. In dieser Zeit übernimmt der vollerwerbstätige (Ehe-)Partner als „Alleinverdiener" die Hauptverantwortung für das Familieneinkommen. Aber auch nach dem Erziehungsurlaub bleibt die Verfügbarkeit der Frauen im Beruf durch die Versorgung ihrer Kinder eingeschränkt. Objektive und subjektive Faktoren greifen ineinander und verhindern die Aufnahme einer geregelten Voll- oder auch Teilerwerbstätigkeit. Anstelle der Rückkehr ins Erwerbsleben und an den früheren Arbeitsplatz weichen diese Frauen im direkten Anschluss an die gesetzliche Erziehungszeit daher auf das Angebot des Langzeiturlaubs aus, um in Kombination der verschiedenen Instrumente, insbesondere der Kinderbetreuungsaufgabe[170], weiterhin nachkommen zu können. Bei voller Ausschöpfung des Erziehungsurlaubs und des betrieblichen Freistellungsrahmens belaufen sich die Ausstiegszeiten somit auf bis zu acht Jahre. Bei zwei oder mehr Geburten in (kürzerer) Folge kann sich die Unterbrechung sogar auf zehn Jahre und mehr summieren. Infolge der Langfristigkeit des beruflichen Ausstiegs und vor dem Hintergrund, dass das Langzeiturlaubsangebot aus betrieblicher Perspektive im Kontext von Umstrukturierung und Personalabbau steht, sind vor allem die Arbeitsmarktperspektiven der (hoch-) qualifizierten Frauen stark von Unsicherheit geprägt.

Für die prototypische, ausführliche Darstellung des Typus wurde im Folgenden aus zwei ähnlich gelagerten Fallkonstellationen (Frau Herzog und Frau Thennstedt) diejenige gewählt, welche die verschiedenen Begrenzungen und Ambivalenzen von Frauen in der Doppelorientierung am prägnantesten zum Ausdruck bringt. Neben der für Mütter charakteristischen langfristigen Anwendung von Freistellungsoptionen zur Erfüllung von Familienaufgaben wird der Typus ergänzt durch die spezifische Fallvariante eines „Vätersabbaticals", in der ein Beschäftigter ein halbjähriges Sabbatical zum Zwecke der Kinderbetreuung in Anspruch nimmt. Im gesamten Sample ist dies der einzige Fall einer hauptsächlich an familiäre Aufgaben gebundenen Motivation von Männerseite. Dennoch liefert er einen Hinweis darauf, dass Sabbaticals im zeitlich überschaubaren Rahmen auch für Männer eine denkbare Form sein können, sich phasenweise aktiv an der Kinderbetreuung zu beteiligen. Allerdings weicht die Art und Ausgestaltung des Väter-Sabbaticals erheblich von der Situation der Mütter ab und verweist damit zugleich auf die sehr unterschiedlichen Handlungsmuster und -alternativen zwischen den Geschlechtern.

---

[170] Unter den Rückmeldungen aller Nutzerinnen des Langzeiturlaubsmodells befanden sich auch zwei Fälle von Pflegeaufgaben für Familienangehörige, die bei der Auswahl der Interviewpartnerinnen jedoch nicht berücksichtigt werden konnten.

158

Kurzbeschreibung der weiteren Fälle des Teilsamples:

Birgit Thennstedt ist 36 Jahre alt und verheiratet. Das Ehepaar Thennstedt hat sich entschieden wegen der Kinder, die zum Interviewzeitpunkt 4 und 6 Jahre alt sind, aus dem Großstadtzentrum in eine ruhigere Randlage zu ziehen. Frau Thennstedt, die zunächst eine Ausbildung zur Bauzeichnerin abgeschlossen hatte, hat später ihr Fachabitur nachgeholt und sich zur Bauingenieurin weiterqualifiziert. Bis zur Geburt des ersten Kindes ist sie in dieser Position im selben Unternehmen wie Frau Herzog tätig. Noch während des Erziehungsurlaubs bekommt Frau Thennstedt ihr zweites Kind. Als ihr Anspruch auf Erziehungsurlaub nach 5 Jahren endet, denkt sie zwar über Teilzeitarbeit nach, sieht aber kaum Realisierungsmöglichkeiten: Das jüngste Kind besucht noch nicht den Kindergarten, ihr Wohnort liegt weit entfernt vom Firmenstandort, ein Betriebskindergarten existiert nicht. Auch der Ehemann, selbst in der Baubranche tätig, sieht in seiner Position keine Möglichkeiten, Freiräume zur Kinderbetreuung für sich zu organisieren. Ohnehin glaubt Frau Thennstedt, dass ihr Beruf als Bauingenieurin eine Teilzeitbeschäftigung ausschließt. Ihr war immer klar, dass sie neben der beruflichen Karriere auch den Wunsch nach Familie umsetzen möchte. Da sie den Kinderwunsch zunächst zugunsten der beruflichen Entwicklung aufgeschoben hat, ist sie nun bereit, für die Familie auch berufliche Abstriche hinzunehmen. Für die junge Frau ist es in Ordnung, sich phasenweise „ganz und gar" den Kindern zu widmen und die berufliche Karriere „erst einmal" als beendet anzusehen. Es widerstrebt ihr außerdem, ihre Kinder, „in fremde Hände" zu geben. Im Sabbatical sieht sie die Möglichkeit, sich weiterhin ihren Kindern widmen zu können, um Haus und Garten zu kümmern und auch für ihren Partner noch Zeit übrig zu haben. „Nebenbei" jobbt Frau Thennstedt in einer Bäckerei am Ort oder eignet sich autodidaktisch PC-Anwendungen an. Mit einer späteren Rückkehr an ihren vorherigen Arbeitsplatz rechnet sie wegen ihrer Qualifikationsverluste sowie aufgrund betriebsinterner Veränderungen nicht. Da sie einen beruflichen Abstieg ohnehin kalkuliert, sieht sie im Langzeiturlaubsmodell eher den Vorteil, dass ihr die Rückkehrregelungen zumindest die Möglichkeit des Wiedereinstiegs im Unternehmen sichern.

Tab.: Teilsample „Familienaufgaben" nach soziostrukturellen Merkmalen

Merkmal	Variablen	Anzahl
Alter	30 bis unter 35 Jahre	2
	35 bis unter 40 Jahre	1
Geschlecht	männlich	1
	weiblich	2
Familienstand	verheiratet, zusammenlebend	3
Zahl der Kinder	1 Kind	1
	2 Kinder	1
	3 Kinder	1
Kinder	unter 6 Jahre	3
	6 bis unter 10 Jahre	3
	10 bis unter 18 Jahre	4
	über 18 Jahre	2
Schulbildung	Hochschulabschluss	2
	Realschulabschluss/Berufsausbildung	1
Berufliche Qualifikation	Qualifiziert	1
	Hochqualifiziert	2
Betrieblicher Kontext	Privatbetrieb	3
	Öffentlicher Arbeitgeber	0
Regulierungsmodus	Institut. kollektive Regulierung	3
	Individuelle Regulierungsformen	0
Dauer des Sabbaticals	„Langzeiturlaub"	2
	Sabbaticals um 6 Monate	1

7.2.1 Prototypische Fallbeschreibung: Frau Herzog - Sabbatical bei Unvereinbarkeit von Beruf und Familie

„(...) 'ne qualifizierte Mutter, die arbeiten will, ganz ehrlich, die bleibt eben zu Hause. Die wollen wir gar nicht haben. Das ist viel zu kompliziert mit der. Da müssen wir ja die Zeiten organisieren. Das kostet viel Geld und Zeit."

Martina Herzog ist langjährige Mitarbeiterin eines Großunternehmens der Energieversorgung und zuletzt in der Kundenberatung beschäftigt. Nach der Geburt ihres ersten Kindes unterbricht Frau Herzog im Alter von Anfang dreißig ihre Erwerbstätigkeit erstmals, zunächst für die Dauer des Erziehungsurlaubs von drei Jahren. Im Anschluss strebt sie in ihrem Betrieb den Wiedereinstieg in Teilzeitarbeit an. Ihre Bemühungen, im Unternehmen eine passende Stelle zu finden, bleiben jedoch ohne Erfolg. Schließlich steht ihr, alternativ zur Kündigung, das Angebot des unbezahlten Langzeiturlaubs offen. Dieses Modell erlaubt ihr, sich mit einer Rückkehroption für insgesamt bis zu fünf Jahren ohne Entgeltzahlung freistellen zu lassen.

I. Ausgangssituation: Sabbatical statt Teilzeitarbeit

Zum Zeitpunkt des Interviews ist Frau Herzog 36 Jahre alt, verheiratet und befindet sich seit rund zweieinhalb Jahren im Langzeiturlaub. Nach der Familiengründung ist das Ehepaar Herzog aus der Stadtmitte einer Großstadt in einen Stadtteil in ländlicher Randlage gezogen, wo sie eine Eigentumswohnung erworben haben. Die Zuständigkeitsbereiche in der Familie sind in klassischer Manier komplementär aufgeteilt. Während Frau Herzog für die Versorgung des gemeinsamen Haushalts sowie die Kinderbetreuung und -erziehung allein die Verantwortung trägt, fällt ihrem Mann die Aufgabe des Hauptversorgers zu. Als Leiter einer Optikerfiliale wird von ihm im Betrieb ein voller Einsatz erwartet, zumal die Sparte verschärften Konkurrenzbedingungen ausgesetzt ist. So hat Herr Herzog nicht nur sehr ausgedehnte Arbeitstage zu bewältigen, sondern er unterliegt angesichts der Wettbewerbssituation in seinem Arbeitsfeld außerdem einem besonders starken Leistungs- und Erfolgsdruck. Frau Herzog ist sich sicher, dass eine etwaige Arbeitszeitreduzierung zugunsten eines stärkeren Engagements innerhalb der Familie für ihren Mann mit einem hohen Kündigungsrisiko verbunden wäre:

> „Er hätte seinen Job auch wirklich verloren, ja. Also hab' ich gesagt, mach' ich das alleine. Und das war auch anstrengend, weil ich bin hier 13 Stunden alleine. Mein Mann arbeitet rund um die Uhr, so kann man das sagen. Er kommt nur zum Schlafen nach Haus. Ich hab' mein Kind auch hier die ganze Zeit allein immer. Null Unterstützung von meinem Ehemann aus." (517ff)

Zwar bezeichnet Frau Herzog den Umstand, dass ihr die Haus- und Sorgearbeit allein überlassen bleibt, als eine „harte Zeit". Dies gilt vor allem für die ersten Jahre, in denen das Kind noch nicht halbtags den Kindergarten besucht. Zugleich steht sie auf dem Standpunkt, dass mit dem Schritt in die Mutterschaft zwangsläufig bestimmte Verpflichtungen zum Verzicht verbunden sind. In ihre bewusste Entscheidung für ein Kind ist nach Auffassung von Frau Herzog eine Zurückstellung ihrer beruflichen Ambitionen inbegriffen:

> (...) ich bin überhaupt immer der Meinung gewesen, wenn man ein Kind in die Welt setzt, soll man auch für das Kind da sein und nicht auf die große Karriere machen, das ist nämlich ganz großer Quatsch. Weil ich glaube einfach, 'n bisschen arbeiten ist ganz schön, aber entweder sagt man Karriere oder man sagt Kind." (468)

Ihr Selbstverständnis „voll" zu ihrem Kind zu stehen, drückt sich zentral in dem Bedürfnis aus, dessen Versorgung persönlich und in häuslicher Umgebung zu übernehmen. Um diesem Anspruch zu genügen, hat Frau Herzog den dreijährigen Erziehungsurlaub voll ausgeschöpft. Als dauerhafte Einrichtung und Perspektive reicht ihr die Konzentration und einseitige Festlegung auf ein Dasein als Hausfrau und Mutter allerdings nicht aus. Zu sehr sieht sie ihr Leben vor der Familiengründung von beruflicher Tätigkeit geprägt, als dass sie sich mit einem langfristigen Rückzug aus dem Erwerbsleben zufrieden geben könnte. Von ihrer

Ausbildungzeit an in ihrer Firma beschäftigt, hat sich Frau Herzog in den verschiedenen Arbeitsbereichen, in denen sie tätig gewesen ist, stark engagiert und in Eigeninitiative von der Bürogehilfin zur Sekretärin weiterqualifiziert. Beruflichen Herausforderungen begegnen zu können, Spaß und persönliche Befriedigung in der Arbeit zu finden, sind für Frau Herzog wichtige Ansprüche, die sie in ihrer Erwerbslaufbahn umzusetzen versucht hat. Für diese Ziele ist sie sogar bereit gewesen, „als gestandene Frau in einem gestandenen Beruf" das Risiko des Wechsels in den neuen Arbeitsbereich der Kundenberatung einzugehen, wo sie „völlig von vorne" anfangen muss. Im Zuge ihrer Umorientierung zur Beratungstätigkeit hat Frau Herzog zuletzt an umfangreichen internen Qualifikationsmaßnahmen teilgenommen, an deren Finanzierung sie sich zur Hälfte selbst beteiligt hat. Im Anschluss an diese Ausbildung und bis zur Unterbrechung durch den Erziehungsurlaub ist sie in ihrer neuen Funktion an verschiedenen Standorten innerhalb der Stadt tätig.

In diese Tätigkeit möchte sie auch nach Ablauf des Erziehungsurlaubs zurückkehren. Obwohl die Familienaufgaben ihr ein hohes Maß an Einsatz und Energie abverlangen, verspürt Frau Herzog den Drang, „irgendwie mal was anderes zu machen", aus dem häuslichen Zirkel „mal wieder raus" zu treten und sich nicht mit der Mutterrolle zu begnügen. Außerdem liegt ihr daran, wieder einen eigenen Verdienst zu erwirtschaften. Um die familiären Anforderungen mit dem Wunsch nach Berufstätigkeit verbinden zu können, wünscht sie sich eine Beschäftigung auf Teilzeitbasis. Nach Überzeugung von Frau Herzog müsste auch das Unternehmen nicht nur wegen der beiderseitig geleisteten Qualifizierungsinvestitionen ein Interesse an ihrem Wiedereinstieg zeigen, sondern gleichfalls die Vorteile ihrer besonderen Arbeitsmotivation als Halbtagskraft zu schätzen wissen:

> „Leute, ich bin qualifiziert, es ist eine große Ausbildung gewesen. Setzt mich wieder ein! Ich bin ja auch motiviert. Eine Halbtagsmutter, sag' ich mal, ist immer motivierter als ein Ganztags-Mensch."(570)

Trotz ihrer ausgeprägten Motivation, ins Berufsleben zurückzukehren, muss die junge Mutter nach mehreren Anläufen jedoch realisieren, dass das Unternehmen ihr kein Arbeitsverhältnis anbietet, das ihren individuellen Bedürfnissen und Erfordernissen gerecht wird. Dabei kristallisiert sich die alltagszeitliche Koordinierung als zentrales Passungsproblem heraus, vor allem durch die Notwendigkeit der Abstimmung zwischen den arbeitszeitlichen Vorstellungen des Betriebs und den Öffnungszeiten des Kindergartens:

> „Die (zuständige Person in der Personalabteilung B.S.) hat immer gemeint: Ja, dann fangen Sie doch um neun an und hören um zwei auf zu arbeiten. Und dann hab' ich ihr 5000mal gesagt: Das geht nicht, dann schließt der Kindergarten. Ich hab' ihr immer wieder zu verstehen gegeben, ich möchte arbeiten, ich bin motiviert, aber ich kann in einer bestimmten Spanne nur arbeiten!" (625)

Zusätzlich zu den Vorgaben durch die Öffnungszeiten des Kindergartens schränkt die neue und entlegene Wohnlage die zeitlichen Spielräume der jungen Mutter ein. Anfahrtszeiten von einer Stunde und mehr machen es schwierig, einen halbtägigen Arbeitseinsatz noch lohnenswert erscheinen zu lassen. Obwohl sich Frau Herzog der Begrenztheit ihrer Verfügbarkeit durchaus bewusst ist, scheint ihr dennoch der Wiedereinstieg vornehmlich an der Kompromissunfähigkeit des Unternehmens zu scheitern. Im Rahmen einer unternehmensinternen Kampagne, die für so genannte „Wahlarbeitszeiten" wirbt, fühlt sich Frau Herzog mit ihren Interessen unberücksichtigt und regelrecht „auf's Kreuz gelegt". Den an sie gerichteten Vorwurf, ihre Wahlmöglichkeiten für eine Teilzeittätigkeit durch den Mangel an individueller Flexibilität schließlich selbst zu schmälern, will sie nicht gelten lassen. Um ihre Arbeitszeitwünsche formal durchzusetzen, fehlt ihr jedoch die Handhabe[171]. Umgekehrt will sie im Konflikt zwischen „Kind und Karriere" den Versorgungsanspruch für ihr Kind nicht aufgeben. Schließlich sieht Frau Herzog in dem neuen „Wahlangebot" des Langzeiturlaubs die einzige ihr verbleibende Alternative, wenn sie nicht durch eine Kündigung alle Optionen verlieren will:

> „Ich wollte eine Arbeitszeit haben von frühestens acht, besser halb neun, ja und dann vier Stunden (...), wäre klasse gewesen. In der ganzen KSW (Name der Firma B.S.) hab' ich keinen Platz gefunden. Es ist unglaublich. Es ist wirklich unglaublich. Und daraufhin musste ich in den Langzeiturlaub gehen, um nicht zu kündigen. Also, mir wurde eine Wahl gestellt von der Personaldame: Tja, kündigen Sie, wenn Ihnen das nicht passt oder gehen Sie in den Langzeiturlaub." (747)

Die mangelnde Rücksichtnahme des Betriebs auf die zeitlichen Beschränkungen bzw. Erfordernisse, denen sie durch ihre Familientätigkeit unterliegt, geben Frau Herzog das Gefühl, speziell als Mutter in ihrem Arbeitsvermögen entwertet worden zu sein:

> „Die haben sich nur gefreut: Wieder eine Doofe, die in Langzeiturlaub geht. (...) ich hab' 'n Kind gekriegt, ich bin hochqualifiziert. Aber weil ich 'n Kind gekriegt habe, bin ich nichts mehr wert. Genauso sieht es aus. Ich bin einfach nicht mehr vollwertig genug." (1055 ff)

In ihrer Eigenschaft als Hausfrau und Mutter sieht sich Frau Herzog von einer derartigen Abqualifizierung nicht als Einzelfall betroffen. Im Gegenteil unterstellt sie dem Unternehmen an der Stelle ein strategisches Vorgehen: Mit Hilfe der Langzeiturlaubsregelung versucht es sich „unbequemer" Arbeitskräfte zu entledigen, um sich die Mühen und Kosten einer Organisation von Arbeitszeiten zu ersparen, die insbesondere Personen mit nicht uneingeschränkter Verfügbarkeit berücksichtigt:

---

[171] Seit Januar 2001 ist zur Stärkung der Position von Arbeitskräften mit Teilzeitpräferenzen und Ausweitung von Teilzeitarbeit ein Gesetz verabschiedet worden, das - sofern „betriebliche Gründe" nicht entgegenstehen - erstmals einen Anspruch auf Teilzeitarbeit begründet (vgl. Presse und Informationsdienst der Bundesregierung 2000).

„(...) 'ne qualifizierte Mutter, die arbeiten will, ganz ehrlich, die bleibt eben zu Hause. Die wollen wir (gemeint ist die Firma, B.S.) gar nicht haben. Das ist viel zu kompliziert mit der. Da müssen wir ja die Zeiten organisieren. Das kostet viel Geld und Zeit." (1165)

Unter dem Eindruck ihres eigenen Misserfolgs, ein betriebliches Arrangement zu finden, das ihre familiären Ansprüche und Erfordernisse mit den arbeitszeitlichen und -organisatorischen Vorstellungen des Betriebs vereinbaren kann, nimmt Frau Herzog eine generell skeptische Haltung gegenüber jeglichen Verlautbarungen und Bemühungen des Unternehmens ein, durch neue Arbeitszeitangebote die Arbeitszeitpräferenzen der MitarbeiterInnen verstärkt einbeziehen zu wollen. Aus ihrer Sicht versucht der Betrieb letztlich unter dem Deckmantel innovativer Arbeitszeitoptionen seine eigentlichen Einsparungs- und Rationalisierungsabsichten zu verschleiern:

> „Dieses ganze Wahlarbeitszeitding, ich sag' das mal ganz ehrlich: die wollen die Leute weg haben! Die wollen sehen, dass die Arbeit reduziert wird, wo's halt geht, neuen Leuten natürlich weniger Geld dafür geben, ist ja logisch: einsparen, einsparen, einsparen!" (2070)

Sind es nach ihrer bisherigen Erfahrung überwiegend ältere Beschäftigte, die ihren Platz für jungen, „supermotivierten" und kostengünstigeren Nachwuchs räumen müssen, fühlt sich Frau Herzog heute selbst, obwohl nicht dieser Altersgruppe zugehörig, vom Verdrängungswettbewerb auf dem Arbeitsmarkt betroffen. Entsprechend ihrer eigenen aktuellen Situation speziell die Arbeitszeitbedürfnisse von Müttern im Blick, erklärt sie das moderne Image, mit dem sich das Unternehmen nach außen präsentieren will, zur bloßen Schaumschlägerei, die durch neue Arbeitszeitmodelle eröffneten Flexibilitätsspielräume als an der Alltagsrealität und den Bedarfen von Müttern vorbeigehend:

> „(...) ich finde einfach, die KSW ist überhaupt nicht fortschrittlich im Bezug auf diese ganzen Arbeitszeitmodelle. Sie sagen das zwar immer großartig, aber, nein, das ist nur nach außen hin. Nach wie vor gibt es bei der KSW keine Modelle für Frauen, keinen Betriebskindergarten. Keine Regelungen für Mütter, keine Flexibilität in dieser Hinsicht." (2020)

II. Zeitverwendung/Zeiterfahrung: Sabbatical zur Bewältigung von - zeitlichen - Zwangslagen

Den Vorwurf, Flexibilität lediglich als Einbahnstraße im betrieblichen Sinne zu betreiben und die recht deutliche Schuldzuweisung für die erzwungene Ausgliederung als aktive Beschäftigte an den Arbeitgeber, relativiert Frau Herzog allerdings durch das Eingeständnis, auch subjektiv mit ihrem privaten Arbeitsteilungsarrangement und Ressourcen gehandikapt zu sein:

> „Ich sag' mal ganz ehrlich, ich bin hier'n bisschen alleine mit meinem Kind. Und das ist auch mein Problem immer gewesen und es gibt natürlich Frauen, die haben das

große Glück, ´ne Oma um die Ecke zu haben (...) die haben sich auch mit (der Firma) arrangiert." (1133)

Ohne die Möglichkeit, auf familieninterne Betreuungsalternativen zurückzugreifen und weder den beruflich hochgradig eingebundenen Ehepartner und Vater, noch andere - vorzugsweise weibliche - Verwandte in die Sorgearbeit einbinden und sich auf die Weise Luft verschaffen zu können, schrumpfen die zeitlichen Spielräume der jungen Mutter auf eine Größenordnung zusammen, die kaum ein gelingendes Arrangement zwischen Familie und Beruf in Aussicht stellen. Hinzu kommt der Druck, unter dem das Ehepaar hinsichtlich der materiellen Absicherung der Familie steht und der sich insbesondere durch Kreditlasten für das Wohneigentum noch erhöht hat. Auch unter dem Einkommensaspekt stellt die unbezahlte Freistellung per Langzeiturlaub daher keine zufriedenstellende Lösung dar und scheint in den Augen von Frau Herzog überhaupt nur für einige wenige finanziell unabhängige Beschäftigte, wie einkommensstarke Singles in Frage zu kommen, die es sich leisten könnten,

„(...) ein bisschen mehr just for fun (zu) arbeiten und die sagen: (...) Klasse, ich mach' jetzt mal ein Jahr Urlaub, um zu gucken, was es noch so für mich gibt." (2075)

Frau Herzog dagegen hat sich nicht nur mit der fehlenden Entlastung durch eine (verstärkte) Beteiligung des Partners an den häuslichen und betreuerischen Aufgaben zu arrangieren. Obendrein steht sie unter dem Eindruck, ihrem beruflich überlasteten Mann, abgesehen von der familiären Sorge, auch noch einen Teil seiner Verantwortung für die erhöhte Last der Einkommenssicherung abnehmen zu müssen:

„(...) utopisch, ja.. Er kann mir da auch nicht helfen oder so. Noch mehr verdienen kann er auf gar keinen Fall, das ist ausgeschöpft. Im Gegenteil, er arbeitet sich dumm und dämlich, um überhaupt das nach Hause zu bringen. Der macht sich kaputt, der ist schon körperlich am Ende, mein Mann. Der arbeitet, wie gesagt, rund um die Uhr, kriegt starken Druck (...) Und ich kann nur was dazu beitragen, indem ich also ´n bisschen finanziell was dazu beisteuere und sage: gut, das ist mein kleines Ding hier, im Rahmen des Machbaren." (2174 ff)

Frau Herzog ist überzeugt, dass ihr Partner „liebend gerne" beruflich kürzer treten und seinen stressigen Leitungsposten gegen eine Beschäftigung als „normaler" Angestellter eintauschen würde. Die Realisierung dieses Entlastungsbegehrens scheitert aus ihrer Sicht nicht deswegen, weil der berufliche Status für ihren Mann bedeutsam wäre. Verbaut ist der Weg vielmehr, da Herr Herzog mit einer derartigen Abweichung von der „Normalarbeitszeit" - verstärkt noch durch die leitende Position – Gefahr liefe, den Arbeitsplatz zu verlieren. Die finanziellen Belastungen durch Kind, Kreditzahlungen und Versicherungsbeiträge erfordern aber gerade umgekehrt eine ausgesprochene Arbeitsplatz- und Einkommenssicherheit. Selbst berufliche Rückschritte bei entsprechenden Verdiensteinbußen kann die Familie nicht verkraften, verlangen die gestiegenen Lebenshaltungskosten doch im Gegenteil eine Ausweitung der Erwerbseinkünfte. Frau Herzog wiederum kann ihrerseits bei stark eingeschränkter Verfügbarkeit für den Erwerbsarbeitsmarkt, nur geringfügige finanzielle Beiträge leisten. Sich von der familiären Beanspruchung zu entlasten und ihr Kind zeitweise einer Tagesmutter anzuvertrauen, ist dennoch nicht ausschließlich wegen der zusätzlich entstehenden Kosten ausgeschlossen. Auch die Vorstellung, ein Kind „in die Welt gesetzt" zu haben, um es dann in „fremde Hände" abzugeben, ist für sie inakzeptabel. Zu ihren festen Vorstellungen von Erziehung und Betreuung gehört, ihr Kind nach dem Kindergarten am Nachmittag selbst zu Hause zu versorgen.

Was „machbar" ist, bleibt angesichts der vielseitig wirksamen Einengungen daher auf einen äußerst begrenzten Handlungsspielraum beschränkt. Ein Zuverdienst, den Frau Herzog aus Nebentätigkeiten bezieht, reicht weder zur eigenständigen Existenzsicherung noch für eine hinreichende Entlastung des Haushaltsetats. Doch auch ihren Partner sieht Frau Herzog in einer Zwangslage. Dieser ist in seiner Rolle als Familienernährer bereits spürbar an die Grenzen seiner Leistungs- und gesundheitlichen Kapazitäten gestoßen. Die zugespitzte materielle Abhängigkeit der Familie vom „Versorger" veranlasst Frau Herzog zu einer Haltung, ihren Mann nach Kräften zu unterstützen, in dem sie jegliche Ansprüche von ihm fern hält, die über das Berufliche hinausgehen. Dass ihr Mann offensichtlich ebenfalls Leidtragender dieses Arrangements ist und Abstriche hinzunehmen hat, gibt Frau Herzog trotz der ungleichen Aufgabenverteilung das Gefühl, in einer egalitären Partnerschaft zu leben. Vor diesem Hintergrund legitimiert sie die fehlende Unterstützung ihres Mannes im Familiären mit dessen Bemühungen, über seinen (übermäßigen) Einsatz im Erwerbsleben Einkommen sicherzustellen und bringt dies in Anrechnung:

> „Ich hab´ einen ganz gleichberechtigten Mann, der alles tut, was in seiner Macht steht. Ich hab' Gott-sei-Dank keinen Pascha als Mann. Ich hab' einen Mann, der in seiner wenigen Freizeit mir hilft, wo er kann. Er ist ´n prima Vater. Er macht sehr viel für uns, in der Zeit, wo er da ist. Er nimmt sich völlig zurück, macht keine Hobbys, nur damit er sein Kind in der wenigen Zeit noch sehen kann." (2186)

In diesem Dilemma bietet das Langzeiturlaubsmodell auch insofern einen „Ausweg", als dessen Inanspruchnahme die Aufnahme einer geringfügigen Beschäftigung nicht ausschließt. Gleich zu Beginn ihrer Freistellungszeit bewirbt sich Frau Herzog auf entsprechende Angebote in unmittelbarer Nähe zum Wohnort, die sich mit dem zeitlich engen Korridor der Halbtagsbetreuung im Kindergarten in Einklang bringen lassen. Mit diesen „Nebentätigkeiten" versucht sie, die Aufbesserung des Familieneinkommens mit ihrem Erziehungsanspruch zu verbinden. Bei einer Arbeitszeit von drei Vormittagen pro Woche gelingt es ihr, die Erfüllung ihrer reproduktiven und fürsorgerischen Aufgaben auf eine Weise zu gewährleisten, die sie nicht überfordert:

> „Und heute ist meine Situation so, dass ich meine Situation gut finde. Ich verdiene Geld, ich arbeite nur drei halbe Tage, ich krieg´ das alles gepackt. Krieg´s auf die Reihe und das ist o.k." (1245/2104)

Einen täglichen Arbeitseinsatz, wie von ihrer alten Firma erwartet, würde sich Frau Herzog nicht zumuten wollen. Als optimal wertet sie den Einsatz an vier Tagen, um so mindestens in die Versicherungspflicht zu gelangen. Unter Belastungsaspekten aber sieht sie sich mit dem „geringfügigen" Arbeitsumfang verteilt auf drei Tage zur Genüge ausgelastet:

> „Ich geh' mit den Kindern viel auf'n Spielplatz, ich hab' auch keinen Garten, ne. Und es bleibt auch viel liegen in der Zeit. Ich komm' nicht zu meinem Haushalt, ich komm' nicht zu mir. Ich sag' mal, die drei Vormittage, die ich arbeite, sind völlig genug."
> (030C)

Über den passenden zeitlichen Zuschnitt entlang der funktionalen Erfordernisse in ihrer Rolle als Mutter und Zuverdienerin hinaus, eröffnet diese Art von Beschäftigungsverhältnissen Frau Herzog außerdem die Möglichkeit „mal rauszukommen" und der Einseitigkeit und Einengung im Häuslichen etwas entgegenzusetzen. In unterschiedlichen und wechselnden Tätigkeitsfeldern als Rechtsanwaltsgehilfin, Sekretärin oder Assistentin in einer Versicherungsagentur findet sie sich mit ihren beruflichen Fähigkeiten neu anerkannt und in ihrer Eigenwahrnehmung bestätigt: „Hochflexibel" sieht sie sich in der Lage, sich stets in neue Arbeitsaufgaben einzuarbeiten, diese schließlich „selbständig" zu beherrschen und geradezu „über sich hinaus zu wachsen". Neben der Zufriedenheit, einen Beitrag zur materiellen Grundlage der Familie zu leisten, zählt für sie nach der Erfahrung, in den Langzeiturlaub „abgeschoben" worden zu sein, als eine Art der Rehabilitation „das Gefühl, ich werd' da gebraucht". Selbst den in diesem unsicheren Arbeitssegment häufigen Arbeitsplatzwechseln kann sie Positives abgewinnen, da diese ihr Gelegenheit geben, ihre beruflichen Stärken - und nicht zuletzt ihren „Marktwert" - besser einzuschätzen. Sich als Arbeitskraft zu erleben, die sich flexibel und erfolgreich in unterschiedlichen Arbeitsbereichen bewährt, vermittelt Frau Herzog eine tiefe persönliche Befriedigung und stellt eine wichtige Quelle zur Steigerung ihres Selbstwertgefühls dar:

> „Dann hat man auch 'n ganz anderes Selbstbewusstsein. Weil, ich hab' ja schon gearbeitet. Und ich hab' jetzt Versicherungen intus, ich hab' Immobilien intus, war bei 'ner Rechtsanwältin, bin Sekretärin, Kundenberaterin, mein Gott, ne! (lacht) Und irgendwo war ich ganz stolz auf mich und hab' gedacht, nö, jetzt forder' ich mal 'n bisschen mehr Geld und ich kann auch jetzt ganz viel und... ich bin was, so." (930)

Bieten diese Art von „Zuverdiener-Jobs" einerseits eine Chance, trotz familiar eingeschränkter Einsatzfähigkeit am Erwerbsleben zu partizipieren und auf beruflich vermittelte soziale und materielle Anerkennung nicht gänzlich verzichten zu müssen, so sind sie andererseits im Vergleich zu „regulärer" Beschäftigung mit erheblichen Unsicherheiten und Benachteiligungen verbunden. Als „geringfügige" Arbeitskraft findet Frau Herzog, zumal im ländlichen Raum, ausschließlich in Klein- und Kleinstbetrieben Beschäftigung, in Bereichen also, wo Arbeit informeller geregelt ist und das Risiko der Entwertung ihrer Qualifikation entsprechend höher ausfällt. In Konfliktfällen macht Frau Herzog deswegen auch hier die Erfahrung ihres nur verminderten Wertes. Als „630DM-Kraft" läuft sie bei wirtschaftlichen Engpässen Gefahr, als eine der Ersten entlassen zu werden und ist generell sozial nur unzureichend abgesichert.

Das ambivalente Arrangement zwischen dem Wunsch nach Teilnahme am Erwerbsleben und der Hinnahme prekärer Arbeitsbedingungen, stellt Frau Herzog letztlich nicht wirklich zufrieden. Einerseits betont sie, vom Arbeitsumfang her nicht mehr leisten zu wollen und zu können. Sie ist froh über die Möglichkeit, überhaupt beruflich tätig sein zu können, so dass die geringfügige Beschäftigung gut in ihr Konzept passt. Andererseits registriert sie mit Blick auf die rechtlichen und sozialen Nachteile ihres Beschäftigungsstatus, dass Unsicherheiten einseitig zu ihren Lasten abgewälzt werden. Ihr Resümee: Das Vorhaben, Kinderwunsch und berufliche Entfaltung „unter einen Hut zu bringen" benötigt besondere Umstände und Voraussetzungen, in denen „die anderen Leute auch mitmachen müssen". Frau Herzog erscheint es, als ob die Verknüpfung beider Lebensstränge „immer ein ganz schöner Seiltanz ist"und zieht den Schlusst, letztlich doch zu einer Prioritätensetzung zur familiären oder beruflichen Seite hin gezwungen zu sein. Die Tatsache, dass in ihrem Arrangement subjektive Präferenzen nur zu einem Teil aufgehoben sind, hinterlässt auch den bitteren Nachgeschmack individueller Unzulänglichkeit. So zweifelt Frau Herzog, ob sie sich für ihre eigenen Interessen nachdrücklich genug eingesetzt hat oder sich zu umstandslos in die ihr aufgezwungenen Umstände gefügt und damit der Strategie ihres Unternehmens letztlich zum Erfolg verholfen hat:

> „Dass ich auf 630 DM arbeite, ich hab mich an diese Arbeitszeit gewöhnt, ich find' das mittlerweile noch gut! Das ist ja schön für die KSW!" (1435)

III. Bilanz/Perspektive: Aussichten zwischen "Bangen und Hoffen"

Nach anfänglich vereinbarter zweijähriger Laufzeit hat Frau Herzog den Langzeiturlaub anschließend um weitere drei Jahre auf die maximale Dauer von fünf Jahren verlängert. Die ungewisse Arbeitsplatzsituation ihres Ehemannes vor Augen, erhält der Langzeiturlaub für sie auch deswegen die Funktion eines „Notnagels", dass dieser ihr durch die Rückkehroption jederzeit den Wiedereinstieg in ein Vollarbeitsverhältnis mit entsprechendem Verdienst offen hält:

> „Weil mir damals auch gesagt worden ist, gut, die KSW ist da anscheinend doch human, wenn in einer Familie Notlage herrscht und meinem Mann gekündigt wird und das Einkommen nicht mehr gesichert ist, dass man dann schon sagt, dann kommen Sie aus dem Langzeiturlaub raus und wir bieten Ihnen irgendeinen Job als Vollzeitkraft an." (795)

Von ihrem aktuellen Standpunkt aus gesehen hegt Frau Herzog wenig Ambitionen, nach Ablauf des Langzeiturlaubs zu ihrem früheren Arbeitgeber zurückzukehren. Vom Unternehmen, bei dem sie seit über 20 Jahren angestellt ist und dort schon „so viel durchgemacht" hat, fühlt sie sich im Stich gelassen. Das ehemals gute Vertrauensverhältnis und den Glauben an den Betrieb als „soziales Unternehmen" sieht sie durch die Erfahrung ihrer Dequalifizierung (und Ausgliederung) so nachhaltig erschüttert, dass - außer im Notfall - eine Rückkehr nicht in Frage kommt:

> „Mein Vertrauen ist damals sehr runtergegangen (...) aufgrund der Aussagen der Personalabteilung und so weiter. Ich bin sehr enttäuscht von der Firma und ich hab' auch gar nicht mehr so'n großes Interesse da überhaupt anzufangen. Ich betrachte es als reinen Notnagel." (817/1098)

Vom Vertrauensverlust abgesehen geht Frau Herzog davon aus, bei einer Rückkehr vom Betrieb abermals vor die Alternative „ganz oder gar nicht" gestellt zu werden und sich somit erneut im Vereinbarkeitskonflikt zu befinden. Für diesen Fall zieht sie letztlich auch eine Kündigung des Arbeitsverhältnisses in Betracht. An ihrem Standpunkt und Ideal in Sachen häuslicher Kinderversorgung will sie nicht rütteln:

> „Und ich muss dazu sagen, was ich auch der KSW gesagt habe: ich seh's nicht ein, ich hab' ein Kind in die Welt gesetzt und ich seh's nicht ein, dass ich mein Kind den ganzen Tag von anderen Leuten erziehen lasse. Ich steh' zu meinem Kind. Ich hab's lieb, ich möchte für mein Kind da sein. Und dazu steh' ich heute auch noch." (918)

Über den Langzeiturlaub hinaus bleiben die beruflichen Spielräume für Frau Herzog durch den Wunsch, sich weiterhin am Nachmittag ihrem Kind zu widmen, eingeschränkt. Auch ihr Partner teilt diese Erziehungsvorstellungen, überlässt jedoch die Umsetzung allein seiner Frau:

> „Wenn ich es verantworten kann sagt er, wenn ich das mit meinem Kind, mit unserem Kind verantworten kann (...), dann kann ich letzten Endes machen, was ich will. Das ist meinem Mann egal. Nur er sagt natürlich auch: du musst natürlich da sein, wenn das Kind dich braucht (...)." (2156)

Dabei ist Frau Herzog mit Blick auf den bevorstehenden Schulantritt ihres Kindes nicht einmal sicher, ob sich ihr jetziges Arrangement aufrecht erhalten lässt. Durch unkalkulierbare Stundenpläne, mögliche Stundenausfälle und Schulferienzeiten befürchtet sie, eher noch stärkeren zeitlichen Einschränkungen zu unterliegen mit der Konsequenz, angesichts der wirtschaftlich instabilen Lage in Kleinunternehmen, für ihre Arbeitgeber dann nicht mehr tragbar zu sein und ihre Berufstätigkeit ganz aufgeben zu müssen. Eine Ausdehnung ihrer Arbeitszeit hält Frau Herzog erst ab dem Zeitpunkt für realistisch, wenn ihr Kind mit dem Teenageralter beginnt, eigene Wege zu gehen. Neben dem Wunsch, dann „mehr zu arbeiten" und einen höheren Verdienst zu haben, bleibt aber die Möglichkeit, ihre Arbeitszeit nach eigenen Präferenzen flexibel gestalten zu können, für Frau Herzog auch zukünftig ein wichtiges Qualitätskriterium. Alternativ zu ihrem heutigen Status als abhängig Beschäftigte in einem prekären Arbeitsmarktbereich, in dem sie ihrer Erfahrung nach tendenziell „irgendwo immer der letzte Hund" ist, schwebt Frau Herzog vor, sich selbständig zu machen. Allerdings entpuppt sich dieser Weg bei näherer Betrachtung auch wegen fehlender finanzieller Mittel eher als vager Wunschtraum, denn als konkrete Perspektive:

> „Ich kenn' viele Mütter, die sagen, auch qualifizierte Frauen, internetmäßig, computermäßig, büromäßig irgendwas Schickes aufzubauen. Nur keiner weiß wie, was wo und Geld? Ne. Aber wenn man das Geld hätte, Gott ja, ich würd' was machen, ich würde selbständig sein, ich würd' was Tolles machen und hätte dann natürlich auch ab und zu mal 'nen Babysitter, den ich mir leisten kann. Das wär' o.k." (2248)

Die Bilanz von Frau Herzog fällt zwiespältig aus: Zwar gelingt es ihr, ihre Vorstellungen von Mutterschaft und häuslicher Erziehung durchzusetzen und auszuleben. Unter dem Aspekt der zeitlichen Belastung passen sich die geringfügigen Beschäftigungsverhältnisse gut in ihr übrigens Tätigkeitsspektrum ein, wenn auch Zeit für persönliche Interessen in diesem Arrangement knapp bemessen bleibt. Für die Erfüllung ihres familiären Pensums muss Frau Herzog aber die Verdrängung aus ihrer vorherigen beruflichen Position und Karriere hinnehmen. Die Reichweite der beruflichen Einbußen verändert für sie den Charakter des Sabbaticalangebots: Unter diesen restriktiven Bedingungen eröffnet es nicht Freiräume für die Orientierung auf andere Lebensbereiche und Tätigkeiten, sondern wird zum Symbol für ein Defizit an Alternativen, Entwertung des individuellen Arbeitsvermögens und abnehmende Berufschancen. Diese Verluste an beruflicher Qualifikation und Selbstbewusstsein, vermag Frau Herzog zwar ansatzweise mit der Bewältigung der Herausforderungen im Segment der geringfügigen Beschäftigung zu kompensieren, insgesamt jedoch scheint - trotz Rückkehroption - ihr zukünftiger beruflicher Weg, auch angesichts der erwartet fortgesetzten Zeitkonflikte in der Doppelorientierung, stark von Unsicherheiten geprägt.

Doch nicht allein aus beruflicher Perspektive erscheinen Frau Herzogs Zukunftsaussichten unwägbar. Auch mit Blick auf ihre Partnerschaft ist eher noch eine Zuspitzung der bestehenden Problemlagen und Dissonanzen zu erwarten. Herr Herzog, der aufgrund seines Arbeitspensums bereits starke Anzeichen von Erschöpfung zeigt, wird auch in absehbarer Zeit keine Entlastung durch eine regelmäßige und abgesicherte Berufstätigkeit seiner Frau erfahren können. Im Gegenteil: Fällt, wie befürchtet, zukünftig noch ihr „Zuverdienst" weg, nimmt der Erwerbsdruck für ihn noch weiter zu. Damit sinken seine Chancen ebenso, zukünftig einen aktiveren Part im Familienleben einzunehmen, wie es weiterhin an Zeit für die Gestaltung und den Erhalt der partnerschaftlichen Beziehung zwischen beiden Eltern fehlen wird.

Fallvariation: Herr Steininger - Sabbatical für eine zeitlich begrenzte Übernahme der Betreuungsaufgaben

Ganz anders als Herr Herzog, der nur über äußerst knappe Spielräume zur Beteiligung an Familienaufgaben verfügt, sieht sich der vierzigjährige Robert Steininger, der als Teamleiter einer technischen Entwicklungsabteilung eines Automobilkonzerns tätig ist, in der Lage, per Sabbaticalangebot für die Dauer von sechs Monaten seine Berufstätigkeit zugunsten der Kinderbetreuung zu reduzieren. Diesen Entschluss trifft der Vater von drei Kindern - zur Zeit der Freistellung im Alter zwischen knapp vier und sieben Jahren - insbesondere, um seine Frau in dieser Zeit bei ihren Bemühungen um einen beruflichen Wiedereinstieg zu unterstützen.

Die Familiengründung bei den Steiningers erfolgte, bevor Frau Steininger ihre Berufsausbildung zur Fachärztin vollständig abschließen konnte. Nach der Geburt des ersten Kindes stellt die Ehefrau ihre berufliche Tätigkeit ein und kümmert sich hauptverantwortlich um die Versorgung von Haushalt und Kind(ern), wohingegen Herr Steininger vollberufstätig bleibt, bei einer täglichen Arbeitszeit von bis zu zehn Stunden. Für Herrn Steininger, der hoch motiviert und mit „Spaß" an seine Aufgaben geht, stellen die ausgedehnten Arbeitstage an sich kein Problem dar. Allerdings registriert er sehr wohl das Missverhältnis verglichen mit seiner Präsens in der Familie:

> „Ich arbeite ganz gerne, muss ich sagen, ja. Auf der anderen Seite, also, von daher kann ich lange arbeiten und es macht mir eigentlich auch nichts aus. Natürlich merkt man, dass einem die Zeit dann zu Hause fehlt, das ist gar keine Frage." (124)

Im Berufsalltag findet er kaum Zeit und Gelegenheit, um seine Frau bei der häuslichen Arbeit zu entlasten oder sich um die Kinder zu kümmern. Nachdem sich in erster Linie Frau Steininger all die Jahre auf die Familienarbeit konzentriert hat, wird der Moment, ab dem auch das Jüngste der drei Kinder den Kindergarten besuchen kann, für die Familie zu einem „magischen Datum". Ab diesem Zeitpunkt hat Frau Steininger geplant, sich wieder stärker in Richtung Beruf zu orientieren, ihre fachärztliche Ausbildung abzuschließen und ihren Wiedereinstieg ins Erwerbsleben vorzubereiten. Mit dem Ende der Kleinkindphase des Jüngsten, hält auch Herr Steiniger eine gewisse Distanzierung seiner Frau zu ihrer Mutterrolle für realisierbar:

> „Und außerdem war dann die Zeit gekommen, wo die Kinder soweit selbständig waren, so dass meine Frau auch losgelassen hat, weil das ist ja halt auch immer 'n Problem." (176)

Umgekehrt sieht er auch für sich selbst einen günstigen Moment gekommen, um „mal 'n bisserl zurücktreten" zu können. Mit seiner bisherigen Karriere und erreichten Position recht zufrieden, macht er sich um nachteilige Auswirkungen des Sabbaticals wenig Sorgen:

> „(...) klar die Frage stellt sich, bedeutet dass jetzt einen Karrierebruch, ja. Das Risiko muss man eigentlich eingehen, wobei ich aber in einer Situation war, wo ich mir gesagt hab', ich bin eigentlich zufrieden und ich möchte jetzt eigentlich mehr für die Familie tun, ja. Ich muss nicht hoch ins Management, also mir reicht es einfach." (300)

Die Einbettung in eine langjährige Berufskarriere und eine etablierte Stellung geben Herrn Steininger ein sicheres Gefühl. Zur Berufsseite hat er die Gewissheit, dass das Unternehmen die Nutzung des Sabbaticalmodells unterstützt. Die günstigen Bedingungen an seinem Arbeitsplatz, ein intaktes und offenes Arbeitsklima, ein expandierendes Arbeitsfeld sowie flexible, fließende Grenzen bei der Verteilung der Arbeitsaufgaben geben wenig Anlass zur Befürchtung beruflicher Schwierigkeiten aufgrund seines Ausstiegs. Wie sich Herr Steininger klar macht, wird seine Abwesenheit den betrieblichen Ablauf nicht negativ beeinflussen. Das einzige - persönliche - Risiko, welches er in Betracht zieht und das er „einfach mal eingegangen" ist, sind Bedenken, wegen des Zeitpunkts des Sabbaticals unter Umständen doch (noch) nicht zum Teamleiter ernannt zu werden. Auf privater Seite ergibt sich für Herrn Steininger ein ähnlich stimmiges Arrangement. Finanziell führt der halbjährige Ausstieg kaum zu relevanten Einschnitten im Familienbudget, da die Freistellung über betriebliche Zusatzvergütungen und zudem über einen längeren Zeitraum ausgeglichen wird. Auch die Betreuungsaufgaben zu bewältigen, traut sich Herr Steininger „mit Zweien im Kindergarten" durchaus zu:

> „(...) die Jahre davor waren sicherlich für meine Frau härter. Ich meine, die Kinder waren halt alle trocken und relativ selbständig und können sich gut artikulieren. Ja, das war halt ein guter Zeitpunkt (...)." (566)

Abgesehen von der Mithilfe seiner Frau, die sich nach ihrem Arbeitstag noch im Haushalt betätigt, haben die Steiningers zusätzlich eine Putzfrau beschäftigt. Unter diesen Voraussetzungen ist es Herrn Steininger möglich, sich vor allem auf die Versorgung und Betreuung seiner Kinder zu konzentrieren und diese erlebt Erfahrung als Gewinn. Da er eine emotional enge Bindung zu seinen Kindern verspürt, hat er als Vater nicht nur wenig Schwierigkeiten im Umgang mit seinem Nachwuchs, sondern „kann mit denen auch was anfangen". Obwohl die Gestaltung seines Sabbaticals sowohl durch die Vorgaben von Kindergarten- und Schulzeiten, als auch durch die Bedürfnisse der Kinder nach regelmäßigen Mahlzeiten oder Erledigung der Hausaufgaben zeitlich relativ fixiert ist, entdeckt Herr Steininger im Zusammensein mit seinen Kindern für sich selbst neue Freiräume und Handlungsmöglichkeiten, wie sie sich ihm im berufsalltäglichen Leben nicht geboten haben:

> „So gehen einfach die Jahre dahin in so einer Firma und man hastet eigentlich immer den Projekten nach und man merkt gar nicht, wie die Zeit verfliegt, gell. Und wenn man so'nen Bruch macht und mal was völlig anderes macht, ja (...) ich glaub', das ist ganz normal, wenn man praktisch aus dem Alltag rauskommt, mal was ganz besonders macht, was ganz anderes, dann lebt man da sehr viel intensiver." (491)

Während des Sabbaticals eröffnen sich für den Familienvater Möglichkeiten, mit seinen Kindern zu „machen, was ich sonst nicht machen konnte": Vom gemeinsamen Basteln und Werkeln über Ausflüge oder Betreuung der Hausaufgaben existieren nun im Alltag Spielräume für gemeinsame Beschäftigung und Erleben, wie sie zuvor allenfalls an Wochenenden vorhanden waren. Das engere Vertrauensverhältnis, das auf der Basis dieser neuen Erfahrungen zwischen Vater und Kindern wächst, wirkt sich positiv auf den Zusammenhalt der gesamten Familie aus und verstärkt besonders das Vertrauen in der Partnerschaft „dass man sich auch gegenseitig da aushilft". In dieses Arrangement „gegenseitiger Hilfestellung" passt für Herrn Steininger auch das Kalkül eines halbjährlichen Sabbaticals, als ein Zeitrahmen, innerhalb dessen der berufliche Wiedereinstieg seiner Frau zu erreichen ist. So ist der zeitpunkt des Sabbaticals mit dem Beginn ihrer beruflichen Ausbildung abgestimmt; nach Abschluss der fachärztlichen Prüfung bleiben Frau Steininger dann weitere drei Monate, um eine Beschäftigungsmöglichkeit zu finden. „Mit Glück" gelingt ihr tatsächlich der Einstieg in einer dem Wohnort nahegelegenen Praxis. Dort arbeitet sie wöchentlich an zwei halben Tagen in einer Aushilfstätigkeit; ein Rahmen, mit dem sich auch die Ansprüche an ihre häusliche Verfügbarkeit und Aufgabenerfüllung vereinbaren lassen. Nach Einschätzung von Herrn Steininger ist seine Frau mit dem getroffenen Arrangement der temporären Entlastung mit Hilfe seines zeitweiligen Ausstiegs sehr zufrieden. Acht Jahre nach Unterbrechung ihrer Berufskarriere hat sie nicht nur den Abschluss ihrer Fachausbildung nachholen können, sondern ihr ist außerdem der Wiedereinstieg in ihr Berufsfeld gelungen. Auch er selbst zieht eine eindeutig positive Bilanz seiner Freistellungserfahrung:

> „Ist mir auch mehr wert als eine Gehaltserhöhung, muss ich sagen, dass einfach die Lebensqualität (sich) mal enorm erhöht, war sicherlich gut für meine Partnerschaft, ja. Also rundum positiv eigentlich." (779)

Doch nicht nur die Familie hat profitiert. Auch seiner Karriere hat der zeitweilige Ausstieg keinen Abbruch getan hat - im Gegenteil. Da Herr Steininger auch während der Freistellung regelmäßig im betrieblichen Kontakt geblieben ist, geht es arbeitsinhaltlich und -zeitlich nach der Rückkehr aus dem Sabbatical „nahtlos so weiter". Um seine Leistung zur eigenen Zufriedenheit erbringen zu können und „Spaß" an der Arbeit zu haben, sind lange Arbeitstage für ihn auch weiterhin unvermeidlich; zum Ausgleich dafür setzt er auf „gezielt freie Tage, auch für die Familie". Eine kontinuierliche Reduzierung seiner Arbeitszeit sieht Herr Steininger nicht vor, eher würde er über eine mögliche Umorientierung in ein Arbeitsgebiet nachdenken, das ihm größere zeitliche Freiräume offeriert.

7.2.2 Theoretische Reflexionen zum Betreuungs-Typus: Sabbatical als Ausweichstrategie im „Vereinbarkeitsdilemma"

I. Lebensgestaltung zwischen Doppelorientierung und institutionalisierter Vereinseitigung

Wie im Fall von Frau Herzog haben heute die meisten jungen Frauen ihre Lebensentwürfe auf ein Nebeneinander von Familien- und Berufsleben ausgerichtet (Geissler/Oechsle 1996, 1998). Diese Vorstellungen einer beide Sphären integrierenden Lebensgestaltung brechen sich jedoch spätestens mit dem Zeitpunkt der Familiengründung sowohl an restriktiven institutionellen Bedingungen von Arbeitsmarkt oder öffentlicher Kinderbetreuung wie an den normativ geprägten Zuschreibungen und Selbstverortungen im Geschlechterverhältnis. Egalitäre Lebensentwürfe einerseits, Geschlechterstereotypen und institutionell vorgegebene Gestaltungsengpässe andererseits, greifen im Alltag und Lebensverlauf widersprüchlich ineinander. Angesichts einer Vielzahl ex- und impliziter strukturell bedingter Zwänge und Einschränkungen, aber auch eigener Leitbilder, bleibt oft nur ein schmaler Korridor für Handlungsalternativen, um die Verknüpfung von beruflicher und familiärer Partizipation, wenn nicht in gewünschter Form, so doch zumindest annäherungsweise, zu realisieren. Unter diesen Bedingungen erweist sich die Nutzung der Langzeitfreistellungen zum Zwecke der Kinderbetreuung eher als ambivalentes Arrangement denn als „Königsweg" einer Integration beider Lebenssphären.

Frauen und Männer zwischen Beruf und Familie

Zwar hat sich im Zuge modernisierter Lebensbedingungen und erhöhter Bildungschancen die Berufsorientierung von Frauen verstärkt und ihr Qualifikationsniveau verbessert. Doch auch als ambitionierte Berufstätige halten Frauen weiterhin am Wunsch nach Familie fest. Diese Doppelorientierung entspricht einem Bedürfnis vieler Frauen und ist als solches als ein eigenständiges Motiv zu betrachten: *Frauen wollen „beides"* - Partizipation in Familie und Beruf. Auch Männer sind in ihrer Lebensführung auf beide Sphären bezogen, aus Sicht der Frauenforschung allerdings in der Regel in einer Form, in der „die interne Arbeitsteilung zwischen den Geschlechtern in der Familie (...) diese in ihrer faktischen Bedeutung für das männliche, marktvermittelte Kontinuitätsmuster zum Vergessen (bringt)" (Krüger 1995:201). Das heißt, gemäß der traditionellen Geschlechtsrollenkonzeption profitieren Männer in erster Linie vom familiären Background, ohne jedoch diese Leistung als konstituierenden Bestandteil ihrer Erwerbskarriere bewusst wahrzunehmen. In jüngster Zeit mehren sich jedoch Signale dafür, dass auch Väter ihre familiale Abstinenz zugunsten eines zwar bruchlosen, aber auch alternativlos zwanghaften Voranschreitens auf der Erwerbsschiene nicht mehr unhinterfragt hinnehmen. Entgegen früheren Einschätzungen, wonach Männer von sich aus kaum Interesse an den wenig prestigeträchtigen Tätigkeiten in Haushalt und Kinderversorgung zeigen würden, scheint das *Väterbild gegenwärtig im Wandel* begriffen. Auch von männlicher Seite lässt sich heute ein Unbehagen darüber vernehmen, qua ihres „Ernährer-Status" von der Erziehung und Fürsorge ihrer Kinder weitgehend abgeschnitten zu sein. Das moderne Konzept von Vaterschaft sieht entsprechend auch Väter in der Rolle des Erziehenden vor (Fthenakis/Minsel 2001:7). Für die Chance einer aktiven Vaterschaft klagen Männer nun ihrerseits eine „Väterförderung" ein und fordern institutionelle Angebote für abgesicherte Optionen und Gestaltungsspielräume der Teilnahme am Berufsleben und Kindererziehung[172] (Gesterkamp 2001). Mit diesen Forderungen fällt zugleich ein neues Licht auf eine gesellschaftliche Kluft in der *Integration von Elternschaft und Erwerb*, die bislang vornehmlich als „Vereinbarkeitsproblematik der Frau" eingeordnet wurde.

Begrenztes Engagement von Vätern

Dennoch: Ihre Karriere riskieren wollen Männer der Familie zuliebe bisher in aller Regel nicht. Bereitschaft, berufliches Engagement zugunsten familiärer Integration zurückzustellen, entwickeln sie erst in Ansätzen und stehen insbesondere einer regelmäßigen Arbeitszeitreduzierung eher ablehnend gegenüber[173]. Attraktiver als die klassische Teilzeitbeschäftigung erscheinen *Männern mit Kindern* dagegen *zeitlich klar definierte und begrenzte Familienzeiten und -phasen*, wie sie das Sabbatical darstellt. Innerhalb eines überschaubaren Rahmens bieten Sabbaticals die Möglichkeit, familiäres Engagement zwischen den Partnern neu zu verteilen, ohne dass - männlicherseits - zu befürchten steht, dass herkömmliche Geschlechterarrangements grundsätzlich in Frage gestellt werden. Im Fall des *Väter-Sabbaticals* gilt vor der Sabbaticalphase genau wie danach: Der Mann übernimmt qua Erwerb hauptsächlich die materielle Versorgung der Familie, die Frau sorgt für die Kinder und außerdem dafür, beruflich nicht völlig den Anschluss zu verlieren. Die Suche nach Möglichkeiten - für eine begrenzte Zeit - die Sorge um die Kinder zu übernehmen und die Frau von ihrer bisherigen Alleinzuständigkeit zu entlasten, wird im Fall der Steiningers überhaupt erst zu einem Zeitpunkt virulent und umgesetzt, nachdem die hochqualifizierte Partnerin schon über Jahre ihre berufliche Entwicklung zugunsten der Familienarbeit zurückgestellt hat. Bringt das Sabbatical, als *zeitlich befristet veränderter familialer Modus*, für den Vater einen Erfahrungszugewinn, eine Verbesserung in der Bindung zu den Kindern und das Vergnügen eines Alltags jenseits des Beruflichen mit sich, haben Mütter - für einen in der Regel weniger vergnüglichen Familienalltag - bis dato bereits deutliche Einschnitte in ihrer Karriere hingenommen. Auch nach dem Sabbatical-Arrangement sind sie durch die Fortsetzung der Vollzeittätigkeit ihres Partners häufig weiterhin in ihren zeitlichen Freiräumen so eingeschränkt, dass sie lediglich auf niedrigem Niveau am Erwerbsleben teilnehmen können.

---

[172] Dies trifft in erster Linie allerdings noch auf bestimmte Milieus, Eliten und Pioniere zu (Gesterkamp 2002).

[173] Teilzeitarbeit bei Männern hat, anders als bei Frauen, noch immer Seltenheitswert. Selbst bei vermuteten „Zeitpionieren" im Angestelltenbereich weichen faktische Arbeitszeiten und Arbeitszeitwünsche von männlichen Angestellten nur wenig von der Vollzeitnorm ab. Zu signifikanten Abweichungen kommt es eher durch (Teil-)Erwerbslosigkeit von Männern (Bauer 1999:101), „freiwillig" orientieren sie sich noch stark an klassischen Arbeitszeitmustern (Stück 1999:158).

Hohe Verfügbarkeitserwartungen in beiden Lebensbereichen

Aus Sicht des Mannes erscheint das Familiensabbatical eher als ein Win-Win-Arrangement: Unter den Bedingungen der eigenen sicheren Etablierung im Job und einer zeitlich überschaubaren Freistellungsdauer bleiben Arbeitsplatz- und Karriererisiko gering. Eine ausreichende finanzielle Abfederung der erwerbsfreien Zeit sowie die Möglichkeit, auf zusätzliche Unterstützungsleistungen im Haushalt (durch Partnerin, Putzhilfe etc.) zurückzugreifen, sorgen darüber hinaus für einen komfortablen Rahmen. So hebt die Fallvariation die Andersartigkeit der Ausgangsbedingungen und Verarbeitungsmodi von Männern bei Freistellungen für Familienaufgaben hervor und unterstreicht damit im Gegenschnitt die spezifische Lage der Frauen als „Normalfall": Denn nach wie vor sind, wie auch in diesem Typus, in erster Linie - berufstätige - Frauen gefordert, Familie und Beruf im Alltagsleben zusammenzubinden und bei diesem Versuch subjektiv und objektiv vor eine Vielzahl von Barrieren gestellt. Diese beruhen im Wesentlichen auf der *komplementären Funktionslogik in der organisatorischen Verfasstheit der Erwerbssphäre* auf der einen *und der Familie* auf der anderen Seite: Beide Lebensbereiche werden aus institutioneller Sicht als getrennte behandelt und die jeweiligen Aufgaben und Verantwortlichkeiten arbeitsteilig und hierarchisch nach Geschlecht zugewiesen (Krüger 1995). So herrschen auf dem Arbeitsmarkt *Verfügbarkeitserwartungen* vor, die auf die Bereitschaft zu kontinuierlichem und (mindestens) vollzeitigem Berufseinsatz zugeschnitten sind. Um also den Anforderungen im Erwerbsleben zu genügen, muss die Person bereit sein, sich mit ihrer *ganzen Arbeitskraft* zur Verfügung zu stellen. Entsprechend herrscht in vielen Arbeitsbereichen nach wie vor ein Mangel an Teilzeitarbeitsplätzen, mithin an Arbeitszeitangeboten für MitarbeiterInnen, die keine „Rundum"-Verfügbarkeit erbringen können oder wollen. Wo wiederum Teilzeitangebote bestehen, sind sie häufig in Form herkömmlicher „Halbtagsstellen" zeitlich fixiert und verweisen auf Defizite der betrieblichen Flexibilität bei der Arbeits(-zeit)organisation.

Stillschweigende Voraussetzung der erwarteten Voll-Verfügbarkeit im Berufsleben ist aber die Abkopplung und Delegation reproduktiver Tätigkeiten an eine weitere Arbeitskraft im Privaten. In die Organisationsstruktur (männlicher) Normalarbeit (Mückenberger 1989) ist somit die (weibliche) *Reproduktionsarbeit als „Privatsache"* (Krüger/Born 1987) implizit eingebaut; Vollzeitarbeit damit realiter ein „anderthalb-Personen-Job" (Beck/Beck-Gernsheim 1990:128). Sind berufstätige Frauen und Mütter zum (Teil-)Rückzug aus der Berufstätigkeit gezwungen, fällt ihren Partnern zwangsläufig die Rolle des Familienernährers zu. Dadurch wiederum wird die Norm des - kontinuierlichen - Vollzeitarbeitsverhältnisses, als „Normalarbeitsverhältnis" zementiert und lässt *Arbeitszeitpräferenzen unterhalb von Vollzeit*, wie sie ganz überwiegend von Frauen nachgefragt werden, fortgesetzt *als zu sanktionierende Abweichung* erscheinen. Quantitativ und qualitativ minderwertig eingestuft, bietet eine reduzierte

Einsatzbereitschaft am Arbeitsplatz mit Blick auf Karriere- und Einkommens-
chancen entsprechend geringere - oft selbst zur Existenzsicherung unzureichende - Perspektiven. Doch nicht nur die dominant auf Vollerwerb ausgerichteten
Strukturen des Arbeitsmarktes blenden die Existenz und zeitlichen Erfordernisse
anderer Lebenssphären aus. Auch umgekehrt ist das tradierte Familienmodell so
strukturiert, dass es von hoher Einsatzbereitschaft und Kapazitäten in der häuslichen Kinderbetreuung ausgeht. Entsprechend baut die *Konstruktion der familiären Sorge* ebenfalls auf eine weitere Person auf, die (im Hintergrund) auf dem
Erwerbsarbeitsmarkt für die Beschaffung der finanziellen Versorgungsgrundlage
zuständig ist. Korrespondierend dazu existiert anstelle eines leistungsfähigen
öffentlichen Betreuungsangebots ein intensiver Transfer sozialer Leistungen zur
Unterstützung und Untermauerung des häuslichen Familienmodells.

Familiengründung - Tor zur Retraditionalisierung

Konsequenz der komplementär-geschlechtsdifferent angelegten Struktur der Institutionen des Arbeitsmarktes und der Familie ist ein als „gender-gap" bezeich-
netes *Auseinanderdriften der Lebensführungen* zwischen den Partnern und Elternteilen. In dieser Getrenntheit der Lebenswelten und der Spezifik und Logik
der dahinter liegenden Aufgabendelegation, wie sie auch bei den Herzogs deutlich zutage tritt, offenbart sich insbesondere für Frauen die *Widersprüchlichkeit*
ihrer Vergesellschaftung *in der Doppelorientierung.* Sind sie, familiär noch ungebunden, zunächst in der Lage, in einer Art „nachholender Individualisierung"
mit der männlichen Erwerbsorientierung Schritt zu halten, markiert Familie und
insbesondere die zur „Frauenfrage" gemünzte „Kinderfrage" nach wie vor die
Grenzen ihrer Wahloptionen und offenbart die individualisierte Gesellschaft als
„halbierte Moderne" (Beck 1986). Sehen sich Frauen also bis zum Übergang in
die Familiengründung ausgestattet mit vergleichsweise guten, zum Teil sogar
besseren beruflichen Qualifikationen und Ressourcen (Klammer et al.
2000:195f, Statistisches Bundesamt 2002:77ff) und somit zumindest formal in
ihrer Egalität gestärkt, setzt mit der Geburt von Kindern eine eigentümliche[174]
Retraditionalisierung in den Geschlechterbeziehungen ein (Geissler 1998:118).
Danach werden nun Zuständigkeiten und Tätigkeitsbereiche - hier die Sorge um
Haushalt und Nachwuchs, dort die Sorge um das Einkommen via Erwerbsarbeit
- in herkömmlicher Manier nach Geschlecht getrennt und hierarchisch verteilt
(Frerichs/Steinrücke 1997).
Die traditionelle Verknüpfung der beiden Lebensbereiche Erwerbsarbeit und
Familie wirkt für Männer strukturverstärkend und unterstützt den Ablauf der
männlichen Biographie in seiner primären und kontinuierlichen Ausrichtung auf
Erwerb. In der Vaterrolle ändert sich an der Position von Männern als vollzeiti-
ge - und vollwertige - Erwerbsteilnehmer kaum etwas, allenfalls erfährt ihr be-

---

[174] Im Sinne eines kulturell geprägten und strukturell forcierten Umgangs, demgegenüber Alternativen entsprechend schwierig realisierbar sind.

rufliches Engagement sogar noch einen Anreiz zur Steigerung. Für berufsorientierte Mütter hingegen vollzieht sich, wie auch im Fall Herzog deutlich wird, mit der Gewichtsverschiebung zugunsten von Familie ein *Bruch in ihrer bisherigen Lebensführung* und Biographie: Entgegen ihrer Doppelorientierung finden sie sich im Übergang in die Mutterschaft im Rollback-Verfahren in den traditionell „weiblichen" Bereich der Familie zurückbefördert. Gemäß der vorherrschenden sozialen Konstruktion von Geschlecht und dessen Funktion als gesellschaftlichem Platzanweiser (Knapp 1988:12) wird Frau-Sein von nun an mit der Mutterrolle gleichgesetzt, die primär und hauptverantwortlich auszufüllen ist. Mit dieser rigiden Verlagerung des Aktionsraums in die häusliche Sphäre lässt sich die bisherige biographische Kontinuität im Durchlaufen des Bildungs- und Erwerbssystems nicht mehr durchhalten (Geissler 1998a). Auch die männliche Rolle wird - komplementär - eindimensional fester gezurrt. Als Väter haben Männer von nun an in die *Alleinverantwortung des Familienernährers* einzutreten. Damit verringern sich auch bei den Partnern der im Typus vertretenen Frauen die Alternativen der Lebensführung. Da Arbeitsplatz- und Einkommenssicherung im familiären Kontext an Bedeutung gewinnen, nehmen sowohl ihre Flexibilität (in der Entscheidung, die persönliche Arbeitszeit zugunsten von Familienzeiten zu reduzieren) als auch ihre Mobilität (als Möglichkeit, den Arbeitsplatz zu wechseln) tendenziell ab. Im Resultat nimmt für den männlichen Elternteil trotz beziehungsweise *wegen* der Familie der Erwerbszwang zu, private Zeitressourcen dagegen schrumpfen, so dass Männer als Väter zur Unterstützung bei Hausarbeit und Kinderversorgung kaum zur Verfügung stehen.

Institutionalisierte Halbtagswelt

Die „Vereinbarkeitsfrage" verbleibt demnach im Zuständigkeitsbereich der Mütter. Was die Bemühungen, die beiden im Lebenslauf und der Lebensführung von Frauen strukturell divergierenden Lebenssphären zusammenzubinden zusätzlich erschwert, ist, dass - der komplementären Logik folgend - sich Verfügbarkeitserwartungen auch in den angrenzenden, öffentlich oder privat organisierten Institutionen fortsetzen. Familiennahe *Anlieger-Institutionen* (Krüger/Levy 2000:389), wie etwa Einrichtungen der außerfamiliären Kinderbetreuung oder Bildungseinrichtungen, folgen zwar durchaus einer eigenen Handlungslogik, die in ihrer Wirksamkeit prinzipiell Frauen wie Männer gleichermaßen betreffen kann. Dennoch knüpfen sie, indem sie mit ihren Angeboten ebenfalls auf die weitgehende Verfügbarkeit einer Person aufbauen, „unter der Hand" an die klassische innerfamiliäre Aufgabenteilung an und profitieren von deren Leistungen[175]. So orientiert sich das System öffentlicher Kinderbetreuung sowie der schulischen Bildung in Westdeutschland in einer Art „institituional-

---

[175] In jüngster Zeit signalisieren Länder und Kommunen, auch in Reaktion auf die Befunde der PISA-Studie, allerdings Bereitschaft, zusätzliche Mittel in den Ausbau der Betreuungsinfrastruktur zu investieren (vgl. dazu auch Gottschall/Hagemann 2002).

178

lag" nach wie vor an den *zeitlichen Koordinaten einer „Halbtagskultur "* (Stolz-
Willig 2002) und erschwert eine egalitäre Praxis in der Verteilung von Erwerbs-
und Familienarbeit. Im Vergleich zu anderen europäischen Nachbarstaaten[176]
hebt diese Organisationsstruktur damit auf die besonders hierzulande kulturell
und politisch getragene Tradition ab, Kindererziehung als private Angelegenheit
zu begreifen und zu handhaben (Gottschall 2001, Gottschall/Hagemann 2002).
Entsprechend herrscht zum einen eine prinzipielle Unterausstattung speziell von
Ganztagsbetreuungsangeboten. Zum anderen dominiert in den Köpfen die Vorstellung, dass ein Elternteil (in aller Regel die Mütter, denen parallel die bessere
erzieherische Kompetenz unterstellt wird[177]) allenfalls in einem Halbtagsarbeits-
verhältnis steht. Korrespondierend dazu haben sich Kindergärten wie Schulen
auf eine „Halbtagswelt" eingerichtet[178]. Die Einschränkungen bei Öffnungszeiten und Angeboten öffentlicher Betreuungs- und Bildungsinstitutionen in Kombination mit unzureichenden betrieblichen Teilzeitangeboten lassen nur wenig
Spielraum für individuelle Flexibilisierung und führen zu einer beträchtlichen
Verringerung der Chancen von Erziehenden auf Erwerbsbeteiligung.

Private Kinderbetreuung zwischen Wunsch und Zwängen

Die spezifische *normative Prägung* des deutschen „Sonderwegs" der Privatheit
von Kindheit und einer Ideologie, nach der die Mutter „zu ihrem Kind gehört",
spiegelt sich jedoch nicht nur in entsprechenden gesellschaftlichen Zuweisungs-
und Organisationsmustern wider, sondern ist auch tief in die Selbstbilder, Interessen und Motive der einzelnen Frauen (und Männer) eingelassen. Trotz ge-
stiegener Erwerbsorientierung und -chancen ist die Lebensperspektive (westdeutscher) Frauen nach eigenem Selbstverständnis nicht darauf angelegt, ausschließlich in die Fußstapfen männlicher Erwerbszentriertheit zu treten, oder ihr
Leben im Stil von Arbeitsmonaden zu führen (Geissler/Oechsle 1996, Shell-
Studie 2000:345f). Zwar zeigen beruflich (hoch-)qualifizierte Frauen, wie auch
im Typus vertreten, eine ausgeprägte Motivation, ihre beruflichen Fähigkeiten in
eine entsprechende Karriere umzusetzen. Doch sie tappen auch nicht „blind" in
die „familiäre Falle" oder scheitern in der Vereinbarkeitsfrage allein an konser-

---

[176] Abgesehen von ganztägigen Kindergärten und Schulen in der ehemaligen DDR ist Ganz-
tagserziehung in Frankreich, England, Spanien die Regel. Häufig gehen diese Systeme
Hand in Hand mit einer höheren Frauenerwerbsquote (Bosch 2002:112). Zum schwierigen
Anpassungsprozess in der Handhabung öffentlicher Erziehung zwischen West- und Ostdeutschland (Gottschall 2000: 14f).

[177] Umgekehrt ist die Vorstellung sehr lebendig, wonach die Erwerbstätigkeit von Müttern
negativen Einfluss auf die Entwicklung von Kindern nimmt (Gottschall 1999).

[178] Diesen deutschen Sonderweg in der Gesellschaftspolitik bringt Stolz-Willig auf die Formel
"Ernährer-Modell" plus Halbtags-Kultur" (dies. 2002). Insbesondere die dominierende
Halbtagsschule ist so organisiert, dass sie die nicht-erwerbstätige Mutter voraussetzt, die
die Kinder mittags mit einer Mahlzeit versorgt und am Nachmittag die Hausaufgaben be-
treut.

vativen Strukturen. Wenn auch mit zunehmend qualifizierter Berufsbildung zeitlich hinausgezögert, bildet Familie nicht nur weiterhin einen wichtigen Bezugspunkt für die Lebensplanung von Frauen, sondern in den persönlichen (Ideal-)Vorstellungen von Familienleben kommen Normierungen der privaten Fürsorge zum Tragen. In der Konsequenz wollen Frauen in der Lebensphase mit einem kleinen Kind nicht unter allen Umständen – und in vollem Umfang - berufstätig sein. Kulturelle Muster und Leitbilder von Kindeswohl und harmonischem Familienleben werden zum Teil positiv rezipiert, internalisiert und als eigene Wünsche nach außen gerichtet. Im *Leitbild der „fürsorgenden, guten Mutter"* verschmelzen die biologische Tatsache der Mutterschaft und die sozialen Implikationen so genannter „Mutterpflichten" zu einer quasi naturwüchsigen Einheit, die die Hauptverantwortlichkeit für Haus- und Sorgearbeit als unausweichliches Faktum *und* eigenes Bedürfnis zugleich erscheinen lässt. Damit wird diese Verantwortung subjektiv nicht ausschließlich als Belastung begriffen, sondern ebenfalls als *Bereicherung* (Oechsle 1998). Familie bietet ein Gegengewicht, wenn nicht eine „Gegenwelt", zur Erwerbssphäre[179], die andere Entfaltungsmöglichkeiten und Selbstverwirklichung in der Beziehung zum Kind verspricht. Wünsche wie die, das Kind aufwachsen zu sehen, eine Beziehung zu ihm aufzubauen, als wichtige Bezugsperson wahrgenommen zu werden und als Ansprechpartnerin im Alltag zur Verfügung zu stehen, schließen demnach eine dauerhafte Fremdbetreuung in den ersten Lebensjahren des Kindes aus und implizieren weitreichende zeitliche Freiräume, zumeist durch eine Berufsunterbrechung[180].

Die Tatsache, dass Frauen normative Prägungen der geschlechtlichen Zuweisungsmuster, in diesem Fall als Ideal der (privat-) „fürsorgenden Mutter" affirmativ in ihr *Selbstbild* übernehmen, bedeutet einerseits, dass sie ihre Art von Praxis in der Verbindung von Beruf und Familie, nicht nur als Zwangslage im Geschlechterarrangement interpretieren, sondern diese ebenso als eigenständige, auf persönlichen Motiven beruhende Entscheidungen zu werten ist. Andererseits verleihen fehlende institutionell gestützte Vereinbarkeitsangebote Argumenten, wie „selbst etwas von den Kindern haben" beziehungsweise sie nicht um der Karriere willen in „fremde Hände" abzugeben zu wollen, auch den Charakter von *Rationalisierungen*. Mit ihnen lassen sich formelhaft als begrenzt wahrge-

---

[179] Jürgens vermutet hier auch den Wunsch nach einem „Schonraum". Die Innenwelt der Familie soll die Bedürfnisse nach Stabilität und Sicherheit befriedigen, die vor allem angesichts zunehmend flexibilisierter und deregulierter Arbeitsverhältnisse in der Außenwelt des Erwerbs verloren gehen (Jürgens 2001:35). Insofern ist diese „Gegenwelt" stärker durch ihre zeitliche und inhaltliche Strukturierung gekennzeichnet und präsentiert sich nicht im „offenen" Modus wie beim Regenerationstypus der Fall.

[180] Dennoch nehmen sich Frauen auch in der Familienphase heute nicht etwa als „bloße Hausfrau" wahr, sondern identifizieren sich weiterhin als „Frau mit einem Beruf" und konstruieren damit zumindest auf der Interessensebene berufliche Kontinuität (Geissler1998:123).

nommene Möglichkeiten oder konfliktorische Aushandlungen abmildern, beispielsweise wenn es um die Frage geht, ob Kinderbetreuung, um berufliche Spielräume zu vergrößern, alternativ auch durch eine Tagesmutter akzeptabel ist oder umgekehrt, bei der Suche nach Arbeitsplatzangeboten, die beim Wiedereinstieg nach der Familienphase mit den eigenen Ansprüchen zusammenpassen. Um also die mit dem „Dasein für andere" verbundenen, zum Teil gravierenden Abstriche der Berufsexistenz zu verarbeiten, akzeptieren Frauen die Veränderungen in den Geschlechterbeziehungen als einseitige Modernisierung der Frauenrolle, im Sinne einer Angleichung an das männliche Erwerbsmodell, die mit Kindern nicht mehr aufrecht zu halten ist. Mit dem zunächst durch den Erziehungsurlaub nahegelegten und im Sabbatical mangels Alternativen fortgesetzten (Teil-)Rückzug mittels betrieblicher Freistellungsangebote, greifen sie deshalb auf *Geschlechter-Stereotype* wie die *der „guten" Mutter* zurück, um sich für ihre Lage zumindest eine legitimatorische Basis zu verschaffen und nicht zuletzt, um hinter dieser Schutzbehauptung die gehörige Frustration über die eigene Arbeitsmarktposition zu verbergen. Strukturelle Begrenzungen werden dabei aufgegriffen, in eigene Leitlinien übersetzt und damit Nöte in eine - praktikable - Tugend gewandelt. Selbst emanzipiert eingestellte Paare geraten unter diesen Umständen in eine *„Traditionsfalle"*[181] (Degen 2000: 150): Mütter begründen mit Hinweis auf den Wunsch der privaten Kinderbetreuung die Zwänge zum Verzicht auf die Weiterführung der eigenen Berufskarriere und zur Hinnahme nachhaltiger Qualifikationsverluste[182]. Da sie sich persönlich für die Gewährleistung der Kinderversorgung verantwortlich fühlen und in Folge in prekäre, unterqualifizierte und geringbezahlte Erwerbsbereiche abgedrängt finden, muss als Kehrseite derselben Medaille letztlich auch die Position der Väter als vollerwerbstätige Partner nicht nur unangetastet bleiben, sondern noch nach zwei Seiten hin untermauert werden: funktional im Hinblick auf das notwendige (höhere) Familieneinkommen und - ideologisch - in der subjektiven Wahrnehmung einer höheren erzieherischen Kompetenz der Mütter[183].

---

[181] Degen argumentiert allerdings, dass gerade *weil* für Paare Emanzipation zur Selbstverständlichkeit geworden ist, sie mit der Geburt von Kindern von den damit zusammenhängenden Problemen überrascht sind und „hilflos" bzw. alternativlos in traditionelle Muster abdriften.

[182] In einer aktuellen Studie zum Zusammenhang zwischen Kinderbetreuungsformen und Erwerbsverhalten von Frauen können Büchel und Spieß (2002) jedoch aufzeigen, dass die Erwerbsbeteiligung von Müttern zunehmen würde, wenn mehr (Ganztags-) Betreuungsmöglichkeiten zur Verfügung stünden. Bemerkenswert ist, dass sich Akademikerinnen überdurchschnittlich häufig einen Zugang zu den knappen Ganztagsplätzen verschaffen können. Damit scheint sich der Wunsch nach häuslicher Kinderbetreuung in Abhängigkeit zur beruflichen Qualifikation und Arbeitsplatzattraktivität zu realitivieren (vgl. auch Klammer et al. 2000:77ff).

[183] Wegen der darin enthaltenen ideologischen Überhöhung, ist dieses Argument auch eher als Rationalisierung zu deuten, denn auch Männern werden zwar durchaus fürsorgerische Fä-

Familienerwerbsmuster zwischen Aufbruch und Rückschritt

Angepasst an die Gesamtheit restriktiver institutioneller Rahmenbedingungen hat sich als Kompromissformel und in Abwandlung zum klassischen „Male-Breadwinner"-Modell ein *modifiziertes Familienerwerbsmuster*[184] bzw. Geschlechterarrangement in der Variante der modernisierten Versorger-Ehe (Pfau-Effinger/Geissler 1992, Pfau-Effinger 1998) herausgebildet, innerhalb dessen sich Frauen mit ihrem Erwerbsverhalten am Familienstatus orientieren und dies wiederum eindimensional in Richtung Erwerbsreduktion[185]. Statt klassisch als „Nur-Hausfrau" agieren Mütter - nach dem Erziehungsurlaub - nun also im Zuverdienerin-Status in Beschäftigungsverhältnissen unterhalb der Vollzeitnorm, um auf diese Weise neben der Erwerbstätigkeit den familiären Anforderungen gerecht zu werden[186]. Angesichts der trotz verschiedener Teilzeitkampagnen immer noch ungenügenden Angebots von Teilzeitarbeitsplätzen, die so gestaltet sind, dass sie soziale Absicherung und individuelle Zeitsouveränität verbinden, weichen Frauen gezwungenermaßen in Arbeitsmarktnischen aus, die *Erwerbsbeteiligung* vornehmlich auf niedrigem Niveau in *segregierter* und entsprechend *prekärer Form* offerieren (Gottschall 1995, Stolz-Willig 2001). Doch auch die Bedingungen geregelter Teilzeitarbeit gehen hinsichtlich des zeitlichen Zuschnitts häufig an den Bedürfnissen von Müttern vorbei[187] (Beckmann/Kempf 1996, Holst/Schupp 1998). Deren Wunsch ist es zwar, sowohl im Beruf als auch in der Familie zu wirken und Tag für Tag „alles auf die Reihe zu kriegen". Dies jedoch möglichst ohne sich im individuellen Management der verschiedenen Anforderungen in der Familie, Aushandlungen mit dem Partner und in Abstimmung mit außerfamiliären Taktgebern[188] völlig aufzureiben und zu verausgaben. Unter dem Gesichtspunkt der Ressourcenverteilung betrachtet, greifen die *Motive* von Frauen im Tauziehen zwischen familiären und beruflichen Ambitionen *über das Moment der Bewältigung von Vereinbarkeit hinaus*, insofern als ihre Wege auch individuelle Gestaltungsspielräume sichern bzw. eröffnen sollen

---

higkeiten zugetraut, aber ohne dass sich daraus bisher Handlungsrelevanzen ergeben (Braemer/Oechsle 1993).

[184] Der Begriff des Familienerwerbsmusters verweist auf den systematischen Zusammenhang von Erwerbsstatus (Vollzeit/Teilzeit), Familienstand (ledig/verheiratet) und Familienstatus (alleinstehend/Partnerschaft mit/ohneKind(er) (Dingeldey 2001:653).

[185] Anpassungsleistungen von Männern erfolgen dagegen, wenn, durch Erhöhung ihres Erwerbskontingents in die entgegengesetzte Richtung (Koch 2001).

[186] Auch in der Variante der so genannten „Dual-Earner-Families" ergeben sich bei der Familiengründung im Vergleich zum „Male-Breadwinner"-Modell mit Blick auf die innerfamiliäre Arbeitsteilung kaum Gewichtsverschiebungen (Blossfeld/Drobnic 2001).

[187] Demnach ist davon auszugehen, dass mehr Mütter eine Teilzeitbeschäftigung aufnehmen würden, wenn sie ihre Arbeitszeitpräferenz am Arbeitsmarkt realisieren könnten.

[188] Die Bedingungen der Vereinbarkeit über den Rahmen von Beruf und Familie hinaus zu verbessern, haben sich verschiedentlich lokale Initiativen wie bspw. die Bremer Initiative „familien freundliche stadt" zur Aufgabe gesetzt.

182

(Jurczyk 1994). Indem sie sich zur familiären wie beruflichen Seite hin der Vereinseitigung und Vereinnahmung der ganzen Person widersetzen und Überforderungen zu vermeiden suchen, verfolgen sie das Interesse, in der Kombination von *Entfaltung und/durch Entlastung* nicht nur den eigenen Kapazitäten Rechnung zu tragen, sondern wenn möglich, persönliche Lebenschancen zu erweitern (Eckart 1990).

Betreuungssabbatical mangels Alternativen

Die *Ambivalenz in den Vereinbarkeitsarrangements* und biographischen Kompromissformeln zwischen Aufbruch und Tradition, individueller Motivation und strukturbedingter Prekarität tritt auch im „Ausweg" der Inanspruchnahme betrieblicher Langzeiturlaubsangebote sehr deutlich zutage. Eingeengt zwischen Verfügbarkeitsanforderungen des Arbeitsmarktes und der Familie, unzureichenden öffentlichen Betreuungsangeboten, begrenzten materiellen und sozialen Ressourcen und den eigenen (Ideal-)Vorstellungen und Ansprüchen an Mutterschaft ist die Fortführung eines geregelten Arbeitsverhältnisses verbaut. Kompensatorisch suchen Frauen, je nach individuellen Möglichkeiten, nach Hilfestellungen in *privaten Arrangements*, die üblicherweise „unter Frauen" organisiert werden: die Oma, Freundinnen, selbstorganisierte Netzwerke oder, bei entsprechendem Budget, bezahlte Babysitter, Tagesmütter und Putzfrauen sollen helfen, berufstätigen Müttern „mehr Luft" zu verschaffen (Diezinger/Rerrich 1998:175). Entfallen auch diese Alternativen einer privaten Delegation der Sorgearbeit an soziale Netze beziehungsweise „weibliche Ressourcen" oder treten andere ungünstige Faktoren hinzu, reduzieren sich die Spielräume für berufliche Tätigkeiten schnell auf ein Minimum. Insbesondere Fragen der *Mobilität* gewinnen im - engen - zeitlichen Kontext an Bedeutung[189]. Eine dezentrale Wohnlage in infrastrukturell wenig attraktiven, dafür kinderfreundlich, verkehrsarm und „im Grünen" gelegenen Stadtrandgebieten, wie sie von vielen jungen Familien der Mittelschicht bevorzugt wird, gereicht bei verlängerten Wegezeiten zwischen Wohn- und Arbeitsort und/oder verschlechterter Anbindung an den öffentlichen Nahverkehr den ohnehin zeitlich eingeengten Müttern obendrein zum Nachteil[190].

Verbleibt als einzig verbleibende Alternative angesichts hochgradig eingeschränkten Bewegungsspielräume nur der Rückgriff und letztlich die Zweckent-

---

[189] Die Bedeutsamkeit der räumlichen Dimension in der Frage der Vereinbarkeit nimmt außerdem vor dem Hintergrund aktueller Diskurse um die vollmobile (Single)-Gesellschaft oder um die Eigenschaften des „Arbeitskraft-Unternehmers" als neuem Arbeitnehmer-Leittypus zu (Voß 2001).

[190] Zeitkonflikte dieser Art stehen im Zusammenhang mit der Frage kommunaler Zeitpolitiken, wie sie insbesondere im Forschungsansatz „Zeiten der Stadt" (Mückenberger 1998) als einem zukünftig bedeutsamer werdenden - zivilgesellschaftlichen - Gestaltungsfeld thematisiert werden.

fremdung des betrieblichen Freistellungsangebotes, wird dieses denn auch von seinen Nutzerinnen negativ als *„Zwangsbeurlaubung"* konnotiert. Immerhin ermöglicht es der Status dieses passiven Arbeitsverhältnisses aber, von der Option der späteren Rückkehr abgesehen, die Kluft zwischen dem Wunsch nach Teilnahme am Erwerbsleben und Erfüllung der Mutterrolle in der Gegenwart durch Aufnahme von Tätigkeiten im Sektor der geringfügigen Beschäftigung ein Stück weit zu schließen. Auch wenn mit dem Ausweichen auf dieses Beschäftigungssegment vielfältige und nachhaltige Benachteiligungen relational zu vorherigem Erwerbsstatus und Berufsperspektiven verbunden sind, bietet sich hier überhaupt die Chance, vor allem unter Zeitaspekten, Arbeitsbedingungen vorzufinden, die sich mit den familial eingeschränkten Spielräumen[191] der Frauen in Einklang bringen lassen. Die Interpretation einer *„segregierten Integration"* in den Arbeitsmarkt hebt nicht allein auf die Erwerbsperspektive ab, sondern beachtet in der Wechselbeziehung zwischen Beruf und Familie auch die Bedürfnisstruktur, die aus der doppelten Vergesellschaftung als einer spezifischen Konstellation von Arbeit, Einkommen, Qualifikation, Status und Perspektive resultiert (Geissler 1998:111). Aus dieser Sicht gelingt es Frauen mit Hilfe abweichender Erwerbsformen, zum einen der einseitigen Festlegung auf die familiale Perspektive ebenso zu entgehen wie der befürchteten Überlastung in der Doppelorientierung und zum anderen auf berufliche Erfahrungen und die damit verbundene soziale Anerkennung nicht (vollständig) verzichten zu müssen, sondern sich - angepasst an die jeweilige Lebensphase - eine aktive Partizipation am Erwerbsleben zu erhalten.

II. Langzeiturlaub als Verlängerung geschlechtsdifferenter (Zeit-)Logik

Die institutionellen Normierungen nehmen einen äußerst weitreichenden und tiefgreifenden Einfluss auf die Gewichtungen und Gestaltungsmöglichkeiten des Alltags und Lebensverlaufs mit je nach Geschlecht unterschiedlicher Stoßrichtung. Erwachsen Männern als Nutznießern von durch Frauen erbrachte Reproduktionsleistungen aus der Verflechtung von beruflicher und familiärer Existenz hinsichtlich ihrer Erwerbskontinuität Vorteile, entstehen ihren Partnerinnen als Erbringerinnen dieser Leistungen umgekehrt handfeste Nachteile: Statt struktureller Übereinstimmung sehen sie sich von zwei Seiten her in einem spannungsreichen Balanceakt, dessen *Kern-Dilemma* in den *konkurrierenden Zeitansprüchen* von familiären und beruflichen Anforderungen besteht. Ihre Teilnahme an Erwerbsarbeit ist entweder nur mit einem erheblichen Aufwand an alltäglichen Koordinations- und Synchronisationsleistungen unter *Hinnahme tagtäglicher Zeitnöte* und Zerreißproben zu bewerkstelligen (Jurczyk/Rerrich 1993, Rerrich 1994), d.h. um den Preis tendenzieller Dauerüberforderung. Oder es sind, mangels institutioneller Unterstützung des Nebeneinanders von Erwerb und Familie,

---

[191] Zu den unterschiedlichen Dimensionen dieser Einschränkungen im Rahmen einer „familialen Lebensführung" vgl. auch Jürgens 2001:40f.

phasenweise Rückzüge aus dem Erwerbsleben und Brüche im Erwerbsverlauf vorprogrammiert. Lebensplanung, Lebensführung und Biographien von Frauen werden wesentlich von familienbezogenen Ereignissen und - risikoreichen - Statuspassagen beeinflusst (Geissler/Oechsle 1998). Wie sich auch in diesem Anwendungstypus zeigt, ist es ganz überwiegend Sache der Frauen, ihr Erwerbsverhalten an den Familienstatus anzupassen. Diese Anpassung bedeutet jedoch nicht, die Berufsorientierung aufzugeben. Langfristige Rückzüge aus dem Berufsleben sind aus Sicht der Frauen in der Regel unerwünscht. Dennoch: Wegen ihrer eingeschränkten Verfügbarkeit am Arbeitsmarkt und „abweichenden" Arbeitszeitpräferenzen zahlen sie individuell den Preis von *Verlusten beruflicher Ressourcen* und Dequalifizierung. Mangels existenzsichernder, flexibler Teilzeitarbeitsplätze bleibt ihnen als „Lösung" oft nur ein *Ausweichen in ersatzweise Angebote*, die zumindest eine vollständige und endgültige Ausgliederung vom Arbeitsmarkt vermeiden sollen. In diesem Zusammenhang ist auch die Nutzung des Sabbaticals als eine behelfsmäßige, wenn nicht gar inadäquate Strategie einzuordnen, in Ermangelung von Alternativen, die auf eine parallele Teilhabe in beiden Lebensbereichen zielen. Als passiv Beschäftigte halten die Anwenderinnen dieses Modells formal immerhin eine Eintrittskarte zurück in die Vollerwerbstätigkeit in Händen. Bis zu dem Zeitpunkt jedoch, da der Wiedereinstieg in ein „Normalarbeitsverhältnis" machbar erscheint, bleibt - wie hier im Rahmen des Langzeiturlaubs - oft nur die Möglichkeit, sich in den Nischen des Arbeitsmarktes mit geringfügigen, nicht-existenzsichernden und häufig unterqualifizierten Tätigkeiten „über die Runden" zu bringen, um ihre Qualifikationen nicht vollkommen brachliegen zu lassen.

Der Weg in eine - *sukzessive* - *Ausgliederung* von Frauen mit Familie *aus dem Arbeitsmarkt* ist, dem Sabbatical vorgelagert, mit Beginn der Elternschaft bereits in der Konstruktion und dem Angebot des unter der konservativ-liberalen Regierung eingeführten, seit 1986 geltenden gesetzlichen Erziehungsurlaubs angelegt (Koch 2001). Der gesetzliche Erziehungsurlaub, wie er in seiner alten Form auch von den Frauen dieses Typus vor dem Langzeiturlaub in Anspruch genommen wurde, ist, anders als die Neuregelung des Nachfolgemodells der „Elternzeit", primär ausgerichtet auf die Erbringung von Sorgeleistungen nur eines Elternteils[192]. Umgekehrt „denkt" die finanzielle Ausstattung der Erziehungsur-

---

[192] Nach der alten Regelung war eine zeitgleiche Erziehungsurlaubsnahme beider Elternteile ausgeschlossen. Außerdem war die Höchstgrenze der zulässigen Erwerbstätigkeit mit 19 Stunden pro Woche so niedrig angesetzt, dass lediglich 2 % der Väter den Erziehungsurlaub in Anspruch genommen haben. Mit dem Anfang 2001 in Kraft getretenen Neuregelungen haben Mütter *und* Väter Anspruch, bis zu drei Jahre in den Erziehungsurlaub zu gehen und dabei ihre Arbeitszeit auf 30 Stunden oder weniger - bei entsprechenden Einkommenseinbußen - abzusenken. Damit erhöht sich für Eltern der Anreiz, (Teilzeit-) Erwerbstätigkeit und Kinderbetreuung partnerschaftlich zu teilen. Zu weiteren, v.a. materiel-

laubsregelungen einen Familienernährer mit, der für ein ausreichendes Grundeinkommen durch Vollzeiterwerb sorgt. Nach Beendigung der Erziehungsurlaubszeit stellen Teilzeitangebote für viele Mütter die einzige Möglichkeit des beruflichen Wiedereinstiegs dar. Die *berufsbiographischen Risiken* zeigen sich dann sehr deutlich, wenn Frauen kündigen (müssen) oder gekündigt werden, weil sich Arbeitszeiten und Kinderbetreuung als unvereinbar erweisen. In Gestalt und Konditionen des Langzeiturlaubs setzt sich die Logik der geschlechtsdifferenten, komplementären Aufgabenverteilung zwischen den Elternteilen mit ihren ungleichen Chancen und Zwängen zur Erwerbsbeteiligung nur wenig gemildert fort. Zwar bleibt mit der Inanspruchnahme des Modells das frühere Arbeitsverhältnis der Form nach erhalten, doch müssen Langzeiturlauberinnen für den Zeitraum ihres Ausstiegs auf daraus abgeleitete materielle und soziale Absicherungen gänzlich verzichten und bleiben von der Existenz eines Hauptversorgers abhängig.

Mit dem Erziehungsurlaub greift also bereits objektiv ein Mechanismus der Arbeitsmarktausgliederung, der Mitverantwortung dafür trägt, einer Generation beruflich vergleichsweise gut ausgebildeter Frauen den Zugang bzw. die Wiedereingliederung ins Erwerbsleben zu erschweren[193]. Zwar können auch am Sequenzmodell[194] orientierte Vereinbarkeitsstrategien integrierend wirken, sofern sie den endgültigen Rückzug von Frauen vom Arbeitsmarkt verhindern und eine spätere Wiedereingliederung befördern. Die subjektive Verarbeitung innerhalb des Kinderbetreuungs-Typus läuft jedoch darauf hinaus, sich trotz guter beruflicher Qualifizierung dieser Ausgliederung und ihrer Konsequenzen *nicht* zu stellen. Im Gegenteil: Mit dem *Ausweichen in das Sabbatical* verlängern die Frauen sogar noch die Dauer ihrer temporären Ausgliederung[195], wenn sie auch formal die Ansprüche auf berufliche Reintegration aufrechterhalten. Faktisch setzen sich die Verluste beruflicher Chancen über die Erziehungsurlaubszeit hinaus fort und können junge Mütter durch regelrechte „Abstiegskarrieren" bedrohen. Je länger sich die Rückkehr schließlich hinauszögert, desto größer und nachhaltiger das Risiko eines unterqualifizierten Wiedereinstiegs in bzw. der dauerhaften Ausgliederung aus dem Arbeitsmarkt (Engelbrech 1994); eine Entwicklung, die umso bedenklicher ist, als gleichzeitig die Brüchigkeit der Legitimation und Gewähr der sozialen Sicherung durch den Familienernährer zunimmt.

---

len Aspekten und Kritik der reformierten Regelungen hinsichtlich der Verbesserung einer partnerschaftlichen Teilung von Erwerbs- und Erziehungsarbeit vgl. auch Koch 2001.

[193] Vgl. dazu auch die Befunde von Gottschall/Bird 2003.

[194] Die Vereinbarkeit von Familie und Beruf durch Erwerbsunterbrechungen einerseits oder die gleichzeitige Teilhabe an beiden Lebensbereichen andererseits sind in der familiensoziologischen Literatur idealtypisch als Sequenz- bzw. Parallelmodell beschrieben.

[195] In Fällen, in denen Frauen während des Erziehungsurlaubs ein weiteres Kind bekommen, nimmt die Unterbrechungsdauer auch ohne die Möglichkeit zum Langzeiturlaub bereits Dimensionen an, die das Ausgliederungsrisiko stark erhöhen.

Doch sind berufsorientierte Mütter nicht die Alleinleidtragenden in der Abhängigkeit von Institutionen, die stark auf der Logik überkommener Geschlechterverhältnisse basieren. Auch *Männer* müssen nach dem herkömmlich auf materielle Versorgung verkürzten Verständnis von Vaterschaft Optionseinbußen erleben und leiden unter der ihnen abverlangten eingeengten Lebensführung. Die Schattenseiten und *Negativfolgen ihrer Fixierung und Reduzierung auf die Funktion des Familienernährers* bekommen Männer in mehrfacher Hinsicht zu spüren: Zur Berufsseite hin verunsichern betriebliche Flexibilisierungs- und Rationalisierungsstrategien auch die männliche Normalbiographie und machen neue Anpassungsleistungen notwendig[196] (Jürgens/Reinecke 1998). Hinzu treten beschleunigte physische und psychische Verschleißprozesse durch wachsenden Arbeits- und Erfolgsdruck. Zur Seite der Familie werden die aufgrund der Erwerbszwänge verwehrten Chancen, in einer aktiven Vaterschaft Entfaltung, Kompetenzen und Anerkennung jenseits der Erwerbsarbeit zu erfahren, subjektiv zunehmend als Defizite in der Persönlichkeitsentwicklung begriffen (Erhart 2002, Fthenakis/Minsel 2001). Sind, vom Standpunkt der Erwerbsarbeit aus gesehen, Mütter mit vielfältigen Restriktionen und deutlich geminderten Chancen konfrontiert, haben aus Familiensicht die Männer das Nachsehen. Als *„Feierabend"-Väter* erleben sie das Aufwachsen ihrer Kinder überwiegend aus der Passivperspektive. Unter Vollerwerbsbedingungen stehen sie die überwiegende Zeit im Alltag nicht zur Verfügung. Bei weiteren ungünstigen Faktoren wie lange Wegezeiten zwischen Arbeits- und Wohnort, bleibt Vätern unter der Woche nicht viel mehr zu tun übrig, als ihre Kinder zu Bett zu bringen. Gelegenheiten für eine intensivere Beschäftigung mit dem Nachwuchs bieten sich für den „Familienernährer" allenfalls in Freiphasen „am Stück", am Wochenende oder aber mit Hilfe *gezielt organisierter „Blockfreizeiten" oder Sabbaticals* (Klenner/Pfahl/Reuyß 2002).

III. Ambivalente Arrangements bei fehlender Absicherung integrativer Lebensentwürfe

Anders als die Erwerbssphäre ist die Familie strukturiert als der Ort, „wo alles zusammenkommt" (Jurczyk/Rerrich 1993:11). Sie repräsentiert die Kerninstanz alltäglicher Lebensführung und ihrer Koordinierung: Ihre Mitglieder stehen in Beziehung sowohl zum Arbeitsmarkt als auch zu jenen Einrichtungen, die sich an die familiale Sphäre anlagern und zu bestimmten Konditionen Versorgungs-

---

[196] Unstrittig ist, dass auch die bisherige „Normal-Arbeitswelt" der Männer zunehmend von aktuellen Flexibilisierungsstrategien beeinflusst ist. In der Einschätzung der Folgewirkungen, insbesondere hinsichtlich der Veränderung von Arbeitsteilungsmustern zwischen den Geschlechtern, gehen die Meinungen jedoch auseinander. Während Jürgens/Reinecke betonen, dass selbst in eher traditionsorientierten Familien mittlerweile egalitäre Paararrangements anzutreffen sind, sehen andere Männer weiterhin unbeeindruckt in der Anpassung ihrer Arbeitszeit an private Lagen (Stolz-Willig 2002).

leistungen mit ihr teilen. Die Herausforderung im Familienalltag besteht für die Subjekte darin, die institutionell unterschiedlich beeinflussten Lebensräume und Lebenslagen der einzelnen Familienmitglieder samt ihren divergierenden zeitlichen, inhaltlichen und emotionalen Anforderungen zu einem Zusammenhang zu verknüpfen. Mit diesen Anforderungen des *Managements familialer Lebensführung*[197] sich bislang in allererster Linie Frauen konfrontiert, und zwar, wie die Nutzung und Verarbeitung des Kinderbetreuungs-Typus zeigt, in einem spannungsreichen, unsicheren und janusköpfigen Arrangement.

Die gesellschaftliche Leerstelle in der Integration von Berufs- und Familienleben produziert jedoch Probleme für beide Elternteile und führt, wie das prototypische Fallbeispiel verdeutlicht hat, Frauen wie Männer in Sackgassen der Re-Traditionalisierung. Zwar nimmt in modernen, individualisierten Gesellschaften die Relevanz von Aushandlungsprozessen gerade auch innerhalb partnerschaftlicher Beziehungen zu (Hildebrandt 2000), doch setzt die Möglichkeit zur Aushandlung eine entsprechende Manövriermasse voraus. Dagegen weisen *Paar-Arrangements*, wie im Fall der Herzogs, eine Struktur komplementärer Ergänzung auf, die geradewegs eine *Negativ-Spirale* in Gang setzt: Vom beruflich vollausgelasteten bis überstrapazierten Partner ist Unterstützung im Häuslichen kaum zu erwarten, weswegen Mütter so weit in den eigenen beruflichen Spielräumen beschränkt bleiben, dass dies nachhaltige Einbußen bei den Erwerbschancen und eine tendenzielle Ausgliederung vom Arbeitsmarkt nach sich zieht. Daraus folgt, dass der „Vollversorger" kaum damit rechnen kann, von seiner materiellen Verantwortung für die Familie und zeitlichen Einbindung im Erwerbsleben entlastet zu werden und verstärkt noch dessen Druck: Die Angst vor einem etwaigen Arbeitsplatzverlust wächst, ebenso die Risiken gesundheitlicher Nebenfolgen. Doch nicht nur mit Blick auf die Erwerbsarbeit - hier Fixierung und Überforderung, dort Ausgliederung und Dequalifikation - und auf die Kinder - hier die (über-)fürsorgliche Mutter, dort die Vater-Lücke -, sondern auch auf das Innenverhältnis der Partner bezogen, erzeugt dieses Arrangement Ungleichheiten und Verunsicherungen. Denn durch die nachhaltig wirksamen Verluste beruflicher Ressourcen auf Seiten der Mütter, steht nicht nur deren eigene berufliche Zukunft in Frage. Ebenso unwägbar ist, ob und wann sie durch die Wiederaufnahme einer qualifizierten Berufstätigkeit in der Lage sein werden, den Partner so weit zu entlasten, dass mit einem ausgewogeneren Arrangement auch Spielräume für die partnerschaftlichen Beziehungen selbst zurückgewonnen werden können.

---

[197] Unter dem Begriff der „familialen Lebensführung" ist das Zusammenspiel von Erwerb, Paarbeziehung und Elternschaft zu verstehen. Im Vergleich zur alltäglichen Lebensführung (Projektgruppe Alltägliche Lebensführung 1995) tritt hier als zweite Ebene die Verknüpfungsleistung der individuellen Lebensführungen der einzelnen Familienmitglieder zum gemeinsamen Konstrukt hinzu (Jürgens 2001).

Auch beim Ehepaar Herzog gehen ganz im Gegensatz zur ihrer faktischen Situation, die subjektiven Präferenzen *beider* Partner[198] dahin, Beruf und Familie in eine andere Balance zu bringen und ihre Lebensführung in der Doppelorientierung einzurichten. Auch ihr Mann würde nach Auskunft von Frau Herzog „liebend gerne" beruflich kürzer treten und mehr Zeit mit der Familie verbringen. Im Resultat ihres Paararrangements erweisen sich so *beide Elternteile als „Gefangene"* institutioneller Zwänge, normativer Zuschreibungen und der eigenen subjektiven Deutungen, die, trotz der artikulierten Missstände, letztlich darauf hinauslaufen, *aus der Not eine Tugend* zu machen. Im Kontrast zur subjektiven Verarbeitung und Rationalisierung, stellt das getroffene Arrangement sich für die Beteiligten realiter als nicht passend dar, sondern spiegelt vielmehr die restriktiven institutionellen Vorgaben, die auf Vereinseitigung und ein Festzurren der komplementären Rollen hinwirken.

Die Inanspruchnahme des Langzeiturlaubsangebots durch die Frauen dieses Typus ist damit ein deutlicher *Fingerzeig auf das Fehlen von Handlungsalternativen* und gesellschaftlichen Angeboten, die eine partnerschaftliche Elternschaft begünstigen. Potentiale und Gestaltungschancen neu entwickelter Arbeitszeitmodelle wie Sabbaticals hängen demnach stark von den mitregulierten gesellschaftlichen und infrastrukturellen Rahmenbedingungen ab. Die dortigen Leerstellen treten um so offensichtlicher zutage, seitdem auch Väter zunehmend Bereitschaft zur Übernahme von Betreuungsaufgaben sig-nalisieren und „Vereinbarkeitswünsche" anmelden. Haben sie, wie im Fall von Herrn Steininger, die Möglichkeit, sich ihrerseits durch die Nutzung eines Sabbaticals flexibel zu halten, eröffnet diese *beiderseitige Flexibilität im Arrangement der Partner* für einen befristeten Zeitraum die Chance einer Umverteilung von Belastungen und Zeiten zwischen den Geschlechtern und für neue Perspektiven im Miteinander mit Kindern. Auch wenn temporäre Freistellungen qua *Sabbatical kein Ersatz sind für ein alltägliches Nebeneinander* und gesonderte Regelungen für Eltern, können sie so zumindest in bestimmten Lebenslagen und -phasen eine hilfreiche Erweiterung der Gestaltungsspielräume an der Schnittstelle von Familie und Beruf bieten (Klenner/Pfahl/Ryeuss 2002).

Auch im nun folgenden Typus ist die Nutzung des Sabbaticals wie bei der Kinderbetreuung auf eine bestimmte Aktivität hin ausgerichtet. Für die Gruppe der WeiterbildnerInnen eröffnet das Sabbatical einen Freiraum für die Realisierung ihrer Wünsche nach beruflicher Qualifizierung. Doch ist die Freistellung hier ebenfalls nicht frei von strukturellen Zwängen, insbesondere auf erschwerte Arbeitsmarktbedingungen reagieren zu müssen.

---

[198] Diese Interpretation steht allerdings unter der methodischen Einschränkung, dass die Sicht auf den Partner hier lediglich durch seine Frau vermittelt ist.

7.3 Typus 3: Sabbatical zur beruflichen Weiterbildung - Einführung in das Teil-Sample

Sabbaticals mit Motiven und Verwendungsformen fern der Berufstätigkeit in Verbindung zu bringen, ist nahe liegend und mit dieser Stoßrichtung wird der „Ausstieg auf Zeit" in populären Medien auch oft propagiert. Umgekehrt auf Personen zu stoßen, die ihre Freistellung, wie beim nun folgenden Typus, explizit und in der Hauptsache mit beruflichen Interessen verknüpfen, mag daher auf den ersten Blick irritieren oder sogar widersprüchlich anmuten. Doch ist die Nutzung privater (Freistellungs-)Zeiten zum Zweck der beruflichen Qualifizierung keine Ausnahmeerscheinung (Dobischat/Seifert 2001). Zwar wird diese Verwendungsart in der Literatur bisher vor allem im Zusammenhang mit betrieblichen Zeitkontenregelungen betrachtet[199] (Dobischat/Seifert 2001, Linne 2002). Bei Arbeitszeitkontenmodellen ebenso wie bei geltenden gesetzlichen Bildungsurlaubsansprüchen (soweit vorhanden) müssen jedoch selbst kürzere Bildungszeiträume oft mühsam über einen längeren Zeitraum zusammengespart werden. Dagegen erweisen sich Sabbaticals, wie die Darstellungen des folgenden Motivtypus zeigen, wegen ihres großzügigeren Zeithorizonts gerade für die Umsetzung zeitaufwändiger, zusammenhängender Qualifizierungsvorhaben als attraktiv. Neben den beruflichen Chancen verweist ihre Nutzung jedoch auch auf spezifische Zwänge.

Bei den insgesamt sechs interviewten Personen, die ihre Freistellungszeit für berufliche Weiterbildungsmaßnahmen verwendet haben, bilden unterschiedliche betriebliche Sabbaticalangebote, in einem Fall auch eine individuelle Absprache, die Grundlage. Die kollektiv geregelten Formen, auf die die AnwenderInnen zurückgreifen konnten, lassen sich in zwei Varianten unterteilen. Erstere erlaubt eine mehrjährige Freistellungsdauer - die dazu gehörigen Modelle des so genannten „Langzeiturlaubs" bzw. der „Wiedereinstellzusage" bieten hier (teilbare) Zeiträume von einem bis zu maximal fünf Jahren an, die materiell als „unbezahlte" Freistellungen ausgestaltet sind. Die zweite Variante zählt zu den Pioniermodellen einer Sabbaticalregelung im Bereich der Privatwirtschaft. Mit einem regulären Umfang von bis zu sechs Monaten eröffnet diese Option einen engeren und vergleichsweise überschaubaren zeitlichen Horizont, der sich jedoch durch Anrechnung überbetrieblicher und tariflicher Sonderleistungen komfortabel finanzieren lässt. Alle Vereinbarungen sehen keinen explizit definierten Verwendungszweck vor, so dass die Entscheidung, die Freistellungszeit zur beruflichen Weiterbildung zu nutzen, von den Beschäftigten selbst getroffen wurde.

Zur Nutzung der mehrjährigen Sabbaticalvariante haben sich in den untersuchten Fällen jüngere Arbeitskräfte im Alter von Anfang bis Mitte Zwanzig ent-

---

[199] Insbesondere auf Zeitkontenregelungen und Blockfreizeiten beziehen sich aktuelle Vorschläge zur Einführung von Eigenbeiträgen in Bildungsinvestionen unter der Voraussetzung, dass ein Bildungsinteresse auch von Beschäftigtenseite gegeben ist (Linne 2002:38).

schieden. Sie sind noch kaum in feste Partnerschaften eingebunden und haben keine Kinder. Unzufrieden, im Anschluss an die betriebliche Erstausbildung nur unzureichende berufliche Entwicklungsmöglichkeiten vorzufinden oder in Beschäftigungsverhältnissen unterhalb der Qualifikation des erlernten Berufs eingesetzt zu werden, gilt ihr Interesse weiterführenden Bildungsangeboten, die ihnen eine neue, aussichtsreichere Basis für die berufliche Zukunft verschaffen sollen. In der zweiten Variante zeitlich kürzerer, d.h. in der Regel mehrere Monate umfassender Weiterbildungsgänge[200] wird das Sabbatical dagegen von Beschäftigten in Anspruch genommen, die keine grundlegende Unzufriedenheit mit ihrer Arbeitssituation zeigen, aber ihre Qualifikation auf eine breitere Basis stellen möchten. Diese Personen folgen eher dem Wunsch, wenn auch nicht „on the job", so doch jobnah und ohne Gefahr zu laufen, die Anbindung an den vorherigen Arbeitsbereich zu verlieren[201], auf vorhandene Qualifikationen aufzubauen oder berufsfeldübergreifend ihre Kenntnisse zu erweitern, auch als vorsorgende Maßnahme im Sinne späterer beruflicher Alternativen. In ihrem Arbeitsbereich verfügen diese Nutzer bereits über eine mehrjährige Berufspraxis, Routine und entsprechende Etablierung. Ihre Entscheidung für kompakte, zeitlich weniger aufwändige Weiterbildungslösungen ermöglicht ihnen, auch im mittleren Lebensalter neue berufliche Themen und Felder zu erschließen, ohne die bisherigen beruflichen Fäden aus der Hand zu verlieren. In den untersuchten Fällen sind die Anwender derartig konzentrierter Bildungssabbaticals ausschließlich männlichen Geschlechts und im Privatleben wie auch die NutzerInnen der ersten Variante relativ ungebunden, also entweder ledig oder in Partnerschaft, jedoch nicht zusammenlebend und in allen Fällen kinderlos.

Im Folgenden wird der Typus exemplarisch an der Anwendung eines mehrjährigen Sabbaticals entfaltet, welches als Folge eines grundsätzlich unbefriedigenden Berufseinstiegs in Anspruch genommen wurde. Dieser Fall wird auswählt, da er das diese Motivgruppe prägende Wechselverhältnis zwischen eigenen Weiterbildungsambitionen und dem Zwang zu zusätzlichen Bildungsanstrengungen prägnant zum Ausdruck bringt. Die Auswahl soll allerdings nicht implizieren, dass langjährige Sabbaticalvarianten für Weiterbildungsmotive prinzipiell den relevanteren oder zukunftsträchtigeren Status besitzen. Dies dürfte eher

---

[200] Allerdings werden die „kürzeren" Sabbaticals teilweise mit weiteren Bildungszeitoptionen, auch unter Einsatz von „privaten" Zeiten, kombiniert, wie z.B. Abendschule, also Bildung „nach Feierabend", Bildungsurlaub, dort, wo Regelungen bestehen, Auflösung von Zeitkontenguthaben oder auch Anteile des regulären Erholungsurlaubs. Die Kombination verschiedener Freistellungsinstrumente zeigt auch, dass es an Regelungen fehlt, die speziell die Inanspruchnahme mittel- (bis langfristiger) Weiterbildungsangebote ermöglichen.

[201] Aufgrund des betrieblichen Zugangs zu den Interviewpartnern konnten überwiegend nur solche TeilnehmerInnen befragt werden, die nach dem Sabbatical in ihren Ausgangsbetrieb zurückgekehrt sind (vgl. FN 69). Die Ausnahme bildet der Fall von Herrn Schäfer (siehe Kurzbeschreibung), der erst am Beginn seines mehrjährigen Bildungsvorhabens steht und die Rückkehrfrage lediglich in antizipierter Perspektive erörtern kann.

für die zeitlich begrenztere Anwendungsform zutreffen, die in Ergänzung zur prototypischen Falldarstellung und als Variation des Typus skizziert wird. „Kürzere" Bildungssabbaticals knüpfen direkter an vorhandene berufliche Ressourcen an, bleiben insgesamt stärker auf den betrieblichen Kontext bezogen und bringen insbesondere die Problematik der zeitlichen Strukturierung von Bildung in zugespitzter Weise zum Ausdruck. In einer weiteren Fallvariante weist die Ausgangssituation zwar Ähnlichkeiten mit der prototypischen Konstellation auf, doch ist das Weiterbildungsziel hier diffuser und darüber hinaus geschlechtsspezifisch anders gelagert: Bei der betreffenden jungen Frau fallen die Entscheidung zur Weiterqualifizierung und Familiengründung zeitlich nahe zusammen. Die Besonderheit besteht hier in dem Versuch, beide Lebensziele, Weiterbildung sowie familiäre Aufgaben, zu integrieren.

Kurzbeschreibung der weiteren Fälle des Teilsamples:

Gleich im Anschluss an ihre Ausbildung hat die 19jährige *Nadine Freyholt* die Freistellungsoption in ihrem Betrieb genutzt, um den Abschluss der Fachoberschule nachzuholen. Nach ihrer Rückkehr wird sie im Unternehmen jedoch für Tätigkeiten unterhalb ihrer Qualifikation eingesetzt. Auf Nachfrage erkennt Frau Freyholt, dass sich ihr im Ausbildungsberuf selbst keine zufriedenstellenden Aussichten bieten. Einen „Sekretärinnenjob" kann sie sich nicht als - lebenslange - erfüllende Perspektive vorstellen. In ihrem jungen Alter hält sie sich noch für flexibel genug, um den „Absprung zu schaffen", zudem drängt es sie „noch etwas anderes kennen (zu) lernen". So entscheidet sie sich, das Freistellungsmodell für weitere vier Jahre für ein betriebswirtschaftliches Studium in Anspruch zu nehmen. Zwar sind dessen Anforderungen nicht „so schlimm" wie die junge Frau zunächst befürchtet, doch steht das Studium und die damit einhergehenden Veränderungen (Umzug in eine neue Stadt, Zuwachs an Eigenständigkeit) stark im Mittelpunkt ihrer Auszeit. Gegen Ende ihrer Studienzeit orientiert sich Frau Freyholt in erster Linie auf eine Rückkehr in ihr Herkunftsunternehmen. Mit ihrer Examensarbeit richtet sie sich explizit an betrieblichen Interessen aus und mit Unterstützung der betrieblichen Personalvertreter gelingt ihr der Wiedereinstieg relativ nahtlos. Doch auch der Studienabschluss ist kein Garant für eine adäquate Beschäftigung. In ihrer neuen Stellung als Sachbearbeiterin hat Frau Freyholt weiterhin das Gefühl, nicht auf der „richtigen Position gelandet" zu sein. Obwohl diese Stellen betriebsintern überwiegend mit StudienabsolventInnen besetzt werden, glaubt sie ihre neuen Qualifikationen dort nicht ausreichend zur Geltung bringen zu können und hofft auf spätere Chancen zu einem Abteilungswechsel. Bis dahin will sie Berufserfahrung sammeln und sich um Förderprogramme für Nachwuchskräfte bemühen.

Auch der 27jährige *Sven Schäfer* sieht seine berufliche Zukunft nicht in seinem Ausbildungsberuf. Nachdem er in einem Großbetrieb eine Ausbildung zum

192

Kaufmann für Bürokommunikation absolviert hat, sucht er zunächst innerbetrieblich nach Wegen, sich beruflich zu entfalten. Fünf Jahre nach Ausbildungsende entschließt er sich zur Langzeitfreistellung, um ein Studium der Betriebswirtschaft zu beginnen. Zuvor hat Herr Schäfer, der auch als Jugendvertreter engagiert ist, mit Hilfe einer internen Zusatzausbildung aktiv seinen Aufstieg in den Kundenberatungsbereich betrieben. Insbesondere mit seiner Einkommensposition ist er dort zunächst recht zufrieden, realisiert dann jedoch mit Blick auf die begrenzten Entwicklungs- und Karrieremöglichkeiten in dem Arbeitsfeld, dass „es das nicht gewesen sein kann". Mit Einführung des Langzeiturlaubsmodells sieht er die Chance, seine Weiterbildungsambitionen umzusetzen, ohne das Arbeitsverhältnis kündigen zu müssen. Mit einer akademischen Qualifikation geht es Herrn Schäfer vor allem darum, „wissensmäßig den Horizont zu erweitern". Tagtäglich mit gleichen Arbeitsabläufen beschäftigt zu sein, ist er „überhaupt nicht der Mensch dafür". Mit dem Hochschulabschluss möchte er zugleich einen „Grundstock" für eine mittelfristige und dennoch flexible Berufsplanung legen. Von der notwendigen Finanzierung durch Nebenjobs abgesehen, ist die Freistellungszeit des Studienanfängers in erster Linie von den Erfordernissen des Studiums geprägt. Dass ihm nur wenig private Zeit frei zur Verfügung steht, macht Herrn Schäfer wenig aus, solange er Spaß an seiner Tätigkeit findet. Mit den Fähigkeiten, die ihm das Studium vermittelt, glaubt der angehende Betriebswirt, beruflich zukünftig „alle Möglichkeiten" zu haben. Dabei geht er davon aus, sich neue Berufsfelder zu erschließen, in denen er sehr flexibel, am liebsten sogar als Selbständiger arbeiten kann. Mit Blick auf die Rückkehr zum alten Arbeitgeber, glaubt er, vor allem das Unternehmen müsse Interesse am Wiedereinstieg eines so „pfiffigen Kopfes" haben, ist sich dessen aber wegen der aktuellen Politik des Personalabbaus nicht sicher.

Bei *Michael Reitmeyer* geht der Anstoß zur Weiterbildung zunächst vom Vorgesetzten aus. Nach seiner Lehrzeit zum Industriemechaniker wird er in seiner Firma in einer qualifizierten Tätigkeit beschäftigt, die ihn insgesamt recht zufrieden stellt. Zwar denkt der Mitte Zwanzigjährige selbst auch über Wege der beruflichen Weiterentwicklung nach, ist letztlich aber „zu träge" und glaubt sich insbesondere der Doppelbelastung einer Meisterausbildung in der Abendschule nicht gewachsen. Mit der betrieblichen Sabbaticalregelung eröffnen sich für ihn neue Möglichkeiten, mit einer längerfristigen Freistellung[202] die für ihn reizvollere Technikerausbildung zu absolvieren. Die Kraft, die teilweise „heftige Phase" der Weiterbildung zu bestehen, bezieht Herr Reitmeyer vor allem aus dem „Wir-Gefühl", das in einem „Haufen aus 30 Verrückten" entsteht und durch das absehbare Ende der Belastung. Sein unerwartetes Leistungsvermögen erfüllt ihn mit Stolz, durch die Grenzerfahrung der hohen Anforderung fühlt er sich belebt.

---

[202] Mit einem Mix aus sechsmonatigem Sabbatical sowie Zeitkontenguthaben und anteiligem Jahresurlaub erreicht Herr Reitmeyer die benötigte Weiterbildungszeit für den Technikerabschluss.

Als vorteilhaft wertet er die Bildungsmaßnahme außerdem durch den dazuge-wonnenen Weitblick beim Verlassen seiner - unversehens - eingefahrenen be-ruflichen Gleise. Diese Erweiterung seines persönlichen Horizonts kommt dem jungen Techniker auch in anderen Lebensbereichen zugute. Nach Abschluss der Ausbildung ist Herr Reitmeyer auf einen neuen Arbeitsplatz gewechselt, ohne jedoch auf eine Führungsposition vorgerückt zu sein. Zwar sieht er seine Karrie-reaussichten „wesentlich" verbessert, ist aber nach eigener Einschätzung vom Aufstiegsdenken weit entfernt. Gleich im Anschluss an die Freistellung hat Herr Reitmeyer dennoch per Abendschule das Fachabitur nachgeholt. Vor der Festle-gung auf ein mehrjähriges Studium scheut er allerdings zurück, lieber möchte er im kurzfristigeren Kurssystem „am Ball bleiben".

Tab.: Teilsample „Weiterbildung" nach soziostrukturellen Merkmalen

Merkmal	Variablen	Anzahl
Alter	unter 20 Jahre	1
	20 bis unter 25 Jahre	1
	25 bis unter 30 Jahre	2
	30 bis unter 35 Jahre	1
	35 bis unter 40 Jahre	1
Geschlecht	Männlich	4
	Weiblich	2
Familienstand (*vor* dem Sabbatical)	mit Partner, zusammenlebend	1
	mit Partner, nicht zusammenlebend	1
	alleinstehend (Single)	4
Kinder	unter 6 Jahre	1
	keine Kinder	5
Schulbildung	Realschulabschluss (und vergleichba-res)	5
	Höhere Handelsschu-le/Berufsausbildung	1
Weiterqualifikation (*im* Sabbbatical)	Betriebswirt/Techniker	2
	(Fach-)Hochschule	3
	Universität	1
Betrieblicher Kontext	Privatbetrieb	6
	Öffentlicher Dienst	0
Regulierungsmodus	Kollektive Regulierung	5
	Individuelle Regulierungsformen	1
Dauer des Sabbaticals	„Wiedereinstellzusa-ge"/"Langzeiturlaub" (bis 5 Jahre)	3
	Sabbatical um 6 Monate	2
	Sabbatical für 12 Monate	1

7.3.1 Prototypische Fallbeschreibung: Herr Thiemann - Sabbatical zur Weiterbildung bei problematischem Berufseinstieg

„(...) also für mich war das ganz, ganz wichtig, ˋn ganz wichtiger Punkt in meinem Leben, da was zu machen, wozu ich Lust hab. Und dann kann man nämlich auch Leistung bringen. "

Zum Zeitpunkt des Interviews ist Marko Thiemann 30 Jahre alt und lebt zusammen mit seiner Partnerin in einer Kleinstadt. Das Paar ist unverheiratet und hat keine Kinder. Nachdem Herr Thiemann im nahe gelegenen Automobilwerk eine Ausbildung zum Verspanungsmechaniker absolviert hat, steht im Anschluss daran dort für ihn ein qualifizierter Arbeitsplatz nicht zur Verfügung. Vom Wehrdienst zurückgekehrt verbringt der junge Facharbeiter einige Jahre in der „Warte-Schleife" der Bandproduktion, bevor er mit Anfang zwanzig schließlich auf das Freistellungsangebot der „Wiedereinstellzusage" zurückgreift, um sich durch ein Fachhochschulstudium beruflich voranzubringen. Nach fünfjähriger Weiterbildungsphase kehrt er 1998 ins Unternehmen zurück.

I. Ausgangssituation: Sabbatical als Sprungbrett aus beruflicher Sackgasse

Als Marko Thiemann Anfang der 90er Jahre seine Ausbildung als Mechaniker beendet, wird er, wie im Unternehmen zu der Zeit üblich, anschließend zwar in ein unbefristetes Beschäftigungsverhältnis übernommen, jedoch nicht im erlernten Beruf, sondern in die Produktion „ans Band". Um nicht nach der Ausbildung sofort „auf der Straße zu stehen", sondern überhaupt „erst mal Geld zu verdienen, erst mal einen Job zu haben", gibt sich Herr Thiemann mit diesem Übernahmekompromiss zu relativ ungünstigen Arbeitsbedingungen zunächst zufrieden. Seine Haltung ändert sich jedoch bald. Schon nach kurzer Zeit in der Bandmontage wird der Ausgelernte aktiv und nimmt Kontakt zu Fachabteilungen des Unternehmens auf, um in ausbildungsadäquaten Bereichen Fuß zu fassen. Die Auskunft, Einstellungsvoraussetzung sei der abgeleistete Wehrdienst, bewegt Herrn Thiemann dieses Hindernis schnellstmöglich auszuräumen. Doch auch nach absolvierter Bundeswehrzeit und Rückkehr ins Werk gelingt der interne Wechsel in eine qualifizierte Tätigkeit nicht. Auf unbestimmte Zeit muss er sich weiterhin mit verschiedenen ausbildungsfremden Tätigkeiten zumeist „an der Linie" begnügen.

Während dieser Phase unternimmt er immer wieder Vorstöße, um „woanders hinzukommen", denn der Arbeitszuschnitt in der Bandmontage unterfordert Herrn Thiemann vollkommen. Während er den „ganzen Tag nur irgendwie die gleiche Schraube anzieht" (56), fühlt er sich zwar „körperlich zu 100 % ausgelastet, aber geistig nur zu 5 %" (326). Die zunehmende Unzufriedenheit mit dem Einsatz weit unterhalb seiner Qualifikation, den Arbeitsbedingungen und Perspektiven der Bandarbeit lösen schließlich sogar gesundheitliche Symptome aus und signalisieren eindringlich die Notwendigkeit, seine Situation zu verändern. Neben den physischen Belastungen durch den „ewigen Wechsel" im Schichtsystem einerseits macht Herrn Thiemann andererseits vor allem der immer gleiche Ablauf der Bandtätigkeit mitsamt den rigide festgelegten Arbeits- und Pausenzeiten zu schaffen:

> „(...) das war dann immer der gleiche Rhythmus, da konnte man die Uhr nach stellen, wann man dann Pause hatte und welche Arbeit man erledigen musste und das alles immer mit zeitlicher Überwachung, immer im Akkord. Und das hat mir nicht gefallen, dass ich von morgens bis abends wusste, was ich auch zwei Monate später noch machen musste, wieder die gleichen Schrauben, immer das Gleiche. Diese Monotonie konnte ich nicht."(295)

Der Mangel an Abwechslung, Kreativität und Flexibilität in der inhaltlichen und zeitlichen Gestaltung seiner Tätigkeit hinterlassen bei dem Berufsanfänger ein wachsendes Gefühl von Sinnlosigkeit seines Tuns. Nach knapp drei Jahren in unterqualifizierter, ihn unterfordernder Beschäftigung nimmt außerdem die Sorge um seine zukünftige Berufsaussichten zu:

> „Und dann hab' ich gesagt, das ist hier immer ein Hin und Her, man ist hier nur so 'n Wurfball, irgendwas muss ich machen. Mein Leben lang möchte ich jetzt hier nicht nur hin und her geschubst werden und es war auch nicht so das, was ich machen wollte." (83)

Während der junge Facharbeiter weiterhin "automatisiert" seine Aufgaben am Band erfüllt, „grübelt" er gleichzeitig über Möglichkeiten, seine berufliche Situation zu verbessern, „irgendetwas aus sich zu machen". Die für ihn anfänglich naheliegenden, an seine Ausbildung anknüpfenden Fortbildungswege zum Meister oder Techniker, scheitern allerdings bei näherer Betrachtung an der Zugangsvoraussetzung mehrjähriger einschlägiger Berufserfahrung. Diese kann Herr Thiemann aufgrund seiner Montagetätigkeit nicht nachweisen. Den einzigen Ausweg aus der beruflichen Sackgasse sieht er schließlich in der Option einer externen Weiterbildung: „Dann blieb mir dann noch die Möglichkeit, Fachabitur zu machen und zu studieren" (98).

Beim Berufsinformationszentrum des Arbeitsamtes erkundigt sich Herr Thiemann über entsprechende Weiterbildungsmöglichkeiten des „zweiten Bildungswegs". Für die nötige Freistellung zum Nachholen des Fachabiturs und eventuellem Fachhochschulstudium scheint ihm das betriebliche Angebot der Wiedereinstellzusage ideal zu seinem Qualifikationsvorhaben zu passen. Die Konditionen dieser Regelung eröffnen nicht nur einen Freistellungsrahmen von insgesamt bis zu fünf Jahren, sondern beinhalten auch die Gelegenheit zur einmaligen Unterbrechung des Freistellungszeitraums, jeweils verbunden mit der Option der Rückkehr ins Unternehmen. Zwar empfindet Herr Thiemann den Statuswechsel vom in der Bandproduktion eingesetzten Facharbeiter zum Fachabiturienten als „Sprung ins kalte Wasser", doch fühlt er sich unabhängig genug, um Risiken eingehen und etwas auszuprobieren zu können: „(...) ich war jung und konnte alles machen, was ich wollte" (517). Die Zweifel, die er dennoch hegt, den Anforderungen der Ausbildung tatsächlich gewachsen zu sein, versucht er zu mildern, indem er die Weiterbildung etappenweise organisiert. So fasst er als Zwischenziel zunächst lediglich das Fachabitur ins Auge, bevor er sich weitergehend Gedanken um ein Studium macht und trifft entsprechend die Freistellungsvereinbarung so, dass ihm nach einem Jahr die Rückkehr in den Betrieb offen steht.

Wie erwartet verlangt das Fachabitur dem jungen Mann einen hohen Arbeitseinsatz ab. Andererseits macht ihm die intellektuelle Arbeit durch die Erfahrung der eigenen Leistungsfähigkeit „Spaß". Ansporn und Druck zugleich erzeugen nicht zuletzt die Konsequenzen eines etwaigen Misserfolgs:

> (...) und ich wusste auch, was ist, wenn ich jetzt das Fachabi nicht schaffe, ne, dann steh' ich nämlich wieder bei A&P[203] am Band, und das wollte ich auch nicht. Und da habe ich dann richtig Gas gegeben (...)" (109)

Erst nachdem die Eintrittskarte „Fachabitur" durch seine Lernerfolge in greifbare Nähe rückt, beginnt Herr Thiemann konkrete Vorstellungen für ein anschließendes Fachhochschulstudium zu entwickeln. Wie er betont, liegt es ihm fern, seinen Lebensweg, wie es „andere machen", exakt und zielgerichtet vorauszuplanen „(...) oder so zielgerechtes Lernen oder Hinstreben zu irgendeinem Ziel. Ich bin dann mal dahin, mal dahin, irgendwie hab' ich so meinen Weg gefunden" (405). Da ihm im ursprünglichen Arbeitsfeld die Chance einer gradlinigen Berufskarriere verbaut ist, verlangt der Umgang mit diesen Restriktionen überlegtes und flexibles Handeln. Dabei schaffen die Negativerfahrungen seiner bisherigen Karriere auch Freiräume und rücken bei der Wahl des Studienfachs nun bewusst persönliche Ambitionen in den Vordergrund. Obwohl bei seinen Vorkenntnissen der Studiengang Maschinenbau als aussichtsreiches Berufsfeld empfohlen wird, will sich der angehende Student von dieser Fachrichtung lösen und lieber von seinen Neigungen für die Architektur leiten lassen:

> „Die (beratenden Hochschullehrer B.S.) haben gesagt, ich soll bloß Maschinenbau studieren, auf keinen Fall Architektur, das wäre brotlose Kunst. Aber ich war halt vorgeprägt durch die Arbeit, die mir keinen Spaß gemacht hat und hab mir dann eben überlegt, dass ich unbedingt was machen will, wo ich glaube, dass es mir Spaß macht." (115/670)

Vor dem Hintergrund restriktiver Arbeitserfahrungen und enttäuschter Hoffnungen, sich durch die Facharbeiterausbildung einen Weg in eine gesicherte und aussichtsreiche Beschäftigung zu ebnen, emanzipiert sich Herr Thiemann von seinem bisherigen Arbeitsgebiet und setzt nun andere Prioritäten. In der Weiterbildung sieht er die Chance, sich im zweiten Anlauf mit etwas zu beschäftigen, „wo ich so richtig Lust zu hab". Damit nutzt er das Studium der Architektur

---

[203] Name des Unternehmens geändert.

zwar bewusst zur Umorientierung und Korrektur seiner bisherigen Berufsent-
scheidung, verliert aber dennoch bei seinen Entscheidungen die Frage der Berufschancen im Herkunftsunternehmen nicht völlig aus dem Blick: „Ich wusste,
was hier nicht gebraucht wurde (lacht), den Weg bin ich dann auch nicht gegangen." (413ff)

II. Zeitverwendung/Zeiterfahrung: Intensive Zeitbewirtschaftung rund um das Weiterbildungsziel

Die Zeit der Freistellung erlebt Herr Thiemann in allererster Linie von den Belangen des Studiums geprägt. Anderweitige Aktivitäten und Hobbys dagegen
lässt er „total fallen", um sich „nur noch auf das eine" zu konzentrieren. Die eigene Entscheidung und Initiative für diesen Ausbildungsgang verleiht dem Bil-
dungsvorhaben einen vorrangigen Stellenwert. Steht das Studium ganz grundsätzlich im Mittelpunkt und vereinnahmt die überwiegende Zeit, dehnt sich sein
tägliches Arbeitspensum darüber hinaus wegen der Notwendigkeit, sich über
Nebenjobs einen Zuverdienst zu sichern, phasenweise so übermäßig aus, dass
selbst existenzielle Bedürfnisse, wie der Nachtschlaf auf ein Minimum reduziert
werden:

> „Das war nachher so extrem, ich hab' dann irgendwie 10 Stunden irgendwo am Band
> gearbeitet und hab' dann die übrigen 16 Stunden, da hab' ich dann zwei, drei Stunden
> zum Schlafen verwendet und den Rest saß ich dann noch am Schreibtisch. Das kann
> man natürlich nur 'n paar Monate durchziehen, aber das musste so gemacht werden,
> sonst hätt' ich das zeitlich nicht geschafft. Es war eng." (778)

Da es sich bei dem Freistellungsangebot der Wiedereinstellzusage um ein „unbezahltes" Modell handelt, ist Herr Thiemann gezwungen, während der Dauer
seiner Fortbildung seinen Lebensunterhalt aus anderen Quellen zu bestreiten.
Auf der Grundlage „eltern-unabhängiger" Leistungen nach dem Bundesausbil-
dungsförderungsgesetz (Bafög) ist er in der Lage, Miete und Lebenshaltung ab-
zudecken. Um sich darüber hinaus „über Wasser" zu halten und die knappen
Ressourcen aufzubessern, nimmt er vor allem während der Semesterferien zusätzlich Nebenjobs an, insbesondere in seiner früheren, für studentische Verhältnisse gut entlohnten Tätigkeit in der Bandmontage. Die meiste Zeit der acht
Semester seines Studiums muss Herr Thiemann somit gänzlich auf Erholungsurlaub verzichten. Doch nicht nur die Notwendigkeit des Zuverdienstes bindet
die Freizeit des Studenten, auch für das Studium selbst sind ununterbrochen
Aufgaben zu erfüllen. Da er „die ganze Zeit während der Semesterferien an ir-
gendwelchen Entwürfen noch arbeiten (muss)", fehlt ihm ohnehin „die innere
Ruhe", um Urlaub machen und zu entspannen.
Auf besondere inhaltliche Herausforderungen, aber auch hohe zeitliche Belastungen hat sich Herr Thiemann jedoch von Anfang an eingestellt und akzeptiert
diese als unumgänglich:

„Ich wusste, dass es hart wird, dass es knapp wird. Erstmal von den Leistungen her, die man erbringen muss. Dass da auch einiges abgefordert wird. Und auch, dass man sich zeitlich ganz schön einschränken muss." (846)

Gefordert und eingeengt fühlt er sich speziell durch die verschulte Konzeption des Fachhochschulstudiums. Dessen „total verregelte" Struktur schränkt sein Gefühl, selbstbestimmt agieren zu können, spürbar ein. Über die studienbezogenen Vorgaben hinaus fühlt sich Herr Thiemann zusätzlich durch das zeitliche Limit der Wiedereinstellzusage unter Zeitdruck und dem Zwang ausgesetzt, die Regelstudienzeit (d.h. Mindeststudienzeit) nicht zu überschreiten:

„Ich musste mich da richtig lang machen, dass ich das in der Zeit geschafft habe. (...) Man durfte nicht großartig Vorlesungen ausfallen lassen oder irgendwelche Abgaben nicht einhalten, das wäre dann sofort in die Hose gegangen. Jetzt weiß ich nicht, ob ich dann noch ´n halbes Jahr Aufschlag (Verlängerung der Wiedereinstellzusage B.S.) bekommen hätte, das weiß ich nicht." (645)

Ruhe und Zeit, um sich abends mit Mitstudierenden in der Kneipe zu treffen, die Freizeit an einem verlängerten Wochenende zu genießen und „mal ´n bisschen was Privates machen", diese Spielräume besitzt Herr Thiemann nicht: „Das ging immer flott auf flott. Das kann man so im Nachhinein sagen, da war zu wenig Zeit" (801). Doch nicht nur der Rahmen der betrieblichen Freistellungsregelung bzw. der Studienbedingungen legt eine stark zielgerichtete und stringente Zeitorganisation der Weiterbildungsphase nahe. Auch die private Lebenssituation trägt eher zur Konzentration auf das berufliche Fortkommen bei, als einen Gegenpol dazu zu bilden. Seine heutige Partnerin lernt Herr Thiemann erst zu Beginn seines Studiums kennen. Die starke Beanspruchung durch die Weiterbildung setzt Zeitknappheit für die Partnerschaft daher von Anfang an als Fakt. Doch auch die Freundin ist ihrerseits durch Studium und anschließenden Auslandsaufenthalt stark eingespannt, so dass die beiderseitige Priorität in Sachen berufliche Bildung dann auch „passte". Die Gewöhnung daran, nur selten persönlich in Kontakt zu sein, wirkt sich schließlich in Zeiten des Zusammenseins zwiespältig aus:

„Und ansonsten hatten wir uns mal hin und wieder mal am Wochenende gesehen, wenn mal ´n bisschen Luft da war. Das war dann, oft war dann Freizeitstress, nö, wir kannten´s nicht anders. Dadurch hat´s uns auch nicht irgendwie gefehlt." (1285)

Angesichts des Leistungs- und Zeitdrucks, unter den Herr Thiemann sich gesetzt sieht, erfüllt es ihn mit Stolz, dass er dem Leistungsstress des Studiums nicht nur standgehalten, sondern die an ihn gestellten Anforderungen sogar „überdurchschnittlich gut" erfüllt hat. Die Bewältigung dieses Qualifikationssprungs ist für ihn keineswegs selbstverständlich. Die „positive Überraschung" über die eigenen Fähigkeiten und den erfolgreichen Abschluss des Studiums lassen ihn jedoch an Selbstvertrauen gewinnen und zuvor wirksame Versagensängste der persönlich wichtigen Erkenntnis weichen, dass andere „auch nur mit Wasser kochen". Doch nicht allein das individuelle Leistungsvermögen, auch die eigenständige Initiative für den Weiterbildungsweg ist ein wesentlicher Eckpfeiler für ein neues Lebensgefühl, mit dem sich Herr Thiemann seiner Autonomie und Willensstärke versichern kann: „Ich hab mir den Weg ausgesucht und bin den Weg dann gegangen und bin den auch zu 100 % gegangen, den Weg" (754). Im Vergleich zum früheren, vor allem durch Gleichförmigkeit, Ereignisarmut bis hin zu subjektiv empfundener Stumpfsinnigkeit gekennzeichneten Arbeitsleben erscheint das Studium trotz der zeitlich straffen und obligatorischen Organisation dennoch viel flexibler und eigenständiger gestalt- und steuerbar. Jenseits der Vorgaben des Stundenplans entsteht der Eindruck, jeden Tag neu und selbständig organisieren zu müssen und zu können, da im voraus gar nicht einzuschätzen ist „was so richtig auf einen zukommt". Diese Umstände verleihen seiner Lebensführung eine neue Ereignis- und Erwartungsoffenheit und erzeugen eine Spannung, die Herrn Thiemann sehr angenehm ist, selbst wenn die Spielräume der Selbstbestimmung im verregelten Fachhochschulsystem eher schmal ausfallen.

III. Bilanz/Perspektive : Sabbatical als Chance für eigensinnigen Bildungs- und Karriereweg

Nachdem Herr Thiemann mit Hilfe der Freistellung und Weiterbildung der vorherigen beruflichen Perspektivlosigkeit entronnen ist und sich auch durch die Wahl seines Studienfachs Distanz zur Erstausbildung verschafft hat, zieht er eine Rückkehr zum früheren Arbeitgeber zunächst überhaupt nicht in Betracht:

> „Als ich nach der Berufstätigkeit hier als Montagewerker rausgegangen bin, hab ich überhaupt nicht mehr dran gedacht, hier bei A&P nochmal anzufangen. Das war für mich gegessen das Thema. Ich dachte, Mensch, wenn du Architektur studierst, was willst du denn da bei A&P?" (435)

Auch im Studienverlauf tritt die Rückkehroption über weite Strecken in den Hintergrund, „schlummert (die Wiedereinstellzusage) irgendwo da in der Schublade", ohne dass Herr Thiemann sie persönlich für relevant hielte, da er „echt nie daran gedacht (hat), dass ich hier mal wieder anfangen werde". Dennoch bricht der Architekturstudent letztlich nicht alle Verbindungen zu seinem früheren beruflichen Umfeld ab. So schlägt er vertiefend die Fachrichtung „Industriebau" ein, „weil ich dachte, Mensch, da komm'ste her". Mit dieser Spezialisierung ergeben sich zugleich konkrete Verknüpfungen zwischen den neu erworbenen Qualifikationen und seinem Herkunftsunternehmen. Als sich gegen Ende der Studienzeit die Frage nach den zukünftigen Berufschancen stellt, gewinnt die Rückkehroption allmählich an Bedeutung:

> „(...) da haben wir mit Kommilitonen zusammengesessen, so in 'ner Kneipe und so: Mensch, was machen wir? Wie kriegen wir 'nen Job danach? Und da ist mir die Idee gekommen, ich hab ja noch die Wiedereinstellzusage: Frag doch mal nach!" (441)

Mit der näher rückenden Problematik des Berufseinstiegs nach dem Studium realisiert Herr Thiemann, dass die Arbeitsmarktaussichten im gewählten Berufszweig speziell im Schwerpunkt „Industriebau" wenig günstig sind. Auf „zehn Bewerbungen", so seine Wahrnehmung, „kriegt man im Moment nur noch zehn Absagen". In dieser Situation vermittelt ihm die Wiedereinstellzusage immerhin die Sicherheit, gegen eine drohende Arbeitslosigkeit gewappnet zu sein:

> „Man hatte halt so 'ne Karte in der Hand: wenn alles zusammenbricht, kann ich da wenigstens wieder arbeiten und hab da einen Arbeitsplatz und muss nicht stempeln gehen." (1365)

Neben der Arbeitsplatzzusage im ehemaligen Arbeitsbereich bietet ihm das frühere Unternehmen aufgrund seiner Größe und breiten Palette an Berufsprofilen darüber hinaus die Aussicht, betriebsintern eine seiner veränderten Qualifikation entsprechende Beschäftigung zu finden. Da der angehende Architekt angesichts der prekären Arbeitsmarktlage davon überzeugt ist, ohnehin keine „großartigen" Wahlmöglichkeiten zu haben, will er, entgegen seiner ursprünglichen Annahme, nun doch im Herkunftsbetrieb „die Chance suchen". Um diese noch zu verbessern, holt er den Rat von kompetenten Personen im Betriebsrat und in den entsprechenden Abteilungen ein und beginnt, sein weiteres Studium stärker auf die Interessen des Unternehmens auszurichten. So trifft er konkrete Absprachen, das Thema der Diplomarbeit mit einem geplanten betrieblichen Bauprojekt sowie einem Praxissemester im Betrieb zu verbinden.

Von diesen Verknüpfungen verspricht sich Herr Thiemann „schon einen Fuß in die Tür" einer künftigen qualifikationsadäquaten Beschäftigung zu bekommen. Trotzdem gelingt es ihm beim Wiedereinstieg nach dem Studium abermals nicht, seine Vorstellungen auf Anhieb umzusetzen. Statt in qualifizierter Position findet er sich zum wiederholten Mal in der „Warteschleife" der Bandmontage wieder. Da die Regelung der Wiedereinstellzusage lediglich ein Anrecht auf Rückkehr in den vorherigen Arbeitsbereich enthält, bleibt es das Risiko der Einzelnen, einen der Qualifikation adäquaten Arbeitsplatz zu finden.

> „Nee, das war'n Risiko von mir, das war nicht klar. Ich hab' denn hier wieder angefangen und das war überhaupt nicht klar. Ich habe dann mir viel Kritik anhören müssen, in meinem Freundeskreis, auch von Ex-Kommilitonen, dass ich wieder hier angefangen habe und hier am Band stehe. Hab' aber gesagt: ich such' die Chance da - das ist ja nicht so einfach heutzutage, als Architekt 'ne Stelle zu finden." (1464)

Die Aussicht, „als fertiger Ingenieur" wieder am Band zu stehen, nimmt der Rückkehrer für eine spätere Berufschance billigend in Kauf. Aus der Retrospektive ordnet er diese viermonatige Übergangsphase sogar als „interessante Erfahrung" ein und wertet die Tatsache, als Jungakademiker auch mit den Verhältnissen in der Produktion vertraut zu sein, ganz grundsätzlich als Vorteil. Bis zum Zeitpunkt des Wechsels in seine aktuelle Position als Bauplaner bei A&P, treibt ihn allerdings die bereits bekannte Unsicherheit um:

„Und da hab' ich ja wieder genauso wieder gegrübelt wie vorher. (...) komm' ich jetzt hier weg? Warte ich noch 'ne Weile? Hoffe ich noch...?" (1450)

Angebote von anderen Unternehmen liegen Herrn Thiemann nicht vor, da er selbst auf externe Bewerbungen verzichtet und sich ganz auf den internen Arbeitsmarkt bei A&P konzentriert hat. Hier bezieht er zur Unterstützung den Betriebsrat vor Ort ein, dem es schließlich auch gelingt, eine anstehende Einstellungsentscheidung maßgeblich zu seinen Gunsten voranzutreiben. Obwohl sich Herr Thiemann überaus aktiv für seine Karriere eingesetzt hat, kommt es ihm im Übergang vom (Weiter-)Bildungssystem auf eine passende Stelle im Betrieb erneut so vor, dass „alles gar nicht so planbar" abläuft. Wie am Ende einer Odyssee ist er „echt froh, dass ich jetzt erst'mal 'ne Arbeitsstelle bekommen hab'" und „mit viel Glück" sogar den Einstieg in eine Ingenieurposition erreichen konnte. Erst im Rückblick hat sich für ihn letztlich alles passend zusammengefügt: „Am Ende, den Weg, den ich jetzt gegangen bin, da hat's gepasst. Das passte haargenau" (630). Mit seiner derzeitigen Aufgabe zeigt sich der Wiedereinsteiger hochzufrieden; die Vielfalt der Tätigkeiten auf den Gebieten der Bauleitung und Bauplanung sieht er als eine „schöne Herausforderung" an. Doch nicht nur der Karrieresprung in ein anspruchsvolles Arbeitsgebiet, auch die selbständige Organisation von Arbeit vermitteln ihm ein neues Lebensgefühl. Vergrößerte Spielräume in der Arbeitszeitgestaltung wirken sich positiv auf sein Wohlbefinden, Zeit- und Lebensqualität aus. Statt wie früher unter Schichtbedingungen das „private Leben komplett auf die Arbeit abstimmen" zu müssen, ist es ihm in seiner jetzigen Tätigkeit möglich, die Arbeitszeit auch individuell entlang privater Bedürfnisse flexibel zu handhaben: „Das mag ich jetzt total an der Arbeitszeit, jetzt weiß ich genau, ich kann alles mir selber 'n bisschen organisieren" (1035). Seine gegenwärtige wöchentliche Arbeitszeit liegt aktuell bedingt durch hohen Arbeitsanfall faktisch über dem tariflich vereinbarten Arbeitspensum. Für den Berufsanfänger stellt jedoch nicht so sehr die verlängerte Arbeitszeit ein Problem dar, vielmehr belastet ihn die Arbeitsintensität, die zu Selektion und Abstrichen bei der Aufgabenerfüllung zwingt:

„(...) also ich kann die einzelnen Projekte nicht so abwickeln, wie ich's eigentlich möchte oder wie ich's eigentlich auch muss. (...) man hängt immer hinterher und man schafft die Arbeit nicht. Der Schreibtisch ist eigentlich zu voll. Muss man sich dann das Wichtige raussuchen (lacht). Also es kommt jeden Tag mehr, mehr, mehr." (1625)

Herr Thiemann tröstet sich damit, dass es nach seiner Einschätzung „heutzutage überall" an Zeit fehlt. Schon während des Studiums konnte er diese Erfahrung sammeln, dass Zeit- und Zielgrößen ähnlich wenig Raum für eingehendere Auseinandersetzungen mit den Arbeitsaufgaben ließen:

„Das hat man wirklich nur angeschnitten. Das hat man abgearbeitet, man wollte jetzt diesen Schein haben und dann musste man da eben schnell durch, um sich dann aufs nächste draufzustürzen. Das machen wir hier (im Betrieb B.S.) genauso (lacht): schnell zum Ziel und weiter!" (805)

In der Bilanz zeigt sich der Jungarchitekt vom heutigen Standpunkt mit seinem Werdegang sehr zufrieden. Die hohen individuellen Investitionen, die er erbracht hat, um beruflich Fuß zu fassen, bedeuten ihm zugleich auch eine persönliche Bereicherung und Gewinn. Die Umwege, die er einschlagen musste, um schließlich in eine qualifizierte und gesicherte berufliche Position zu gelangen, stellt er als eine wichtige Lebenserfahrung heraus und betrachtet sich vor diesem Erfahrungshintergrund als Abweichler vom Mainstream. Die Rückkehr in das frühere Unternehmen wertet er daher nicht als Notlösung, sondern sie ist für ihn Ausdruck einer ganz individuellen Suchbewegung, die durch seinen beruflichen Erfolg bestätigt wird:

> „Ich hab' immer versucht, 'nen anderen Weg zu gehen. Das hat sich jetzt auch positiv... dafür, denk' ich mal, hab' ich jetzt auch 'nen Job, am Ende. Ne. Wenn man Resümee zieht, war das gut, immer gegen den Strom." (885)

Ohne eigenes Engagement, ist sich Herr Thiemann sicher, wäre ihm der berufliche Aufstieg nicht gelungen. Angesichts der zum Teil sehr eingefahrenen Strukturen innerhalb eines „Riesen-Unternehmens", in dem „Persönlichkeit und so weiter hier, gerade an den Linien recht klein geschrieben wird" (530), muss sich, nach seiner Erfahrung, der Einzelne selbst ausgesprochen bemühen , „muss man immer aktiv sein, immer irgendwelche Wege, um ans Ziel zu kommen." (1512) Gegenüber seiner ehemaligen hochgradig fremdbestimmt und mechanisch konzipierten Tätigkeit hat er sich nun ein wesentlich anspruchsvolleres und kreatives Aufgabengebiet erobern können, welches ungleich mehr Möglichkeiten zur Selbstentfaltung bereithält. Dem höheren Verdienst, den er in seiner heutigen Position außerdem erzielen kann, misst er gegenüber dieser qualitativen Bereicherung einen eher nebensächlichen Rang bei. Weit bedeutender als die Einkommenshöhe sind für ihn die Chancen, eigene Interessen verwirklichen zu können. Aus dieser Perspektive beurteilt er seinen Entschluss zur Weiterbildung als eindeutige Erfolgsgeschichte: Das - selbst gewählte - Studium hat „Riesenspaß" gemacht und ihn in die Lage versetzt, mit der Zufriedenheit im Beruf als einem zentralen Lebensbereich auch insgesamt ein zufriedeneres Leben zu führen:

> „Man muss sich das ja so überlegen. Der Beruf, den man ausübt, diese Berufung, das macht man ja den größten Teil seines Lebens und wenn man dann unzufrieden ist mit dem, was man macht, dann ist man ja mit sich denn schon unzufrieden. Wenn man da nicht dran arbeitet, also für mich war das ganz, ganz wichtig, 'n ganz wichtiger Punkt in meinem Leben, da was zu machen, wozu ich Lust hab'. Und dann kann man nämlich auch Leistung bringen. Wenn ich was mache, wozu ich keine Lust habe, bring' ich nie höchste Leistung (...). Mit Freude muss man an die Arbeit gehen und deswegen ist das an erster Stelle (...)". (1530)

Eine erhebliche Veränderung hat seit Abschluss der Weiterbildung und der Einmündung in eine adäquate Beschäftigung nicht nur die berufliche Situation von Herrn Thiemann erfahren. Auch das Privatleben hat neue Gestalt angenommen, seitdem er mit seiner Partnerin zusammengezogen ist. Da das Paar nun im gemeinsamen Haushalt den Alltag miteinander teilt, „ist das Zusammenleben einfach ganz anders organisiert" (1302). Dabei kommt Herr Thiemann mit der Struktur seines Berufsalltags problemlos zurecht; insbesondere mit seiner „in Normalschicht" organisierten Arbeitszeit kann er sich „wirklich gut" arrangieren. Änderungsbedarf sieht er allenfalls im Hinblick auf den Zeitrahmen, der ihm für die Abwicklung einzelner Arbeitsprojekte zur Verfügung steht. Veränderungen oder Umverteilung seiner individuellen Arbeitszeit stehen für ihn dagegen zurzeit nicht zur Debatte. Ein weiteres Sabbatical, diesmal eigens für private Zwecke, kann er sich jedoch prinzipiell vorstellen:

> „Wenn ich's mir leisten kann natürlich, ne, nochmal irgendwo schön so'n Jahr irgendwie ins Ausland gehen. Aber dann für Urlaub, für Freizeit. Oder aber für 'nen Hausbau oder so, dass ich denn zu Hause viel selber mache. Für persönliche Dinge. Freizeit genießen, mal irgendwie nach Australien oder Amerika." (1644)

Aktuell steht allerdings die Etablierung im Beruf an erster Stelle. Als „Newcomer" in seinem Aufgabengebiet ist Herr Thiemann vollauf damit beschäftigt, sich Tag für Tag mit neuen Arbeitsaufgaben und deren Organisation zurechtzufinden. Gegenüber diesen Herausforderungen sieht er sich noch „mitten im Lernprozess" und glaubt frühestens in zwei bis drei Jahren soweit zu sein, „dass alles so flüssig von der Hand geht, was ich hier leisten muss und will." (1575)
Wie Herr Thiemann hat sich im folgenden Fall auch Herr Everts zur Nutzung eines Sabbaticals zur beruflichen Weiterbildung entschlossen. In Ergänzung zur Anwendung eines mehrjährigen Sabbaticals am Beginn der Berufskarriere, steht diese zweite Form der Freistellung stärker im Kontext neuer Anforderungen an ein „lebenslanges Lernen", wie sie in der Wissensgesellschaft zukünftig vermutlich weiter an Bedeutung gewinnen werden: Das Sabbatical gibt hier Gelegenheit zu zeitlich hoch komprimierten Weiterbildungsphasen „mitten im Erwerbsleben".

Fallvariation 1: Herr Everts: Sabbatical zur Erweiterung von Berufschancen in der fortgeschrittenen Erwerbsbiographie

Der 36jährige Holger Everts ist nach einer Meisterausbildung über Abendschule bereits weiterbildungserfahren und nach langjähriger Tätigkeit in seiner Firma, gleichfalls einem Automobilproduzenten, beruflich etabliert. Mit seiner gegenwärtigen Position und Arbeitsaufgabe als Techniker nicht unzufrieden, drängt es ihn dennoch, in Ergänzung seines bisherigen Qualifikationsprofils und Erweiterung seiner beruflichen Einsatzmöglichkeiten eine Weiterbildung zum technischen Betriebswirt anzustreben. Auf Grundlage der betrieblichen Sabbaticalregelung, sowie Bildungsurlaubs- und Erholungsurlaubsansprüchen lässt er sich für insgesamt sechs Monate freistellen[204].

---

[204] Zwar ließe die betreffende Sabbaticalregelung eine Unterbrechung bis zu einem halben Jahr zu, um jedoch Verluste im Einkommen geringer zu halten, greifen Beschäftigte auch

Sabbatical: Neue Weichenstellung auch „mittendrin"

Wie schon im voran gegangenen Fall, liefert den Impuls, in Eigeninitiative und als Eigenleistung in Bildung zu investieren, auch hier ein Mix aus von außen herangetragenen Erfordernissen und innerem Antrieb. Die Wahrnehmung konjunktureller Schwankungen und Antizipation neuer technologischer Entwicklungen lassen dem Sabbaticalanwender vorsorgliche Weiterbildungsanstrengungen *einerseits* notwendig erscheinen, um beruflich flexibler reagieren zu können:

> „Wenn ich halt fast schon in die Richtung Fachidiot geh', bin ich halt auch bei Konjunkturschwankungen irgendwo nimmer flexibel genug, um mich auf was Neues einzustellen. Auf eine neue Technologie, vielleicht bauen wir mal irgendwann keine Autos mehr, oder..." (1370)

Daneben erscheint es ihm im mittleren Erwerbsalter ratsam, im Falle später eintretender gesundheitlicher Einschränkungen, auch präventiv die berufliche Ausgangsposition und entsprechende Wahlmöglichkeiten auszubauen. *Andererseits* ist die Qualifizierung gleichwohl persönlich motiviert. Wie schon Herr Thiemann schreibt auch Herr Everts das Interesse an beruflicher Weiterbildung großenteils seiner eigenen Einstellung und dynamischen Persönlichkeit zu:

> „Also nicht stehenbleiben, das ist für mich also schon fatal, wenn ich irgendwo stagniere. Und das kommt immer wieder zyklusmäßig, dass man einfach sagt, Mensch, das hab' ich jetzt gemacht, ich versuch' das gut zu machen, aber es muss ja auch noch was anderes geben." (1355)

Auch für den Nutzer dieser kürzeren Bildungssequenz genießt die Zufriedenheit durch die Möglichkeit zur Selbstentfaltung im Beruf einen hohen Stellenwert. Danach richtet sich sein berufliches Engagement nicht nur auf die Einlösung objektiver Erfordernisse, auch subjektive Ansprüche sollen in die Erwerbstätigkeit einfließen und verwirklicht werden können. An die Kenntnis betriebswirtschaftlicher Arbeitsinhalte und Fähigkeiten knüpft, wie Herrn Thiemann, auch Herr Everts ganz persönliche Interessen. Neben dem Zuwachs an Fachwissen bewirkt die Weiterbildungserfahrung zudem subjektiv eine größere Selbstsicherheit und Zugewinne auch von Kompetenzen in Dingen des „täglichen Lebens".

Sabbatical als „Powerzeit"

Im Unterschied zur Situation der Berufseinsteiger, spielt allerdings im fortgeschrittenen Erwerbsleben die Zeitdauer der Qualifikationsmaßnahme eine entscheidende Rolle. Gegenüber langfristig angelegten Bildungsgängen besitzen zeitlich reduzierte und komprimierte Qualifizierungsmaßnahmen den Vorteil

---

auf andere Freizeitkontingente zurück, wie Gleitzeitguthaben oder Urlaubsansprüche bzw. bei Weiterbildungsvorhaben auch auf zweckgebundene Freistellungsoptionen, wie den in einigen Bundesländern bestehenden Anspruch auf Bildungsurlaub.

eines überschaubaren Zeitrahmens mit geringeren Arbeitsplatzrisiken. Als Kehrseite dieser Überschaubarkeit sprengt die Vermittlung von Bildung in der Art eines „Crash-Studiums" mitunter die Vorstellung der Lernenden, „dass so mit Power irgendwas reingepresst wird" (792). Die aufgrund der knappen Zeit notwendig hochgradige Verdichtung der Bildungsinhalte verlangt den TeilnehmerInnen Hyperleistungen ab und setzt sie besonderem Stress nicht nur während der Seminarzeit aus. Im Anschluss an einen Vollzeit-Unterrichtstag muss der konzentrierte Lernstoff in der freien Zeit am Abend und am Wochenende individuell aufgearbeitet werden. Aufwand und Intensität des Lernprozesses schließen so weitestgehenden einen Verzicht auf bzw. die gleichzeitige Intensivierung der Rest-Freizeit ein, die funktional hauptsächlich darauf ausgerichtet ist, Leistungs- und Aufnahmekapazität wiederherzustellen: „dass man mal wieder einen freien Gedanken haben kann, dass wieder was reingeht" (838).

In Folge dieser Fixierung werden Lebensbereiche oder Aufgaben, die nicht unmittelbar mit den Ansprüchen der Qualifizierung zusammenhängen, absolut nachrangig behandelt. Dass während des Bildungssabbaticals Beziehungszeiten mit der Partnerin „zu kurz gekommen" sind und insgesamt „entscheidende Einschnitte" im Privatleben vollzogen werden mussten, nimmt Herr Everts als unvermeidliches Faktum in Kauf angesichts des angestrebten „hohen Ziels" seiner beruflichen Weiterentwicklung.

Die Akzeptanz der Anforderungen eines derart kompakten Bildungsangebots ist dadurch bestimmt, dass der Faktor Zeit im fortgeschrittenen Erwerbsalter ein zunehmend relevantes Ausschlusskriterium darstellt. Dass verdichtete Bildungszeiten auch „auf die Firmen zugeschnitten" (812) sind und als Zugeständnis an die betriebliche Zeitökonomie zu werten sind, gerät zwar ebenfalls in den Blick. Vor dem Hintergrund einer Betriebspolitik der tendenziellen Personalverjüngung und damit zunehmender Konkurrenz zu jüngeren Arbeitskräfte jedoch, erscheint der eigene Vorteil, die Qualifizierungsdauer zu minimieren, schwerwiegender. Ausdehnte Bildungszeiten können sich daher „die Gereifteren", darunter fallen, so Herrn Everts Erfahrungen der betrieblichen Praxis, schon Arbeitskräfte ab 30 Jahren, nicht mehr leisten ohne Gefahr zu laufen, dass ihre Qualifikationen letztlich nicht mehr nachgefragt werden.

Kürzerfristiger Berufsausstieg für mittelfristig verbesserte Berufsaussichten

Dem Techniker erscheint das Sabbatical daher als ideales Modell und Chance, individuelle Weiterbildungswünsche mit dem Interesse an Beschäftigungssicherung und Erhalt der betrieblichen Integration zu verknüpfen. Trotz mehrmonatiger Unterbrechung der Erwerbstätigkeit hat Herr Everts keinen Verlust seines beruflichen Status zu befürchten, sondern kann eine reibungslose Rückkehr in das vorherige Beschäftigungsverhältnis erwarten. Als mittel- bis langfristige Weichenstellung für eine zukünftige berufliche Orientierung eröffnet ihm die

Weiterqualifizierung verbesserte Selbstverwirklichungs-, sowie Karrierechancen in erster Linie mit Blick auf den betriebsinternen Arbeitsmarkt. Auf neue betriebliche Anforderungen an Weiterbildung in Anpassung an veränderte Marktbedingungen in Verbindung mit persönlich motivierten Bildungsambitionen finden InteressentInnen von Kompakt-Bildungsgängen im Sabbaticalangebot eine adäquate Umsetzung.

Mit der Verwendung seines Sabbaticals zeigt sich Herr Everts denn auch sehr zufrieden. Aus seiner Sicht hat er in einem Alter „wo man noch einigermaßen leicht lernt" mit dem Sabbatical „schon noch mal eine Weichenstellung für die Zukunft" legen können. Dass darüber hinaus auch Vorgesetzte positive Effekte, wie eine verbesserte Rationalität und Selektionsfähigkeit im Umgang mit beruflichen Anforderungen registrieren, bestätigt ihm zudem, dass die Weiterbildung als Arrangement auf Gegenseitigkeit „beiden Seiten was gebracht hat". Nach seiner Rückkehr ins Unternehmen ist er „sofort wieder integriert" und arbeitet an seinem vorherigen Arbeitsplatz zu unveränderten Bedingungen. Erst mittelfristig, im Laufe eines Jahres, plant er, sich firmenintern entsprechend seines neuen Qualifikationsprofils zu bewerben. Ein weiteres Sabbatical möchte Herr Everts mit Blick auf die zunehmenden betrieblichen Bildungserfordernisse „so schnell wie möglich" wieder in Anspruch nehmen. Seine Visionen beschränken sich hier jedoch nicht nur auf die Aneignung weiterer Fachkenntnisse, sondern schließen auch übergreifende Wissensgebiete, wie das Erlernen von Fremdsprachen oder Sammeln von Praxiserfahrungen im Ausland mit ein.

Trotz aller Aufgeschlossenheit und Lernbegeisterung möchte Herr Everts sein Privatleben aber nicht noch einmal so stark unterordnen müssen. Im Gegenteil geben die positiven Erfahrungen in der problemlosen Anwendung des Freistellungsmodells Anlass, auch Vorstellungen für eine rein private Nutzung des Sabbaticals zu entwickeln. Allerdings hegt er Zweifel, ob berufsfernen Vorhaben wie etwa dem Traum einer halbjährigen Weltreise betrieblicherseits eine ähnliche Akzeptanz entgegengebracht würde, wie dem Motiv beruflicher Weiterbildung. Damit Freistellungsinteressen zukünftig generell eine stärker Berücksichtigung im Betrieb erfahren, hält Herr Everts, nach seiner Erfahrung aus der Weiterbildungszeit, vor allem den Austausch von Informationen für entscheidend:

> „Wenn man zu wenig Infofluss bekommt, das merkt man immer wieder in der Firma, wenn diese Kommunikation nicht stattfindet, hat man keine Chance, irgendwie zu reagieren oder in einem Projekt vernünftig zu arbeiten." (1402)

Von einer weiteren Verbreitung und „Normalisierung" von Sabbaticalangeboten und deren Nutzung verspricht er sich insgesamt ein Aufbrechen von „Verkrustungen" und konservativem Denken, insbesondere was die Berücksichtigung von Lebensinhalten und -zeiten jenseits des Erwerbs betrifft, beispielsweise hinsichtlich von Familienzeiten speziell für Väter. Neue Arbeitszeitmodelle voranzutreiben, betrachtet Herr Everts deswegen als Pionierarbeit.

Als eine Pionierin, die sich ihren Weg jenseits gewohnter Denk- und Handlungsmuster gebahnt hat, versteht sich auch die folgende Sabbaticalnutzerin, deren Freistellung ihr zu einer Verbindung von Familienrolle und Weiterbildungswünschen verhelfen soll. Anders als bei den beiden vorangegangenen „geglückten" Weiterbildungsvorhaben, führt der Ausstieg in der zweiten Fallvariante trotz hoher Bildungsambition jedoch zu einem subjektiv weniger zufriedenstellenden Ergebnis.

Fallvariation 2: Frau Linnert: Weiterbildungssabbatical in Kombination mit familiären Aufgaben

Ähnlich der Lage von Herrn Thiemann ist auch die berufliche Ausgangssituation von Gabriele Linnert durch einen schwierigen und brüchigen Einstieg ins Berufsleben gekennzeichnet. Im Anschluss an ihre Ausbildung zur Bibliotheksassistentin zunächst arbeitslos, bereitet sie mit dem Ablegen einer so genannten Nicht-Abiturientenprüfung ein mögliches Universitätsstudium vor. „Mit Glück" bietet sich ihr jedoch zuvor ein befristetes Beschäftigungsverhältnis als Archivarin im Medienbereich, so dass sie ihr Weiterbildungsvorhaben zurückstellt. Eine „feste Stelle" in Aussicht, trifft sie die Entscheidung, diesen Berufsweg weiterzuverfolgen, realisiert aber dann, dass die Tätigkeit nicht ihren Vorstellungen entspricht:

> „Da gab es noch Festverträge, ich sage ja, mit Glück, das muss man jetzt wirklich so sehen. Ja, da war das so, dass ich eine Ganztagsstelle hatte und nach vier Jahren ging mir das da doch alles ein bisschen auf den Keks, weil ich das ziemlich öde fand. (...) und da habe ich mich doch darauf besonnen, dass ich doch eigentlich einmal Psychologie studieren wollte (...)" (100)

In ihren Fähigkeiten unterfordert und perspektivisch nur spärliche Chancen für eine berufliche Weiterentwicklung, leitet Frau Linnert im Bewusstsein, nicht die „richtige" Berufswahl getroffen zu haben, sukzessive die Umsetzung ihres beruflichen „Traums", eines Psychologiestudiums, in die Wege. Im ersten Schritt belegt sie neben ihrer Vollzeitbeschäftigung Vorlesungen, reduziert aber nach kurzer Zeit in einer Art „Teilkündigung" ihre Arbeitszeit bereits um die Hälfte, um sich stärker dem Studium zu widmen. Ein Jahr nach Studienbeginn wird Frau Linnert schwanger und bringt mit Anfang dreißig ihr erstes Kind zur Welt.

Sabbatical: Türöffner für die Integration unterschiedlicher Lebensziele

Mit der Entscheidung für ein Kind steht für sie der Weiterbildungswunsch jedoch nicht zur Disposition. Im Gegenteil - mit dem gesetzlichen Erziehungsurlaub beginnt für Frau Linnert eine „ganz tolle Zeit", da ihr ein Arrangement glückt, mit dem sich beide Bedürfnisse erfüllen lassen: Zeit für das Kind und für den „Luxus Bildung" zu haben. Sich allein auf Kinderbetreuung und Haushalt zu beziehen, passt nicht in das Lebenskonzept von Frau Linnert. Dass sie es vermeiden kann, einseitig in die Rolle der „Mutterschaftsfrau" abgedrängt zu werden, verdankt sie ihren individuellen Flexibilitätsspielräumen und der Fähigkeit, diese aktiv zu nutzen und zu gestalten: Dazu gehören die Möglichkeit, Vorlesungen zu für sie günstigen Tageszeiten zu belegen, die Solidarität von Mitstudierenden, die sie bei Abwesenheit auf dem Laufenden halten sowie das Arrangement mit dem Partner, der in der Lage ist, in bestimmten Zeitspannen Betreuungsaufgaben zu übernehmen:

> „(...) ich habe in der Zeit immer gesagt, es ist die glücklichste Zeit meines Lebens, weil irgendwie konnte ich genau das machen, was ich wollte, mein Studium hat mich sehr interessiert und ich fand es auch sehr spannend, das machen zu können - das war toll - und trotzdem hatte ich noch genügend Zeit für's Kind (...). Und dadurch, dass ich ganz bewusst auch abends Kurse belegt hatte und mein Mann dann manchmal um 16 Uhr zuhause war, und ich dann zur Uni gefahren bin, manchmal bis 22 Uhr. Ja, das ging gut." (600)

Zudem verfügt sie über weitere Optionen, sich durch eine Tagesmutter oder die in der Nähe wohnenden Großeltern, später über einen Kindergartenplatz Unterstützung bei der Kinderbetreuung zu organisieren. Mit einem einjährigen Sabbatical, dass Frau Linnert mangels kollektiver Regelung in individueller Absprache vereinbart hat, will sie sich auch nach Ablauf des Erziehungsurlaubs[205] die Fortsetzung dieses Arrangements sichern, das es ermöglicht, nicht nur das Kind weiterhin zum Gutteil im häuslichen Umfeld zu betreuen, sondern ihr auch die nötigen Zeitreserven verschafft, um das Studium weiterzuverfolgen[206]. Mit Stolz darauf, „nicht so eine typische Erziehungsurlaubsfreistellung" zu repräsentieren, betrachtet Frau Linnert das nötige Kalkül und die Kompetenz, beide Interessen - Familien- und Weiterbildungswunsch - zu verknüpfen und dem Schicksal der „Nur-Hausfrau" zu entgehen, als selbst initiierte, eigene Leistung. Zwar gelingt es ihr, sich durch die Integration von Familienleben und Weiterbildungszielen einerseits vor einer unerwünschten Vereinseitigung zu bewahren, auf der anderen Seite verlangt ihr diese Kombination aber auch besondere Organisations- und Koordinationsleistungen ab und setzt nicht zuletzt ein relatives Maß an Verlässlichkeit der Rahmenbedingungen ihres Alltagsarrangements voraus.

Grenzen der beruflichen Verwirklichungschancen durch Doppelbelastung

Eben diese Verlässlichkeit gerät im Fall von Frau Linnert durch die eintretende Arbeitslosigkeit des Partners ins Wanken und zwingt dazu, das Weiterbildungs-

---

[205] Die Freistellung von Frau Linnert endete Mitte 1994 und liegt damit, anders als bei den übrigen Interviewten, bereits mehrere Jahre zurück. Zum damaligen Zeitpunkt, zu Beginn der 90er Jahre, war die Verlängerung des Erziehungsurlaubs von zwei auf drei Jahre zwar bereits in Planung, aber noch nicht in Kraft. Der Hinweis auf die kommende Neuregelung diente ihr jedoch als Argumentationshilfe gegenüber dem Arbeitgeber bei der Durchsetzung des Sabbaticals.

[206] Während dieser „unbezahlten" Freistellung finanzierte sich Frau Linnert mit Hilfe von Erziehungsgeld und Bafög-Leistungen.

ziel aufzugeben. Denn einerseits benötigt sie für den Studienabschluss wegen der Doppelbelastung mit Familienaufgaben und Weiterbildungsanforderungen einen großzügigeren Zeitrahmen. Andererseits kann es sich Frau Linnert angesichts der veränderten, destabilisierten Familiensituation nun nicht mehr erlauben, über die ursprünglich vereinbarte einjährige Sabbatzeit hinaus eine Verlängerung auszuhandeln. Aus „Sicherheitsgründen", sowohl um die finanzielle Versorgung der Familie zu gewährleisten, als auch um selbst kein Beschäftigungsrisiko einzugehen, sieht sie sich statt dessen zur Rückkehr an ihren früheren Arbeitsplatz genötigt, bevor sie ihr Weiterbildungsvorhaben erfolgreich zum Abschluss bringen kann. Als berufstätige Frau und Mutter steht sie unter dem Druck, anstelle des Partners die Hauptverantwortung für die ökonomische Absicherung der Familie zu übernehmen und dafür die eigenen beruflichen Entwicklungsziele zurückzustellen.

Zwar bestehen der Wunsch und die Motivation, die Qualifikation formell abzuschließen und sich damit im Hinblick auf zukünftige Berufswege mehr Selbstverwirklichungs-chancen zu eröffnen, auch nach dem erzwungenen Wiedereinstieg fort. Doch schieben sich demgegenüber die Absicherungszwänge zunehmend stärker in den Vordergrund: Nicht nur der erwerbslose Partner, auch die sich verschlechternde wirtschaftliche Lage im Unternehmen, in dem Frau Linnert beschäftigt ist, steigern das Gewicht der Arbeitsplatzsicherheit und verstärken die Dringlichkeit, an dem dortigen „festen" Arbeitsplatz festhalten zu müssen. Mit Blick auf die gescheiterte berufliche Zukunftsaussicht als Psychologin versucht sie sich damit zu trösten, dass sie sich nun vor allem mögliche Hindernisse vor Augen hält und einem neuerlichen Berufsstart im Alter jenseits von 40 Jahren überdies kaum Realisierungschancen einräumt.

Die veränderte ökonomische Situation der Familie hat die Spielräume der jungen Mutter so weit verengt, dass sie ihr Weiterbildungsvorhaben abbrechen muss, um - neben der Kinderbetreuung - mit der Wiederaufnahme ihrer früheren Halbtagstätigkeit eine Einkommensquelle zu sichern. Bis heute formell noch immer eingeschriebene Studentin, ist Frau Linnerts Lebenssituation von einem starken Zwiespalt gekennzeichnet, schwankend zwischen dem Bedürfnis und Antrieb, die angestrebte Qualifikation doch noch zu erreichen und der Einsicht und Fügung in die Notwendigkeit, ihren Arbeitsplatz durch ein weiteres Freistellungsbegehren nicht zu gefährden:

> „Der Blickwinkel verschiebt sich, das ist so, was ist wichtig im Leben? Aber, ich glaube, das ist auch eine Frage des Alters oder der Reife? Weiß ich nicht, ich denke, das hat jetzt auch mit den Umständen zu tun, jetzt zu sagen, mit meinem Studium, ich denke, das schaffe ich nicht mehr oder die Motivation, die sinkt auch, dass man sagt, gut, was habe ich davon, wenn ich das jetzt wirklich bis zu Ende mache? (...) und von daher denke ich eher, dass man wirklich so sagt, OK, ich habe da meinen Halbtagsjob, ich gehe da vier Stunden hin, teilweise macht der Job mir inzwischen auch Spaß, also es gibt da durchaus Highlights, ich verdiene damit gutes Geld und den Rest gestalte ich mir so gut wie es irgendwie geht." (057B)

Mehr als fünf Jahre nach Abbruch ihres Studiums versucht Frau Linnert ihrer beruflichen Lage und Werdegang unter pragmatischen Gesichtspunkten möglichst positive Seiten abzugewinnen. Allerdings lassen die aktuellen Rahmenbedingungen der Familie kaum Handlungsalternativen zu. Zwar hat ihr Lebenspartner inzwischen wieder eine Beschäftigung gefunden, verfügt bei einem 12-Stunden-Arbeitstag nun aber nicht mehr über zeitliche Spielräume zur Übernahme von Familienaufgaben. Umgekehrt sind die Betreuungsanforderungen des Kindes mit Erreichen des Schulalters gestiegen. Die dadurch erforderliche erhöhte Präsenz von Frau Linnert in der Familie rückt für sie eine Wiederaufnahme des Studiums daher auch aus privater Perspektive in weite Ferne.

7.3.2 Theoretische Reflexionen zum Weiterbildungstypus - Neue Formen eigeninvestiver Qualifizierung

I. Sabbatical als Gelegenheitsstruktur für berufliche Fortentwicklung

Wie die Verarbeitungsformen von Sabbaticals innerhalb des Weiterbildungstypus zeigen, tangieren ökonomischer Strukturwandel und Modernisierung des Beschäftigungssystems durch Verbreitung neuer arbeitsorganisatorischer Konzepte, entstandardisierter Arbeitszeitsysteme und „atypischer" Beschäftigung nicht allein die *tagtäglichen Arrangements* der Erwerbstätigen in Form einer zunehmenden Deregulierung und Destabilisierung, sondern auch die *beruflichen Lebensverläufe* sind von einer wachsenden Instabilität gekennzeichnet (Mutz 1995, 2001). Jüngere Beschäftigtengenerationen können heute nicht mehr davon ausgehen, an lineare Berufsbiographien im Sinne des „Normalarbeitsverhältnisses" anzuknüpfen, wie sie noch für den Typus der Regenerierer selbstverständlich Geltung besessen haben[207]. Relativ zu jener „Normal(erwerbs-)biographie" erweisen sich heute sowohl die *Zugänge zum Berufssystem als weniger gradlinig* als auch *Karriereverläufe als weniger konsistent und programmierbar*. Zwar erweitern sich mit der Zunahme flexibilisierter Beschäftigungsverhältnisse einerseits die Chancen, überhaupt einen Einstieg ins Berufsleben zu finden. Andererseits wachsen die Schwierigkeiten, im Anschluss an die berufliche Erstausbildung in ein gesichertes, der Qualifikation angemessenes Beschäftigungsverhältnis einzumünden. Entgegen der Erwartung, sich nach Durchlaufen des dualen Ausbildungssystems in der Arbeitswelt möglichst reibungslos zu etablieren, stoßen Berufsanfänger vielfach auf eine krisenhafte und dynamische Arbeitsmarktsituation. Rationalisierungsstrategien auf der einen und eine abnehmende „Halbwertzeit des Wissens" auf der anderen Seite konfrontieren die Beschäftigungsuchenden mit neuen Herausforderungen beziehungsweise verlangen Bereitschaft zu Abstrichen bei den in den Beruf gesetzten Erwartungen. Wie der prototypische Fall zeigt, wird für eine Übernahmemöglichkeit in ein unbefriste-

---

[207] Auch dort gilt diese Aussage allerdings einschränkend vorwiegend für männliche Beschäftigte.

tes Beschäftigungsverhältnis zunächst auch der Einsatz in einem unterqualifizierten Arbeitsgebiet in Kauf genommen. Als Dauerarrangement führt dieser Kompromiss jedoch *erstens* statt zum erhofften Ausbau, zu einem (Wert-) Verlust der ursprünglichen Qualifikation und droht auch nachhaltig mit Einbußen und Schlechterstellung hinsichtlich der materiellen und sozialen Sicherung einherzugehen. Von Nachteil ist *zweitens*, dass der Zugang zu weiterführenden Fortbildungen vom Ausgangspunkt gering qualifizierter Tätigkeit erschwert wird. Und *drittens* drückt sich der mentale Leidensdruck, der aus der inadäquaten Arbeitssituation resultiert, schließlich in Motivationsverlusten bis hin zu gesundheitlicher Beeinträchtigung aus.

Der *Berufseinstieg* als ohnehin speziesch sensible Phase im Verlauf der Erwerbsbiographie gerät so *zunehmend zur risikoreichen Statuspassage*. Um unter den in- und extern erschwerten Arbeitsmarktbedingungen eine erfolgreiche Berufseinmündung zu erreichen, müssen junge Erwachsene verstärkte Anstrengungen unternehmen, erhöhten Anforderungen an eine individuelle Lebensplanung und Lebensführung gerecht zu werden und stehen dabei unter besonderem Anpassungszwang. Zum einen haben berufliche Entscheidungen ganz erheblichen Einfluss auf ihren zukünftigen Lebensweg, zum anderen gilt es, bestimmte Karriereziele erst noch zu erreichen. Zur Verbesserung der eigenen Beschäftigungsfähigkeit („employability") werden *Weiterbildungsanstrengungen zu einer Schlüsselgröße*, etwa um getroffene Berufsentscheidungen in Form von gezielteren oder umfassenden Aufwertungen bzw. Erweiterungen zu korrigieren und die beruflichen Chancen der Einzelnen zu erhöhen. Auffälliges Merkmal der Weiterbildungslösungen, für die sich dieser Typus am Beginn der beruflichen Laufbahn entscheidet, ist der *„Karrieresprung"*. Mit der Korrektur früherer Berufsentscheidungen durch höhere Bildungsabschlüsse orientieren die Freigestellten demnach klar auf eine qualitativ signifikante Verbesserung ihrer beruflichen Ausgangssituation. Ist diese Möglichkeit zum einen ein Indiz für individuelle Flexibilität sowie gesellschaftliche Mobilität, so weisen langfristige Weiterbildungsmaßnahmen zum anderen auf *strukturelle Probleme der Beruflichkeit* hin, wenn die AnwenderInnen bereits kurz nach Ausbildungsende auf berufliche Sackgassen reagieren und sich Entwicklungschancen außerbetrieblich organisieren müssen. Nach Baethge et al. wird der Beruf trotz höherer Qualifikationsanforderungen der Betriebe und eines steigenden Quaifikationsniveaus der Arbeitskräfte als spezifische Verbindung von Berufs-(Fachlichkeit) und sozialer Orientierung und Integration zunehmend fragwürdig bzw. erodiert (Baethge/ Baethge-Kinsky 1998, Baethge/Haase 1999). Doch nicht nur in der Einstiegsphase sind Berufstätige in einer Art „Flucht nach vorn" zu erweiterten Qualifizierungsbemühungen genötigt. Auch nach einem gelungenen Übergang ins Arbeitsleben sehen sich die Beschäftigten vor die Aufgabe gestellt, ihre *Qualifikationen* in einer rapide voranschreitenden Informations- und Wissensgesellschaft im Verlauf der Erwerbsbiographie *gegen Entwertung abzusichern*. Gleichfalls

212

gilt es umgekehrt, die aktuelle Arbeitssituation beständig mit den eigenen subjektiven Erwartungen und Präferenzen abzugleichen. Werden aus betrieblicher Perspektive vermehrte Investitionen in „Humanressourcen" zur Sicherung von Wettwerbschancen immer wichtiger[208], führt aus Beschäftigtensicht das steigende Tempo von Innovationszyklen zur abnehmenden Verwertbarkeitsdauer der eigenen Qualifikationen und macht Anpassungsmaßnahmen zu einem zwingend erforderlichen Bestandteil ihres Berufslebens. Nicht zuletzt unterliegt im Übergang zur Wissensgesellschaft mit ihrer allgemeinen Tendenz zur Höherqualifizierung das Betreiben von Weiterbildung damit einer „Sachzwanglogik" (Dobischat/Seifert 2001): „Lebenslanges Lernen", die fortdauernde Aktualisierung und Aufwertung von Kenntnissen und Fähigkeiten, wird zur unabdingbaren Voraussetzung für berufliche Karriere und deren Stabilisierung. Die gewachsene Notwendigkeit einer zielgerichteten Weiterbildung wird unter anderem dadurch deutlich, dass die AspirantInnen mit steigendem Qualifikationsniveau[209] zunehmend Bereitschaft zeigen, auch private Zeit zum Zweck der beruflichen Bildung einzusetzen (Seifert 2001:12). Als notwendige Überlebensstrategie auf dem Arbeitsmarkt wird „lebenslanges Lernen" zur persönlichen „Chefsache" und schließt die Investition privater Zeiten ein. Entsprechend nutzen Beschäftigte betriebliche Freistellungsoptionen wie Sabbaticals nicht nur zur Realisierung privater Projekte und Ambitionen, sondern auch, um ihre berufliche Karriere voranzutreiben.

Nicht spezifisch für Bildungszwecke ausgewiesene Freistellungsoptionen wie das Sabbatical explizit für berufliche Ziele zu nutzen, kann darüber hinaus als Element eines Entwicklungsprozesses hin zu einem neuen Leittypus von Arbeitskraft gedeutet werden, wie ihn die Münchner Arbeits- und Berufssoziologen Voß und Pongratz (Pongratz/Voß 1998, Voß 1998) beschreiben. Nach ihren Beobachtungen des sich seit den achtziger Jahren vollziehenden strukturellen Wandels in Richtung einer „Entgrenzung von Arbeit und Arbeitskraft" macht die bisher dominante Figur des „verberuflichten Arbeitnehmers" der postfordistischen Ära Platz für den modernisierten Typus des „Arbeitskraftunternehmers" in der Wissensgesellschaft. Da sich im Gefolge wirtschaftlicher Reorganisationsprozesse und der Implementierung neuer flexibilisierter und „autonomer" Erwerbsformen Beschäftigte heute erhöhten Erwartungen im Sinne einer eigenverantwortlichen, aktiven und zum Teil äußerst effektiv-kontrollierten Gestaltungspraxis ihres Arbeitslebens gegenübersehen, müssen sie neue Qualitäten der Selbstregulierung ihres Arbeitsvermögens herausbilden. Vormals

---

[208] An diese Perspektive knüpft sich u.a. die Erwartung der AnwenderInnen, dass es sich bei dieser Nutzungsform um ein Win-Win-Arrangement handelt und ergo das Unternehmen durchaus eigene Interessen an der Rückkehr fortgebildeter MitarbeiterInnen hat.

[209] Darüber hinaus machen Dobischat et al. aber auch auf wachsende Handlungsbedarfe der beruflichen Weiterbildung bei Geringqualifizierten aufmerksam (Dobischat/Seifert/Ahlende 2002).

praktizierte direkte Steuerungs- und Kontrollmechanismen im Arbeitsprozess sind auf dem Rückzug zugunsten einer indirekten Steuerungslogik und Delegation von Aufgaben der (Erfolgs-)Kontrolle an die Beschäftigten selbst als quasi „unternehmerisches Subjekt"[210]. Neben dieser *erweiterten Selbstkontrolle* der Arbeitspersonen fällt als wesentliches Kennzeichen der neuen qualitativen Orientierung von Arbeitskraft im Zusammenhang mit den dargestellten Anwendungsmustern von Bildungssabbaticals insbesondere die *verstärkte Selbstökonomisierung* ins Gewicht. Danach ist von der Arbeitskraft neuen Zuschnitts gefordert, anstelle „reaktiv und nur punktuell systematisch seine Potentiale ökonomisch (zu) handhaben (...), nun in völlig neuer Qualität ein kontinuierlich effizienzorientiert handelnder Akteur werden - ein Akteur, der seine Fähigkeiten hochgradig gezielt auf eine wirtschaftliche Nutzung hin entwickeln und verwerten muss" (Voß 2001:9). Dieser Selbstverwertungs-Imperativ gilt in doppelter Hinsicht: Zum einen haben die Beschäftigten ihre Fähigkeiten und Leistungen innerhalb von autonomisierten Arbeitsformen in einer Art systematischer Produktionsökonomie zielgerichtet, aktiv und kostenbewusst herzustellen und diese darüber hinaus auch mit Blick auf den die „Ware Arbeitskraft" nachfragenden Arbeitsmarkt in einer Art individueller Marktökonomie aktiv zu vermarkten. Wenn sich auch die Arbeitenden schon immer bemühen mussten, die eigene Arbeitskraft so gut wie möglich zu verkaufen, sind sie heute, als qualitativ neues Moment, viel weitergehender mit dem Erfordernis konfrontiert, sowohl die *Entwicklung und Erhaltung der eigenen Arbeitsfähigkeit* - sozusagen als Innenverhältnis von Arbeitskraft - als auch, nach außen gerichtet, deren Verkauf und Verwertung unter ständig wechselnden Marktbedingungen und Konkurrenzdruck fortlaufend aufs Neue aktiv selbst zu betreiben.

---

[210] War die Umformung von potenziellem Arbeitsvermögen in konkrete Arbeitsleistung bislang von Fremdzwängen in Form relativ rigider, aber auch besser kalkulier- und planbarer Rahmensetzung gekennzeichnet, konzipieren neue Betriebs- und Organisationsstrategien diesen Prozess gegenwärtig mehr und mehr als einen der Selbstorganisation und Eigenverantwortlichkeit mit der Konsequenz, dass die ehemals von außen herangetragenen Zwänge als Eigenzwänge internalisiert werden. In ihrer Umsetzung nimmt diese Entwicklung vielfältige Formen an, sei es als Modelle der Gruppen- oder Teamarbeit, in projektförmiger Arbeitsorganisation oder als hoch flexibilisierte Arbeitszeitmuster, wie beispielsweise die so genannte Vertrauensarbeitszeit, Zeitkontenregelungen und Möglichkeiten des Freizeitausgleichs en bloc. Dieser Wandel weg von rigiden hin zu stärker partizipativen Arbeitseinsatzkonzepten ist nicht völlig neu, allerdings hat der Prozess in den neunziger Jahren einen massiven Schub erhalten. Arbeitsbedingungen, wie sie vorher hauptsächlich für Hochqualifizierte gegolten haben (Kotthoff 2001), diffundieren auch in andere Arbeitnehmergruppen und werden zum Mainstream (Döhl/Kratzer/Sauer 2000, Sauer/Kratzer 2001) Bei den hier erwähnten Beispielen handelt es sich um Arbeitszeitformen, die - im Gegensatz zu den vielzitierten „Freelancern" oder Semi-Selbständigen - gerade auch im Rahmen konventioneller, d.h. tariflich geregelter Beschäftigungsverhältnisse, in denen auch der hier dargestellte Typus anzutreffen ist, Anwendung finden (Voß 2001:4f).

Indem sich damit der Modernisierungsdruck für den Einzelnen über den betrieblichen Rahmen hinaus auf der Ebene des individuellen Lebenszusammenhangs weiter fortsetzt, kommen neben den eher querschnittsorientierten Aspekten des Arbeitskraftunternehmer-Konzepts insbesondere auch die berufsbiographischen Folgewirkungen einer sich verändernden Arbeitsorganisation zum Tragen. Denn um angesichts der immer rapideren technischen, produkt- und dienstleistungsbezogenen Umwälzungen und gegen die damit verbundenen wachsenden Beschäftigungsrisiken gewappnet zu sein, müssen die Individuen dazu übergehen, sich *als ganze Person mit ihrer gesamten Lebensführung und Biographie auf die spezifische berufliche Situation einzustellen* und sie in diesem Sinne sozusagen zu „verbetrieblichen". Von der dieser *aktiven Selbst-Rationalisierung* folgenden tendenziellen Auflösung der Trennung von „Arbeit" und „Privatleben" werden die verschiedensten Facetten der Lebensplanung und -gestaltung der Berufstätigen berührt: Der Grad von Verbindlichkeit und Festigkeit in Paarbeziehungen, Fragen des Reproduktionsverhaltens, der Zeitpunkt der Familiengründung ebenso wie Entscheidungen über Mobilität und Wohnortwahl und nicht zuletzt die Bereitschaft und Fähigkeit, zu individuellen Lösungen in der Organisation und dem Verhältnis von Arbeits-, Frei- und Lernzeit zu gelangen. Darin inbegriffen ist auch das Vermögen, (Eigen-)Leistungen auf dem Gebiet der beruflichen Weiterbildung neu in den Lebenszusammenhang zu integrieren.

Die von Voß/Pongratz formulierte Arbeitskraftunternehmer-These weist auf neue Anforderungsstrukturen im Arbeitsleben hin, die für viele Beschäftigte eine Überforderung bedeuten, die neue Ungleichgewichte nach sich zieht. Trotz der zunehmenden Risiken im Gefolge der erhöhten Gestaltungsnotwendigkeit wird der Modernisierungsdruck vom Weiterbildungstypus dennoch vergleichsweise gut verarbeitet. Seine privilegierten Möglichkeiten erleichtern ihm die Adaption auf verschiedenen Ebenen. *Erstens* verfügt der Weiterbildungstypus über eine Reihe von Antriebsfaktoren im Rahmen seiner starken Berufsorientierung. Ausgestattet mit einer *hohen Arbeitsmotivation*, drängt es gerade junge Arbeitskräfte beim Start in den Beruf, die erlernten Fertigkeiten anzuwenden, durch Aneignung beruflicher Routinen ihren Professionalisierungsgrad zu steigern und sich im Berufsleben zu behaupten und zu etablieren. Auch im Erwerbsverlauf ist die Einstellung des Typus weiterhin durch ein ausgeprägtes Arbeitsengagement und Aufstiegsorientierung gekennzeichnet. Gemäß ihrer dynamischen Persönlichkeit legen diese Menschen in ihrer Tätigkeit großen Wert auf qualitative Aspekte, wie Abwechslungsreichtum, Flexibilität und kreative Anteile. Rigiden Organisationsstrukturen und monotonen Abläufen stehen sie oft ablehnend gegenüber. Damit sind die Ansprüche dieses Typus an die Arbeit dadurch charakterisiert, einerseits am Arbeitsplatz ein zufriedenstellendes Wirkungsfeld und Anerkennung sowie andererseits gute Bedingungen für den Aufbau und Sicherung der eigenen Existenzgrundlage und nicht zuletzt Perspektiven für weitergehende Karrieremöglichkeiten vorzufinden. Stoßen diese Bedürfnisse nicht auf entsprechende Realisierungschancen und haben die Betreffenden das Gefühl, mit ihren beruflichen Vorstellungen in eine Sackgasse geraten zu sein, sehen sie sich veranlasst, aber auch in der Lage, eigeninitiativ Bemühungen anzustellen, um sich aussichtsreichere Perspektiven auf eine befriedigendere Beschäftigung zu verschaffen. Vor diesem Hintergrund stellen Sabbaticalangebote für diesen Typus eine passende Gelegenheitsstruktur dar, um auf die Herausforderung, das eigene (Berufs-)Leben zu gestalten, adäquat reagieren und die Ausgangsposition zur Verwirklichung ihrer beruflichen Lebensziele verbessern zu können.

Zweitens stehen den Betreffenden über den *großbetrieblichen Rahmen* ihres Herkunftsunternehmens zumeist gute Möglichkeiten zur Verfügung, sowohl den Ausstieg und Unterbrechung der Erwerbstätigkeit zu Bildungszwecken als auch den anschließenden Wiedereinstieg ins Unternehmen ohne besondere Umstände und Aufwand zu bewerkstelligen. Unterstützend wirken hier insbesondere die Kombination von elastischer Arbeitsorganisation, die Existenz eines breitgefächerten internen Arbeitsmarktes sowie der mögliche Rückgriff auf kollektive Mitbestimmungsstrukturen und Regelungen[211]. *Drittens* stehen ihnen angesichts der biographischen Phase ihres noch jungen bis mittleren Alters noch relativ *vielfältige Orientierungsoptionen* offen. Bezogen auf das bereits erworbene Qualifikationsniveau besitzen sie eine ausreichende Basis und Anknüpfungsmöglichkeit für weitere Bildungsmaßnahmen. Schon mit einer abgeschlossenen Schul- und Facharbeiterausbildung sind die Bedingungen für eine Höherqualifikation grundsätzlich erfüllt, so dass Beschäftigte nach der betrieblichen Erstausbildung über institutionalisierte „Durchstiege" des zweiten Bildungsweges die Berechtigung zum Zugang zu (Fach-)Hochschulen erlangen können.

Begünstigend und entlastend wirken *viertens* die relativ großen *Spielräume*, über die der Weiterbildungstyp mit Blick auf seine *private Situation* verfügt. Im jüngeren Alter sind partnerschaftliche Bindungen, so sie überhaupt schon bestehen, noch kaum eng geknüpft. Der Zeitpunkt, in denen in Paarbeziehungen, vor allem durch die Gründung von Familie ein hoher Grad an Verbindlichkeit eingegangen wird, verschiebt sich insbesondere bei beruflich ambitionierten und qualifizierten Männern und Frauen tendenziell auf spätere Lebensphasen (Klammer et al. 2000:22f). So sind heute häufiger selbst Paare mittleren Alters zum Teil unverheiratet und leben, insbesondere wenn noch keine Kinder zu versorgen sind, auch nicht notwendig im gemeinsamen Haushalt zusammen. Von privaten Verpflichtungen und Erwartungen dementsprechend entlastet, ist dieser Typus in die Lage versetzt, hochkonzentriert die eigenen Weiterbildungsvorhaben zu verfol-

---

[211] Hinsichtlich ihrer Einflussnahme auf die betriebliche Weiterbildung zeigen sich Betriebsräte jedoch nach einer Studie des Verbundprojektes „Zeitpolitik und Lernchancen" (noch) eher zurückhaltend, u.a. mit der Konsequenz, dass sich die Beschäftigten selbst zu „bildungsverantwortlichen Unternehmern" wandeln und häufiger ihre Freizeit in Bildung investieren (Schmidt-Lauf 2001).

gen, ohne sich mit dieser höchst einseitigen, weitere Lebensinhalte wenig berücksichtigenden Lebensführung grundsätzliche Kritiken von Lebenspartnern
einzuhandeln. Insbesondere sehen sich die männlichen Vertreter des Typus von
zwischenmenschlichen Ansprüchen und partnerschaftlichen Verbindlichkeiten
auch dadurch befreit, dass jüngere Frauen vor dem Hintergrund ähnlicher eigener, aktueller oder vergangener Erfahrungen in ihrer Berufsbiographie, eher bereit sind, Phasen zu akzeptieren, in denen das Beziehungsleben praktisch außer
Kraft gesetzt ist bzw. sich - noch - nicht entfalten kann (Shell-Studie 2000: 343).

II. Zeitarrangements zwischen Selbstausbeutung und Selbstverwirklichung

Kennzeichnend für den Weiterbildungstyp ist eine sehr zentral und zielgerichtet
an den Anforderungen des Qualifizierungsvorhabens ausgerichtete Zeitverwendung im Sabbatical. Diese *starke Zielorientierung* wird noch dadurch unterstützt, dass Weiterbildungseinrichtungen, die, wie beispielsweise Fachhoch-
schulen, der Erlangung berufsspezifischer Abschlüsse dienen, schon an sich einen höheren Strukturierungsgrad des Lehrangebots und begrenztere Wahlmöglichkeiten aufweisen als dies bei universitären, weniger an bestimmten Berufs-
bildern ausgerichteten Studiengängen der Fall ist. Eine weitere Steigerung inhaltlicher Vorgaben verbunden mit festgelegten Lernzeiten liegen bei solchen
Bildungsangeboten vor, die weiterqualifizierende Abschlüsse innerhalb besonders kurzfristiger Zeiträume ermöglichen sollen. Durch die Reduktion findet die
Stoffvermittlung hier in derart hochkomprimierter Weise statt, dass die zeitlichen Spielräume im Freistellungsalltag der Teilnehmenden durch lange Kurs-
zeiten und notwendige Nachbereitung in der Freizeit bis auf ein Minimum zu-
sammenschrumpfen können. Damit findet zumindest phasenweise eine „Erosion
der Alltagszeit" in dem Sinne statt, dass sich die typische Zeitstruktur der Trennung zwischen „Arbeitszeit" und privat genutzten Zeiten auflöst und das Verhältnis von „Arbeit" und „Leben" signifikant verändert (Jurczyk/Voß 2000:151).
Das Bildungssabbatical ist damit von einer *straffen zeitlichen Bewirtschaftung*
geprägt. Stoßen die subjektiven Möglichkeiten der Konzentration auf das Bil-
dungsziel an Grenzen, etwa wenn Weiterbildung nicht im Kontext relativ unver-
bindlicher privater Lebensformen erfolgt, sondern parallel zu den Erfordernissen
der Weiterqualifizierung noch andere Lebensbereiche und Aufgaben, etwa innerhalb von Familie zu berücksichtigen sind, müssen zwar „weichere" Formen
im Arrangement zwischen Bildungs- und Familienzeiten gefunden werden, doch
kommt es auch in dieser Konstellation zu „Entgrenzungen" in der Lebensführung und erhöhten Anforderungen an ein aktives Zeithandeln (a.a.O.:153).
In der Reflexion auf modernisierte Arbeitsverhältnisse und speziell im Rahmen
der von Voß formulierten These einer historisch neuen Stufe der Selbstökonomisierung von Arbeitskraft spielt die zeitliche Dimension in zweierlei Hinsicht
eine entscheidende Rolle. Zum einen muss der *Nutzungsgrad der Zeit* als zentrale Ressource bei der Produktion und Vermarktung der Arbeitsfähigkeiten er-

höht werden. Statt einer langwierigen, dafür aber zeitlich weniger belastenden und entspannteren Vermittlung von Bildung, geht die Tendenz nun zu *temporal stärker verdichteten* Angeboten[212]. Immer häufiger finden sich heutzutage solche Organisationsformen, die berufliche Weiterbildung zeiteffizient, oft sogar parallel zur fortlaufenden Erwerbstätigkeit „on the job" anbieten und diese damit - teilweise - in die Freizeit anstelle von Arbeitszeit verlagern. Zum anderen ist in der *biographischen Dimension* die gesamte beruflich relevante Lebenszeit von den Individuen zunehmend unter erwerbsorientierten Aspekten zu bewirtschaften und bewerten. Blieben Bildungsprozesse als Investitionen zur Entwicklung und Erhalt von Arbeitskraft in der Vergangenheit zumeist auf die Phase am Beginn der Berufsbiographie beschränkt, finden sie heute, zeitlich entgrenzt, in den unterschiedlichsten Etappen auch „mitten im Erwerbsleben" statt und verändern den Charakter von Aus- und Weiterbildung so zunehmend und selbstverständlich in Richtung einer *„lebenslang"* zu berücksichtigenden Angelegenheit.

In Reaktion auf die neuen Erfordernisse, zeitlich effizient-kontrolliert und über verschiedene Phasen des Berufslebens hinweg kontinuierlich in die berufliche Bildung zu investieren, zeichnet sich der Weiterbildungstypus durch seine außerordentlich hohe Leistungsfähigkeit und Bereitschaft zur Erbringung von Eigenbeiträgen aus. Zunächst einmal setzen die NutzerInnen mit der Anwendung von Sabbaticaloptionen zum expliziten und oft einzigen Zweck der beruflichen Qualifizierung ihre private Zeit für Erwerbsbelange ein. Des weiteren wird ihnen in der Auseinandersetzung mit den häufig - stark - verdichteten Lehrinhalten eine beachtliche Fähigkeit zur Selbstdisziplinierung abverlangt, um ihr Aufgabenspektrum zu bewältigen. Über das Lernpensum hinaus kann, vor allem, wenn es sich wie bei den mehrjährigen Sabbaticalvarianten um unbezahlte Regelungen handelt, zusätzlich die Anforderung hinzutreten, die finanzielle Grundlage durch Nebentätigkeiten aufzustocken - in solchen Fällen sind die AnwenderInnen sogar in zweifacher Hinsicht durch Erwerbsarbeit belastet. Letztlich können infolge der Fülle erforderlicher Leistungserbringung in der Lebensführung der WeiterbildnerInnen *zeitweilig außerordentliche Härten* eintreten. Die Dominanz der Bildungsintension löst die Grenzen zwischen Arbeit und Nicht-Arbeit auf, der Umfang der Freizeit geht mitunter gegen Null oder wird unter dem Eindruck der Knappheit sorgfältig und zielgerichtet im Sinne des Erhalts der Arbeitsfähigkeit bewirtschaftet. In Extremphasen kann es passieren, dass während des Sabbaticals die Balance zwischen Arbeit und Leben so weitgehend ignoriert wird, dass sogar existenzielle Bedürfnisse, wie Schlaf, zu kurz kommen.

---

[212] Zum einen wächst durch die Umwälzungen in den Tätigkeitsstrukturen der Bedarf an Weiterbildung, zum anderen sinkt die Verwertbarkeitsdauer der Qualifikationen. Beide Tendenzen drängen auf eine Anpassung der Vermittlung von Bildung auf eine flexiblere, stärker modular organisierte, punktgenauere und kürzerfristige Bildungsorganisation (Seifert 2001).

Eine wichtige Voraussetzung für die Fähigkeit, selbst extremen (Doppel-) Anforderungen standzuhalten, ist sicherlich die dem jüngeren Alter dieser Personen entsprechend gute gesundheitliche Verfassung und Belastbarkeit. Darüber hinaus sind aber als *wesentliche Triebfeder* für die Bereitschaft, einen derart hohen Leistungs- und Zeitdruck zu akzeptieren und - erfolgreich - zu bestehen, insbesondere die *Herausforderungen des Selbstmanagements* und das hohe Maß an Eigenverantwortung zu werten, mit dem dieser Typus die Umsetzung seiner Bildungsambitionen in die Wege leitet und steuert. Insofern handelt es sich beim Weiterbildungstypus um eine Leistungselite: Die Personen verfügen nicht nur über persönliche Fähigkeiten, wie hochgradige Motivation, Lern- und Leistungsbereitschaft, sondern sind auch mehrheitlich imstande, ihre Potentiale tatsächlich ein- und umzusetzen.

Die gestiegenen Erwartungen an die Fähigkeit der Beschäftigten, ihre Arbeitskraft aktiv und kontinuierlich selbst zu steuern, schließt also die individuelle Beteiligung an Bildungsinvestitionen in einer Weise ein, die berufliche Bildung gleichsam in ein Element der Selbstorganisation der Arbeitskräfte verwandelt. Doch geht das durch strukturelle Veränderungen provozierte Eigeninteresse an Weiterbildung über eine rein funktionale, allein auf die Verbesserung von Berufs- und Karrierechancen zielende Entscheidung deutlich hinaus. Denn zur Besonder- und Eigenheit speziell von *Bildungsprozessen* gehört, dass sie *als persönlicher Zugewinn* wahrgenommen werden. So bietet berufliche Bildung, wenngleich sie vordergründig vornehmlich auf den Berufskontext bezogen ist, zusätzlich Anknüpfungspunkte für Motive der Selbstverwirklichung - (beruflich) etwas zu machen, „wozu man Lust hat". Der „Spaß", den es mit sich bringt, neue fachliche Themen zu erschließen, die Begeisterung beim Vordringen in neue Wissensgebiete und die Befriedigung durch die Erweiterung der eigenen Kenntnis- und Erfahrungshorizonte spielen bei der Weiterqualifikation eine ganz wesentliche Rolle. Neben den Zwängen einer instrumentellen, auf wirtschaftliche Verwertbarkeit ausgerichteten Selbstvermarktung, wie sie Voß/Pongratz vornehmlich in den Vordergrund rücken, tritt erweiternd im Interesse und Bedarf an Weiterbildung zugleich eine *hohe intrinsische Motivation* der Personen hinzu. Aus dieser Verbindung zu ganz eigenen, subjektiv sinnhaften und berufsunabhängigen Motiven bezieht der Bildungsprozess insofern besondere Anreize für Leistungsbereitschaft, als er im Erleben des Einzelnen nicht nur Gewinne im Hinblick auf die Erwerbsarbeit abwirft, sondern auch als ein *Prozess der Persönlichkeitsentwicklung* wahrgenommen wird, der das „Leben" insgesamt bereichert.

Zum einen wirkt also ein dem Arbeitsmarkt und betrieblichen Strukturwandel geschuldeter Handlungsdruck und - permanenter - Reaktionszwang, berufliche Perspektiven aktiv zu erschließen und immer wieder aufs Neue abzusichern. *Zweitens* liefert die Herausforderung zur Eigenverantwortlichkeit, der sich die Individuen zu stellen haben, zugleich die Grundlage für die Wahrnehmung eines individuellen Autonomiegewinns: Ausgehend von der persönlichen Entscheidung werden - *eigensinnige* - *Wege* beschritten, die neue Spielräume für „eigenes Leben" (Beck/ Erdmann-Ziegler 1997) mit sich bringen. Zu vermuten ist, dass zu dieser Emanzipation - zumindest unterschwellig - auch eigene Erfahrungen aus dem betrieblichen Alltag beitragen, wonach „Pflichterfüllung" allein als Programm eben nicht mehr ausreicht, um im Arbeitsleben zu bestehen und (Beschäftigungs-)Sicherheit ohnehin zu einem relativen Begriff geworden ist. *Drittens* zählt berufliche Weiterbildung als Teil der Selbststeuerung auch deswegen als Erweiterung des persönlichen Horizonts, da über die Anreicherung von Fachwissen hinaus fachübergreifende, *ganzheitliche Kompetenzen* wie Innovativität, Kreativität, Begeisterungsfähigkeit, soziale und kommunikative Qualifikationen, Loyalität und Solidarität gefördert werden Dazu kommen weitere komplexe menschliche Qualitäten, die bisher als Arbeitsqualifikationen noch wenig beachtet und systematisch genutzt werden: Fähigkeiten, die alltägliche Lebensorganisation, sich selbst als Person, die eigene Biographie sowie das soziale Umfeld aktiv und effizienzorientiert zu steuern (Voß 2001:15ff).

Das Potential, das sich den Beschäftigten im Weiterbildungssabbatical erschließt, erweist sich damit insgesamt als zweischneidig: Auf der einen Seite liegt in der Erfahrung von Bildung als persönlicher Weiterentwicklung ein spezifischer Stimulus für die Bereitschaft zur Leistung. Auf der anderen Seite führt diese außergewöhnliche Motivation bis an oder sogar über die eigenen Grenzen hinaus und eröffnet damit eine neue Qualität und Dimensionen in der Vernutzung von Arbeitsvermögen, auch und zunächst einmal durch die Person selbst. Zwar sind die Betreffenden in der Lage, das Ausmaß der Leistungen und die Bedingungen ihrer Erbringung durchaus in ihren teilweise prekären Zügen zu erkennen. Gleichzeitig aber erfüllt sie der Umstand, in der Lage zu sein, extreme Belastungssituationen zu bewältigen, mit einem unverhohlenen Stolz auf die eigenen Kapazitäten, nicht selten gerade deswegen, *weil* diese über die bisherigen Grenzen hinaus strapaziert werden. In der Folge kann die paradoxe Situation eintreten, dass sich die *Balance zwischen „Arbeit und Leben"* im Sabbatical *unausgewogener darstellt als während der Erwerbstätigkeit.* So schrumpft das Leben jenseits der Weiterbildungsbelange oft auf eine „Restgröße" zusammen. Die Konsequenzen dieser Eindimensionalität in der Lebensführung des Weiterbildungstyps zeigen sich am deutlichsten im Arrangement der privaten Beziehungen. Partnerschaftliche Ansprüche werden auf ein Minimum zurückgeschraubt, wenn nicht sogar Beziehungslosigkeit zur - unausgesprochenen - Voraussetzung erklärt wird[213].

---

[213] So bezeichnet es Herr Reitmeyer als „Vorteil", dass seine Partnerbeziehung bereits *vor* Beginn der Maßnahme auseinandergegangen ist, denn „mit einer Beziehung hätte ich es nicht geschafft (...) Und man hat auch bei den Leuten, die noch liiert waren, gesehen, die haben dann immer massive Schwierigkeiten gehabt bzw. es sind während der Schulzeit viele Beziehungen zu Bruch gegangen, das hat man dann mitgekriegt ..." (222).

Gemäß der Beobachtung von Prekarität und Grenzwertigkeit solchermaßen leistungsorientierter, um nicht zu sagen leistungsfixierter Einstellungen und Verhaltensweisen von Beschäftigten dominiert in der soziologischen Diskussion flexibler Beschäftigungsformen und Selbststeuerung in ihrer „eigenartigen Mischung aus Fremd- und Selbstausbeutung" nicht selten die Negativperspektive. Der Blick auf Trendberufe wie bspw. im Medien und Mulitmediabereich soll helfen, die *Mixtur zwischen Arbeitszwang und Leistungslust* transparenter machen. So sucht Kadritzke exemplarisch am Beispiel so genannter „High Performer" - hochqualifizierter Manager und Experten zumeist männlichen Geschlechts - nach einer Erklärung, warum derart unausgewogene bis unvernünftige Balancen zwischen Arbeits- und Privatleben freiwillig in Kauf genommen werden (Kadritzke 2000). Der in dieser Gruppe diagnostizierte „pathologischen Anwesenheitsdrang" und die Erfüllung selbst „atemberaubender Zielvorgaben" betrachtet er als Zusammenspiel von veränderter, flexibler Zeitorganisation in den Betrieben und ihrer spezifischen subjektiven Verarbeitung. Hier kommt zum Tragen, dass die Anforderungen von betrieblicher Seite einerseits in arbeitskulturelle Muster eingebettet, die - trotz Flexibilisierung und Orientierung am Arbeitsergebnis statt am Zeitverbrauch – noch immer (stillschweigend) die *in Arbeit investierte Zeit*, gemessen in der Dauer der Anwesenheit, zum vorwiegenden Maßstab von Leistung und *zum „unentbehrlichen Attribut sozialer Wertschätzung"*[214] machen. Anderseits ist bei jenen Arbeitskräften ein „geheimes Lustprinzip der Professionalität" zu beobachten. Dieses lustvolle Moment des Leistungsdrucks knüpft ebenfalls an die Existenz eines *starken Eigeninteresses an Leistungsentfaltung* an. In der Interpretation beider Momente - zwanghafter und freiheitlicher - erscheint jedoch im Blick auf den Arbeitsprozess das persönliche Interesse der Subjekte letztlich als ein an die betrieblichen Rationalisierungskonzepte gebundenes. Die durch die betriebliche Reorganisation verursachte Verwandlung ehemals äußerer, jedoch klarer fass- und eingrenzbarer Zwänge in diffusere, aber wirksamere Eigenzwänge treibt die Arbeitskräfte demnach dazu an, in „besinnungsloser" Manier die Grenzen ihrer persönlichen Belastbarkeit zu überschreiten[215]. Das Versprechen von Selbstentfaltung, das diesen Antrieb liefert, bleibt schließlich in der Fremdbestimmtheit gefangen, die lediglich nur nicht mehr als solche erkennbar ins Bewusstsein dringt (Glißmann 2002).

Mit der Entwicklung hin zu einer Re-Subjektivierung von Arbeit sollen also vormals zurückgedrängte subjektive Potentiale wiederbelebt und der ökonomischen Nutzung zugänglich gemacht werden. Infolge einer Verinnerlichung betrieblicher Anforderungen bleibt in der Bewertung der sich neu eröffnenden Spielräume und Freiheiten der Blick der Arbeitenden auf dahinter fortgesetzt

---

[214] Zitiert nach von Kadritzke erhobenem Interviewmaterial.

[215] Vgl. hierzu auch die Studie von Heide zum Phänomen „Arbeitssucht" als einer neuen Volkskrankheit (2003).

wirksame Herrschaftsmechanismen verstellt - und vergrößert das Potential der „Selbstausbeutung". Allerdings findet der Prozess der Subjektivierung in einem *Wechselverhältnis zwischen objektiven Strukturveränderungen und subjektiven Interessen* statt (Moldaschl 2002, Voß/Moldaschl 2002). Denn es sind nicht nur die Betriebe, die sich die inneren, subjektiven Bezüge ihrer Mitarbeiterschaft verstärkt zunutze machen wollen, um ihre Anpassungsfähigkeit („adaptability") zu verbessern, sondern auch umgekehrt die Beschäftigten selbst, die eigene Entwicklungsbedürfnisse in die Arbeitswelt hineintragen und nach Räumen zu deren Entfaltung suchen.

Vor diesem Hintergrund lassen sich Subjektivierungsprozesse nicht allein unter Verwertungskriterien betrachten, wie im Arbeitskraftunternehmer-Konzept hervorgehoben, sondern diese halten auch Gewinne für die Lebensgestaltung bereit: Aus dieser Perspektive lässt sich die Anwendung von *Sabbaticals* zum Zweck der Weiterbildung als eine *spezifische Variante des Einbringens lebensweltlicher Ansprüche in die Erwerbssphäre* interpretieren. Zwar steht deren Nutzung im Zusammenhang mit von strukturellen Veränderungen verursachten Zwängen, etwa bei Einstiegsproblemen notwendigen Korrekturen der eingeschlagenen Berufslaufbahn. Die subjektive Bedeutsamkeit von Weiterbildung deswegen einseitig als Rationalisierung oder - retrospektive - Schönrednerei einzuordnen, vernachlässigt jedoch den wichtigen Aspekt, dass Bildungs- und Arbeitsprozesse je differente Erfahrungen ermöglichen. Denn zum einen lässt sich die Entscheidung zur Weiterbildung nicht ausschließlich im Sinne ihrer beruflichen Funktionalität erklären, sondern knüpft ebenso an persönliche Motive an. Zum anderen setzt der *Bildungsprozess an sich Potentiale von Selbsterfahrung* frei, die in die Persönlichkeitsbildung eingehen und dazu führen, auch übergreifend Kompetenzen auf- bzw. auszubauen, die ihrerseits potentielle Freiheitsgrade und Öffnungen für künftige Entwicklungsprozesse beinhalten. Die komplexe Palette individueller Fähigkeiten, die im Verlauf der Weiterbildung erfahrbar werden, taugt damit nicht allein zur erweiterten Ausbeutung von eigener oder Vereinnahmung von dritter Seite, sondern stellt zugleich eine Quelle dar, aus der die BildungsteilnehmerInnen neues Selbstbewusstsein schöpfen können. Dieser Zufluss an Vertrauen in die eigenen Stärken wiederum gibt nicht zuletzt eine notwendige Basis ab für Konfliktbereitschaft und Einspruch; für autonomes, aber auch solidarisches Verhalten. Die im Bildungsprozess gemachten Erfahrungen im Verfolgen und Erreichen selbstgesteckter Ziele dienen somit im Folgenden als Kraftquelle und Marschroute bei der Aushandlung zukünftiger Arbeitsbedingungen. Die Erfahrungen und gewandelten Ansprüche aus dem Bildungssystem wirken somit auf die Wahrnehmung der Berufsarbeit zurück (Baethge 1991). Wo diese im späteren Betriebsalltag keinen Resonanzboden finden, liefert die besondere Qualität der Bildungserfahrungen zugleich die Möglichkeiten und Kompetenz für Widerspruch und Suche nach Alternativen.

III. Eigeninvestition in Bildung ohne Erfolgsgarantie

Der Weiterbildungstyp reagiert auf objektive gesellschaftliche Herausforderungen durch kontingentere und unsichere (Arbeits-)Verhältnisse, indem er diesen *Entstrukturierungsprozessen mit eigenaktiver Restrukturierung zu begegnen* sucht (Jurczyk/Voß 2000:163). Damit übersetzt er Verluste klar definierter institutionalisierter Rahmensetzungen in den Ausbau von Kompetenzen zur Selbststeuerung und Selbstregulation. In diese Transformation inbegriffen sind sowohl *Risiken der Selbstökonomisierung* und Überforderung als auch *Chancen zur Persönlichkeitsentwicklung*. Dabei relativieren und differenzieren sich Handlungszwänge vor dem Hintergrund, welche Möglichkeiten dem Weiterbildungstypus in Bezug auf seine weiteren Entwicklungsoptionen in beruflicher, aber auch privater Hinsicht offenstehen. Zwar muss berufliche Weiterbildung unter den gegenwärtigen Erwerbsbedingungen als notwendige und zugleich nicht mehr hinreichende Voraussetzung für die Absicherung der Berufskarriere angesehen werden. Auch wenn mit steigendem Bildungsniveau die Berufs- und Arbeitsmarktchancen zunehmen, sind hohe *Bildungsinvestitionen letztlich kein Garant mehr für ein gesichertes Beschäftigungsverhältnis und beruflichen Aufstieg*. Selbst (hoch-)qualifizierte, leistungsbereite und karriereorientierte Arbeitskräfte müssen Abstriche bei ihrer beruflichen Positionierung einkalkulieren oder Anpassungsmaßnahmen ergreifen[216]. Mit dem Wandel der Arbeitsgesellschaft erodieren auch die linearen Vorstellungen von Berufstätigkeit und Berufsverlauf. Statt auf den „Lebensberuf" zielt berufliche Bildung immer mehr auf „Erwerbskarriere" (Geißler 1994), Phasen der Berufsausübung durchmischen sich demnach immer stärker mit Lern- und Fortbildungselementen (Ulich 1995: 123).

Die überkommene Annahme und Qualifizierungslogik, nach der Bildungsinvestitionen auch gradlinige Berufskarrieren erzeugen, hat allerdings für bestimmte Beschäftigtengruppen, insbesondere *für erwerbstätige Frauen schon immer nur eingeschränkte Gültigkeit* gehabt (Krüger 1991, 1995). Wie bereits bei der zweiten Motivgruppe am Beispiel von Frau Herzog deutlich wurde, impliziert die Herausforderung, Erwerb und Familie zu vereinbaren, wie sie vor allem den weiblichen Lebenszusammenhang prägt, dass Flexibilitätsanforderungen und -risiken für Frauen ebenso wenig eine Neuheit darstellen, wie die Notwendigkeit eigene, individuelle Antworten und Arrangements in diesem gesellschaftlichen Konflikt zu finden. Sah sich Frau Herzog gezwungen, sich vom geregelten Arbeitsmarkt um den Preis ungewisser Zukunftsaussichten zurückzuziehen, fällt im Fall von Frau Linnert, die Familienaufgaben und Weiterbildung kombinieren möchte, auf, dass hier Bildungsambitionen weniger zielgenau ausgerichtet, sondern diffuser konturiert sind, als bei den vorangegangen Anwendungsbeispielen. Auch diese Differenz ist geschlechtsspezifisch konnotiert. Denn während das

---

[216] Wie die beiden ersten Fallbeispiele gezeigt haben, spielt auch die Unterstützung durch betriebliche Interessensvertretungen eine Rolle.

straff organisierte Bildungsengagement der männlichen Anwender unter anderem durch die weitgehende Abwesenheit von sozialen, insbesondere familiären Verpflichtungen geprägt ist, impliziert der Zusammenschluss von Weiterbildungsprojekten und engen familiären Bezügen das Risiko, dass berufliche Entwicklungschancen dennoch eingeschränkt oder auch zum Scheitern gebracht werden können. Darüber hinaus spiegelt diese Konstellation modernisierte Lebensverhältnisse wider. Durch veränderte Bildungsbiographien sind in der jüngeren Generation auch und gerade bei Frauen die Ansprüche an die Lebensgestaltung gestiegen. Im Fall aber, dass das Bildungssystem oder der individuellen Biographieverlauf deren Realisierung nicht gradlinig ermöglichen, sind die Individuen in der Lage, mit einem Sabbatical ihren Optionsraum zu erweitern. Mittlerweile sind im Zuge neuer Flexibilisierungsinstrumente auf dem Arbeitsmarkt zunehmend auch Männer von relativen Verlusten an Beschäftigungs- und Aufstiegssicherheit betroffen. Doch hat vor diesem Hintergrund berufliche Qualifizierung nicht nur nichts an Relevanz eingebüßt, sondern wächst im Gegenteil noch in ihrer Bedeutung als *die* Schlüsselgröße, um Übergänge zwischen einzelnen Beschäftigungsverhältnissen zu erleichtern, berufliche Chancen dazu zu gewinnen und Beschäftigungsfähigkeit zu erhalten (Dobischat/Seifert 2001, Seifert 2001). Sich dieses notwendigen Mittels auch tatsächlich zu bedienen, dafür besitzt der Weiterbildungstypus besonders gute Bedingungen: Formell durch die privilegierten Zugänge im großbetrieblichen Kontext und persönlich vor dem Hintergrund einer biographischen Konstellation, die ein noch hohes Maß an Flexibilität zulässt. Im jungen Lebensalter besitzen sie sowohl die gesundheitlichen Ressourcen, die eine hohe Leistungsfähigkeit ermöglichen, als auch private (Paar-)Arrangements von erst wenig festem und verpflichtendem Charakter. Ohne mit Ansprüchen aus - (zeit-)bindender - Partnerschaft oder Elternschaft konfrontiert zu sein, bestehen gute Voraussetzungen, sich voll und ganz auf die Anforderungen rund um die Weiterbildung zu konzentrieren. In der ambivalenten Wechselwirkung und Kombination von Notwendigkeit und Freiheit ist der *Weiterbildungstypus* daher *mit weitreichenden Flexibilitätsspielräumen* ausgestattet.

So sehen sich die WeiterbildnerInnen auf Druck der erforderlichen Selbstökonomisierung und -vermarktung zwar zu einem ausgesprochen kalkulierten und kontrollierten Herangehen und Planung ihrer Bildungsschritte und -wege gezwungen. Doch fühlen sich insbesondere die TeilnehmerInnen mehrjähriger Weiterbildungsgänge angesichts des angestrebten Qualifikationssprungs mit ihren zukünftigen beruflichen Perspektiven *einerseits* unabhängiger vom Herkunftsunternehmen. In Verbindung mit fachlichen Kurswechseln und „Umstiegen" haben sie sich zu einem Gutteil relativ zu den früheren Arbeitsbezügen emanzipiert und sich „neue Arbeitswelten" eröffnet. *Andererseits* bietet der großbetriebliche Kontext, dem die WeiterbildnerInnen entstammen, in Zeiten allgemein oder regional schlechter Arbeitsmarktlage mit seinem internen Arbeitsmarkt eher Beschäftigungsmöglichkeiten, was die Risikofreudigkeit beim Ausprobieren frühzeitig abebben oder erst gar nicht aufkommen lässt, sondern eine Rückkehr zum früheren Arbeitgeber nahelegt[217]. In einer Art Push-and-Pull-Bewegung bahnen die kalkuliert-strukturierten Schritte dennoch Wege zu neuen Freiheiten. Wie im prototypischen Fallbeispiel beschrieben, zeugt die Entscheidung für die Ausbildung an einer (Fach-)Hochschule, die Wahl eines Studienfachs nach persönlicher Neigung, sowie das Offenhalten der Möglichkeit, an bereits vorhandene Bildungsressourcen anzuknüpfen, von einer *kalkulierten Nutzung von Freiheitsgraden*. Mit dem Mehr an Bildung eröffnen sich neue Arbeitsmarktperspektiven und damit Chancen, sich aus den ehemaligen Arbeitszusammenhängen zu lösen (Baethge 1994). Allerdings ist auch die Verknüpfung von vorangegangenen und neuen Qualifikationen sinnvoll und schafft, da nicht vollkommen neues Terrain betreten werden muss, ein Gefühl von Sicherheit. Insofern vollzieht sich die Emanzipation des Weiterbildungstyps statt in revolutionärer, vielmehr in der gemäßigt-kontrollierten Form eines iterativen und pragmatischen Vorgehens. In dieses Oszillieren um die Freiheitsgrade passt auch die Inanspruchnahme des Sabbaticals, die einerseits mit dem befristeten Ausstieg aus der Berufstätigkeit, Durchlässigkeit hin zu neuen Optionen erlaubt und dennoch mit der Möglichkeit der Rückkehr den Erhalt früherer Bindungen gewährt. Vor dem Hintergrund der Risikokontrolle für die TeilnehmerInnen ist außerdem von Bedeutung, inwieweit auch Unternehmen von den Bildungsinvestitionen profitieren können und sich eine Win-Win-Situation herstellen lässt. Mit Blick auf die Gewichtung im Verhältnis von Arbeit und Leben, behält bei den Berufseinsteigern auch nach gelungener Einmündung im Anschluss an die Weiterbildung das *Berufliche weiterhin Priorität*. Alltägliche Reduzierungen der Arbeitszeit etwa in Form von Teilzeitarbeit sind für die AbsolventInnen kein Thema. Im Gegenteil, es geht darum, sich auf neuem Niveau im Berufsfeld zu bewähren und die Startposition auszubauen. Auch wenn auf der Einstellungsebene durchaus die Vorstellung präsent ist, dass sich Beruflichkeit und die Realisierung privater Bedürfnisse nicht grundsätzlich ausschließen und für bestimmte Phasen auch mittels einer neuen Zeitinstitution wie dem Sabbatical miteinander verknüpfbar sind, werden doch faktisch Ansprüche an ausgeweitete Zeiten zur freien und persönlichen Verfügung real bis auf weiteres hinter berufsbezogene Anforderungen und Ambitionen zurückgestellt. Der Weiterbildungstyp ist wesentlich geprägt durch die Notwendigkeit vermehrter Anstrengungen, wenn er sich auf eine mittel- bzw. langfristige Erwerbsperspektive beziehen möchte. Durch die geleisteten Qualifizierungsinvestitionen kann er seine beruflichen Chancen zwar erhöhen. Eine „*Normalbiographie*" ist für ihn aufgrund der sich wandelnden Bedingungen im Erwerbssystem dennoch *nicht er-*

---

[217] Der Grad der Anbindung an das Herkunftsunternehmen hat außerdem mit den Arbeitsmarktchancen während der Freistellung (wie Nebenerwerb in den Semesterferien bei den längeren Varianten) bzw. der Einstellung der Person zu tun (Loyalität zum Unternehmen), was bei den kürzere Maßnahmen eher zum Tragen kommen dürfte.

wartbar. Dies gilt gleichermaßen für die privaten Lebensverhältnisse. Zwar ist mit wachsendem Etablierungsgrad im Berufsleben auch eine Tendenz zur Festlegung in privaten Beziehungen zu erkennen, ob diese in Richtung der Gründung von (Normal-)Familie gehen oder zum Dual-Earner-Modell tendieren, bleibt vor dem Hintergrund insgesamt instabilerer Arbeitsverhältnisse jedoch uneindeutig.

Bei zeitlich komprimierteren Qualifizierungsvorhaben, die ohnehin stärker auf Verbleib in und der Absicherung bzw. Diversifikation bereits erreichter Berufspositionen angelegt sind, besteht nach dem Qualifizierungssabbatical dagegen eher die Chance, dass sich Gewichtungen - temporär - zugunsten von Freizeit verschieben. Da hier während der Weiterbildungszeit die Fühlung zum Betrieb kaum verloren geht und durch die Möglichkeit der Sabbaticalnutzung die Loyalität zum Unternehmen eine Stärkung erfährt, können sich auf Grundlage dieser relativ sicheren Einbettung eher Vorstellungen auch zugunsten eines für private Zwecke genutzten Sabbaticals entwickeln.

Auch im nun folgenden Anwendungstypus spielen Fragen der beruflichen Entwicklung eine Rolle. Zusammen mit anstehenden Entscheidungen im Privatleben mit Blick auf Partnerschaft und möglicher Familiengründung, steht das Sabbatical hier jedoch stärker im Zeichen einer umfassenden Orientierung für die zukünftige Lebensgestaltung.

7.4 Typus 4: Sabbatical zur Neuorientierung - Einführung in das Teil-Sample

Dieser Motivgruppe sind AnwenderInnen zugeordnet, die Veränderungswünsche hegen oder eine Notwendigkeit zum Wandel verspüren und dies in der Verknüpfung von beruflicher Orientierung und Fragen privater Lebensentwürfe. An bestimmten Schnittstellen ihrer Lebensbiographie verschieben sich bei diesen Personen Koordinaten und Relevanzen ihrer bisherigen Alltags- und Lebensgestaltung, lösen Verunsicherung aus und treiben zu einer Klärung an.

Dabei befinden sich unter den SabbaticalanwenderInnen auf der Suche nach neuen Perspektiven auffallend viele Frauen. Im Alter von Anfang bis Ende Dreißig steht für sie nach dem Absolvieren einer qualifizierten Berufsausbildung zunächst stark die Orientierung auf den Beruf im Lebensmittelpunkt. Private Beziehungen und Partnerschaften sind dagegen eher nachrangig, zum Teil im Modus von „Fernbeziehungen" weniger bindend in den Lebenszusammenhang einbezogen, zum Teil befinden sie sich erst bzw. - nach einer Trennung - wieder im Aufbau. Den Wunsch nach Familiengründung haben die jungen Frauen dieses Typus bislang zurückgestellt, im Extremfall gleicht ihr Leben dem einer Arbeitsmonade, in dem vom Beruf unabhängige Zeiten und Interessen minimiert sind. Nachdem sie den ersten Abschnitt ihres Berufsleben zurückgelegt haben, z.T. verstärkt durch Erfahrungen beruflicher Frustration, sehen sie sich vor grundlegende Entscheidungen hinsichtlich ihrer weiteren Lebensplanung gestellt. Gleichzeitig werden zu diesem Zeitpunkt auch bislang aufgeschobene Wünsche mit Blick auf das Privatleben virulent. In der Kombination von Zukunftsentscheidungen, die nicht nur die „Arbeit" sondern auch das „Leben" betreffen, lässt sich die Geschlechterdisparität innerhalb dieses Typus insbesondere mit der erhöhten Anpassungsleistung erklären, die junge Frauen aufbringen müssen, wenn sie Berufstätigkeit, Partnerschaft und (spätere) Familiengründung verbinden wollen.

In dieser spannungsreichen und unübersichtlichen biographischen Situation verschafft das Sabbatical den Nutzerinnen einen notwendigen Freiraum, um sich in und mit einer sich verändernden Lebenslage neu zu arrangieren und alternative Entwürfe auszuprobieren. Dabei gestaltet sich die Suche nach neuen Lebenswegen prozesshaft und ist mit dem Ende des Sabbaticals nicht immer schon abschließend entschieden. Als prototypisches Beispiel des Neuorientierungsmotivs wird der Fall einer jungen Frau ausgewählt, die sowohl vor Entscheidungen über ihre berufliche Weiterentwicklung steht, als auch privat sich auf das Zusammenleben mit ihrem Partner und späteren Ehemann einstellen will. Anders als die meisten Frauen zeigen sich Männer noch weitgehend unbeeindruckt von Anpassungsnotwendigkeiten ihrer Erwerbstätigkeit an private Lagen. Allerdings beeinflussen nicht allein aktuelle Flexibilisierungsstrategien, sondern auch die Pluralisierung von Lebensformen zunehmend auch die männliche „Normalbiographie". Als Variation zur prototypischen Fallbeschreibung wird daher der Fall eines alleinerziehenden Vaters geschildert, der sich nicht nur beruflich verändern möchte, sondern dessen private Koordinaten mit dem Heranwachsen seines Kindes und durch eine neue Partnerschaft ebenfalls in Bewegung geraten. In die Situation, sich neu orientieren zu wollen oder zu müssen, kommen jedoch nicht nur Berufstätige der Altersgruppe zwischen 30 und 40 Jahren. Wie die Fälle zweier Frauen über 50 Jahre (s. Kurzbeschreibungen) zeigen, treten Neuorientierungsbedarfe in ähnlicher Weise auch an späteren biographischen Scheidepunkten auf. Angesichts des näher rückenden Übergangs in den Ruhestand sind diese Personen insbesondere mit Fragen der Gestaltung des letzten Abschnitts ihres Erwerbslebens sowie der anschließenden Lebensphase ohne Erwerbstätigkeit beschäftigt.

Tab. 4: Teilsample „Neuorientierung" nach sozio-strukturellen Merkmalen

Merkmal	Variablen	Anzahl
Alter	30 bis unter 35 Jahre	4
	35 bis unter 40 Jahre	1
	40 bis unter 45 Jahre	1
	45 bis unter 50 Jahre	0
	50 bis unter 55 Jahre	1
	über 55 Jahre	1
Geschlecht	männlich	1
	weiblich	7
Familienstand	verheiratet, zusammenlebend	0
(vor dem Sabbatical)	getrennt lebend	1
	mit Partner, getrennt lebend	3
	mit Partner, zusammenlebend	1
	alleinstehend (Single)	2
Kinder	unter 16 Jahre	0
	über 16 bis volljährig	2
	keine Kinder	6
Schulbildung	Realschulabschluss/Berufsausbildung	4
	Abitur/Berufsausbildung	1
	Hochschulabschluss	3
Berufliche Qualifikation	mittlere Qualifikation	3
	hochqualifiziert	5
Betrieblicher Kontext	Privatbetrieb	3
	Öffentlicher Arbeitgeber	5
Regulierungsmodus	Institut. Kollektive Regulierung	6
	Individuelle Absprache	2
Dauer des Sabbaticals	„Sabbatjahr"	6
	Sabbaticals um 6 Monate	2

Kurzbeschreibung der weiteren Fälle des Teilsamples:

Als sich *Sonja Bischoff*, stellvertretende Abteilungsleiterin einer städtischen Behörde, im Alter von Anfang Dreißig zu einem Sabbatical entschließt, befindet sie sich in einer Phase des Umbruchs: Nachdem ihre frühe und kinderlose Ehe nach 14 Jahren auseinanderbricht, entwickelt sich die Berufstätigkeit, für die junge Frau von jeher ein wichtiger Bezugspunkt für Identifikation und Selbstverwirklichung, in der Trennungszeit zu einer Art Zuflucht, die fast ihren gesamten Alltag ausfüllt. Diese einseitige Ausrichtung bricht auf, als sie einen neuen Partner kennenlernt, der zu diesem Zeitpunkt seinerseits bereits ein Sabbatjahr beantragt hat. Parallel zur neuen Partnerschaft spitzt sich für Frau Bischoff mit dem nahenden Scheidungstermin die private Krise zu. Auch im Beruf fühlt sie sich nach Umstrukturierungen ihres Arbeitsbereiches verunsichert. Als sich obendrein ihre Mutter als wichtige Bezugsperson entschließt, ihr Leben zu verändern und Deutschland zu verlassen, ist dies auch für Frau Bischoff ein Auslöser, zu realisieren, dass sie vor einem grundlegenden Neuanfang steht. Die

Sabbatzeit, die sie zum Großteil gemeinsam mit dem neuen Partner verbringt, erlebt sie als Bewährungsprobe, entgegen vieler Blockaden, „das Leben wieder selbst in die Hand zu nehmen", sich sowohl von beruflichen als auch privaten Fixierungen zu befreien und Weichen für neue Entwicklungen zu stellen. Auch bei *Antje Gesevius* treffen Wünsche nach Neuarrangements auf beruflicher und privater Ebene zusammen. Nach ihrer Ausbildung und über zehnjähriger Berufstätigkeit als Büroassistentin in einem Großunternehmen, befriedigt sie ihre berufliche Entwicklung nicht mehr. Sie möchte gerne raus aus der „alten Schiene" der Assistentin. Im Privatleben stehen die Zeichen für die lebhafte 30jährige indes auf Veränderung durch Annäherung: Nach Jahren der Fernbeziehung mit ihrem Partner, der überwiegend außerhalb Deutschlands beschäftigt ist, möchte sie mit ihm das Zusammenleben im Ausland ausprobieren. Ein sechsmonatiges Sabbatical soll ihr einerseits die Möglichkeiten eröffnen, zu überprüfen, ob die Paarbeziehung für den Aufbau eines gemeinsamen Lebens und Familiengründung trägt. Zum anderen sieht sie im Auslandsaufenthalt die Chance, nach neuen beruflichen Perspektiven Ausschau zu halten. Nachdem sich die Partnerschaft unter den neuen Bedingungen nicht bewährt, kehrt Frau Gesevius nach Deutschland und in ihre Firma zurück, wo sie sich schon vor Antritt des Sabbaticals auf eine sehr attraktive Stelle in einem neuen Arbeitsbereich beworben hat. Als die Wahl auf sie fällt, arbeitet sie sich nach dem Sabbatical hoch motiviert am neuen Arbeitsplatz ein. Mit dem wachsenden Selbstbewusstsein durch die berufliche Verbesserung, gelingt ihr schließlich der Ausweg aus der kriselnden Partnerschaft. Hatte sie sich zunächst fast ausschließlich in ihre Arbeit „gestürzt", versucht sie sich seit der Trennung wieder stärker zur Freizeit zu „disziplinieren".

Wie Frau Gesevius lebt auch die Grundschullehrerin *Elke Harjes* über Jahre in einer Fernbeziehung. Auch ihr soll das Sabbatjahr die Möglichkeit geben, das Zusammenleben mit dem Partner zu proben. Beruflich ist der 35jährigen Pädagogin eine Unterbrechung ebenfalls willkommen. In den acht Jahren Berufspraxis fühlt sie sich von der Aggressivität mancher Schülern an ihrer Schule oft überfordert bis hin zu Zweifeln an ihrer Befähigung als Lehrerin. Als „erste Notbremse" reduziert sie ihre Arbeitszeit deswegen schon frühzeitig auf eine ¾-Stelle. Trotz der kurzfristigen Verbesserung ihrer Arbeitssituation vor Antritt des Sabbatical, hält Frau Harjes mit Blick auf ihre privaten Lage an der Entscheidung für das Sabbatjahr fest. Nahezu die gesamte Zeit verbringt sie am Wohnort des Freundes und entfaltet sich sowohl in der Rolle der Hausfrau wie auch in vielen Bildungs- und Freizeitaktivitäten gemeinsam mit dem Partner und im Alleingang. Unsicherheiten, die sich zum Ende des Sabbatjahr hinsichtlich der möglichen Rückkehr an ihren früheren Arbeitsplatz ergeben, kommen der Lehrerin keineswegs ungelegen. Stattdessen nutzt sie die Gelegenheit, sich um den Einsatz an einer anderen Schule in der Nähe ihres Wohnortes zu bemühen. Hier erlebt sie ein sehr viel positiveres Arbeitsklima, das ihre Selbstzweifel auflöst. Für ihre Beziehung sieht sie mit dem Sabbatical ebenfalls eine positive

Wende gekommen, wenn auch die räumliche Trennung des Paares auch nach der Freistellung fortbesteht. Mit dem Rückhalt der Sabbaticalerfahrung, wonach das Zusammenleben grundsätzlich funktioniert, meint Frau Harjes, die weiteren Entwicklungen mit größerer innerer Ruhe abwarten zu können.

Auch *Sabine Zinnowitz* treiben Veränderungswünsche um, die mit Fragen von Arbeit und Leben verknüpft sind. Die agile 37jährige lebt allein und ist in ihren unterschiedlichen Tätigkeiten im Medienbereich auch international häufige Ortswechsel gewohnt. Dagegen ist sie an ihrem aktuellen Arbeitsplatz zwar mit verantwortungsvollen und abwechslungsreichen Aufgaben betraut, jedoch an einen Standort gebunden. Die ungewohnte Immobilität bringt ihr den lang ge-hegten Wunsch eines Lebens in den USA verstärkt zu Bewusstsein. In individu-eller Absprache schafft sie die notwendigen Voraussetzungen für die betriebli-che Durchsetzung ihres Freistellungsbegehrens und verbringt anschließend die gesamten sieben Monate ihrer Auszeit an verschiedenen Orten der USA. Im Ge-gensatz zu ihrem Berufsalltag, der höchste Anforderungen stellt und das Leben von Frau Zinnowitz fast völlig ausfüllt, lässt sie sich im Sabbatical zeitweise „treiben", ist offen, verschiedenste Dinge auszuprobieren und genießt das Ge-fühl, sich in dem Land wie eine „Einheimische" zu bewegen. Trotz der Erkennt-nis, dass es ihr möglich ist, auch ohne ihren Beruf zu „überleben", kehrt sie zu-nächst an ihren Arbeitsplatz und in ihren früheren Alltag zurück. Dennoch fühlt sie sich mit der Erfahrung des Sabbaticals bestätigt, so dass sie ihren „Traum" vom Leben in den USA so bald wie möglich in die Tat umsetzen will.

Wie in den vorherigen sind auch bei den beiden folgenden Fälle mit dem Sab-batical neue Weichenstellungen verbunden, hier allerdings in der Phase gegen Ende des Berufslebens. Die 57jährige, im öffentlichen Dienst beschäftigte, Fort-bildnerin *Anke Gelldorf* lebt mit ihrer Lebensgefährtin und deren Tochter zu-sammen. Für die stark berufsorientierte Frau steht schon in jungen Jahren fest, dass sie nicht in einer „Versorger-Ehe" leben will. Entsprechend engagiert sie sich in ihrem Beruf, stellt hohe Ansprüche an ihre eigene (Weiter-)Qualifikation und sucht permanent nach neuen Ideen und Arbeitsansätzen. Hatte Frau Gelldorf ursprünglich vorgesehen, mit dem Sabbatjahr ihren Übergang in den Ruhestand einzuleiten, verbleiben ihr durch eine zwischenzeitliche Anhebung des Renten-alters (auf 63 statt 60 Jahre) auch nach dem Sabbatical noch weitere Erwerbsjah-re. An ihrem Termin für das Sabbatjahr hält sie dennoch fest, da sie in dieser Zeit und bei „noch guter Gesundheit" eine ausgedehnte Fahrradtour im Ausland unternehmen möchte. Zu Beginn der Freistellung verhindert jedoch ein Unfall über Wochen die Umsetzung ihrer Pläne. Die erzwungene Ruhephase bringt Frau Gelldorf, gewohnt, „immer gut zu funktionieren", erstmals ins Bewusst-sein, wie groß ihre innerliche Erschöpfung ist. Die Sabbatzeit entwickelt sich schließlich für sie zu einer Phase der Selbstreflexion ihrer verinnerlichten Zwänge des „immerzu Arbeitens" und „Weitermachens". Sie erkennt, dass sich dieser Lebensstil zukünftig nicht mehr fortführen lässt und sie sich stattdessen Zeit nehmen muß, um über „Alter, Leben und Tod" nachzudenken. Erst im

Nachhinein wertet sie das Sabbatjahr nicht nur als eine funktionale Überleitung, sondern als ein wichtiges „time-out" für die Auseinandersetzung mit ihrer Biographie und zukünftigen Perspektiven.

Für die alleinstehende *Eleonore Zabel* bildet der Beruf ebenfalls das Zentrum ihres Lebens. Seit 30 Jahren ist sie ununterbrochen an derselben Grundschule tätig, davon die Hälfte der Zeit als stellvertretende Schulleiterin. Zeit für ein Privatleben bleibt ihr kaum. Vor dem Sabbatical fühlt sich die Anfang 50jährige ausgelaugt und führt dies auf aktuell besonders hohe Arbeitsanforderungen und eine schwierige Konstellation im Kollegium zurück. Im Sabbatjahr sieht die Lehrerin einen willkommenen Fluchtweg aus der beruflichen Stresssituation. Sie sehnt sich nach einer Atempause, möchte gern „einfach mal Mensch sein", statt wie eine „Maschine" zu funktionieren. Doch auch in der Zeit ihres Sabbaticals weiß sie sich „reichlich zu beschäftigen": neben der Pflege ihrer kranken Schwester, stehen vor allem Reisen sowie persönliche und nicht zuletzt berufliche Weiterbildungsaktivitäten auf ihrem Programm. Insbesondere aber gelingt es Frau Zabel durch die erstmalige längere Abwesenheit vom Arbeitsplatz, die „Nabelschnur", mit der sie auch emotional an „ihre" Schule gebunden fühlt, zu lösen. Damit wird für sie eine berufliche Zukunft außerhalb des bisherigen Arbeitsortes überhaupt erst denkbar. Schon nach der Hälfte des Sabbatjahrs nutzt sie die Gelegenheit, sich an einer neuen Schule für die Stelle der Leiterin zu bewerben und begibt sich bereits ein Vierteljahr vor Ende ihrer Freistellung an die Arbeit. Zeigt Frau Zabel andeutungsweise Bedauern darüber, im Sabbatical keinen Partner kennengelernt zu haben, versucht sie das Fehlen dieser Ebene zugleich als „normal" und „in Ordnung" hinzustellen. In der neuen Position, in der sie nun „gar kein Privatleben" mehr hat, gibt sich Frau Zabel voller Elan und Zuversicht, bis zu ihrem regulären Rentenalter die Zeit an ihrer Schule „gesund, bei Kräften und immer noch innovationsbereit" zu erleben.

7.4.1 Prototypische Fallbeschreibung: Frau Bergheim - Sabbatical als Proberaum für zukünftige Weichenstellung

„(...) es geht gar nicht um das, was ich arbeiten wollte zu dem Zeitpunkt, sondern darum, einfach einmal rauszukommen. Sich das Ganze einmal mit Abstand zu betrachten, vielleicht auch auf eine neue Idee zu kommen, was ich gerne machen möchte. "

Seit ihrer kaufmännischen Ausbildung ist die 33jährige Christine Bergheim als Sachbearbeiterin in einem großen Verlagshaus tätig. Schon einmal hatte sie das Gefühl, ihren beruflichen Weg überprüfen zu müssen. Nun mit mehr als dreißig Jahren verspürt sie erneut diesen Impuls und verschafft sich - mangels einer kollektiven Sabbaticalregelung - auf individuellem Wege die Möglichkeit eines sechsmonatigen Ausstiegs aus dem Berufsleben.

I. Ausgangssituation: Raum und Zeit zur Entwicklung neuer Ideen und Perspektiven

Zwar hat Frau Bergheim in den 17 Jahren ihrer Beschäftigung verschiedene Abteilungen ihres Unternehmens kennengelernt, sich innerbetrieblich weiter qualifiziert und arbeitet nach Abschluss einer internen Fördermaßnahme zuletzt in der Position einer Gruppenleiterin. Doch trotz des relativen Aufstiegs lässt ihre berufliche Verwirklichung aus Sicht der jungen Frau zu wünschen übrig. Nach Beendigung der Qualifizierung sieht sie den Moment für grundsätzliche Überlegungen hinsichtlich einer zukünftigen beruflichen Weichenstellung gekommen.

> „(...) was machst du, wenn das hier alles vorbei ist mit der Mitarbeiterförderung, in welche Richtung gehst du weiter? Willst du bei ASV[218] etwas Neues machen oder mal raus? Ich hatte diese gleiche Entscheidung schon bei meinem zehnjährigen Betriebsjubiläum, und vielleicht ist es auch ganz normal, dass so etwas einfach irgendwann einmal hochkommt. Ich habe jetzt schon wieder gerade so eine Phase (lacht), ziemlich schnell eigentlich wieder, wo ich mir Gedanken mache, gefällt mir das, was ich jetzt mache? Vielleicht ist das ganz normal, auch gerade in dem Alter über dreißig." (024)

Von der Schulzeit nahtlos in die betriebliche Ausbildung gewechselt, steht Frau Bergheim seit ihrem sechzehnten Lebensjahr ohne Unterbrechung im Vollzeitarbeitsverhältnis. Ihren beruflichen Werdegang bezeichnet sie selbst als „straight", ohne jemals „in den Tag hineingelebt" oder besondere Spielräume in der Gestaltung der eigenen Arbeitszeit gehabt zu haben. In ihrem Aufgabengebiet fühlt sie sich stark eingebunden. Durch die „recht selbständig" organisierte Tätigkeit im direkten Kundenkontakt und ihre Verantwortung für die Arbeitsorganisation in der Gruppe sieht sie besondere Verfügbarkeitserwartungen an sich gestellt. Nicht nur der häufig hohe Arbeitsanfall, auch das eigene Verantwortungsgefühl haben Mehrarbeit in ihren Augen zur „normalen Arbeitszeit" werden lassen. Da für ihre Aufgaben, von Urlaubszeiten abgesehen, bei Abwesenheit keine Stellvertretung existiert, sieht Frau Bergheim auch keine Möglichkeit, sich nach individuellem Bedarf zwischendurch freie Tage zu organisieren. Selbst den regulären Erholungsurlaub nach ihren Bedürfnissen in Anspruch zu nehmen, scheint ausgeschlossen; einen vierwöchigen Urlaub am Stück bezeichnet sie als „absoluten Traum":

> „Mehr als drei Wochen war nie drin, eher weniger, immer dieses Gefühl und ein halbes schlechtes Gewissen zu haben. Wenn man krank war, wurde zuhause angerufen, Sachen abgeklärt, ich kam manchmal gar nicht zur Ruhe und das war teilweise schon ganz extrem." (160)

Nachdem sie seit ihrem Berufseinstieg schon einige Stationen in ihrer beruflichen Laufbahn zurückgelegt und mit ihrer Qualifikation eine bestimmte Stufe erreicht hat, verspürt Frau Bergheim im Lebensalter „über dreißig" den inneren

---

[218] Name der Firma geändert

Drang, „irgend etwas anderes machen zu wollen". Wohin sie sich orientieren will, dafür hat sie ad hoc jedoch keine konkreten Vorstellungen parat. In ihrem Alltag aber halten berufliche Beanspruchung und das Gefühl, unabkömmlich zu sein, Frau Bergheim davon ab, über die „üblichen Sachen, wie Kino, Einkaufsbummel machen, mal Essen gehen" hinaus, persönlichen Interessen und Bedürfnissen intensiver nachzuspüren und nachzugehen. Sie erkennt schließlich, dass sie, um überhaupt neue Ideen entwickeln zu können, auf Distanz zu ihrem beruflich bestimmten Alltag gehen muß:

> „Wollte ich in der Firma bleiben oder wollte ich raus und irgendwann merkte ich dann, es geht gar nicht um das, was ich arbeiten wollte zu dem Zeitpunkt, sondern darum, einfach einmal rauszukommen. Sich das Ganze einmal mit Abstand zu betrachten, vielleicht auch auf eine neue Idee zu kommen, was ich gerne machen möchte." (024f)

Da in ihrem Unternehmen spezielle betriebliche Angebote für eine längerfristige Freistellung nicht existieren, bemüht sich die Angestellte in individueller Absprache mit ihrem Vorgesetzten eigenständig darum, die Voraussetzungen für einen befristeten Ausstieg zu organisieren[219]. Erstmals über einen ausgedehnten Freiraum zu verfügen, mit dieser Option stellt das Sabbatical für Frau Bergheim eine ganz besondere Gelegenheit dar, auf deren selbständige Aushandlung sie besonders stolz ist. Von der Auszeit verspricht sich Frau Bergheim zunächst „einmal dieses Gefühl von Freiheit (zu) erleben, einfach zu machen, was ich möchte." Dabei hat sie im Hinblick auf die Planungen für diese Zeit verschiedene, in ihrem Alltag nicht zu realisierende und über Jahre angesammelte Wünsche, in Form von Listen niedergeschrieben, die sie im Sabbatical „abarbeiten" will (213f).

Eine Weltreise oder „im Kibbuz arbeiten", was nach ihrer Meinung ein „klassisches" Sabbatical ausmacht, hat Frau Bergheim hingegen nicht eingeplant. Vielmehr besteht die Besonderheit und die Bedeutung der Auszeit für sie darin, in ihrer „normalen Umgebung" tun zu können, wonach ihr der Sinn steht, Vorhaben, denen aus ihrer Sicht zumeist nichts spektakuläres anhaftet:

> „(...) Kleinigkeiten zum Teil, die ich aber nicht auf die Reihe gekriegt habe (im Berufsalltag B.S.), sei es, einen Ort zu besuchen oder einen Kurs zu machen oder viel Zeit zu haben für meine Freundinnen, die alle Kinder haben, für meine drei Patenkinder. Das hat für mich einen sehr hohen Wert gehabt." (213f)

II. Zeitverwendung/-erfahrung: Freie und reichhaltige (Probe-)Zeit

Für Frau Bergheim, die sich als einen Menschen bezeichnet, der „immer etwas auf dem Zettel hat", gestaltet sich die Freistellung insgesamt als eine Zeit voller Aktivitäten. In den Tag hineinzuleben oder „tagelang nichts zu tun", ist für sie

---

[219] Von den insgesamt sechseinhalb Monaten, die die Freistellung von Frau Bergheim umfasst, finanziert sie fünf Monate aus eigenen Mitteln, die restlichen sechs Wochen rechnen als Jahresurlaub.

nicht vorstellbar: „Ich habe ein Thema mit Zeit, wie mache ich es am besten, wie kriege ich alles unter einen Hut?" (287 B). Da ihr im Alltag kaum Möglichkeiten zur Verfügung stehen, ihre Arbeitszeit individuell flexibel zu handhaben, ist sie es gewohnt, ihre Zeit höchst effektiv auszunutzen. Auch im Sabbatical will Frau Bergheim die Zeit so gut wie möglich für ihre verschiedenen Vorhaben ausschöpfen:

> „Ich hatte wirklich einen Plan, ich hatte einen Extrakalender, wo ich Sachen eingetragen hatte, weil es standen auch schon vorher sehr viele Sachen fest. Es waren schon wirklich so viele Sachen, dass ich manchmal schon dachte, Moment, aber das passt zu mir, ich plane viel, ich organisiere gern (...). Es war nicht komplett verplant, aber ich hatte wirklich ziemlich viel vor." (602)

Bildungsangebote wahrnehmen, Kurztrips in die nähere Umgebung, Zeit für die Verschönerung ihres Balkons, solche und andere eher „gewöhnliche" Aktivitäten stehen schon seit langem auf Frau Bergheims Agenda. Entsprechend dem bisherigen Vorrang der Erwerbsarbeit wurden sie bisher zumeist auf die eingeschränkte Zeit des Wochenendes verdrängt. Dieses Nischendasein ihrer privaten, auch häuslichen Interessen wird Frau Bergheims Vorstellungen von einem „guten Leben" nicht mehr gerecht:

> „(...) wenn ich Pflanzen kaufen gehe und die dann einpflanze, beschränkt sich ja alles nur aufs Wochenende. Diese Sachen, das ist für mich Lebensqualität, dass ich morgens aufstehen und hier erst einmal in der Wohnung rumtüdeln kann. Vielleicht ist es auch ein Stück weit von diesem Teil Hausfrau in mir, dass ich den auch ausleben konnte mal, gut möglich." (732)

In ihrem bisherigen Dasein als „Berufsfrau" hat Frau Bergheim ihr Leben hauptsächlich zur beruflichen Seite hin eingerichtet. Im Sabbatical genießt sie nun besonders das Gefühl, über ein großzügiges Quantum an Zeit zur ganz persönlichen Verwendung zu verfügen und ohne Einschränkung ihre vielfältigen Interessen und Ambitionen jenseits der Erwerbsarbeit ausleben zu können. Neben dem aktiven Part gibt es aber auch reflexive Momente. Ein Besuch bei Freunden auf dem Land bietet den Rahmen, sich dem Strom tagtäglich neuer Ereignisse und Eindrücke für eine Weile zu entziehen:

> „(...) ein ganz anderes Leben, kein Fernseher, nur Radio, vielleicht ein bisschen Zeitung, fernab wirklich von dem, was ich sonst kannte. Und dann halt auf dem Koog, also hinter dem Deich. Und das war eine sehr, sehr erlebnisreiche Zeit, hat sehr viel aufgewühlt auch in mir, das war sehr spannend. Das waren zwei Wochen, die ich dort war. Ich hatte gleich angefangen, Tagebuch zu schreiben - bis heute (...)". (26B)

Ist die beruflich engagierte und eingespannte Verlagskauffrau zum Zeitpunkt ihres Entschlusses zum Ausstieg noch alleinstehend, lernt sie bald darauf einen Partner und ihren heutigen Ehemann kennen. Noch vor Antritt des Sabbaticals bezieht das Paar eine gemeinsame Wohnung, die Herr Bergheim, als selbständiger Heilpraktiker, zum Teil auch beruflich nutzt. Obwohl Frau Bergheim trotz der neuen Situation des partnerschaftlichen Zusammenlebens für das Sabbatical betont ganz eigene und individuelle Belange in den Vordergrund stellt, unterstützt der Ehemann in spe die Freistellungspläne seiner Partnerin uneingeschränkt. Die Auszeit verschafft ihr jedoch auch mit Blick auf die neue private Lage wichtige Freiräume. Da beide Partner sich wünschen, ihregeplante Heirat in einem besonderen Rahmen zu feiern, legt Frau Bergheim auch den Hochzeitstermin in die Zeit des Sabbaticals:

> „Einfach ganz viel Zeit zu haben! Grenzenlos Zeit zu haben, es erschien mir so, als wenn ich grenzenlos Zeit habe für eine ganze Menge Dinge, einfach das. Das hat mir sehr viel Zufriedenheit gegeben. Natürlich auch in Ruhe die Hochzeit vorzubereiten. Die Vorstellung, so etwas nebenbei zu machen, ist schon echt heftig. Ja, dieses Gefühl von Freiheit, das war das Wundervollste für mich." (399B)

Die neue private Konstellation auf der einen und der Wunsch, sich in unterschiedlichen Tätigkeiten und Aktivitäten auszuprobieren auf der anderen Seite - für beide Perspektiven bietet die Auszeit Frau Bergheim notwendige Zeit und Muße zur Näherung. Der Verpflichtung zur tagtäglichen Berufsarbeit entledigt, ist sie in der Lage, sich in der Frage ihrer beruflichen Entwicklung in alternative Berufsfelder vorzutasten. So arbeitet sie unter anderem stundenweise in einem Buchladen und testet mit diesem Probelauf zielgerichtet die Tragfähigkeit ihres langgehegten beruflichen „Traums" von einer Existenz als Buchhändlerin. In dieser Betätigung, frei von den Zwängen des „normalen" Berufslebens, kann sie ihre Kreativität freisetzen und berufliche Arbeit neu erleben:

> "(...) ich brauch' nicht zu arbeiten, ich brauch' da (Arbeitsplatz bei ASV B.S.) nicht hinzugehen, ich habe ja sogar in der Zeit (des Sabbaticals B.S.) gearbeitet, ich hatte ja einen Job, der mir viel, viel Spaß gemacht hat, ich habe in einer Buchhandlung gearbeitet, Bücher verkauft, beraten und eingewickelt als Geschenk, hat mir riesigen Spaß gemacht. (...) ja, das war toll, das war auch ein Wunsch, den ich mir erfüllt hatte. Irgendwo ist ein Traum in mir, vielleicht einmal selber eine Buchhandlung zu besitzen, möglichst in Kombination mit einem Café, irgendwo. Da habe ich eben schon mal so reingerochen in diese Geschichte, das fand ich toll!" (213)

III. Bilanz/Perspektive: Befriedigendes Sabbatical und Aussichten mit Fragezeichen

Die Fülle an Ereignissen und intensiv genutzte Zeit im Sabbatical hinterlassen bei Frau Bergheim das zutiefst befriedigende Gefühl, ihr Ziel, sich ganz persönliche Wünsche zu erfüllen und eigene Wege zu probieren, verwirklicht zu haben. In Abgrenzung zum vorherigen Berufsalltag und auf der Basis der Erfahrungen, die ihr das Sabbatical als Proberaum eröffnet haben, kann sich die Verlagsangestellte durchaus vorstellen, nicht ins Unternehmen zurückzukehren:

> „Also dieses halbe Jahr so im Vergleich zu dem, wie ich gelebt habe, ja klar, ich habe mir auch die Möglichkeit offengehalten, dass ich mich gegen die Firma entscheide und etwas anderes mache. Und ich hatte mir auch gewünscht oder hatte ja auch den Raum und die Zeit, das einmal im Kopf hin und her zu bewegen und zu überlegen." (052/2)

Zunächst jedoch entscheidet sich Frau Bergheim gegen die Option des „neuen Wegs", sondern für den Wiedereinstieg bei ihrem alten Arbeitgeber. Noch vor Beendigung des Sabbaticals erfährt sie, dass durch interne Umstrukturierungen die Abwicklung ihres früheren Arbeitsbereichs bevorsteht. Da diese Entwicklung, wenn auch nicht so frühzeitig, grundsätzlich aber absehbar war und durch die während der Freistellung erworbenen Distanz zur Firma fühlt sich Frau Bergheim von dieser Veränderung nicht ernstlich verunsichert. Die Aussicht, nicht an ihren alten Arbeitsplatz zurückzukehren, erscheint Frau Bergheim nach etlichen Berufsjahren in ein und derselben Abteilung und ihrer gegenwärtigen Motivation zur Neuorientierung, weniger als ein Risiko, sondern als eine durchaus willkommene und reizvolle Abwechslung. Als qualifizierte Fachkraft erhält sie in der Folgezeit sowohl unternehmensintern als auch von extern eine Reihe von Arbeitsangeboten und sieht sich in ihrem Selbstvertrauen zusätzlich gestärkt. Angesichts der Beschäftigungschancen in ihrem angestammten Arbeitsfeld stellt Frau Bergheim nochmals grundsätzliche Überlegungen an, welche berufliche Richtung sie anstreben will:

„Ich habe natürlich auch letztes Jahr (im Sabbatical B.S.) ein paar Mal überlegt, ob ich irgendetwas anderes machen soll, diese Idee mit der Selbständigkeit, dem Buchladen oder was auch immer, habe das aber verworfen und hatte auch das Gefühl, nachdem diese Angebote dann da waren, OK, ich bleibe dann bei ASV - ich habe lange überlegt, ob ich das machen soll oder nicht." (595)

Zwar kommt der betriebsinterne Arbeitsplatzwechsel Frau Bergheim nicht ungelegen und passt gut in ihr Konzept der Neuorientierung. Doch schon nach kurzer Zeit kommen ihr erneut Zweifel, als sich die Arbeitssituation in der neuen Abteilung für die Rückkehrerin als unbefriedigend erweist. Als Ursache macht Frau Bergheim negative Einflüsse der umfangreichen und anhaltenden betrieblichen Umstrukturierungsmaßnahmen auf das Arbeitsklima aus. Nach der Sabbaticalerfahrung einerseits ausgestattet mit einem neuen Bewusstsein von Alternativen, andererseits aber noch unschlüssig, welcher berufliche Zuschnitt am besten für sie passt, fällt ihre Beurteilung und Reaktion auf diese Unstimmigkeiten kritischer und sensibler aus:

„(...) wohl wissend immer mit den Gedanken, es gibt auch noch andere Sachen als ASV, es gibt auch noch ein Leben ohne ASV." (677B)

Insgesamt stellt sich die Berufsperspektive für Frau Bergheim unentschieden und ambivalent dar. Zwar verspürt sie eine starke Neigung, die aktuell wenig akzeptablen Bedingungen am Arbeitsplatz zum Anlass für den Absprung und neuerlichen Wechsel zu nehmen, findet sie die Idee „(...) schön, wenn ich jetzt mal wieder weggehen könnte". Zugleich hält sie diesen Gedanken aufgrund ihres erst kurze Zeit zurückliegenden Wiedereinstiegs für „fast pervers": Ich bin ja erst drei Monate in der Abteilung und arbeite jetzt noch nicht mal wieder ein Jahr." (540B)

Dass ihr „die Arbeit an sich" immer noch Spaß macht, nimmt Frau Bergheim einerseits als guten Grund, an der Perspektive ihres derzeitigen Arbeitsverhältnisses festzuhalten und setzt ihre Hoffnungen auf eine mittelfristige Verbesserung des Betriebsklimas. Als persönliches Plus in dieser schwierigen Umstrukturierungsphase wertet sie zudem ihre ausgeprägte Fähigkeit zur Anpassung und „flexiblen" Umgang mit veränderten Situationen nach ihren Erfahrungen mit verschiedenen Abteilungswechseln. Auf der anderen Seite hat sie das Bedürfnis, die Weichen ihrer Lebensführung grundlegend anders als bisher zu stellen. Dazu gehört auch, die bisherige Priorität der Berufsarbeit neu abzuwägen. Eher als ein erneutes Sabbatical würde Frau Bergheim dazu gern ihre wöchentliche Arbeitszeit reduzieren, am liebsten in Form einer Vier-Tage-Woche. Anstöße für den Wunsch, zukünftig ein stärkeres Gewicht auf außererwerbliche Lebensbereiche zu legen, liefern, neben der Sabbaticalerfahrung, auch die Veränderungen, die das Zusammenleben mit ihrem Partner mit sich bringen:

> „Klar, weil ich beneide ihn darum, er ist selbständiger Heilpraktiker, er hat seinen Büroteil hier hinter uns und so wie heute z.B. ist er den ganzen Tag zuhause, arbeitet halt am Schreibtisch, kann aber auch sagen, jetzt gehe ich mal eben nachmittags joggen. Und ich beneide ihn manchmal schon darum, auch wieviel er am Tage Fahrrad fährt, ... ich fahre Straßenbahn und bin nicht draußen am Tage. Das sind Sachen, die mich schon manchmal ganz schön nerven." (173C)

Die Selbständigkeit gibt Herrn Bergheim Gelegenheit, seine Arbeitszeiten flexibel zu handhaben. Frau Bergheim dagegen vermißt solche Spielräume in ihrem Arbeitsleben nun zunehmend auch deswegen, da sie ihre Zeit so schlechter mit dem Partner teilen kann. Sich in Zukunft einen zusätzlichen freien Tag pro Woche organisieren zu können, wäre jedoch nicht allein mit Blick auf die Partnerschaft ein Gewinn, sondern, wie schon das Sabbatical, auch im Sinne ihrer eigenen Interessen:

> „Ich würde nicht denken, dass wir diesen Tag immer gemeinsam verbringen, ich würde dann auch wieder all so Sachen machen, Museum und dies und das und mich mit Freunden treffen , weil das an den Wochenenden immer noch unterzubringen, das ist schwer. Die haben natürlich auch ihr Familienleben, sind ja auch schon am Wochenende überfüllt, so was würde ich dann an diesem freien Tag machen und Freitag sagt ja schon, frei!" (188C)

Über ihre Zeit individuell verfügen zu können, diese Option soll im Leben von Frau Bergheim nicht mehr nur als Sonderfall eintreten. Stattdessen wünscht sie sich „(...) ein Stück von dieser Freiheit doch vielleicht wieder in mein tägliches Leben mit einzubauen" (188C) und damit die Balance im Arbeits- und Beziehungszusammenhang neu auszutarieren. Durch verbesserte Stellvertretungsbedingungen rechnet sie sich für die Durchsetzung ihrer Arbeitszeitpräferenz an ihrem aktuellen Arbeitsplatz durchaus gute Chancen aus, möchte aber mit der Umsetzung dennoch warten.

Frau Bergheim befindet sich in einer Umbruchsituation: Hatte sie bisher alleine gelebt und ihr Leben in der Hauptsache um ihren Beruf herum angeordnet, möchte sie nun stärker persönliche und private Interessen berücksichtigen und in ihr Alltagsleben einbeziehen. Doch nicht nur der weitere berufliche Werdegang und Zielrichtung stellt sich ihr uneindeutig dar, auch die partnerschaftliche Perspektive ist in dieser Phase vor allem hinsichtlich einer etwaigen Familiengründung nicht klar greifbar:

> „Es ist durchaus möglich, dass wir uns in zwei Jahren überlegen, ein Kind zu bekommen, dann verändert sich sowieso wieder was, dann ist es auch wieder eine Auszeit, eine andere Art von Auszeit. Manchmal sind schon solche Gedanken da, vielleicht wäre das jetzt die nächste Alternative so aus dem Frust heraus. Aber ich werde ganz bestimmt kein Kind aus Frust heraus bekommen, also es muss schon alles stimmig sein, und ich will ja diesen Job jetzt auch machen, das auf jeden Fall." (00C)

So ist Frau Bergheim unentschlossen, wann ein günstiger Zeitpunkt für die angestrebte Reduzierung der Arbeitszeit und Neugewichtung zwischen Berufs- und Lebensbereich gekommen ist. Da sie ihre Situation als „noch zu unbestimmt" einschätzt, schiebt sie, bis sich klarere Konturen abzeichnen, „Wunschgedanken", wie den nach einer individuellen Vier-Tage-Woche, noch hinaus.

Sind im Teilsample der NeuorientiererInnen nahzu ausschließlich Frauen vertreten, wird in Ergänzung nachfolgend als Variation der Fall eines männlichen Sabbaticalsnehmers geschildert, der als Alleinerziehender zum Ende der Pubertät seines Kindes nach neuen Orientierungen sucht.

Fallvariation: Herr Vosskamp - Sabbatical als Zeit der Selbstreflexion

Dirk Vosskamp, Musiklehrer an einem Wirtschaftsgymnasium und seit dem dritten Lebensjahr seines mittlerweile 17jährigen Sohnes alleinerziehender Vater, entschließt sich im Alter von Anfang Vierzig zu einem Sabbatjahr. In dieser Phase kummulieren in seiner beruflichen, aber auch privaten Lage verschiedene Unzufriedenheiten und Zwänge, die ihm Veränderungsbedarf signalisieren.

Beruflich fühlt sich der leidenschaftliche Musiker im Schuldienst mit dem „Kasperfach" Musik schon seit längerem weder ausgefüllt noch anerkannt. „Verkrustete" Strukturen an seiner Schule verstärken das Gefühl, fehl am Platz zu sein. So gerät er trotz seines für Lehrer vergleichsweise niedrigen Arbeitspensums, psychisch immer mehr unter Druck, mit der „täglichen Frustration" fertig zu werden, sich im Lehrerberuf nicht ausreichend verwirklichen zu können:

> „Bis mich das fachlich einfach frustrierte, ich dachte, das kann nicht sein, dass ich derartig schmalspurig arbeite in dem Fach, für das ich jahrelang heftig spezialisiert in verschiedene Richtungen mich ausgebildet hatte, zumal das Klima an der Schule selber eine Katastrophe war." (148)

Eine Karriere als Musikerwissenschaftler hatte Herr Vosskamp vorzeitig aufgegeben, sowohl wegen seiner Abneigung gegen das im akademischen Bereich herrschende „Konkurrenzkampfmodell", aber auch hinsichtlich fraglicher Beschäftigungschancen. Mit Blick auf die Notwendigkeit, sein Kind zu versorgen, entscheidet er sich für die Sicherheit einer Lehrerlaufbahn. Letztlich fühlt er sich mit seinem Wissen und Talente aber zu „Höherem" berufen. In Sorge über eine schleichende Dequalifizierung würde er gern noch einmal „tief" in die einstigen Studien seiner unvollendeten Dissertation einsteigen. Sein bisheriges Leben charakterisiert Herr Vosskamp jedoch als zu „alltagsgefangen und kindausgerichtet" für derartige Vorhaben. Dabei nimmt er sich in einer für Männer gänzlich untypischen Situation wahr:

> „Also ich habe sozusagen das gemacht, was normalerweise immer unterstellt wird, dass die Männer das genau nicht machen, sondern natürlich die Frauen das machen, auf Karriere zu verzichten, und einfach einen Job zu machen, damit die Kinder groß werden." (205)

Retrospektive auf entgangene Chancen

Zum einen lebt und leidet der Lehrer unter dem Eindruck entgangener Chancen auf berufliche Selbstverwirklichung. Zum anderen scheitert nach unterschiedlichen experimentellen Wohnformen zuletzt auch eine mehrjährige Partnerschaft, die er gemeinsam mit der Partnerin und seinem Sohn nach Art der „Kleinfamilie" organisiert hatte. Mit dem Entschluss, das Sabbatjahrmodell in Anspruch zu nehmen, verbindet Herr Vosskamp nun ausdrücklich eine neue Zielrichtung unter dem Motto: „Jetzt bin ich einmal dran". Zu einem Zeitpunkt, zu dem sein Sohn eine relative Selbständigkeit erreicht hat und nach der langen Phase des Zurücksteckens eigener Wünsche will er in einer Art „Notrettungsankerperspektive" den Versuch unternehmen, sich vom inneren Druck des „Müssens" und der Verantwortlichkeit zu befreien und zur „Ruhe" zu kommen.

> „Ich hatte kaum in meinem Leben irgendeine Ruhe, irgendeine Zeit für mich, auch mit Tim[220] zusammen, also ich war gerade ausgezogen (von den Eltern B.S.), hatte ein bisschen studiert und hatte schon mein eigenes Kind, keinen Spielraum für nix. Ich glaube, das ist ein erheblicher Anteil gewesen daran, dass innerlich sich dieser Drang nach irgendeiner Ruhe häufig einstellte, ich glaube, das ist die eine Linie, die zweite, weil ich diesen Job angefangen hatte mit dem Gedanken daran, dass für das Kind Geld da ist, habe ich innerlich immer zweischneidig gelebt. Ich bin in die Schule gefahren mit dem Gedanken, ja eigentlich möchte ich ja das machen, eigentlich muss ich die Diss noch fertigschreiben oder sowas, eigentlich bin ich ganz woanders." (349)

Herr Vosskamp verspürt das dringende Bedürfnis, endlich einmal die eigenen Pläne in den Vordergrund zu stellen und zu sich zu finden, statt sich um die Belange anderer kümmern zu müssen. Insbesondere hat er den Wunsch nach „Stille". In einem kleinen Wochenendhaus auf dem Land hofft er die ersehnte „innere Ruhe" und Besinnung zu finden:

> „(...) ein Sabbatjahr zu haben mit diesem Bild, ich bin ein Jahr lang nur in der Heide und habe nur Stille, das war die wahnsinnige Wunschvorstellung. Ich glaube, ein mehr nach außen geworfenes Bild des Wunsches nach innerer Ruhe, die bis dahin einfach

---

[220] Name des Sohnes geändert.

nicht eingetreten war. Sicher auch, na, was heißt Ruhe? Ruhe sozusagen in einem irgendwie gearteten angenehmen, vielleicht auch glücklichen Einverständnis mit dem,
was man macht. Ja, das ist mein Leben, nicht mehr und nicht weniger und ich finde
das auch gut so. So, diese Art von Stimmigkeit gab es damals ja nicht." (563)

Zeit für Besinnung auf das „eigene Leben"

„Hauptthema" und Schwerpunkt seines Sabbaticals ist, Gelegenheit für die Reflexion und Neubestimmung des eigenen Lebens und Zeit für seine musischen
Interessen und Studien zu haben:

> „(...) so das war ein Traum, ich sitze in der Heide in meinem Häuschen, ich stör kei
> nen, mich stört keiner, und da steh ich und spiele Kontrabass. Ade du schnöde Welt,
> ich spiele Kontrabass, das war so mein Bild (lacht) - nebenbei wollte ich dann auch
> noch meine Dissertation fertig schreiben, einmal noch richtig tief einsteigen. Das wa
> ren ungefähr die Vorstellungen." (046B)

Darüber hinaus möchte er außerdem Zeit mit seiner neuen Partnerin verbringen,
die er im Jahr vor der Freistellung kennengelernt hat. Neben dem Leben in seiner alltäglichen Umgebung, der Rückzugsmöglichkeit aufs Land, ist der Aufenthalt bei der Freundin die „dritte Perspektive", „(...) wo ich sein könnte, leben
könnte innerhalb des Sabbatjahres". Durchkreuzt werden diese Pläne jedoch
noch vor Beginn des Sabbaticals, als die Partnerin ernsthaft erkrankt und
Betreuung benötigt. Damit sieht sich Herr Vosskamp in gerade dem Moment,
„wo ich einmal die Möglichkeit hatte, jetzt darf ich mal für mich sein, wieder in
die Position des 100%igen Krankenpflegers" manövriert (307B). Die Zeit der
Krankheit wird zur Nagelprobe für die Beziehung und bewegt Herrn Vosskamp
zugleich zu einer tief greifenden Reflexion seiner Identität und Rolle als Mann.
Die Beziehungskonstellation interpretiert als eine „lustige geschlechtsspezifische Umkehrung": Demnach ist es seine Freundin, die als Wissenschaftlerin
versucht, dem männlichen Konkurrenzmodell standzuhalten. Die Erfahrung ihres Zusammenbruchs liefert auch ihm einen Anlass, sich mit den Brüchen im
eigenen Selbstverständnis mit Unterstützung im Rahmen einer Männergruppe zu
konfrontieren. Doch nicht nur auf der Ebene der Selbstverortung innerhalb der
Partnerbeziehung realisiert der Anfang Vierzigjährige Klärungsbedarf. Auch das
ambivalente Verhältnis in seiner Rolle als Vater kommt im Sabbatical an die
Oberfläche und erfordert eine Auseinandersetzung. Nachdem der Sohn während
des Sabbaticals seinen Umzug zur Mutter ankündigt, schwankt Herr Vosskamp
zwischen unterschiedlichen Empfindungen. Einerseits plagen ihn Schuldgefühle,
weil er - gerade im und durch das Sabbatjahr - seinem Sohn nicht genügend Zuwendung bieten kann:

> „Gleichzeitig dachte ich schon wieder, dieser arme Junge, das ist eben das Komische
> mit den Alleinerziehenden, das ist immer schlecht. Die sind so notgedrungen fixiert,
> dass sie viel zu wenig auf sich wiederum achten, sondern immer nur auf den anderen,
> weil, wenn es dem gut geht, dann ist es ja OK, dieses Sorgen für jemand anderen, das
> ist so eine fürchterliche, entsetzliche Falle." (040II)

Andererseits glaubt er die Berechtigung zu haben, sich endlich auf sich selbst zu beziehen, Eigensensibilität und Eigenfürsorge zu entwickeln. So ist es auch eine Erleichterung, als er die Verantwortung für den Jugendlichen an die Mutter abgeben und der „Sorgefalle" entrinnen kann. Nach der „Hochspannungsstruktur" seines „absolut durchgeplanten Berufslebens mit Kind", zieht sich der Lehrer, nach dem sich der Gesundheitszustand der Partnerin bessert, aufs Land zurück, um dort in das genaue Gegenteil eintauchen, „überhaupt gar nichts zu machen" (307B) und „heftigst sämtliche Zügel schleifen (zu) lassen" (344II). In diesem krassen Kontrast lernt er jedoch nicht nur die Freiheitlichkeit der Sabbaticalzeit, sondern auch deren „depressive" Seite kennen, als „schwarzlochmäßiges Absacken ins Nichts". Zu einer eigenständigen Strukturierung seiner Auszeit findet Herr Vosskamp nach eigener Einschätzung erst spät. Liegt ihm zum einen daran, im Sabbatjahr möglichst nichts festzulegen, „alles nur frei" zustande kommen zu lassen, versucht er zum anderen zu verhindern, dass das Sabbatical ihm wie ein „monolithischer Nebelblock" gegenübertritt. Dabei setzt er als Strukturgeber vor allem auf klar definierte Vorhaben und Aktivitäten, die vom Charakter „etwas Alltagsmäßiges" darstellen und in seinem Nahraum angesiedelt sind.

Vom Umbruch zum Aufbruch in neue Lebensverhältnisse

Trotz ausgedehnter Phasen in der Abgeschiedenheit, wertet Herr Vosskamp das Sabbatical nicht als Erholungszeit, sondern im Gegensatz als eine „irre schwere", eine „Scheißzeit, eine ganz große beschissene Zeit, die offensichtlich irre nötig war" (436B). Erst im Rückblick erfüllt ihn das Sabbatjahr als Phase eines schwierigen, teilweise „erschreckenden Treffens mit sich selbst" mit einem Gefühl der Zufriedenheit, vor allem aufgrund der Selbstreflexionen, durch die er sich vorangebracht sieht:

> „Ja und dafür war die Zeit und im Nachhinein würde ich sagen, es war irrsinnig was los in dem Sabbatjahr, und ich habe so viel dafür getan wie nie zuvor und wie ich das auch in keinerlei Lebenssituation hätte machen können. Das war ganz wahnsinnig wichtig." (081II)

Aus den anstrengenden Suchbewegungen ist Herr Vosskamp mit neuen Erkenntnissen und Bewusstsein für das Recht auf ein eigenes Leben hervorgegangen. Neue Weichen sieht er insbesondere im Vater-Sohn-Verhältnis gestellt. Nach dem der Sohn nun bei der Mutter lebt, gelingt es dem Vater auf einer zwangloseren Basis den Kontakt zu halten und er wertet er die Beziehung als „erwachsener" und weniger konfliktbeladen als zuvor. Auch das zwiespältige Verhältnis zu seinem Beruf als „normaler Lehrer" hat sich gelöst. Seine ehemals ehrgeizigen Karriereambitionen hat Herr Vosskamp aufgearbeitet. Durch den Fortgang des Sohnes ist das alte, notgedrungene Versorgungsargument großenteils gegenstandslos geworden, so dass er nun „selbst sehen (muss), was mach ich denn mit dem Beruf?". Der Wandel seiner Einstellung bewirkt aber auch, dass er sich eine Rückkehr an die frühere Arbeitsstelle nicht mehr vorstellen kann, da ihm dies wie ein „Rückschlag" erschiene. Noch im Sabbatical stellt er Kontakt zu einer anderen Schule her und tritt dort, noch ohne offizielle Planstelle, im Anschluss eine Stelle als Musiklehrer an. Trotz der insgesamt höheren beruflichen Belastungen am neuen Arbeitsplatz ist Herr Vosskamp auch aufgrund des kollegialen und schülerfreundlichen Arbeitsklimas viel motivierter und empfindet den Arbeitsprozess nun als „gegenseitige Befruchtung". Persönlich sieht er sein Leben im Sabbatjahr auf neue Schienen gesetzt. Gelernt, sich anstelle des früheren Helfersyndroms gegen Vereinnahmungen abzugrenzen, hat er nicht nur beruflich, sondern auch privat zu einer neuen Selbstdefinition und Positionierung gefunden. Mit den neuen Spielräumen ist auch in die Partnerschaft Bewegung gekommen:

> „(...) da ging es dann los, da konnte ich wieder und das fand ich schön. Entsprechend reagierte Annetta[221]. (...) und dann fing es an sich umzukehren, und dann setzte sie sich auch durchaus wieder für uns zwei ein.... Ich will dich jetzt aber sehen, was sie ein Jahr lang nicht gesagt hatte! Das war also für unsere Beziehung sehr gut, und, glaube ich, hing damit sehr zusammen, dass ich selber aus dieser Falle halbwegs rausgestiegen war." (063II)

Nachdem das Paar vielfältige Konflikte miteinander erlebt und überwunden hat, sind die Annäherungen nun soweit fortgeschritten, dass es den Entschluss gefasst hat, zusammen zu leben und zu heiraten. Ein erneutes Sabbatical glaubt Herr Vosskamp zukünftig nicht mehr in Anspruch nehmen zu müssen, es sei denn für die Realisierung konkreter Projekte. Bevorzugt möchte er jedoch darauf hinwirken, sich durch die Verkürzung seiner Wochenarbeitszeit Spielräume im Alltag zu verschaffen, um beispielsweise einen Mittagsschlaf oder Spaziergänge in sein Berufsleben integrieren zu können.

7.4.2 Reflexionen zum Neuorientierungs-Typus : Sabbatical - Zeitoption an biographischen Schnittstellen

I. Orientierungsbedarf in unsicherer Lebenslage

Lebensverläufe sind heute von einer zunehmenden Heterogenität geprägt, Lebensformen haben sich pluralisiert und damit auch Statuspassagen (Heinz 1996) dynamisiert[222]. Mit dem Zuwachs an Optionalität im individuellen Handeln, steigen zugleich die Anforderungen an einen aktiven Umgang mit der eigenen Lebenszeit für den Einzelnen. Für die Motivgruppe der NeuorientierInnen cha-

---

[221] Name der Freundin geändert.

[222] Dies gilt allgemein bezüglich der Norm des so genannten „Drei-Phasen-Modells" mit den Übergängen vom Ausbildungs- ins Berufssystem und, nach einem kontinuierlichen Erwerbsverlauf, in den Altersruhestand. Speziell im jungen Erwachsenalter gehen Prozesse des Berufseintritts und erste berufliche Erfahrungen mit häufigen Um- und Neuorientierungen einher. Während der komplizierteren beruflichen Weichenstellungen finden überdies parallel Paarbildungen und eine Auseinandersetzung mit der Thematik der Familiengründung statt (Witzel/Kühn 2001).

242

rakteristisch ist dabei die Kombination von *beruflichen und privaten Veränderungsbedarfen*. In dieser Lebenslage erleben die Personen ihre Situation als hochgradig offen, sie fühlen sich herausgefordert, aber auch in einem Maße verunsichert, dass grundlegende Klärungen notwendig erscheinen. Die Umbrüche, denen sich dieser Typus gegenüber sieht, lösen mitunter auch Regenerationsbedürfnisse aus, die in einigen Fällen vordergründig das Motiv für das Sabbatical liefern. Anders als bei den RegeneriererInnen entpuppen sich diese jedoch als *Reaktion auf die Anspannungen einer ungeklärten Lebenslage*. Auch dort, wo Wünsche nach Neuorientierung weniger explizit und eindeutig als Ausgangsmotiv benannt werden und sich an Regenerationsmotive anlagern, wird im Verlauf der Unterschied zum Regenerationstypus offenbar, wenn Zeit und Distanz vom Berufsleben, die das Sabbatical bietet, genutzt werden, um sich auf neue Arrangements einzulassen bzw. mögliche Weichenstellungen auszuloten.

Auffällig in der Zusammensetzung dieser Motivgruppe - auch das unterscheidet sie deutlich von den AnwenderInnen des ersten Typus - ist der hohe Anteil überwiegend jüngerer Frauen. Im jungen Erwachsenenalter sehen sie sich mit der Auflösung überkommener Lebenslaufmodelle und Geschlechterrollen heute generell vor besondere Aufgaben bei der Gestaltung ihrer Lebenswege gestellt, welche von einer zunehmenden Sequenzialität gekennzeichnet sind (Geissler/Oechsle 1994). Weder die traditionelle[223] weiblichen „Normalbiographie" erscheint jungen Frauen heute attraktiv, noch wollen sie in die Fußstapfen eines erwerbszentrierten männlichen Lebenslaufmodells treten. Für die Mehrheit von ihnen hat sich an Stelle dessen, wie auch schon in der Motivgruppe der Kinderbetreuerinnen, die „doppelte Lebensführung"[224] als handlungsleitende Vorstellung und Maßgabe ihrer Lebensplanung herauskristallisiert. Teilhabe am Erwerbsleben und materielle Unabhängigkeit bilden dabei ebenso wie die Einbeziehung von Partnerschaft und Kinderwunsch unabdingbare Koordinaten ihrer Lebensentwürfe[225]. Im Gegensatz zu den Frauen in der zweiten Motivgruppe steht den Sabbaticalteilnehmerinnen hier der Schritt in das eigene Familienleben allerdings noch bevor. Die Verwirklichung einer doppelten Lebensführung bezieht sich zunächst auf die *Verknüpfung von beruflicher Partizipation* einerseits und der *Möglichkeit partnerschaftlichen Zusammenlebens* andererseits.

---

[223] „Traditionell" nicht im Sinne von vormodern, sondern auf modernen (herkömmlichen) dualisitischen Geschlechterstereotypen beruhend.

[224] Neben den beiden Extremtypen einer zur Berufs- oder Familienseite hin zentrierten Lebensführung, strebt eine *deutliche Mehrheit* junger Frauen in einer „doppelten Lebensplanung" eine Balance von Berufstätigkeit und Familienverantwortung an (Geissler/Oechsle 1996).

[225] *Lebensplanung* bezieht sich auf die sinnhafte Verknüpfung der Gegenwart mit Vergangenheit und Zukunft, nicht jedoch als subjektzentrierter „Entwurf", sondern eine soziale „Herstellungsleistung", da es dabei um die Einpassung in Institutionen bzw. um Abgrenzung von ihnen geht (Geissler/Oechsle 2001:90), der Begriff der *Lebensführung* bezieht sich auf die Zeitstrukturen des (gemeinsamen) Alltags.

Doch auch die Phase vor der Familiengründung ist für die Neuorientiererinnen bereits von spezifischen Ambivalenzen und Konflikten gekennzeichnet. So hat *auf der einen Seite* die zunehmende Partizipation an Bildung und Relativierung ehemaliger stereotyper Zuweisungen nach Geschlecht bei ihnen eine Selbstverständlichkeit in der Annahme von Gleichheit im Geschlechterverhältnis befördert. Subjektive Gleichstellungserwartungen sowie die gesellschaftliche Förderung von Gleichstellung konzentrieren sich allerdings in der Hauptsache auf die Integration in Erwerbsarbeit. Darüber hinaus bestärkt der gesellschaftlich vermittelte Eindruck einer gleichberechtigten Vereinbarkeit von Beruf und Familie die Frauen in ihrer ausgeprägten Orientierung auf Ausbildung und Beruf. Mit der gewachsenen Relevanz beruflicher Perspektiven in der weiblichen Identitätsentwicklung und dem kulturellen Wandel im Geschlechterverhältnis kommt es schließlich auch zu *Veränderungen in den biographischen Verläufen*. Zwischen den beiden in der Biographie von Frauen besonders „kritischen Zeitpunkten"[226], der Phase der Berufsfindung und dem Übergang zur Familiengründung, kommt es zu Verzögerungen. Hier schiebt sich das „junge Erwachsenenalter"[227] als eine neue Lebensphase dazwischen, die durch verlängerte Berufsbildungszeiten und den hinausgeschobenen Zeitpunkt der Geburt des ersten Kindes eine neue zeitliche Dimension erlangt (Geissler/Oechsle 1996:31). In dieser Phase besitzt die Berufstätigkeit für Frauen subjektiv einen hohen Stellenwert, bildet eine wesentliche Grundlage für deren persönliche und materielle Autonomie und vermittelt ihnen Ansprüche auf ein Stück „eigenes Leben" (Beck-Gernsheim 1983). Die Lebenslage beider Geschlechter weist in dieser Zeit das höchste Maß an Angleichung auf: Nicht nur ist ihre Erwerbsquote ähnlich hoch wie die der Männer, auch gehen Frauen nahezu durchweg einer Vollzeitbeschäftigung nach (Schulze-Buschoff 2000:17ff). *Auf der anderen Seite* treffen junge Frauen jedoch bereits beim Übergang vom Bildungs- ins Berufssystem auf objektiv geschlechtsspezifisch und hierarchisch[228] geprägte Verhältnisse: der Arbeitsmarkt präsentiert sich geteilt nach so genannten Männer- und Frauenberufen, wobei

---

[226] An diesen Punkten zeigt sich lt. Geissler die geschlechtshierarchische Konnotation der Berufsarbeit dadurch, dass die Berufstätigkeit von Frauen im Vergleich zu Männern einen minderen Stellenwert einnimmt (Geissler 1998:114).

[227] Das junge Erwachsenenalter ist keine sozialstrukturelle, statistische Größe, sondern ein Konstrukt der Lebenslaufforschung, das Veränderungsprozessen Rechnung tragen will. Entscheidend für seine Definition ist die Einmündung in den Arbeitsmarkt sowie dessen Prägung von biographischen Gestaltungsaufgaben hinsichtlich Partnerschaft und Familiengründung (vgl. Geissler 1998:117).

[228] Dabei liegen, wie die Frauenforschung herausgearbeitet hat, geschlechtsspezifischen Arbeitsmarktstrukturen nicht einfach ökonomisch-zweckrationale Überlegungen zugrunde, sondern sie sind eingebettet in ein „kulturelles System der Zweigeschlechtlichkeit" (Hagemann-White 1984). Geschlecht ist damit als eine soziale Strukturkategorie zu begreifen, als ein „sozialer Platzanweiser, der Frauen und Männern ihren Ort in der Gesellschaft, ihre Funktion und Lebenschancen zuweist" (Knapp 1988:12). Zur „spezifischen Verquickung von Hierarchie und Differenz" vgl. Wetterer 1995:228.

letztere in aller Regel in den Dimensionen Berufsstatus, Einkommen und Aufstieg schlechtere Perspektiven bieten. Realisieren Frauen ihre *Berufswahl als "Sackgassenberuf"*, sehen sie sich in der Folge zu beruflichen Umorientierungen oder Neuanfang gezwungen (Geissler 1998:114). Doch auch jenseits strenger Segregation existiert in Berufssparten, in denen beide Geschlechter anzutreffen sind[229], eine Hierarchisierung von Einkommens- und Berufschancen zu Ungunsten von Frauen, wenn auch in abgemilderter Form. Geschlechtsspezifische Hierarchisierung findet dort nicht in allen drei Dimensionen gleichermaßen statt bzw. kristallisieren sich Ausdifferenzierungen bei Einkommen, Arbeitsbedingungen sowie eine Selektion beim Aufstieg erst im Laufe der Zeit heraus (a.a.O.:116).

Trotz guter Qualifikationsbasis und entgegen der hohen subjektiven Wertigkeit also, die junge Frauen dieses Typus der beruflichen Tätigkeit beimessen, müssen sie die Erfahrung machen, dass sich die (Gleichheits-)Erwartungen an die Möglichkeiten ihrer beruflichen Entwicklung und Entfaltung, in wesentlichen Punkten nicht erfüllen. Die „Modernisierung" des weiblichen Lebenslaufs weist somit einseitige und widersprüchliche Züge auf (Geissler/Oechsle 1996:127). Zwar haben die Neuorientiererinnen ihr bisheriges Lebenskonzept nach „Männerart" stark um das Berufliche herum konzentriert. Das hohe Engagement, das sie ins Erwerbsleben einbringen, beschert ihnen aber nicht denselben Erfolg. Nach dem Berufseinstieg und ersten Abschnitten der beruflichen Laufbahn müssen Frauen, wie auch unter Neuorientiererinnen der Fall, nicht selten erkennen, dass die Reichweite der Ausbildung für eine weitergehende Entwicklung nicht genügt, nur eingeschränkt berufliche Kontinuität und Gradlinigkeit verspricht und insgesamt als „Lebensberuf" nicht trägt.

Von der „ungleichen Gleichheit" (Oechsle/Geissler 1998) und geschlechtshierarchisch geprägten Arbeitsmarktbedingungen abgesehen, liefern Frauen zur Widersprüchlichkeit ihrer Biographie jedoch auch eigene Beiträge[230]. Denn trotz hoher Arbeitsorientierung stellen sie andere Wertigkeiten in den Vordergrund als Männer. Die Arbeitsorientierung, begriffen als handlungsleitende Relevanz der Erwerbsarbeit und der mit ihr verbundenen Interessen und Bedürfnisse, beeinflusst wesentlich sowohl die alltäglichen Entscheidungen wie auch solche, die auf die Zukunft, also Fragen der Berufskarriere gerichtet sind. Bezüglich dieser Handlungsanleitung lassen sich nach dem Konzept des doppeltes Bezugs zur Arbeit (Schumann et al. 1982) zwei Dimensionen unterscheiden: In der „Ar-

---

[229] Dazu gehören u.a. die meisten kaufmännischen Berufe, Verwaltungsberufe des öffentlichen Dienstes und, in zunehmenden Maße, Berufe mit akademischer Ausbildung.

[230] Nach dem in der Genderdebatte prominenten Ansatz des „doing gender", der sozialen Konstruktion (und Reproduktion) von Geschlecht, erfolgt die Herstellung der Geschlechtsspezifik von Berufsarbeit (gendering) dadurch, dass „Männer wie Frauen bestrebt sind, ihren Beruf in einer Weise auszuüben, für sich selbst zu interpretieren und für andere darzustellen, die darauf abzielt, Geschlechtszugehörigkeit und berufliches Alltagshandeln als kongruent, in Szene zu setzen" (Wetterer 1995:237).

beitskraftperspektive", wie sie vor allem Männer zur Grundlage ihres beruflichen Handelns machen, geht es demnach in erster Linie um den Erhalt der Arbeitsfähigkeit, die Höhe von Einkommen und die Sicherheit des Arbeitsplatzes. In der zweiten Dimension der „Subjektperspektive" dagegen steht der *Sinnbezug im Mittelpunkt*, den die Individuen zur Arbeit herstellen. In dieser Perspektive, die besonders von Frauen betont wird, spielen Aspekte der Kommunikation, Kollegialität, der Arbeitsinhalte sowie Möglichkeiten der Selbstbestimmung und Selbstverwirklichung eine vorrangige Rolle. Auch beruflicher Ehrgeiz, den Frauen entwickeln, ist weniger auf ausgesprochene Karriereziele gerichtet als vielmehr an Ansprüchen an eine interessante Arbeit und dem Wunsch, sich den Beruf „zueigen" zu machen, orientiert (Geissler 1998:122, Falk 1999).

Für die Frage nach den Handlungsspielräumen der Frauen dieser Motivgruppe kommt damit sowohl dem ihnen eigenen Modus der Arbeitsorientierung als auch der biographischen Zeitachse eine wichtige Bedeutung zu. Berufliches Handeln bewegt sich daher nicht allein auf der Alltagsebene, sondern schließt die biographische Zeitdimension notwendig mit ein. Indem sie der Berufstätigkeit Priorität einräumen, haben die Neuorientiererinnen individuelle Ziele erreichen, auch materielle Autonomie herausbilden können und einen aktiven Umgang mit der eigenen (Lebens-)Zeit entwickelt. Auf der Basis dieser Eigenständigkeit sehen sie nun am Ausgang der Adoleszenz die Möglichkeit - und gleichzeitig Notwendigkeit -, sich mit *Blick auf künftige Weichenstellungen für ihre berufliche und private Lebensplanung mit unterschiedlichen Alternativen*, die sich ihnen bieten, auseinanderzusetzen. Beim Verlassen des jungen Erwachsenenalters als eine Schaltstelle *vor* biographischen Festlegungen, steht die Aufgabe an, sowohl zu bilanzieren, welche Vorstellungen bisher eingelöst werden konnten, als auch im Blick auf die Zukunft, neue Ziele zu bestimmen und differenzierte Handlungsorientierungen zu entwickeln.

Mit der von der Mehrheit der Frauen heute angestrebten doppelten Lebensperspektive stehen zu diesem Zeitpunkt allerdings nicht mehr ausschließlich Fragen der beruflichen Entwicklung zur Berücksichtigung und Entscheidung an. Zwar bleibt für die Frauen des Neuorientierungstypus der Beruf weiterhin bedeutsam. Nach wie vor ist ihr Interesse darauf gerichtet, eine anspruchsvolle, abwechslungsreiche und sinnvolle Tätigkeit auszuüben, inhaltliche und kreative Entfaltungsmöglichkeiten im Beruf auszuschöpfen. Darüber hinaus gewinnen aber stärker als zuvor *Perspektiven der Einbindung von Partnerschaft* und die Möglichkeiten der Vereinbarung von Berufstätigkeit und eines Lebens in Partnerschaft an Gewicht. Im vierten Lebensjahrzehnt wächst der Stellenwert von Partnerschaft als Paarbeziehung für Frauen speziell im Zusammenhang mit dem näher rückenden Zeitpunkt einer möglichen Familienplanung. Sich stärker in Richtung Partnerschaft zu orientieren und - auch mit der Inanspruchnahme eines Sabbaticals - mehr *gemeinsame Zeit mit dem Partner* zu organisieren, ist damit parallel darauf gerichtet, die Tragfähigkeit der Beziehung auch mit Blick auf ein *späteres Leben mit Kindern* auszuloten. Bis dato haben die Neuorientiererinnen, ihren männlichen Kollegen ähnlich, das Berufliche ins Zentrum ihrer Lebensführung gestellt. Nicht nur Kinderwünsche sind noch kaum konkretisiert und bis auf weiteres zurückgestellt[231], sondern oft auch Partnerschaften erst locker in den Lebenszusammenhang eingebaut und noch eher als vorläufig und reversibel verstanden. Die Erfordernisse des Berufs stehen wie selbstverständlich vorne an, andere Lebensinhalte werden mehr oder weniger flexibel so um das Berufliche herum angeordnet, dass sie dessen Entfaltung möglichst wenig beeinträchtigen. Das betrifft auch, wie das Phänomen - langjähriger - Fernbeziehungen zeigt, die Standortfrage. Als Ausdruck *räumlicher Entgrenzung und Mobilität* in einer tendenziell „fluiden Gesellschaft" (Jurczyk 2002:2), die sich immer mehr nach den Erfordernissen von Beruf und Karriere richtet, sind Lebensformen des „Living Apart Together" heute längst keine Ausnahme mehr. Zwar haben neuer Studien zufolge berufsmobile Lebensformen eine gegenüber Nicht-Mobilen ungleich höhere Belastungssituation, doch bieten sie den Einzelnen auch Vorteile hinsichtlich der individuellen Autonomie (Schneider 2002). Insbesondere beruflich qualifizierte Frauen am Beginn ihres beruflichen Werdegangs akzeptieren derartig entfernte Verbindungen mit Blick auf den Erhalt eigener Flexibilitäts- und Mobilitätsspielräume[232].

An der biographischen Schnittstelle nach der erster Phase im Berufsleben und - nachrangiger -Partnerschaft, werden nun Wünsche nach Veränderung und Neugewichtung virulent. Der bisher eher unterbelichteten, „anderen Seite" des Lebens im Kontext enger und verantwortlicher partnerschaftlicher Bindung und Zusammenleben wollen die Neuorientiererinnen im Alter über Dreißig mehr Berücksichtigung, Zeit und Raum schenken. Nicht nur den Willen, sondern auch die *Fähigkeit* zu zeigen, eine solche *Umorientierung und Neugewichtung vorzunehmen,* dazu verhilft ihnen insbesondere ihr differenzierter Bezug zur Erwerbsarbeit und relativ geringere Wertschätzung deren materieller - Kontinuität voraussetzender - Dimensionen, wie Einkommen oder Arbeitsplatzsicherheit. Eine doppelte Lebensführung anzustreben, impliziert für die Frauen dieses Typus dabei nicht zwangsläufig, die gewünschte Balance zwischen Erwerbsarbeit und Privatheit zu *jedem* Zeitpunkt und über den gesamten Verlauf des Erwerbslebens aufrecht zu erhalten. Die Spezifik ihrer Arbeitsorientierung und Lebensplanung in der Doppelorientierung bereiten schon den Boden für mögliche Unterbrechungen ihrer Erwerbsbiographie. Die Berufstätigkeit zeitweilig zu unterbrechen und einen Freiraum zu schaffen, um anderen Lebensbedürfnissen und Interessen nachzugehen und neue biographischen Projekte auszuloten, schließt dabei nicht

---

[231] Näheres dazu in der Studie von Witzel/Kühn (2001) zu Orientierungen bei jungen Erwachsenen zwischen Karriere- und Familienplanung.

[232] Nach der Erhebung von Schneider führen Mobilitätsanforderungen u.a. zu einer Beeinträchtigung der Familienentwicklung, demnach sind insbesondere mobile Frauen zu 75% kinderlos.

247

aus, dass sich die Frauen fortgesetzt für ihren Beruf interessieren[233]. Im Gegenteil: Auf der Ebene des Berufsinteresses versprechen sich die NeuorientiererInnen von der Freistellungszeit explizit günstige Konditionen für die Erkundung möglicher neuer Erwerbspfade, die ihren beruflichen Ambitionen näher kommen, ihren Potenzialen gerechter werden und Selbstverwirklichungschancen erhöhen.

Einschlägige Studien zum Thema richten ihren Fokus bisher in der Hauptsache auf Frauen. Ursache dafür ist, dass der in den letzten Jahrzehnten stattgefundene Wandel im Geschlechterverhältnis und der geschlechtlichen Arbeitsteilung auf dem Arbeitsmarkt und in der Familie die Konturen der Lebenslage und Perspektiven von Frauen in besonders eindrücklicher Weise verändert hat. Trotz unabweisbarer „Grenzen der Gleichheit" verfügen Frauen vor allem dank ihrer Partizipation an Bildung und wachsenden Arbeitsmarktchancen über erweiterte Möglichkeiten in der Wahl ihrer Lebensform. Von diesen einschneidenden Veränderungen sind auch Männer, wenn bislang auch - noch - in überwiegend passiver Form, beeinflusst[234]. Als „Mit-Betroffene" können sie sich angesichts alternativer Entwürfe zur traditionellen Ehe und „Normalfamilie", die sich Frauen heute „leisten", ebenfalls nicht mehr in herkömmlicher Manier auf den Rückhalt dieser Institutionen bauen. Im Umgang mit diesen *vermittelten Verunsicherungen* stehen Männer ihrerseits vor spezifischen Problemen, denn anders als Frauen fühlen sie sich in ihrer überwiegenden Mehrheit weiterhin in der Hauptsache dem Erwerbsmodell als Lebensmodell verpflichtet. Indem ihre geschlechtliche Identität und korrespondierend dazu ihr Lebensentwurf nach wie vor vorrangig um die Erwerbsarbeit und berufliche Karriere als Dreh- und Angelpunkt herum konzipiert ist, sind sie anfälliger für (Sinn-)Krisen, wenn sich diese Vorstellungen nicht oder nur partiell erfüllen.

Die „Krise des männlichen Sozialcharakters" (Eckart 2000:14) ist hauptsächlich dadurch gekennzeichnet, dass berufliche Selbstverwirklichung und Familienexistenz auch in der Biographie von Männern zunehmend nicht mehr widerspruchsfrei aufgehoben sind. Noch ist die Zahl *alleinerziehender Väter*, wie in der Fallvariation zu diesem Typus beschrieben, allerdings verschwindend gering, verallgemeinernde Aussagen sind daher schwerlich möglich. Eher ist davon auszugehen, dass hier sehr individuelle biographische Verläufe vorliegen und alltagsbezogene Arrangements praktiziert werden, in Abhängigkeit vom Alter des Kindes, Sozialisation und Erwerbsstrukturen des Alleinerziehenden

---

[233] Dasselbe gilt übrigens auch bei späteren Unterbrechungen durch die Geburt von Kindern. Auch in dieser Phase fühlen sich die wenigsten Frauen als „Nur-Hausfrauen", sondern bleiben zumindest vom Selbstverständnis und Interesse her kontinuierlich mit dem Beruf verbunden (vgl. auch Geissler 1998:123, vgl. dazu auch den Kinderbetreuungstypus).

[234] Dass sich hier in jüngeren Kohorten Veränderungen abzeichnen, wonach auch Männer zunehmend eine Lebensplanung unter Berücksichtigung der Lebensläufe anderer, nahestehender Personen, wie die der Partnerin, als Aufgabe begreifen, zeigen erste Erhebungen von Witzel/Kühn 2001.

sowie der Einbettung der Vater-Kind-Beziehung in Beziehungen zu weiteren Personen, die in die Erziehungsverantwortung mit einbezogen werden können (Niepel 1994, Schneider et al. 2001). Auslöser für das Neuorientierungsmotiv ist in der skizzierten Fallvariation eine Diskrepanz zwischen der Geschlechtsstereotype „Mann" als dominant und selbstbezogen und der faktischen Lebenslage von Herrn Vosskamp, der um der Fürsorge für Andere willen mit der eigenen beruflichen Selbstverwirklichung zurückstecken muss und unter diesem Verzicht leidet. Als Alleinerziehende erleben sich Männer in einer *„paradoxen"* *Situation der Umkehrung der Geschlechterverhältnisse*, zumindest dann, wenn das traditionelle Männerbild zugrunde gelegt wird. Von der Zählebigkeit kultureller Deutungsmuster zeugt, dass selbst Männer, die sich ansonsten als unkonventionell begreifen (möchten), sich zu tradierten Geschlechtszuweisungen in Relation setzen. Hilfreich für den Prozess der Neuorientierung innerhalb des Sabbaticals ist im angeführten Beispiel insbesondere die nachlassende Erziehungsverantwortung für den selbständiger werdenden Sohn bzw. die Möglichkeit, die Verantwortung an die Mutter zu delegieren. Eine neue Partnerbindung stellt außerdem eine neue Perspektive für das Privatleben in Aussicht und damit die Möglichkeit, sich nicht allein über die berufliche Schiene „emanzipieren" zu müssen, sondern das Leben auch im Rahmen von Partnerschaft neu zu gestalten. Statuspassagen mit entsprechendem Orientierungsbedarfen sind jedoch kein Spezifikum jüngerer oder mittlerer Generationen[235]. Auch *im späteren Lebensalter* kommen Menschen an Schnittstellen, die ihnen Entscheidungen abverlangen, die in unterschiedlicher Trag- und Reichweite im beruflichen oder privaten Lebensbereich neue Weichenstellungen bedeuten. Beim *Übergang vom Erwerbsleben in die Phase des so genannten Altersruhestands* ist die Notwendigkeit einer Neuorientierung und Neugewichtung der bisherigen Lebensbezüge besonders signifikant (Barkholdt 1998, 1999). Auch bei den älteren Neuorientiererinnen handelt es sich in den zwei Fällen um Frauen. Auffällig ist zudem, dass beide nicht auf die Institution Ehe und einen männlichen Versorger zurückgreifen können bzw. wollen, was den Stellenwert des Berufs und der eigenen beruflichen Leistung im Beruf noch erhöht. So wirken beide Frauen besonders auf den Beruf konzentriert und auf Leistung getrimmt. Differente Perspektiven ergeben sich durch die unterschiedliche „Restlaufzeit" bis zum Übergang in den Ruhestand: Während Frau Zabel noch einige Erwerbsjahre bleiben, in denen sie ihre berufliche Karriere weiterverfolgen kann, muss Frau Gesevius, deren Rente kurz bevor steht, neue Perspektiven finden.

---

[235] Zu vermuten ist, dass Neuorientierungsbedürfnisse im Alter im Zuge des demographischen Wandels, erhöhter Lebenserwartung und Agilität sowie durch veränderte Arbeitsmarktanforderungen noch zunehmen werden.

II. Zeiterfahrungen zwischen Autonomie und Verflechtung

Biographische Schnittpunkte und Übergangsphasen mit ihrer spezifischen Mixtur aus Offenheit und Verunsicherung bringen für die Individuen erhöhte Zeitbedarfe mit sich für die Reflexion und Bilanzierung des Erreichten, der Bestimmung des aktuellen Status Quo, sowie nach vorne gewandt, Zeit für die Konkretisierung zukünftiger Weichenstellungen. Das Sabbatical gibt den AnwenderInnen dieses Typus die Möglichkeit, sich in dieser Phase komplexer und lebensprägender Entscheidungen für eine bestimmte Zeitspanne nötigen Freiraum zu verschaffen. Mit der Gelegenheit zur Freistellung haben die nach neuen Orientierungen Suchenden die Chance, sich temporär aus den Bindungen, Vereinnahmungen und Fixierungen eines Alltagsarrangement zu lösen, das ihren Vorstellungen nicht mehr genügt. Die sich öffnenden *zeitlichen Spielräume* stehen ihnen *für ein aktives biographisches Handeln und individuelle Lebensgestaltung* zur Verfügung. In eigenreflexiven und/oder kreativen Prozessen und „Testläufen" können neue Ideen und Arrangements entworfen und auf die Probe gestellt werden.

In dieser für Übergangsphasen charakteristischen Mischung aus Ablösung vom „Vorgängigen" und Hinwendung zum „Zukünftigen" ist auch die Zeiterfahrung eine spezifische: losgelöst von der Erwerbs- und Alltagsgebundenheit ist die Zeit des Sabbaticals in der Wahrnehmung der AnwenderInnen im hohen Maße von *Freiheitlichkeit und Selbstbestimmung* gekennzeichnet. Zugleich erscheint sie als eine überaus erfüllte und ausgefüllte Zeit, reich an einer Vielzahl von - zum Teil sorgfältig geplanten - Aktivitäten. In der Auseinandersetzung mit sich selbst und eigenen künftigen Perspektiven entwickelt sich das Sabbatical zu einer *höchst aktiven und intensiv erlebten Phase*. Verstärkt wird dieser Eindruck von Intensität durch eine Art *„Katalysatoreffekt"* des Sabbaticals: indem die Zwänge, umgekehrt aber auch der Schutz und die Ablenkungen des Berufsalltags entfallen, kommt es im Sabbatical wie unter einem Brennglas zu einer viel konzentrierteren Wahrnehmung, Erfassung und Verarbeitung von Problemlagen und Spannungsverhältnissen. Konflikte können in dieser Zeit zunächst sogar eine nochmalige Zuspitzung erfahren, bevor im nächsten Schritt Chancenstrukturen und Lösungsmöglichkeiten sicht- und erprobbar werden.

Das Sabbatical bietet den NeuorientiererInnen Zeit und Gelegenheit für *Ausflüge in mögliche Zukünfte*. Dies gilt sowohl für die berufliche Neuorientierung, aber - als Spezifikum dieser Gruppe - insbesondere auch für die Orientierung auf persönliche Bindungen und Übernahme von Verantwortung in Partnerschaften. Die zeitliche Dimension spielt beim „Testlauf" eines Lebens in Partnerschaft eine wesentliche Rolle. Als neues Moment und Herausforderung in der Lebensgestaltung stellt sich nun die Frage, wie sich die Zeitstrukturen beider Partner in der Vereinbarung von Erwerbs- und Privatzeiten, zu einer Lebensführung als Paar verbinden lassen. Vor dem Hintergrund gesellschaftlicher Flexibilisierungs- und Individualisierungsprozesse, entwickelt sich eine *gemeinsame Lebensführung*

250

immer weniger „naturwüchsig", sondern stellt sich zunehmend *als eine komplexe und voraussetzungsvolle Gestaltungsaufgabe* (Rerrich 1994). Für den Modus
eines solchen gemeinsamen biographischen Entwurfs ist auch bei Berufstätigen
nicht allein die Abstimmung mit dem Taktgeber Erwerbsarbeitszeit maßgeblich,
sondern ebenso, welchen Stellenwert beide Partner ihrer Paarbeziehung in der
Balance von „Arbeit und Leben" einräumen wollen. Zwar nimmt die Zahl derjenigen Frauen zu, die in Vollzeitarbeitsverhältnisse und Erwerbskontinuität eingebunden sind. Doch noch immer ist es in erster Linie ihnen überlasssen, sich
im Umfang ihrer Berufstätigkeit an die Bedürfnisse „relevanter Anderer"[236]
(Geissler/Ochsle 2001:91) anzupassen und damit eine Brücke zwischen Er-
werbs- und Privatleben zu schlagen.
Institutionell erfahren diese Brückenschläge allerdings noch wenig Unterstützung. Erwerbs- und Privatbereich werden in industriegesellschaftlicher Tradition
weiterhin vornehmlich als voneinander separierte Sphären behandelt[237], in deren
Wechselverhältnis sich das „Private" als reproduktiver Bereich strukturell der
höher bewerteten Erwerbssphäre unterzuordnen hat. Wie die meisten Frauen
wollen sich die Neuorientierinnen bei der Wahl ihrer Lebensform dennoch nicht
einseitig auf ein Entweder-Oder festlegen lassen. Aufgrund der gesellschaftlichen Defizite hinsichtlich einer positiven Verbindung von Erwerb und Nicht-
Erwerb und mangelnder institutioneller Einbettung biographischer Modelle jenseits der Dominanz der Erwerbsarbeit oder Rückzügen ins Private, müssen
Frauen ihr *integratives Konzept der Lebensführung* und entsprechende zeitliche
Koordinationsleistungen *in eigenen Suchbewegungen* erbringen. In selbst kon-
struierten Zeitordnungen beziehen sie sich auf die Ebene von Alltag und Lebenslauf und greifen in eigenwilligen Arrangements, wo möglich, auf Versatz-
stücke bestehender Institutionen zurück. Auch das Sabbatical liefert in dieser
Hinsicht einen flexiblen Baustein im biographischen Puzzle und für die Eigen-
konstruktion des angestrebten Lebens in der Doppelorientierung.
Entgegen dem bisherigen Schwergewicht zugunsten ihrer beruflichen Entwicklung nutzen die jungen Neuorientiererinnen die Sabbaticalzeit unter anderem
gezielt dafür, ihre Partnerbeziehungen voran zu bringen und übernehmen in diesem Rahmen häufig die Organisation des partnerschaftlichen Zusammenlebens[238]. Zugleich finden diese Näherungen an bzw. Verfestigungen von Paarbe-

---

[236] Dieser allgemein gefasste Terminus impliziert, dass es über Partnerbeziehungen hinaus
durchaus auch um andere Beziehungskonstellationen als Partnerschaft gehen kann, auf deren Zeitordnungen sich die Individuen in ihrem biographischen Handeln beziehen, z.B. bei
der Pflege von Angehörigen.

[237] Auch im sozialwissenschaftlichen Fokus findet sich der Dualismus von Arbeit und Leben
in den allermeisten Konzepten reproduziert, wie Voß in einer Vorarbeit zum Konzept der
alltäglichen Lebensführung ausführlich nachweist (Voß 1991).

[238] Meuser und Behnke verweisen in ihren Untersuchungen von sog. Dual-Career-Couples auf
Retraditionalisierungen geschlechtsspezifischer Arbeitsteilungsmuster auf neuem Niveau.
Danach besteht in diesen Paarkonstellationen zwar auf den Beruf bezogen eine egalitärere

ziehung in einem „geschützten", besonderen Raum statt, der gerade nicht den Alltagsbedingungen entspricht. Zwar können auch im Sabbatical - alltägliche - Problemlagen, zum Beispiel in der häuslichen Arbeitsteilung zwischen den Partnern auftreten. Zu deren Bewältigung stehen in der Freistellung jedoch andere zeitliche Ressourcen zur Verfügung, als dies im nachfolgenden Alltag der Fall ist, so dass dort andere Lösungen gefunden werden müssen[239]. Die Transformation der Praxis des Zusammenlebens im Sabbatical in eine alltagstaugliche gemeinsame Zeit-ordnung bleibt damit als Anforderungen für die Zeit nach dem Sabbatical bestehen.

In der Herstellung einer parallel laufenden Verflechtung zwischen den zeitlichen Anforderungen von Erwerbssystem und Partnerschaft sind die Neuorientiererinnen mit spezifische Diffusitäten und Ambivalenzen konfrontiert: So geht es in der Bindung an andere zwar einerseits um Verflechtung, andererseits aber um Spielräume zur Wahrung individueller Autonomie. Beziehen sich beide Partner in der Alltagsorganisation auf die gleiche Zeitordnung, kann selbst zwischen zwei vollzeitbeschäftigten Partnern, die sich beide am „Normalarbeitstag" orientieren, eine gemeinsame Lebensführung durchaus ohne größere Komplikationen arrangiert werden (Geissler/Oechsle 2001). Andere Lösung gilt es zu finden, wenn sich die Partner im Erwerbsleben nach unterschiedlichen Zeitordnungen richten (müssen) (Bauer/Groß/Schilling 1997). Im prototypischen Fall möchte sich Frau Bergheim an die Flexibilisierungsmöglichkeiten ihres selbständigen Partners in der Weise anpassen, dass sie sich - im bewussten Rückgriff auf „abweichende" Zeitstrukturen, hier in Form einer „Vier-Tage-Woche" - ebenfalls größere Flexibilitätsspielräume organisiert („vgl. auch Geissler/Oechsle 2001:100)[240]. In diesem Fall wirkt der Gestaltungsspielraum des Partners positiv verstärkend, die eigenen Flexibilisierungswünsche zu konkretisieren[241]. Die Intension, die eigene Arbeitszeit flexibler zu handhaben, heißt aber nicht, diese Zeit ausschließlich für die Partnerschaft reservieren zu wollen. An die Autonomie eines „eigenen Lebens" gewöhnt, ist es für junge Frauen nicht selbstverständlich, eigene Zeitgewinne uneingeschränkt in „Zeit für andere" umzumünzen (Geisler/Oechsle 2001:95, Wiese 1998). Die Relation zwischen Autonomie und Verflechtung in modernen Partnerschaften ist keineswegs ausgemacht. Auf

---

Struktur, jedoch übernehmen Frauen zum Großteil die Aufgabe der Herstellung von Gemeinschaft auf der Beziehungsebene (Meuser/Behnke 2003).

[239] Frau Bergheim musste im Verlauf des Sabbaticals feststellen, dass durch den Umstand ihrer Nicht-Erwerbstätigkeit ihr quasi naturwüchsig der Großteil der täglich anfallenden Arbeiten im Haushalt überlassen blieb. Da sie ihre Zeit als zu „kostbar" für diese Art profaner Tätigkeiten empfindet, sieht sie als künftige Lösung des Konflikts, diese Aufgaben an eine Putzhilfe zu delegieren.

[240] Zur komplexen Aufgabe der Herstellung einer gemeinsamen Lebensführung bei flexiblen Arbeitszeitformen vgl. auch Jurczyk/Rerrich 1993.

[241] Damit bleibt immer noch fraglich, welche betrieblichen Durchsetzungschancen diese Arbeitszeitwünschen hätten.

der einen Seite sind Paare mit unterschiedlichen Zeitmustern konfrontiert, die eine individuelle Lebensführung insofern nahelegen, als jede/r ihren/seinen ganz persönlichen „Alltagsfahrplan" erstellen könnte. Um auf der anderen Seite das Bedürfnis nach „gemeinsamen Zeiten" zu realisieren, sind - konflikthafte - Aushandlungen zwischen den Partnern erforderlich, wie die Verschränkung der eigenen Zeit mit der anderer hergestellt werden kann.

Die Anforderung an eine biographischen Selbststeuerung und „Biographiemanagement" (Witzel/Kühn 2001) trägt damit ambivalente Züge. Erweiterten Spielräumen für eine eigenständige Lebensführung stehen Verunsicherungen gegenüber, ausgelöst durch das Schwinden überkommener Verhältnisse. Damit steht auch die Inanspruchnahme des Sabbaticals, wie schon beim Weiterbildungs-Typus, im Zeichen einer Notwendigkeit: Die tradierte, eingleisig auf Erwerb oder häusliche Strukturen ausgerichtete Lebensführung ist weder lebbar noch wünschenswert, so dass die Individuen unter Veränderungsdruck geraten. Neuorientiererinnen stellen sich dieser Herausforderung, zeigen sich initiativ und beweglich und erkennen im Sabbatical eine handlungseröffnende Struktur zur Lebensgestaltung - allerdings mit ungewissem Ausgang. Denn die besondere Offenheit ihrer Lebenssituation liefert zwar unabweisbar *Impulse zum Aufbruch*, doch weder im Beruf noch im Privatleben lassen sich die Konturen neuer Richtungen und Gewichtungen sogleich eindeutig bestimmen. So haben die Frauen dieses Typus Veränderungsprozesse eingeleitet, welche jedoch *mit Unwägbarkeiten behaftet*, letztlich nicht kalkulierbar sind und auch das Risiko des Scheiterns beinhalten können. Im Hinblick auf ihre berufliche Entwicklung erlaubt das Sabbatical zwar einerseits neue und andere Erfahrungen zu sammeln. Der durch diese Differenzerfahrungen erweiterte Handlungshorizont bewirkt, ähnlich wie schon im Weiterbildungstypus beschrieben, eine Stärkung des Selbstvertrauens und hilft, Bewusstsein und Gespür für die eigenen Kompetenzen und Zielvorstellungen zu schärfen. Selbst wenn im Anschluss an das Sabbatical keine unmittelbare Umsetzung am Arbeitsmarkt erfolgt, hinterlassen diese Erfahrungswerte für zukünftige Entwürfe einen nachhaltigen Effekt. Andererseits gehen die Frauen ein Karriererisiko ein. Auch wenn insbesondere bei kollektiv geregelten Freistellungsmodellen, die „Ausflüge in mögliche Zukünfte" mit einer „Rückfahrkarte" ausgestattet sind, befinden sich die Neuorientiererinnen - anders als die AnwenderInnen im Regenerationstypus - in weniger fest gefügten und planungssicheren Arbeitszusammenhängen. Nach der Unterbrechung durch das Sabbatical können sie weniger zuverlässig von einer Rückkehr an den früheren Arbeitsplatz ausgehen und müssen unter Umständen auch Verschlechterungen ihrer Arbeitsbedingungen in Kauf nehmen. In diesem Aspekt zeigen die Frauen des Neuorientierungstypus insofern eine - verglichen mit dem Regenerationstyp - *höhere Risikobereitschaft*, da sie die auf Sicherheit und Kontinuität bezogenen Dimensionen von Arbeit geringer, dagegen jene, die sich auf Entfaltung und Verwirklichung beziehen, stärker gewichten.

Ähnlich wie die beruflichen Perspektiven unterliegen auch die Zukunftsaussichten im Privaten Ungewißheiten, wenn auch vornehmlich *in antizipierter Perspektive*. Für den Fall, dass die Statuspassage in eine gefestigtere Partnerbindung gelingt[242], stellt sich mit dem Wunsch nach Kindern im nächsten Schritt die Frage nach den Möglichkeiten der Vereinbarkeit von Beruf und Familie. Vor dem Hintergrund ihrer ausgeprägten Berufsorientierung legen junge Frauen heute besonderen Wert darauf, dass die *Familiengründung zu einem Zeitpunkt stattfindet, der günstige Bedingungen bietet*, sich aus möglichst freien Stücken für die Mutterschaft zu entscheiden als eine weitere Option im Leben und nicht etwa als Ausweichstrategie bei unbefriedigender beruflicher Lage (Geissler/Oechsle 1996:115). Ganz im Gegenteil sollen, bis zum Übergang in die Familienphase berufliche Ziele soweit wie möglich realisiert sein. Dies nicht zuletzt deswegen, weil Frauen die Vereinbarkeit von Beruf und Familie vor dem Hintergrund der bestehenden institutionellen Verknüpfungen als konflikthaft vorweg nehmen[243] (Krüger/Levy 2000) und davon ausgehen, sich mit der Geburt von Kindern, zumindest phasenweise[244], aus dem beruflichen Wirkungsbereich zurückziehen zu müssen. Damit wird Familienverantwortung (als Hauptverantwortung) als Rahmenbedingung der weiblichen Berufsbiographie von den Frauen selbst antizipiert. Im *Rückzug aus der Erwerbstätigkeit* sehen die zukünftigen Mütter allerdings *nicht allein ein Übel*, mit dem sie sich unvermeidlich vor allem wegen fehlender öffentlicher Kinderbetreuungsangebote abzufinden haben. Vielmehr erkennen sie in der Mutterschaft einen elementaren Bestandteil ihrer weiblichen Identität und verbinden damit ebenfalls eine Chance zur Selbstverwirklichung. Die Aussicht auf eine Erwerbsunterbrechung zugunsten von Familienaufgaben kann Frauen durchaus ein Gefühl der Zufriedenheit vermitteln, solange sie diese *Entscheidung als selbstgewählte* und nicht durch äußere Faktoren erzwungene begreifen. Zumindest in den ersten Lebensjahren des Kindes wollen Frauen deshalb häufig nicht oder reduziert erwerbstätig sein. Ihre eigenen Prioritäten verlagern sich für diese Zeitspanne auf die Beziehung zum Kind und orientieren sich an Leitbildern vom Kindeswohl und harmonischem Familienleben (Oechsle 1998).

Mit ihren jeweiligen Interessen zur beruflichen und familiären Seite hin sind Frauen demnach imstande, flexibel umzugehen. Zu den Bausteinen ihres Lebensentwurfs gehört sowohl die berufliche Teilhabe mit ihren Möglichkeiten der

---

[242] Dies ist, wie die Fälle insgesamt zeigen, nicht allein von den Nutzungschancen des Sabbaticals abhängig, sondern auch von anderen Einflussfaktoren, wie aktuelle Arbeitsmarktchancen oder persönlichen „Passungsverhältnissen".

[243] Entstehende Verzögerungen bei der Entscheidung für ein Kind können letztlich, insbesondere bei hochqualifizierten Frauen, zu „biographischen Zeitknappheiten" führen (Geissler 1998:114).

[244] Das Leitbild von Mutterschaft ist hier aber insofern modernisiert, dass beruflich qualifizierte Frauen in ihrer Vorstellung heute eher von kürzeren Unterbrechungszeiträumen ausgehen.

Identifikation, Anerkennung und Unabhängigkeit, als auch das Erleben von Intimität, Vertrautheit und Gemeinsamkeit im partnerschaftlichen Zusammenleben und späteren Familienleben. Je nach individueller Priorität und biograpischer Phase sind sie gewillt, in einer *beweglichen Balance die Gewichtung zwischen verschiedenenen Lebensbereichen unterschiedlich auszutarieren.* Damit stehen die Orientierungen und Leitbilder von Frauen nicht nur im Gegensatz zu institutionellen und politischen Normalitätsannahmen, sondern konvergieren in Teilen mit ihnen (Geissler 1998:125). Doch widerstrebt es ihnen, den Konflikt der Vereinbarkeit zwischen beruflicher und familiärer Partizipation dauerhaft einseitig zu einer Seite aufzulösen. Der Mangel institutioneller Angebote für eine gleichgewichtete und gleichberechtigte Relation zwischen Berufs- und Familienleben erschwert es den Frauen auch gegenwärtig weiterhin, Familienplanung ohne beruflichen Konsequenzen eines phasenweisen Ausstiegs aus der Erwerbsarbeit zu denken. Welche Einschränkungen hinsichtlich beruflicher, aber auch persönlicher (Selbst-)Verwirklichungschancen, die (Allein-)Verantwortung für Kindererziehung mit sich bringt, zeigt das Beispiel von Herrn Vosskamp. Im Unterschied zu Frau Bergheim eröffnet sich für ihn als Alleinerziehenden die Chance einer Neuorientierung erst zum Ende der Familienphase. Zugleich zeichnen sich seine Perspektiven klarer ab als die der Frauen. Nicht nur verfügt er beruflich über eine sichere Einbettung und kann sich auf der Basis noch verbessern, auch privat vergrößern sich seine Möglichkeiten, eigene Vorstellungen zu verwirklichen, indem er die Erziehungsverantwortung abgeben und Freiräume für eine neue Partnerbindung schaffen kann.

Wie der Neuorientierungstyp sich vor grundlegenden Weichenstellungen für die Zukünftige Lebensgestaltung gestellt sieht, sind alle bisher dargestellten Typen mehr oder weniger stark von bestimmten Notwendigkeiten in der Anwendung des Sabbaticals geprägt. Der letzte Typus macht hier als einziger eine Ausnahme. Die Verwendung des Sabbaticals für „eigene Projekte" ist von einer relativen Unabhängigkeit des Freistellungsmotivs sowohl von beruflichen als auch von privaten Zwängen gekennzeichnet.

7.5 Typus 5: Sabbatical für eigene Projekte - Einführung in das Teil-Sample

Dieser fünften und letzten Motivgruppe sind SabbaticalnehmerInnen zugeordnet, die ihre Freistellungszeit zielgerichtet für bestimmte individuelle Vorhaben nutzen. Als „Eigenprojekte" sind diese Aktivitäten „aus freien Stücken" gewählt und haben „nichts mit der Arbeit zu tun", sondern basieren relativ unabhängig von den Erwerbsbedingungen auf sehr persönlichen Motiven. Bei den drei zu dieser Gruppe zählenden Befragten[245] sind Art und Hintergründe ihrer Eigen-

---

[245] Anfänglich war dieser Motivgruppe noch ein weiterer Anwender zugeordnet, der seine Auszeit für den Bau seines Eigenheims nutzen wollte. Solche Fälle von „Häuslebauern" lassen sich zwar inhaltlich gut unter diesen Typus subsummieren, im konkreten Einzelfall

projekte unterschiedlich gelagert. In zwei Fällen geht es darum, sich intensiver einer langjährigen Vorliebe, wie hier der Schriftstellerei bzw. dem Hobby individueller Offroadtouren, widmen zu können. Im dritten Beispiel ermöglicht das Sabbatical einer Nutzerin im reifen Lebensalter die Erfüllung eines lebenslang gehegten Bildungswunsches.

In der inhaltlichen Ausrichtung präsentiert sich die Verwendung des Sabbaticals in dieser Motivgruppe somit vergleichsweise heterogen. Wenig spezifisch ist auch die Berufsgruppenzugehörigkeit konturiert: Die Personen, die im Interesse eigener Projekte die Erwerbstätigkeit für eine Weile zurückstellen möchten, kommen aus personenbezogenen Dienstleistungsbereichen wie auch verwaltenden Tätigkeiten. Aufgrund der relativ geringen Gruppenstärke ist die Reichweite der sozialstrukturellen Verortung dieser Gruppe allerdings sehr begrenzt. So sind bezüglich des Altersspektrums zwar eher ältere Jahrgänge deutlich oberhalb der zweiten Hälfte des Erwerbslebens vertreten, dennoch ist durchaus vorstellbar, dass auch jüngere Beschäftigte Sabbaticaloptionen zur Realisierung persönlicher Projekte nutzen würden. Diese Vermutung gilt zumindest für das männliche Geschlecht, wohingegen Frauen mit Blick auf deren spezifische Anforderungen in der Verknüpfung von beruflichen, partnerschaftlichen und familiären Interessenlagen sich vermutlich häufiger erst zu einem späteren Zeitpunkt in ihrer Biographie unabhängige „Eigenzeiten" leisten dürften. Auch der familiäre Hintergrund stellt sich bei den hier vertretenen SabbaticalnehmerInnen unterschiedlich dar: Neben einem kinderlosen Ehepaar und einem geschiedenen Familienvater mit neuer Partnerin zählt eine Frau in zweiter Ehe mit insgesamt drei erwachsenen Kindern[246] zu dieser Gruppe. Keine der Personen hat allerdings Kinder im betreuungsintensiven Alter zu versorgen.

Da die AuszeitlerInnen dieses Typus aus öffentlichen sowie privaten Beschäftigungsbereichen stammen, beziehen sie sich ebenfalls auf unterschiedlich geregelte Sabbatical-optionen. Bei den kollektiv vereinbarten Freistellungen ermöglicht das „Sabbatjahr"-Modell in zwei der Fälle eine einjährige Unterbrechung der Erwerbstätigkeit. Aus der privaten Wirtschaft liegt auch in dieser Gruppe ein Fall von individueller Absprache des Sabbaticals vor, welches sich nach jeweils neu vereinbarten Verlängerungen schließlich auf einen Zeitraum von insgesamt fünf Jahren erstreckt. Die Anwendung des Sabbaticals ist in allen Fällen von einer eindeutigen Freiwilligkeit und Freiheitlichkeit in Bezug auf das intendierte Projekt gekennzeichnet. Auswirkungen auf den beruflichen Werdegang oder

---

leitete sich die Nutzung allerdings eher aus einer kurzfristigen Notlage ab und basierte weniger auf einer freiwilligen Entscheidung. Das Fallbeispiel ist daher als Exkurs zur Frage der Tauglichkeit von Sabbaticals für die „Wechselfälle des Lebens" im Kap. 6.3.3 dieses Teils aufgeführt.

[246] Die Kinder stammen aus der ersten Ehe sowohl der Befragten wie auch ihres Partners und leben in eigenen Haushalten. Auch die beiden Töchter des geschiedenen Familienvaters haben bereits die Volljährigkeit erreicht.

Status sind nicht gezielt angestrebt, jedoch - im Falle einer sich bietenden Gelegenheit - auch nicht unbedingt ausgeschlossen.

Als prototypische Figuration wird hier das Beispiel einer einjährigen Auszeit herangezogen, die dem Anwender in der Hauptsache dazu dienen soll, sich intensiver seiner langjährigen Passion zur Schriftstellerei zu widmen. Als Nebeneffekt dieser Unternehmung prüft der Freigestellte auch die Möglichkeit, sein bisheriges Steckenpferd in eine hauptberufliche Tätigkeit umzuwandeln. Auf weitere detaillierte Darstellungen von Fallvarianten wird in diesem Typus aufgrund der Heterogenität der empirischen Lagen und der geringen Fallzahl verzichtet.

Tab: Teilsample „Eigene Projekte" nach sozio-strukturellen Merkmalen

Merkmal	Variablen	Anzahl
Alter	45 bis unter 50 Jahre	2
	50 bis unter 55 Jahre	1
Geschlecht	Männlich	2
	Weiblich	1
Familienstand (*vor* dem Sabbatical)	Verheiratet, zusammenlebend	2
	mit Partner, nicht zusammen lebend	1
Kinder	Volljährig, nicht im Haushalt lebend	2
	keine Kinder	1
Schulbildung	Hauptschulabschluss	1
	Realschulabschluss	1
	Hochschulabschluss	1
Berufliche Qualifikation	einfache Qualifikation	1
	mittlere Qualifikation	1
	hochqualifiziert	1
Betrieblicher Kontext	Privatbetrieb	1
	Öffentlicher Arbeitgeber	2
Regulierungsmodus	Institut. kollektive Regulierung	2
	Individualisierte Regulierungsformen	1
Art des Sabbaticals	„Sabbatjahr"	2
	Sabbatical in individueller Absprache	1

Kurzbeschreibung der weiteren Fälle des Teilsamples:

Ulf Radtke ist als Justizbeamter im Strafvollzug tätig. In seiner Freizeit betätigt sich der Ende Vierzigjährige als gelernter Schlosser mit dem Umbau von Geländefahrzeugen. Schon seit vielen Jahren haben er und seine Frau ihre Leidenschaft für individuelle Geländetouren vorzugsweise durch den afrikanischen Kontinent entdeckt. Der normale Jahresurlaub reichte jedoch bisher nur für kleinere Routen. Mit Einführung des Sabbatjahrmodells im öffentlichen Dienst sehen Herr Radtke und seine frühpensionierte Frau die Chance, gemeinsam ihren Traum von einer ausgedehnten Tour zu verwirklichen. Formal hat Herr Radtke keinerlei Probleme, seinen Freistellungswunsch durchzusetzen, jedoch stößt er innerbetrieblich bei Vorgesetzten auf unerwartet massive Akzeptanzprobleme. Da es aus betrieblichen Gründen an Handhabe fehlt, ihm den Freistellungswunsch zu verwehren, sieht sich Herr Radtke in der Folgezeit diversen anderen „Abwehrstrategien" ausgesetzt, die er als „Mobbing" empfindet und als Abstrafung dafür interpretiert, dass er aus dem engmaschigen Verhaltenskodex seines Umfeldes ausbricht. Durch die in seinem Fall spezifische Verknüpfung von Arbeits- und Wohnort entwickelt sich zudem eine besondere Dynamik. Der Justizbeamte, dem die Anfeindungen auch gesundheitlich zusetzen, will sich dennoch von seinem Vorhaben nicht abbringen lassen und wechselt schließlich seinen Wohnort und bittet außerdem um Versetzung an eine andere Dienststelle. Da die Querelen um die Inanspruchnahme des Sabbaticals nicht nur persönlich viel Kraft kosten, sondern auch Teile der Sabbatzeit in Anspruch nehmen, können die Radtkes letztlich nur einen geringeren Teil des Sabbatjahrs ihrem Hobby widmen. In der übrigen Zeit sind sie, als Folge der einschneidenden Konsequenzen des Konflikts, u.a. mit umfangreichen Eigenarbeiten an ihrem neu erworbenen Wohnhaus beschäftigt.

Wie das Ehepaar Radtke trägt auch *Margot Hagen* sich schon lange mit einem persönlichen Wunschtraum. Nach einer frühen Heirat und Geburt ihrer beiden Kinder, verzichtete sie zunächst auf eine eigene berufliche Ausbildung, um die Karrriere ihres Mannes zu unterstützen. In Eigeninitiative baut Frau Hagen später ihre beruflichen Fähigkeiten soweit aus, dass sie eine qualifizierte Tätigkeit als Sekretärin in einem festen Arbeitsverhältnis ausübt. Dennoch lässt sie die „Sehnsucht nach Bildung" nicht los. Der Versuch, diese durch ehrenamtliche Aktivitäten zu befriedigen, schlägt fehl. Die Trennung von ihrem ersten Mann, die Selbständigkeit ihrer Kinder und ein neuer, finanziell gut situierter Ehepartner bieten ihr schließlich zum Ende ihres Erwerbslebens günstige Bedingungen, ihren „Bildungshunger" zu stillen. Dass sie außerdem in ihrer betrieblichen Position keine Entwicklungsmöglichkeiten mehr erkennt, verstärkt noch den Drang „noch einmal was ganz anderes zu machen". Mit fast Mitte fünfzig entschließt sich Frau Hagen daher zu einem individuellen Ausstieg, um mit viel Muße ein Studium aufzunehmen. Als sie nach insgesamt 5jähriger Unterbrechung nach Abschluss ihres Studiums wieder in ihren früheren Betrieb zurückkehren möchte, um sich dort mit ihren neuen Qualifikationen einzubringen, muss sie allerdings erkennen, dass das Unternehmen aufgrund einer verschlechterten wirtschaftlichen Lage „froh ist, Leute loszuwerden". Materiell sehr auf Sicherheit bedacht, macht sich Frau Hagen nun Sorgen um eine Versorgungslücke, ginge sie in den Vorruhestand. Ebenso erscheint ihr die Vorstellung, als „hochtrainierte" Absolventin der Universität in Rente zu gehen, sehr unbefriedigend. Ebenso sind ihr die Schwierigkeiten ihres antizyklischen Verhaltens bewusst, erst im späten Lebensalter ein Studium zu beginnen und sich eine Beschäftigung zu wünschen, wenn andere in den Ruhestand gehen. Für ihre persönliche Lebensbilanz besitzt jedoch die Verwirklichung ihres Bildungsziels für Frau Hagen einen höheren Stellenwert als die Frage ihrer Rückkehrmöglichkeiten.

7.5.1 Prototypische Fallbeschreibung: Herr Brünjes - Sabbatical zur Realisierung eines eigenen Buchprojekts

„Ich habe ganz grob gesagt etwas zur Priorität gebracht, was sonst gleichgewichtig war, so könnte man das sagen. "

Volker Brünjes ist zum Interviewzeitpunkt 50 Jahre alt, geschieden und Vater von zwei erwachsenen Töchtern. Er lebt allein und zentral in einer norddeutschen Großstadt. Seine jetzige Lebensgefährtin bewohnt eine eigene Wohnung unweit entfernt im selben Stadtteil. Als Studienrat und Klassenlehrer ist Herr Brünjes an einer Gesamtschule tätig. Nach 25 Jahren Schuldienst in Vollzeit tritt er im August 1998 ein Sabbatjahr an, um in der Hauptsache seine langjährigen literarischen Ambitionen nachzugehen.

I. Ausgangssituation: Mehr Gewicht auf Eigeninteressen

Der Lebensmittelpunkt des Studienrats befindet sich in „seinem" Stadtteil. Hier wohnt er und hier ist sich auch seine Schule gelegen, die als so genannte „Brennpunktschule" eingestuft und als offene Ganztagseinrichtung konzipiert ist. Herr Brünjes hatte zunächst nicht vor, Lehrer zu werden. Nach dem Studium der Psychologie und Soziologie, wechselte er erst später in die Ausbildung zum Realschullehrer. Mittlerweile arbeitet er bereits seit fast zwanzig Jahren in seiner heutigen Tätigkeit, an die besondere sozial-integrative Aufgaben geknüpft sind, so dass neben dem klassischen Unterrichtsangebot außerdem Betreuungsarbeiten in Sport- und anderen Arbeitsgruppen abgedeckt werden. Trotz seiner langjährigen Dienstzeit, den besonderen Anforderungen aufgrund des sozialen Hintergrunds der Schüler und seiner Position als Klassenlehrer fühlt sich Herr Brünjes durch seinen Beruf dennoch nicht ausgelaugt oder überbeansprucht. Zu Beginn seiner Berufstätigkeit extrem stressgeplagt, hat er sich über mehrere Jahre „durchgebissen" und seitdem gelernt, mit beruflichen Anforderungen einen eigenen Umgang zu finden und ihnen gelassener zu begegnen. Mit Hilfe von Routine gelingt es ihm, seine Arbeitszeit 40 Wochenstunden nicht übersteigen zu lassen. In manchen Arbeitsphasen empfindet er seine Arbeitssituation sogar als „relativ locker", vor allem dann, wenn sich das Arbeitsvolumen in der Zeit der außerschulischen Praktika reduziert. So macht ihm der Beruf trotz seiner hohen psycho-sozialen Ansprüche noch immer Spaß und es bereitet ihm nach wie vor Freude, an der Entwicklung der Jugendlichen teilzuhaben, selbst wenn „(das) auch heißt, dass es Zoff gibt und dass das schon auch immer noch so eine Art Herausforderung ist." (105).

Ein Gefühl der Zufriedenheit vermittelt ihm auch das Arbeitsumfeld, vor allem die für ihn wichtige Zusammenarbeit mit dem Kollegium. Das Arbeitsklima bewertete er als angenehm „menschlich" und die fachliche Auseinandersetzung als intensiv und produktiv. Auch beklagt sich Herr Brünjes nicht über mangelnde Möglichkeiten, Beruf und private Interessen im Alltag zu vereinbaren, und nicht zuletzt sieht er sich mit dem Gehalt als Studienrat in eine „passable" materielle Lage versetzt.

Die Idee, ein Sabbatjahr in Anspruch zu nehmen, entsteht bei Volker Brünjes aus einer „konkreten Situation heraus", die weniger von der Notwendigkeit nach Abstand zum Beruflichen, sondern vielmehr von dem Wunsch nach Hinwendung zu privaten Interessenlagen geprägt ist. Bereits seit zehn Jahren betätigt er sich als Hobbyschriftsteller und möchte sich für die Realisierung von zwei Buchprojekten „gerne wirklich frei machen". Zum einem, um mit der nötigen Muße ans Schreiben gehen zu können, zum anderen, um seine literarischen Aktivitäten an sich voranzutreiben. Über die gewünschte Umsetzung der Schreibprojekte hinaus sieht er mit dem großzügigen Zeithorizont des Sabbaticals zudem eine gute Gelegenheit, verstreut im Ausland lebenden Freunde, „die ich sehr liebe und urlange nicht gesehen hatte", einen Besuch abzustatten. Als „wichtigsten passiven Grund" für die Inanspruchnahme des Sabbaticals nennt er den günstigen Zeitpunkt hinsichtlich seiner lebensbiographischen Situation. Beide Töchter, zu denen er einen intensiven, persönlichen Kontakt pflegt, sind nach Abschluss des Abiturs nun auf der Suche nach eigenen Berufs- und Lebenswegen. Dies gibt Herrn Brünjes die Möglichkeit, „aus der Vaterrolle ein Stück weit raus" zu kommen und keine kontinuierliche Verfügbarkeit mehr gewährleisten zu müssen. Als er parallel erlebt, mit welcher Vehemenz seine älteste Tochter ihre Lebenspläne rund um einen Auslandsaufenthalt verfolgt und umsetzt, wirkt dies auch für den Vater als regelrechter Impulsgeber zugunsten des Entschlusses, seinerseits eigene Vorhaben zu verfolgen. Zwar betrachtet Herr Brünjes die Inanspruchnahme des Sabbatical als eine Entscheidung, die er in Eigenregie getroffen hat,

> „(...) die ich für mich gefällt habe, die überhaupt nicht debattierbar war oder die eben auch keiner debattiert hat, außer dass sich alle plötzlich grün vor Neid abwendeten." (214)

Allerdings befindet er sich nicht nur im Hinblick auf seine Kinder, sondern auch mit seiner Partnerin in einer vorteilhaften, seine Autonomie begünstigenden Situation: Da diese selbst schon - zu einem früheren Zeitpunkt - in den Genuss einer einjährigen Freistellung gekommen ist, fällt die Akzeptanz leichter, dass sich nun auch ihr Lebensgefährte eine solche Möglichkeit eröffnen will.

> „(Sie) fand es in gewisser Weise empörend, dass sie arbeiten musste und ich nicht, aber hatte zumindest die edle Einsicht, dass sie das erstens auch schon einmal gehabt hatte und zweitens, selbst wenn nicht, sie jederzeit auch so ein Ding machen kann. Nein, ansonsten fand sie das für mich ganz toll. Und meine Kinder, die fanden das auch ganz toll, ebenso die Freunde, es war alles sehr nett." (444)

Neben der günstigen Einbettung in seine private Lebenslage, kann er mit dem Sabbatjahrmodell zudem auf ein Freistellungsangebot zurückgreifen, dessen Bedingungen in Herrn Brünjes' Augen „geradezu peinlich großzügig" und aus seiner Sicht ideal sind: Eine Beurlaubungsmöglichkeit für die Dauer von zwölf Monaten, ohne die Sicherheit ausreichender, fortlaufender Bezüge und Sozialversicherung zu verlieren. Wegen seiner Belastungen durch Unterhaltszahlungen entscheidet er sich für eine lange Modelllaufzeit[247]. Welche Auswirkungen das Sabbatical auf sein späteres Pensionsniveau haben wird, kümmert ihn derzeit dagegen wenig.

II. Zeitverwendung/Zeiterfahrung: Zeitstrukturierung nach eigenen Prioritäten

Auch wenn sich Herr Brünjes durch seine Berufstätigkeit weder besonders verausgabt noch vereinnahmt fühlt, verspürt er als inneren Antrieb für das Sabbatical dennoch einen ausgeprägten Drang nach Befreiung seiner Lebensführung von den zeitlichen Festlegungen und Inanspruchnahmen des Erwerbslebens, hat er

> „(...) tierische Lust darauf, einfach einmal auszuprobieren, was alles möglich ist, ohne diese Strukturierung durch die Arbeit und ohne die ja relativ harmlose, aber doch vorhandene Beanspruchung." (160)

Mit dem „begrenzten Zeitrahmen im Kopf", den das Sabbatjahr vorgibt, will er diese Zeit bestmöglich nutzen, um seine Ambitionen zur Geltung zu bringen. So bleibt der Ablauf seiner Freistellung durchaus nicht dem Selbstlauf überlassen, sondern er entwirft im Zusammenhang mit der schriftstellerischen Arbeit und den anvisierten Besuchsreisen Pläne und Vorstellungen, die das Sabbatjahr in bestimmter Weise strukturieren sollen. Obwohl für die anvisierten Buchprojekte kein Termindruck besteht, setzt sich Herr Brünjes für das Vorhaben einen eigenen Zeitrahmen, ebenso versucht er für seine Reisen den jeweils günstigsten Zeitpunkt ausfindig zu machen. Da er diesen Rahmen jedoch selbst absteckt, erlebt er die Zeit in der Freistellung trotz der Festlegungen als uneingeschränkt freizügig und selbstbestimmt:

> „Das ist so, dass der Zeitbegriff für mich nicht als abstraktes Kontinuum da ist, sondern die Frage ist, wofür habe ich Zeit? Ich hatte mehr Zeit für die Dinge, die ich machen wollte (...)" (256)

Das Empfinden, dass mit dem Sabbatical eine „neue Zeit" anbricht, wird vor allem nach dem Ende der - allgemeinen - Sommerferienzeit spürbar. Nun muss und kann Herr Brünjes sich einen eigenen Tagesrhythmus zulegen, genießt in der häuslichen Umgebung den entspannten Einstieg am Morgen, um sich danach

---

[247] Mit einem 8-Jahres-Zeitraum wählt Herr Brünjes die längste Laufzeit und erhält in dieser Zeit anteilig 7/8 seines Gehaltes.

seiner Schreibarbeit zuzuwenden. Trotz des „hochdisziplinierten" Arbeitens, fühlt er sich keineswegs unter Druck gesetzt, sondern „ungeheuer relaxed" und „sauwohl". Ohne die berufszeitlichen Strukturen und Zwänge und ohne die Notwendigkeit, sich abrupt von einem Lebensbereich und Aufgabe auf die nächste umzustellen, erlebt er die Arbeit am Schreibtisch im Sinne eines Schaffensprozesses als „pneumatischer eingebettet":

> „Das konnte fließend anfangen und fließend aufhören, wie man es so wollte (...) durch diese Lässigkeit, die da zu erreichen war, hatte ich einfach das Gefühl, gut, das ist so ein fließender Prozess und den mache ich gerne und den mache ich eben jetzt mit höherer Priorität. (...) ob es produktiver war, kann ich letztlich nicht sagen. Es war lustvoller, sagen wir mal so." (367)

Obwohl Herr Brünjes nach eigener Einschätzung während der Schreibperioden im Sabbatical täglich kaum weniger arbeitet als zuvor im Berufsalltag, macht ihm sein Tun „höllischen Spaß". Die „Lässigkeit", mit der er agieren kann, rührt vor allem von der Möglichkeit, seinen Tagesablauf nach eigenem Belieben und eigenen Rhythmen auszurichten und einzuteilen. Als Spätaufsteher kann er sich ein langsames Gleiten in den Tag nun ebenso leisten wie dessen Ausdehnung in die Nachtstunden, die er ohne Gedanken an frühe Weckzeiten nun intensiv ausfüllen kann. Innerhalb dieser erweiterten Spielräume erscheint ihm dennoch „alles auf eine bestimmte Weise durchaus alltäglich und vor allem in der Kontinuität." Da er sein „soziales Leben" und Kontakte während des Sabbaticals wie zuvor im Berufsalltag weiterführt, glaubt Herr Brünjes auch von seiner näheren Umgebung kaum als verändert wahrgenommen worden zu sein. Zugleich bemerkt er, dass der Gewinn an Lebensqualität und „Spaß", den er erlebt, sich auch im sozialen „Miteinander" positiv auswirkt.
Kennzeichnend für die Gestaltung seiner Sabbaticalzeit ist für Herrn Brünjes zum einen die Anknüpfung an alltägliche Lebensbezüge, zum anderen eine Gewichtsverlagerung innerhalb dieser Bezüge zugunsten privater Interessen:

> „(...) ich habe sonst nicht viel Neues gemacht, das hat sich alles auf kleinerer Flamme auch schon während der normalen Arbeitszeit abgespielt. Ich habe, ganz grob gesagt, etwas zur Priorität gebracht, was sonst gleichgewichtig war, so könnte man das sagen." (535).

Von dieser Leitintention profitieren auch die beiden Töchter, denen der Vater in der Zeit des Sabbaticals anders begegnen kann. So nimmt Herr Brünjes, neben Treffs im alltäglichen Rahmen, die Gelegenheit wahr, sich von einer der Töchter eine Zeitlang auf Reisen begleiten zu lassen und die andere bei deren eigenen Vorbereitungen für einen Aufenthalt in Afrika zu begleiten und dort zu besuchen. In beiden Fällen genießt er besonders die Erfahrung, seinen Töchtern in diesen Situationen auf einer neuen Ebene zu begegnen.
Die Sabbatzeit steht für Herrn Brünjes sowohl im Zeichen, seiner bestehenden schriftstellerischen Vorliebe mehr Raum zu geben, als auch des Ausprobierens und Sammelns neuer Erfahrung: Im Betreten neuer Terrains im Literarischen

ebenso wie auf seinen Besuchsreisen „um die Welt", deren Reiz für ihn nicht nur im Kontrast zur Regelmäßigkeit des Schreiballtags besteht, sondern ebenso in der persönlichen Annäherung, im „Verständnis dieser Menschen, aber auch zum Verständnis der Konflikte, in denen sie sich bewegen" (566). Auch sein Versuch, zeitweilig Anstellung in einer Zeitarbeitsfirma zu finden, ist darauf ausgerichtet, aus der, nach Herrn Brünjes' Empfinden, „extrem privilegierten" Wirklichkeit der Lehrerwelt herauszutreten und sich im Gegenzug der Lebens- und Arbeitswirklichkeit (seiner Schüler) „draußen" zu nähern.

III. Bilanz/Perspektive: Sabbatical als Möglichkeit der persönlichen Entfaltung ohne Zäsur

Die zentrale Bedeutung des Sabbaticals liegt für Herrn Brünjes in dem Freiraum und Zeitwohlstand, den er sich eröffnen konnte, um gezielt eigene Projekte und Anliegen zu verfolgen. Dieses Bedürfnis zentriert sich in erster Linie um seine schriftstellerischen Fähigkeiten, die er vertiefen und voranbringen möchte. Seit Jahren schon fährt er „doppelgleisig"; besitzt die Schriftstellerei, neben seiner Lehrtätigkeit, den Stellenwert eines „zweiten Berufs". Steht die Arbeit als Lehrer für „das Geregelte", findet er im Schreiben eine spannende Herausforderung und zugleich hoch befriedigende Tätigkeit, von der er allerdings als „Normalautor" nicht leben kann:

> „Und ich habe mir gesagt, wenn ich irgendwie einen Bestseller lande oder so (...) bei der ersten Gelegenheit würde ich kündigen und sagen, so jetzt mache ich das professionell. Ja." (663)

Beim Ausloten seiner Chancen als professioneller Schriftsteller im Sabbatical muss er jedoch feststellen, dass entgegen seiner großen Passion fürs Schreiben, diese Arbeit ihm materiell keine ausreichenden Erfolgsaussichten verspricht, ganz umzusatteln. Nicht zuletzt als Vater zweier noch in Ausbildung befindlicher Töchter, ist er aber auf ein geregeltes Einkommen angewiesen, so dass er auf die Sicherheit, die der Schuldienst hier bietet, weder verzichten kann noch will. Aus der Erfahrung seiner intensiven Betätigung als Autor, gewinnt Herr Brünjes Klarheit darüber, dass er wieder in den Lehrberuf zurückkehren will. Den Kontakt zu Kollegen, zu seiner früheren Klasse sowie zur Schulleitung hat er ohnehin während des Sabbaticals gehalten. Letzteres insbesondere, um die Rückkehr an seine alte Schule abzusichern. Zwar hat ihm die Schulleitung den Wiedereinstieg „fest zugesagt", doch ist ihm bewusst, dass es durch die Schwankungen bei der Lehrerstundenzuweisung keine Garantie für den Bedarf seiner Arbeitskraft am früheren Arbeitsplatz gibt:

> „Mir war also klar, dass es sein konnte, dass ich nach diesem Sabbatjahr irgendwo anders hingesteckt werde. Das hätte mich vergleichsweise angeätzt, weil a) ich mich an dieser Schule sehr wohl fühle, b) weil diese Schule von hier fünf Minuten entfernt ist und ich es mir als ausgesprochen unangenehm vorstelle, als Langschläfer in den Süd-

bereich (der Stadt B.S.) verfrachtet zu werden. Gut, das war ein Risiko, das war mir klar, und ich habe dann gesagt, das gehe ich ein." (298)

Da sich tatsächlich an der Schule zwischenzeitlich ein rechnerischer Personalüberhang eingestellt hat, verdankt der Studienrat es schließlich dem glücklichen Umstand des unvorhergesehenen Ausscheidens zweier Kolleginnen, dass er wieder an „seine" Schule zurückkehren kann. Dort wird er herzlich von Seiten des Kollegiums empfangen und findet sogleich problemlos Anschluss an den Schulalltag:

> „(...) ich habe grob gesagt ungefähr 20 Minuten gebraucht, um wieder drin zu sein, weil, das ist doch klar nach 20 Jahren ..." (681B)

Neben der Berufsroutine sind es auch die fortgesetzten Kontakte zur Schule und laufenden Informationen über neuere Entwicklungen, die ihm den reibungslosen Wiedereinstieg erleichtern. Auf die Art, wie er das Sabbatjahr genutzt hat, blickt Herr Brünjes in hohem Maße zufrieden zurück:

> „Ich habe dieses Jahr genossen, mir war klar, dass es begrenzt ist, ich habe alles gemacht, was ich wollte, ausnahmslos (...)". (698)

Über die Muße zur Verwirklichung seiner konkreten Projekte hinaus, zeigt sich die besondere Qualität der Freistellungszeit für ihn darin, dass es „viel Leben gegeben" hat. Diese Vitalität haben auch die zeitlichen „Puffer" unterstützt, die ihm im Sabbatical zur Verfügung standen, um sich auf Situationen einzulassen oder umgekehrt, sie zu verändern. Teil dieser Lebendigkeit sind ebenso Konflikte und Spannungen, die während der Freistellungszeit - beispielsweise in der Partnerschaft - aufgetreten sind und „die zu lösen waren". In diesem Prozess nimmt Herr Brünjes das Sabbatical als eine Art Verstärker wahr. Nicht die Freistellungssituation an sich hat zu Kontroversen geführt, sondern „alte Geschichten", bekannte, bislang jedoch ungeklärte Problempunkte haben sich durch die Besonderheit dieser Lebensphase „einfach beschleunigt weiterentwickelt".

Im Rückblick auf seine Biographie steht das Sabbatjahr für einen Möglichkeitsraum, innerhalb dessen Herr Brünjes „so jung wie möglich" Prioritäten verschieben und ihm persönlich wichtigen Lebensinhalten mehr Zeit widmen konnte. Das Sabbatical markiert aus seiner Sicht damit weniger eine Zäsur und Bruch mit dem alltagsweltlichen Leben, sondern stellt in erster Linie eine Bereicherung seiner individuellen Möglichkeiten und eine außergewöhnliche Gelegenheit dar, sich auszuprobieren. Die Leidenschaft zur Schriftstellerei, vom Studienrat als „ausgesprochen schöne Blüte in meinem Leben" umschrieben, hat mit dem Sabbatical die Chance erhalten, sich voll zu entfalten. Dennoch bedeutet die Tatsache, sich letztlich nicht vollberuflich als Schriftsteller verwirklichen zu können, für Herrn Brünjes keine nachhaltige Enttäuschung. Mit Gelassenheit resümiert er, als Lehrer zu arbeiten, nach wie vor als „sehr gute zweitbeste Möglichkeit" zu schätzen.

Im Anschluss an das Sabbatjahr sieht Herr Brünjes keine Veranlassung, seinen Berufsalltag zu verändern und setzt seine Lehrtätigkeit in gleicher Position und

264

vollem Umfang fort. Was die Planungen im Hinblick auf zukünftige Arbeitszeitarrangements angeht, hat er sehr klare Vorstellungen. Sobald der Ansparzeit-
raum seines aktuellen Sabbaticals abgelaufen ist, möchte er sich gern eine weitere Auszeit organisieren und dazu erneut ein Sabbatjahr in Anspruch nehmen. Bei
der Wahl zwischen den Alternativen des Altersteilzeit- und Sabbatjahrmodells
besitzt aus seiner gegenwärtigen Perspektive das Sabbatical für ihn die größere
Attraktivität.

**7.5.2   Reflexionen zum 5. Motivtypus - Sabbaticals für Formen freiwilliger
Selbstbetätigung**

**I. Temporärer Prioritätenwechsel zugunsten von Tätigkeiten „jenseits der
Erwerbsarbeit"**

In der Motivgruppe der „gezielten Projekte" betreiben die TeilnehmerInnen die
Nutzung des Sabbaticals auf eine besonders eigensinnige Art und Weise und -
gemessen an den vorangegangenen Typen - in relativer Erwerbsferne. Damit
agieren die AnwenderInnen hier im deutlichen Kontrast zur gängigen sozialwissenschaftlichen Perspektive, wonach sich nicht nur die Veränderung der Organi-
sationsprinzipien der Erwerbsarbeit und der durch sie ausgelöste Zeitenwandel
im Betrieb, sondern auch das Leben im außerbetrieblichen Kontext zunehmend
unter ökonomisch-rationalen Prämissen vollzieht. Diese Sicht hebt in erster Linie auf die Alltagsorganisation von Erwerbstätigen ab, für die sich mit der Verlagerung der Arbeitszeitpolitik von Verkürzung zu Flexibilisierung die Kräfte-
verhältnisse zu Ungunsten der eigenen Zeitbedürfnisse und Zeitsouveränität verschoben und das Problem individueller Zeitzwänge verschärft haben (Projektgruppe „Alltägliche Lebensführung 1995, Sennet 2000, Hildebrandt 2000). Als
Nebenfolge einer modernen Lebensführung treten Eigen- und Mußezeiten systematisch in den Hintergrund. In Abgrenzung zu den wachsenden tagtäglichen
Verpflichtungen und schwindenden Zeitpuffern im Alltag finden Berufstätige
immer seltener die Gelegenheit, Zeit intensiv „für sich" zu nutzen, zur Konzentration auf eigene Belange und Interessen, zur Besinnung und Beachtung der eigenen (Zeit-) Rhythmen[248].

In diesem letzten Motivtyp dreht sich die Verwendung des Sabbaticals genau
um solche ganz persönlichen Anliegen: Zeit zur Intensivierung eigener Aktivitäten, Vertiefung kreativer Interessen- und Tätigkeitsbereiche, Umsetzung eigenwilliger Projekte und tätiger Muße. Zu diesem Zweck durchbrechen die AnwenderInnen mit der Inanspruchnahme eines Sabbaticals die Alltagslogik und
Enge ihrer gewohnten Arrangements und setzen ein Signal, dass sie sich nicht
damit zufrieden geben, ihre *außerberuflichen Ambitionen* lediglich in den Nischen des Berufsalltags zu plazieren. Dadurch, dass sie diese *phasenweise in*

---

[248] Aus Genderperspektive trifft dieser Befund vor allem auf den Alltag von Frauen zu (Glanz
1992, Jurczyk 1994, Pinl 1995).

ihren Lebensmittelpunkt rücken, demonstrieren sie zugleich, dass das Tätigsein im Erwerbssektor nicht - durchgängig - das alleinige Zentrum ihres Lebens bildet. Eine differenzierte Betrachtung und Bewertung ermöglicht es dem Projektetyp, zwischen Interessen an der Erwerbsarbeit und Eigeninteressen abzuwägen und mit dem Sabbatical letztere explizit zu berücksichtigen. Die Realisierung einer Auszeit per Sabbatical begünstigen zudem, ähnlich wie schon beim Regenerationstypus, die *privaten Rahmenbedingungen*: Trotz der Einbindung in familiäre oder partnerschaftliche Bezüge lässt sich die Entscheidung für einen temporären Ausstieg aus der Erwerbsarbeit lebenssituativ und biographisch gut einpassen. Im fortgeschrittenen Lebensalter der ProjektlerInnen sind Kinder, soweit vorhanden, bereits älter und selbständiger oder haben das Elternhaus schon verlassen. Die Lebenspartner wiederum teilen entweder die Interessen der AnwenderInnen und haben zudem selbst zeitlich die Möglichkeit, sich an den jeweiligen Projekten zu beteiligen oder sie bringen weitgehende Akzeptanz für die Pläne des Partners auf. In Abgrenzung zu den RegeneriererInnen steht im Projektetypus bei der Abkehr von den bisherigen Alltagsrelevanzen jedoch weniger das „Raus aus", also der Ausstieg aus dem als belastend empfundenen Regime des Berufsalltags im Vordergrund als vielmehr ein *„Rein in"*, also der *Einstieg in eine qualitativ anders gewichtete Lebensgestaltung*. Damit sind weniger regenerative Bedürfnisse, Nichts-Tun und Ablösung von Strukturen zentrale Anliegen, sondern hier geht es vielmehr um die Herstellung konzentrierter Bezüge, um ein intensives Kümmern und Ausleben ganz eigener, zum Teil lang gehegter Interessen, Neigungen und Leidenschaften.

Im Gegensatz zur subjektiven Wertschätzung ihrer Eigentätigkeiten, rangiert in der gesellschaftlichen Werteskala unterschiedlicher Aktivitäten dagegen das Erwerbs-Tätig-Sein unangefochten an vorderster Stelle: Identifikation und Anerkennung, soziale Integration und Sicherheit vermitteln sich in der Hauptsache über den Menschen als Berufsmensch. Erwerbsarbeit allein bildet den Dreh- und Angelpunkt individueller Lebensentwürfe, aber auch gesellschaftlicher Fortschrittsvisionen und sozialwissenschaftlicher Reflexionen. Dieser reduktionistischen Sicht auf das menschliche Tun, halten KritikerInnen aus subjekttheoretischer Perspektive allerdings eine längst überfällige *Neubewertung aller Tätigkeiten* entgegen und fordern „die Hervorhebung jener Dimensionen menschlicher Tätigkeiten, in der Menschen die Möglichkeit der Freiheit, des Neuanfangs und der Gemeinsamkeit erfahren können" (Senghaas-Knobloch 1998:19). Kontroversen um das Spektrum, die Zielsetzungen und Qualitäten menschlicher Aktivitäten, an die diese Vorstellungen einer Entwicklungsperspektive von der Arbeits- hin zu einer Tätigkeitsgesellschaft anschließen, stehen im Kontext einer bereits über Jahrzehnte geführten gesellschafts- und zeitpolitischen Debatte, die

266

an Aktualität bis heute nichts eingebüßt hat[249]. Ausgehend von den immer un-
übersehbareren Krisenerscheinungen eines (arbeits-)gesellschaftlichen Systems,
das „Arbeit" einseitig und exklusiv als erwerbsförmige und marktgängige Betä-
tigungsformen anerkennt, bringt Arendt bereits 1958 das Dilemma eines derart
eng definierten Arbeitsbegriffs auf den Punkt, indem sie provokativ die Frage
nach den Aussichten einer „Arbeitsgesellschaft" aufwirft, „der die Arbeit ausge-
gangen ist, also die einzige Tätigkeit, auf die sie sich noch versteht"[250]. Mit der
seit den 70er und 80er Jahren zunehmender Dringlichkeit des Problems struktureller (Massen-)Erwerbslosigkeit gewinnt die Kritik an dem auf die Erwerbsarbeit fixierte, eindimensionale Verständnis von Arbeit und Wahrnehmung von
Arbeitswirklichkeiten an Nahrung. Argumentiert wird *zum einen*, dass die herrschende Perspektive alle informellen, (selbst-)versorgerischen und unbezahlten
Tätigkeiten wie Hausarbeit, Kindererziehung oder Eigenarbeit unterschlägt, obwohl diese nicht zuletzt einen beträchtlichen Teil der gesellschaftlich erbrachten
Wirtschafts- und Arbeitsleistungen ausmachen. *Zum anderen* treten mit wachsenden sozialen Disparitäten aufgrund von (Teil-)Erwerbslosigkeit durch stag-
nierendes individuelles Wohlbefinden in der Gesamtbevölkerung, die Erosion
wohlfahrtsstaatlicher Arrangements bis hin zu ökologischen Schadwirkungen,
die Negativfolgen und steigenden sozial-ökologischen Kosten eines auf Lohnarbeit verkürzten Arbeitsbegriffs deutlicher zu Tage und bekräftigen die *Relevanz
der Suche nach Alternativen zur Erwerbszentriertheit*[251]. Innerhalb dieser alternativen Entwürfe und Konzepte, ist „Zeit" ein zentrales Thema. Denn wo nach
erwerbsgesellschaftlicher Logik die einen als „Erwerbslose" ihre Zeit totschla-
gen (müssen), reiben sich die anderen in Erwerbsleben und Konsum über Ge-
bühr auf, während zugleich an vielen anderen Stellen - individuell wie kollektiv
- sinnvolle Arbeit systematisch ungetan bleibt[252].
Um diese ungleichgewichtige Logik zu überwinden, reicht allerdings eine Um-
verteilungspolitik nicht aus, die die verbleibende Erwerbsarbeit lediglich

---

[249] Siehe beispielsweise Bierter/v. Winterfeld 1998, Dettling 1998, Negt 1995, Gorz 1986,
Offe 1984. Aus feministischer Perspektive siehe u.a. Kurz-Scherf 1995, Raasch 1998,
Ostner 1982, 2000, Stolz-Willig 2001.

[250] Siehe Arendt 1994:12. Die amerikanische Ausgabe erschien 1958 unter dem Titel „The
Human Conditions" im Kontext der ersten Automatisierungsdiskurse in den USA, in der
deutschen Übersetzung trägt das Werk den Titel „Vita activa".

[251] Das bedeutet nicht, dass die Dominanz einer auf (Voll-)Erwerb zugeschnittenen Gesell-
schaft durch diese Effekte gebrochen wäre. Im Gegenteil tritt auch in den derzeit geführten
Debatten um den Kollaps der sozialen Sicherungssysteme eine paradoxe Kluft auf zwi-
schen der offensichtlich objektiven Unmöglichkeit zu den Bedingungen von hohem
Wachstum und Vollerwerbstätigkeit zurückzukehren und eines institutionell verschärften
Arbeitszwangs.

[252] Quer zu diesen Verhältnissen haben sich verschiedentlich Initiativen gebildet, die als
„Glückliche Arbeitslose" mit kreativem Müßiggang und „selbstbestimmter menschlicher
Tätigkeit" ein Zeichen gegen Erwerbsarbeitswahn und Stigmatisierung von Erwerbslosen
setzen wollen (Kreuzer 2001).

gleichmäßiger auf die (potentiellen) Erwerbstätigen verteilt. *„Befreiung"*, *als Prozess der Emanzipation* und Gewinn von Freiheitlichkeit, wie ihn auch die AnwenderInnen des Projektetypus erleben, soll sich nicht nur *von* der Arbeit vollziehen, sondern muss auch *in* der Arbeit stattfinden können[253]. In diesem Sinne setzt eine alternative Arbeits- und Beschäftigungspolitik die Verankerung eines erweiterten Verständnisses von Arbeit voraus, in das insbesondere die Umbewertung weg von quantitativer Wohlstandsmehrung hin zu einer Steigerung von Wohlfahrt und Lebensqualität eingeschlossen ist (Brandl/Hildebrandt 2002). Unter diesem Fokus treten insbesondere Tätigkeitsbereiche wie Eigenarbeit, ehrenamtliche Arbeit[254] oder Bürgerarbeit aus ihrem bisherigen Schattendasein und werden zu „Hoffnungsträgern" für eine grundlegende Erneuerung der gesellschaftlichen Wechselbeziehungen zwischen Arbeitsformen, Freizeit und Konsum (Beck 2000, Mutz 1997, Ullrich 1993, Zoll 1994).

Mit einer solchen Transformation der Arbeitsgesellschaft in eine *plurale Tätigkeitsgesellschaft* der Zukunft ließe sich, nach den Vorstellungen ihrer Protagonisten, dann „das Ganze der Arbeit" entfalten: Neben den originär produktiven und marktvermittelten auch jene Tätigkeiten, die als – notwendiges - Komplement zur Erwerbswirtschaft fungieren. In ihrem Vorschlag zu einer analytischen Struktur von Mischarbeit zählen Brandl und Hildebrandt (u.a. in Anlehnung an Biesecker 2000) neben der Erwerbsarbeit als weitere Beschäftigungssektoren nicht nur die Versorgungs- und Gemeinschaftsarbeit, sondern auch Eigentätigkeiten, wie sie hier von den ProjektlerInnen betrieben werden. Das Konzept plädiert für „die Gleichzeitigkeit unterschiedlicher gesellschaftlicher Arbeiten der oder des Einzelnen, die Vielfalt der individuellen Kombinationen dieser Arbeiten und die Veränderung der Kombinationen in biographischer Perspektive" (Brandl/Hildebrandt 2002:526). Damit beziehen sich die Überlegungen zur *Integration und Gestaltbarkeit der existierenden Vielfalt von Tätigkeiten* sowohl auf den Berufsalltag als auch auf *wechselnde Prioritäten im Biographieverlauf*[255]. Nach Biesecker lassen sich Aktivitäten jenseits der Erwerbsarbeit dem Bereich der Versorgungsökonomie sowie der sozialen Lebenswelt zuordnen. In Letzterem steht die Eigenarbeit für eine Kategorie von Arbeit, die außengeleiteter Zweckrationalität enthoben ist. Im Unterschied zu den - messbaren - Bewer-

---

[253] Dieser auf Marx zurückgehende Gedanke findet sich gegenwärtig vor allem aufgegriffen in den Schriften von Negt, vgl. auch Maurer 1994.

[254] Bei dem hier zugrundeliegenden empirischen Material fehlt leider die Variante von Sabbaticalnutzung für Gemeinwesenarbeit. Das heißt jedoch nicht, dass das Modell nicht für solche Vorhaben nutzbar wäre. Als ein nicht intendierter Fall von Gemeinwesenarbeit im Sabbatical ließe sich Herr Findeisen einordnen, der jedoch entsprechend seines Motivs als „verhinderter Regenerierer" unter dem Typus 1 aufgeführt ist.

[255] In der biographischen Perspektive knüpfen die Autoren explizit an das Konzept der „Übergangsarbeitsmärkte" von Schmid (1997/2002) an, welches auf einen erleichterten Wechsel zwischen verschiedenen Tätigkeiten auf der Ebene der Arbeitsmarktpolitik abstellt (vgl. dazu auch das Ausblickskapitel).

tungsmaßstäben, die an die Produktivität von Erwerbsarbeit angelegt werden, entfaltet sich Eigenarbeit demnach in einem selbstbestimmten Prozess, der zu einer Stärkung der Autonomie der Arbeitenden führt und in dieser Qualität über das Lebensnotwendige hinaus auf die Gestaltung eines „guten Lebens" abzielt (Biesecker 1999:16).

In kritischer Haltung zur industriell geprägten Eindimensionalität der Arbeitsgesellschaft beziehen sich die meisten Alternativkonzepte jedoch stark auf kollektiv nützliche Tätigkeitsbereiche wie Bürger- oder Gemeinwesenarbeit. Unterbelichtet bleiben auch hier zumeist Tätigkeiten, die, wie bei den ProjektlerInnen, in erster Linie den eigensinnigen Interessen der Einzelnen zur Selbstverwirklichung bzw. - tätigen - Muße entspringen. An dieses, im bundesdeutschen Diskurs noch kaum beachtete, Aktivitätspotenzial innerhalb einer pluralisierten Tätigkeitsgesellschaft knüpft der US-amerikanische Sozialphilosoph Frithjof Bergmann in seinem so genannten „New-Work"-Konzept an (Bergmann 1998). Zur (Rück-) Gewinnung von selbstbestimmter Tätigkeit plädiert er für das Tätig-Sein in Eigenregie, welches gleichberechtigt neben die bezahlte Lohnarbeit tritt. Abgesehen von der bekannten Selbstversorgung, greift er mit der Idee bezahlter „Callings"[256] speziell solche Aktivitäten auf, die Menschen die Möglichkeit eröffnen sollen, das zu tun, was sie - schon immer - „wirklich, wirklich" (I.P.I. 1999:4) machen wollten. Damit berücksichtigt dieser Ansatz systematisch Formen der Beschäftigung, die die Subjekte auf eine höhere Stufe der Selbstverwirklichung heben, indem sie ihre *persönlichen Fähigkeiten, ihre Interessen oder auch ihre Neugier entwickeln und entfalten dürfen*. Freiheit *in* der Arbeit ist nach diesem Ansatz dann erreichbar, wenn der Einzelne in seinem Handeln sein Selbst formen und in diesem Tun die eigene Identität hervorbringen und verwirklichen könne (Bergmann 1977). Wie die Vorhaben des Projektetypus sind derart phantasiereiche, kreative, freiheitliche und die Menschen in ihrer Entwicklung erhöhenden Betätigungen in diesem Sinne zentral mit der Frage von *Identifikation mit der eigenen Lebenspraxis* verbunden. Als mögliche Einstiege in eine solche Art „Neue- bzw. Ganze-Arbeit-Biographien", also in Lebensformen und Lebensentwürfe, die zu einer Einheit verschiedener gesellschaftlicher bzw. individueller Tätigkeitsbereiche führen, wird das Sabbatjahrmodell als praktisches Umsetzungsinstrument diskutiert, um - phasenweise - Produktion und Reproduktion in ein strukturell kooperativeres Verhältnis zu setzen (Biesecker 1999:13).

Gerade im Zusammenhang mit der fortschreitenden Individualisierung in modernen Gesellschaften, erhält das Bedürfnis, Zeit im ganz eigenen Sinne zu verwenden, eine besondere Akzentuierung. Muss die Lebensführung einerseits als gesellschaftliche Anforderung immer mehr aktiv, eigenverantwortlich und ent-

---

[256] Die Entlohnung dieser selbstbestimmten Tätigkeiten soll entweder durch am Markt erzielte Einkommen oder alternativ über gesellschaftliche Finanzierungsmodelle (aus Steuermitteln oder Stiftungskapital) realisiert werden.

scheidungsabhängig gestaltet werden, hegen die Subjekte ihrerseits komplementär dazu den Wunsch, ihr Leben in die eigene Hand zu nehmen und *Raum für „eigenes Leben"* zu schaffen (Beck/Erdmann-Ziegler 1997). Die Selbstthematisierung, zu der sich der Mensch in der „reflexiven Moderne"[257] veranlasst sieht, bedeutet, tätig Einfluss zu nehmen auf das eigene Schicksal, ermutigt zu Suchbewegungen nach neuen Arrangements bzw. neu zu entdeckenden Möglichkeiten und Lebensformen, in deren Rahmen die jeweiligen individuellen Bedürfnisse und Eigeninteressen zum Ausdruck gebracht werden können.

Die Intentionen des Projektetypus gehen demnach nicht allein im Anspruch auf Zeit für Eigenarbeit auf, sondern fordern darüber hinaus zu einer *gesellschaftlichen Anerkennung von (produktiver) Muße* auf. Überschneidungen mit Regenerationsmotiven sind in diesem Typus ebenfalls nicht ausgeschlossen[258]. Das Sabbatical stellt den AnwenderInnen den nötigen Freiraum, unter Umständen sogar ideale Bedingungen zur Verfügung, sich in ihrem Interesse zu betätigen oder wie Beck es ausdrückt: Sich selbst zum Thema zu machen (ebd.). „Das Eigene" spielt für die ProjektlerInnen in verschiedenen Dimensionen eine zentrale Rolle. Nicht nur „nebenbei" und eingezwängt in die Zeitlücken, die der Alltag im Jahresverlauf von Berufstätigen hergibt, sondern in einem *eigens* dafür vorgesehen (Zeit-)Raum können die Subjekte - phasenweise und alternierend zur Erwerbstätigkeit - Prioritäten nach *eigenen* Relevanzen verschieben. Die Option des Sabbaticals versetzt sie in die Lage, Grenzziehungen für das (Alltags-) Selbst zu überschreiten und sich intensiv eigensinnigen Zielen und Utopien zuzuwenden.

II. Eigenzeiten als autonome und lebendige Zeit

Das Sabbatical als Raum für individuelle Vorlieben, Vorstellungen und Projekte zu gestalten und auszufüllen, schließt als elementare Voraussetzung Autonomie in der Verfügung über die eigene (Lebens-)Zeit mit ein. Ähnlich wie die RegenerierInnen wollen auch die NutzerInnen im Projektetypus dem Berufsleben mit seiner vorstrukturierten Zeiteinteilung gern für eine Weile entkommen. Je mehr die Eigenprojekte jeweils von äußeren Rahmenbedingungen unabhängig sind, desto weitergehende Spielräume bestehen für eine an die *jeweiligen Tätigkeiten angepasste eigene Strukturierung der Zeit.* Wie im prototypischen Fallbeispiel benötigt die schriftstellerische Tätigkeit kaum einen institutionalisierten Rahmen und lässt sich höchst individuell arrangieren. Doch selbst dort, wo Eigentätigkeiten an übergeordnete institutionelle Strukturen angelagert sind, wie beispielsweise (im Fall von Frau Hagen) bei persönlichen Weiterbildungsinteressen, gelingt es, Bewegungsspielräume innerhalb dieses Rahmens so auszuschöp-

---

[257] Dieser Begriff sowie auch der der „reflexiven Lebensführung" (Hildebrandt 2000) geht zurück auf Becks Individualisierungsthese, wonach durch den Abbau tradierter Strukturen und Normen, sich Handlungsanforderungen immer mehr auf den Einzelnen verlagern.

[258] Vgl. dazu das Fallbeispiel der Radtkes.

fen, dass sie den eigenen Bedürfnissen am nächsten kommen. Die Sabbaticalzeit der ProjektlerInnen ist nicht, wie im Regenrationstypus, in der Hauptsache von Offenheit geprägt, sondern eine durch gezielte Aktivitäten und konkrete Tätigkeiten gebundene Zeit. Diese Gebundenheit beruht jedoch weitgehend auf selbstbestimmten Entscheidungen und entspricht dem eigenen Wollen. Auf dieser Basis verändert sich auch die subjektive Wahrnehmung von Zeit: *Zeit* wird statt als Kontrahent und Druckmoment nun *als spezifischer Entfaltungsraum und als persönlicher Reichtum* erfahrbar, mit dem die Personen innerhalb der Dauer des Sabbaticals, nach eigenem Gusto verfahren können.

Zeitsouveränität und Muße im Nutzen der eigenen Zeit gepaart mit einem hohen Grad an Identifikation und subjektiver Sinnhaftigkeit, die mit den Eigenprojekten verknüpft ist, *verwandelt das Tätigsein in einen Prozess des Schaffens.* In dieser besonderen Qualität verändern sich Arbeitsabläufe; ihre Konsistenz wird weicher, fließender und weniger zerstückelt wahrgenommen als bei der fremdbestimmteren Erwerbstätigkeit:

„Wo Arbeit einen schöpferischen Charakter annimmt, da löst sich in der Regel die abstrakte Entgegensetzung von Arbeit, Freizeit und Faulheit auf." (Negt 1988:540).

Im Gegensatz zu gewohnten Grenzziehungen zwischen den verschiedenen Lebensbereichen und entsprechender Fragmentierung der Lebenszeit gestalten sich die Übergänge von einem Bereich und einer Aufgabe zur anderen elastischer, kann der Projektetyp im ganzheitlichen Tun aus dem Vollen schöpfen. Die auf diese Weise sich persönlich (wieder-)angeeignete Zeit lässt sich so strukturieren und ausfüllen, dass die Arbeit individuellen Bedürfnissen und Rhythmen nicht zuwiderläuft, sondern mit ihnen zusammenfällt. Statt den Arbeitsprozess an den Prinzipien von linearer und abstrakter Zeit ausrichten zu müssen, können die ProjektlerInnen in der Dynamik des Tätigseins eine *andere zeitliche Qualität entfalten und nutzen*: Zeit als Zyklus, die rechte Zeit, den günstigen Augenblick und das rechte Maß (Geißler 2000:82).

Die Möglichkeit im Projektetypus, in Eigenzeit leben und tätig sein zu können, bedeutet aber nichts anders als sich selbst leben zu können. Zeit verliert den Charakter einer objektiven, harten Maß- und Recheneinheit und wandelt sich von „enteigneter" zu einer der Person eigenen Zeit und wird so *zur Lebenszeit im eigentlichen Wortsinn*[259] Zeit, die mit „viel Leben" erfüllt ist, eine lebendige Zeit. Leistung, die nicht in Gegnerschaft zur Zeit zu erbringen ist, kann subjektiv viel eher als ein lustvoller, lebendiger und kreativer Akt empfunden werden. Nicht im Wettlauf mit der Zeit, sondern jenseits hektischer Betriebsamkeit in Momenten der Muße lässt sich Kreativität bevorzugt entfalten. Mit zunehmendem Unbehagen an den Zeitzwängen der Gegenwart wächst die Kritik an einer „fehlangepassten" Zeitkultur (Reheis 1998) und mehren sich Plädoyers für „Le-

---

[259] Das „Paradox der Muße" besteht lt. Rousseau darin, dass man erst Zeit verlieren muss, um Zeit zu gewinnen.

bensformen gegen die Hast" (Zoll 1988, Geißler 2000), die Lebenszeit neu bestimmen, *Mußezeiten aufwerten* wollen und im Langsamen und Bedächtigen wichtiges kreatives Potential erkennen:

„Vieles, auf das wir nicht verzichten können, vieles, was zentraler Bestandteil des Lebendigen und dessen Entwicklung ist, kann nur durch und mit Langsamkeit geschützt und befördert werden. Diese erst ermöglicht die Freiheit des Denkens, des Fragens und die Entwicklung der Sinne." (Geißler 2000:158).

Ein rücksichtsvoller Umgang mit der äußeren und inneren Natur, Respekt vor den Eigengesetzlichkeiten des Menschen und die Anerkennung von Eigenzeiten, diese Freiheiten und Entwicklungsmöglichkeiten sind jedoch unterschiedlich verteilt. Das Geschlechterverhältnis als Herrschaftsverhältnis in Form der „geschlechtsspezifischen Arbeitsteilung" *benachteiligt vor allem Frauen in ihren Wahlentscheidungen* zwischen Erwerb und anderen außerberuflichen Tätigkeiten systematisch. Geschlecht als soziale Strukturkategorie weist Frauen und Männern bestimmte Orte in der Gesellschaft und damit bestimmte Lebenschancen zu (Knapp 1988). Als Hauptverantwortliche für Tätigkeiten im reproduktiven Bereich stehen Frauen, wenn sie darüber hinaus eine Teilhabe am Erwerbsleben anstreben, vor einem grundsätzlichen Dilemma: „Eines ist zuwenig - beides zuviel" der vielzitierte Satz aus einer empirischen Studie zur Arbeit von Frauen von Becker-Schmidt und Knapp (1984) bringt deren Zeitzwänge prägnant auf den Punkt. Wie vor allem die Beispiele der Kinderbetreuerinnen gezeigt haben, ist die Konstruktion des Erwerbsbereichs darauf ausgelegt, dass dieser von lebensweltlichen Elementen und Reproduktionsarbeiten frei zu sein hat. Selbst bei reduzierter Arbeitszeit stehen Frauen, neben der Versorgung ihrer Familie, kaum noch zeitliche Spielräume zur Verfügung, um sich um eigene Belange zu kümmern und „Zeit für sich zu haben" Wiese (1998)[260]. Das heißt zwar nicht, dass Frauen mit Kindern prinzipiell von der Möglichkeit, ein Sabbatical im Sinne ganz eigener Interessen und Ambitionen zu nutzen, ausgeschlossen sind. Doch müssen sie, wie im Fall von Frau Hagen solche Wünsche in der Regel solange aufschieben, bis die Beanspruchungen von Seiten der Familie und/oder der Erwerbsdruck nachlassen.

Für diejenigen aber, die biographisch und strukturell in der Lage sind, der eigenen Selbstverwirklichung im Projekte-Sabbatical einen besonderen Platz einzuräumen, verwandelt sich Zeit in eine Ressource, die nicht, wie üblicherweise im Alltag, zweckrational eingesetzt werden muss. Zeit ist i.d.S. nun nutzloser, umfasst dabei aber mehr als bloßes Nichtstun[261]. Während Faulheit als Kehrseite des Arbeitszwanges als bewusste oder unbewusste Verweigerung, Absage und Rückzug an das durch Arbeit vermittelte Leiden interpretiert werden kann, ist

---

[260] Die Bedeutung der Kategorie „Zeit für mich" hat die Autorin bezeichnenderweise am Beispiel von Frauen ohne Kinder untersucht.

[261] Als Kontrapunkt zum um sich greifenden Gestaltungs- und Konsumzwang in der Freizeit, wird Muße populär gern als nutzloses Vertun von Zeit hingestellt (Wendler 2002).

die Muße dagegen der Arbeit in spezifischer Weise zugewandt und beruht „auf höchster Aufmerksamkeit des Kopfes und der Sinne und in einer allseitigen Betätigung des Menschen" (Negt 1988:537). In dieser Lesart einer tätigen Muße ohne äußerlichen Regelzwang kann sich der Mensch somit sehr weitgehend entfalten und in dieser Sphäre die Entwicklung seiner Persönlichkeit entscheidend voranbringen. Im Rahmen aktueller Debatten um die Fragen künftiger Arbeitszeitgestaltung und Definitionen von Arbeit jedoch, wird der Gedanke einer *Produktivität von Mußezeiten* erst selten aufgegriffen. In einem Vier-Felder-Wirtschafts-Modell auf Basis einer pluralen Ökonomie stellt der Arbeitswissenschaftler Spitzley als einer der wenigen Vertrter seiner Disziplin der herkömmlichen Erwerbstätigkeit, neben der Gemeinwesenarbeit und Eigenarbeit, als vierten und gleichwertigen Sektor das „Arbeiten an der eigenen Persönlichkeit und bewusstes Sein-Lassen" zur Seite. Mutmaßlichen Irritationen und Einwänden hält er entgegen:

„„Es ist aber zu fragen, ob das Einlassen auf eine Meditation, die Erarbeitung eines Gedankens, das Knüpfen von Gesprächsfäden oder das Pflegen persönlicher Beziehungen als weniger wichtig und „produktiv" gelten soll, als das Herstellen und Vermarkten beliebiger zum Verkauf bestimmter Produkte." (Spitzley 1998: 167).

Ihrem Wesen nach unterscheidet sich die Muße, mit der die ProjektlerInnen ihren Interessen nachgehen, deutlich davon, was landläufig unter dem Begriff „Freizeit" verstanden und praktiziert wird. Freizeit, erst im Verlauf der Industrialisierung als Produkt - fremdbestimmter - Erwerbsarbeit entstanden, bekommt an erster Stelle die Funktion der Erholung als Wiederherstellung der Arbeitskraft zugewiesen (Maurer 1992). „Freizeit ist an ihren Gegensatz gekettet. Dieser Gegensatz, das Verhältnis, in dem sie auftritt, prägt ihr selbst wesentliche Züge ein"[262]. Zwar kann Muße Bestandteil von Freizeit sein, doch lässt sich dieser Zustand im Erwerbsalltag aufgrund vorangegangener Erschöpfung und mangelnder zeitlicher Spielräume kaum erreichen. In der Wechselbeziehung zwischen Arbeitszeit und *Freizeit bleibt letztere häufig negativ gebunden an die mit entlohnter Arbeit verbrachte Zeit* und bildet in dieser Abhängigkeit spezifische Verwendungs- und Nutzungsmuster heraus, wie sie sich etwa im Konsumverhalten beobachten lassen (Scherhorn 1997). „Freizeitstress" als Gegenwartsphänomen resultiert hier insbesondere aus der Verlängerung der „Zeit ist Geld"-Logik in den Freizeitbereich hinein. Den Gegenpol dazu bildet „freie Zeit" im emphatischen Sinn jenseits herrschender Zeitökonomie und Zweckrationalität: Zeit als Wohlstandskategorie, als selbstbestimmte Zeit. Im Konzept von Zeitwohlstand (Rinderspacher 1985) geht es darum, „solche Zeitstrukturen zu etablieren, die eine verbesserte Anpassung an menschliche Bedürfnisse ermöglichen" (ebd.: 297). Eine *Steigerung des subjektiven Wohlbefindens in der Zeit* (Schernhorn 1995) stellt einen zentralen Indikator für die empfundene Lebens-

---

[262] Adorno (1969), zitiert nach Kurz-Scherf/Breil (1987:97).

qualität der Individuen dar. Im Gegensatz zum ökonomischen Mainstream sind es insbesondere Tätigkeiten jenseits der Erwerbsarbeit, die für die individuelle, aber auch gesellschaftliche Wohlfahrt von großer - und bisher unterschätzter - Bedeutung sind. Mit der oft zitierten und stigmatisierenden „Faulheit der Müßiggänger"[263] haben Eigen- und Mußezeiten des Projektetypus daher wenig gemein.

Das Sabbatical bietet den AnwenderInnen dieses Typus zum einen die Chance, Zeit für eigenwillige, statt im rationalen Sinn objektivierbare Ziele einzusetzen, zum anderen ist die Zeit der Freistellung begrenzt. Beide Faktoren, das subjektiv höchst befriedigende Tätig-Sein und das temporäre Limit dieser Periode machen das Sabbatical zu einer wertvollen und kostbaren Phase einer eigenen und anderen Zeitqualität und heben es damit deutlich vom vorherigen Berufsalltag ab. Dennoch bilden die AnwenderInnen dieser Motivgruppe auch während des Sabbaticals durchaus Formen und Rhythmen heraus, die ihrer Beschäftigung einen Anstrich von Alltäglichkeit verleihen. Nach dem Motto: „Eigentlich bin ich (auch) anders, ich komm' nur zu selten dazu"[264], geht es in diesem „Sabbatical-Alltag" zentral darum, einem anderen Tätigkeitsspektrum Priorität einzuräumen, den bisher noch zu wenig entwickelten Möglichkeiten darin Türen zu öffnen und auf diesem Wege individuelle Handlungs- und Erfahrungshorizonte zu erweitern.

III. Türöffner ins Reich des Möglichen - ohne Bruch mit Bestehendem

Die eigensinnig-freiheitliche Qualität der Zeitverwendung des Projektetypus zeigt, dass die AnwenderInnen im Sabbatical eine gute Gelegenheit gefunden haben, „Arbeit und Leben" über die Einbeziehung informeller Eigenprojekte als produktive, sinn- und wertvolle Tätigkeit zu integrieren und ihre Interessen an Selbstentfaltung und Selbstverwirklichung zur Geltung zu bringen. Zu der Möglichkeit, sich bereits vor Beendigung des Erwerbslebens einen persönlichen Freiraum zu verschaffen, verhilft ihnen sowohl die Zeitoption des Sabbaticals als auch die geringe Einbindung dieser Personen in familiäre und berufliche Zwänge[265]. Die inhaltliche Ausrichtung der Eigenprojekte steht in dieser Motivgruppe

---

[263] In der Tradition der protestantischen Ethik wird Muße im kapitalistischen Verständnis negativ gedeutet. Diese Konnotation schlägt sich stark u.a. insbesondere in der sozialdemokratischen/ gewerkschaftlichen Perspektive nieder, wonach, „wer nicht arbeitet, auch nicht essen soll" (vgl. z.B. Zeuner 1995) und trägt u.a. auch zu einem problematischen politischen Umgang speziell mit unfreiwillig Erwerbslosen bei. Die Faulheits-Diskussion, die von Kanzler Schröder angestoßen wurde, steht da nur wenig dem Bild vom „Freizeitpark Deutschland" nach, welches Helmut Kohl zu seiner Amtszeit in Szene setzte.

[264] Zitiert nach Geißler 2000:13.

[265] Dass sich die Sabbaticalnutzung in dieser Motivgruppe viel weniger auf die betrieblichen Kontexte bezieht, bedeutet nicht, dass die AnwenderInnen ihre Entscheidung völlig frei von betrieblichen Einflüssen treffen können. Das zeigt z.B. der Fall von Herrn Radtke (s.

zunächst einmal nicht im unmittelbaren Zusammenhang oder gar in Konkurrenz zur Erwerbstätigkeit. An Notwendigkeiten und Dringlichkeit, von Berufs wegen den Aktionsradius zu erweitern oder in neue Betätigungsfelder vorzustoßen, fehlt es, anders als beim Weiterbildungs- und Neuorientierungstypus, weitgehend. Vielmehr geht es um Optionen, *neben* der Berufstätigkeit Erfahrungs- und Entwicklungsräume für darüber hinausgehende, identitäts- und sinnstiftende Aktivitäten zu eröffnen. So zeichnet sich die Verarbeitung des Sabbaticals des Projektetypus einerseits durch ihre relative Unabhängigkeit zum beruflichen Kontext aus. Aufstiegswünsche oder notwendige Berücksichtigung der Erfordernisse des Arbeitsmarktes sind hier nicht vordergründig wirksam. Andererseits existieren dennoch Bezüge zur Erwerbsarbeit. Denn *erstens* beinhaltet das Sabbatical durch die Möglichkeit, Abstand zum beruflichem Umfeld und dessen Anforderungen zu gewinnen, für die ProjektlerInnen auch einen regenerativen Effekt. *Zweitens* können jene Interessen, die als höchstpersönliche (wieder) aufgegriffen, ausprobiert oder vertieft werden, bei sich bietender Gelegenheit daraufhin überprüft werden, ob das bisherige Spielbein auch zum professionellen Standbein taugt. So impliziert die Umsetzung von Eigenprojekten durchaus die Chance, eine neue berufliche Ausrichtungs- und Profilierungsmöglichkeiten auszuloten.

Für die AnwenderInnen im Projektetypus fungiert das Sabbatical demnach zum einen als *Türöffner zu einem Möglichkeitsraum*, sich in selbstgewählten Feldern zu aktivieren. Im Prozess eines intensiven, eigenständigen Agierens, Probierens und Experimentierens liegen Herausforderungen und Chancen, das Leben in die eigene Hand zu nehmen und umgekehrt zugleich die Möglichkeit von Desillusionierung, beispielsweise wenn sich bestimmte Wünsche nicht erfüllen. Doch auch das „Risiko" mit oder an den eigenen Ansprüchen zu „scheitern", sehen die Betroffenen als ihr „Eigenes" an und finden zu einem pragmatischen Umgang. Bleiben Hoffnungen unerfüllt, wie die, im Beispiel des prototypischen Falls, vom bisherigen Lehrerberuf in den Literaturbetrieb umzusatteln, führt dies nicht dazu, sich deswegen als Person mit seinen gesamten Entwicklungsmöglichkeiten in Frage gestellt zu sehen. So wie das *Sabbatical* weniger als ein Bruch in der Erwerbsbiographie denn *als Bereicherung* erlebt wird, wird auch eine Rückkehr in die vorherigen Lebens- und Arbeitsbezüge keineswegs als notwendiges Übel gesehen. Da in dieser Motivgruppe viel weniger berufliche Unzufriedenheit oder Überdruss den Anstoß für den Wunsch nach einer Auszeit liefern, sondern über den Beruf hinausgehende, „überschüssige" Energien, Fähigkeiten und Interessen treibende Kräfte sind, relativieren sich „Enttäuschungen" über weitergehende Verwertbarkeitschancen und können insbesondere vor dem Hintergrund fortbestehender stabiler Berufsbezüge entspannter verarbeitet werden.

Kurzbeschreibungen), wo die Kluft zwischen tradierter Arbeitskultur und Inanspruchnahme neuer Arbeitszeitmodelle zu besonderen Reibungen führt.

Im Hinblick auf die künftige Balance von Arbeit(-szeit) und Leben(-szeit) stellen die AnwenderInnen des Projektetypus Überlegungen zu unterschiedlichen Arbeitszeitmodellen an. Ihre Veränderungswünsche und Vorstellungen beziehen sich jedoch weniger auf die Korrektur der alltäglichen Balance von Berufs- und Privatleben, sondern sie fassen, um sich auch zukünftig besondere Spielräume zu organisieren, *erneut die Möglichkeit von geblockter Nicht-Arbeitzeit* ins Auge. Die Präferenzen differieren dabei in Abhängigkeit vom Lebensalter zwischen dem vorzeitigen Ruhestand nach dem Altersteilzeitmodell[266] oder - nicht zuletzt aufgrund der positiven Erfahrungen mit dem Modell - der neuerlichen Inanspruchnahme eines Sabbaticals.

7.6 Zusammenfassung

In der Zusammenschau der fünf Nutzungstypen ist eine *große Variationsbreite* in den Ausgangs- und Motivlagen und individuellen Verarbeitungsformen der Sabbaticaloptionen erkennbar. Trotz dieser Heterogenität und Vielfalt aber sind die Arrangements typenübergreifend zugleich von *spezifischen Gemeinsamkeiten* gekennzeichnet. Mit Blick auf das Alter bzw. die Lebensphase, in denen sich die Beschäftigten zu einem Sabbatical entschließen, wird erstens deutlich, dass die Inanspruchnahme des Sabbaticals in allen Fällen einen *spezifischen Bezug zur Biographie* bzw. bei der überwiegenden Mehrheit zu bestimmten, von Unsicherheit geprägten Statuspassagen innerhalb der Biographie aufweist. Bei den meisten der hier dargestellten Typen ist zweitens eine *geschlechtsspezifische Varianz* in der Nutzung augenfällig. Diese liefert einen Fingerzeig darauf, inwieweit die männliche bzw. weibliche Normalbiographie für den eigenen Lebenslauf als normierend angesehen Und/oder durch institutionelle Regelungen in entsprechende Gleise gelenkt wird. Die Varianzen nach Geschlecht, die v.a. in den ergänzenden Fallvariationen zum Ausdruck kommen, sind für die Verarbeitung innerhalb des Typus auch deswegen interessant, weil sie nicht nur auf Unterschiede der individuellen Verarbeitungsweisen, sondern auf strukturelle Hintergründe differenter Nutzungschancen aufmerksam machen. Im Hinblick auf ihre *berufliche Position* gilt drittens für die allermeisten TeilnehmerInnen des Sabbaticals, dass sie zu den gut- bis hochqualifizierten ArbeitnehmerInnen zählen[267]. Zwar lässt sich durch die vorhandene Spannbreite von Berufsgruppen unter den SabbaticalteilnehmerInnen einerseits das gängige Vorurteil widerlegen, nur besonders privilegierte Berufstätige wären in der Lage, in den Genuß eines Sabbaticals zu kommen. Andererseits wird klar, dass, um sich den Zugang zu dem Modell und mit ihm erweiterte Möglichkeiten für die eigene Lebensgestaltung zu erschließen, ein erhöhtes Maß an individueller (Zeit-)Kompetenz

---

[266] Dieses Modell bietet sich vor allem für Beschäftigte an, deren Zeit bis zum (Vor-) Ruhestand für das „Ansparen" eines Sabbaticals mit langer Laufzeit nicht mehr ausreicht.

[267] Vgl. dazu Tab. 1. Danach weisen alle TeilnehmerInnen eine qualifizierte Ausbildung und/oder Hochschulabschluss auf.

gefragt ist. Darüber hinaus nehmen die betrieblichen Rahmenbedingungen einen maßgeblichen Einfluss auf die jeweiligen Nutzungschancen, wie die Gegenüberstellung von öffentlichem Dienst und Privatwirtschaft insbesondere im Regenerationstypus gezeigt hat geworden ist. Doch auch die Möglichkeiten und Grenzen der Nutzung in den übrigen Motivgruppen sind von der betrieblichen Einbettung beeinflusst.

Über alle Typen hinweg gilt für die AnwenderInnen von Sabbaticals, dass sie insofern einer *Leistungselite* zuzurechnen sind, als sie abgesehen von ihrer hohen Motivation auch besonderen Willen und Fähigkeit zur Leistung aufbringen können. Weniger als ausgesprochene „Karrieristen", vielmehr als „Vollblutleute" sind sie in der Lage, „viel auszuhalten". Dies haben die Einzelnen nicht nur mit ihrem beruflich ausgeprägten Engagement *vor* dem Sabbatical gezeigt. Auch im Zusammenhang mit und während des Sabbaticals beweisen sie besondere Stärken und Kompetenzen durch die Fähigkeit, ihren Wunsch nach einem temporären Ausstieg betrieblich durchzusetzen und die Freistellungszeit bestmöglich für die eigenen aktuellen und künftigen Perspektiven zu verwenden. Daran schließt sich als weitere Gemeinsamkeit an, dass alle AnwenderInnen versuchen, das *Sabbatical als eine Investitionsressource* zu nutzen: Mit Hilfe der Freistellung investieren die Aussteiger auf Zeit in unterschiedliche Aktivitäten, die ihnen persönlich besonders wichtig sind: Gesundheit, Partnerschaft oder Kinder, berufliche Qualifizierung oder eigene Projekte. Die meisten dieser Tätigkeitsfelder, die während des Sabbaticals an die Stelle der Erwerbsarbeit treten, eröffnen wiederum allen NutzerInnen gemeinsam die Möglichkeit, von *anderen Erfahrungen als in der Erwerbsarbeit zu profitieren*. Dazu gehört auch ein andersartiges Zeiterleben: Trotz der unterschiedlichen Zeitdauer der Freistellung in den einzelnen Motivgruppen wird die Zeit im Sabbatical expliziter als Eigenzeit empfunden. Insgesamt sind Bildungsprozesse, die Beschäftigung mit Kindern, der Gewinn neuer kultureller Eindrücke oder persönlicher Perspektiven Ereignisse, die als Ausdruck individuellen Wünschens und Wollens ein eigenständiges Erleben mit sich bringen und, von mit verursachenden Zwängen abgesehen, zu einem Stück persönlicher Freiheit und Selbstverwirklichung verhelfen. Ausgehend von diesen Formen und –inhalten der Lebensgestaltung wurde eine Typologie gebildet, die fünf Typen identifiziert. Mit Hilfe dieser Methode ließen sich Strukturen der Lebenslagen und Verarbeitungsweisen im Zusammenhang mit der Inanspruchnahme von Sabbaticals herausgearbeiten, die über eine rein deskriptive Beschreibung der Motive für die Nutzung des Sabbaticals und dem objektiv beobachtbaren Verlauf der Freistellungszeit hinausreichen, indem sie auf die individuelle Perspektive rekurieren und die subjektiven Handlungs- und Deutungsmuster in den Mittelpunkt stellen. Erst unter Berücksichtigung dieser individuellen Perspektive lässt sich beurteilen, inwieweit es den Beschäftigten gelingt, sich die Arbeitszeitoption des Sabbaticals für ihre persönliche Lebensgestaltung zu Nutze zu machen bzw. wo ihnen Grenzen gesetzt sind. Neben den Elementen, die das Phänomen „Sabbatical" in seiner Verwendung über alle Nutzungstypen hinweg verbindet, sollen im weiteren nun jeweils *typvergleichend die wichtigsten Unterschiede* mit dem Fokus auf die *individuellen Möglichkeiten der Lebensgestaltung* umrissen werden. Da die Typologie in ihrer Systematik per se keine bestimmte Abfolge oder hierarchische Gliederung der Typen nahelegt, erfolgt der typenübergreifende Vergleich anhand ausgewählter und zuvor in der Darstellung der Einzeltypen herausgearbeiteter Kriterien, die einen relevanten Einfluss auf die individuelle Gestaltbarkeit von Arbeit und Leben haben.

Nutzungschancen von Sabbaticals unter Bedingungen einer zunehmenden Entgrenzung von Arbeit und Leben

Unter dem Aspekt einer zunehmenden Entgrenzung von Arbeit und Leben weisen insbesondere *Regenerationstyp* und *Weiterbildungstyp* unterschiedliche Verarbeitungsweisen auf. Der Regenerationstyp präsentiert sich im Vergleich als Arbeitnehmertypus, der klare Hinweise auf die Grenzen der Selbststeuerung liefert. Mit seinen hohen beruflichen Ansprüchen und Engagement in einem intern oft wenig strukturierten Arbeitsgebiet, büßt er seine Steuerungsfähigkeit hinsichtlich beruflicher Beanspruchungen im Laufe des Berufslebens ein, so dass ihm diese Zumutungen schließlich mehr und mehr aus dem Ruder laufen. Kummuliert im „Burn-out" unterschiedlicher Ausprägung fordert dieser sich über lange Jahre schleichend vollziehende Entgrenzungsprozess schließlich seinen Tribut. Zwar wird das Burn-out-Syndrom den modernen Krankheitsbildern zugerechnet, in der Verarbeitung ihrer Überforderungs- und Erschöpfungszustände schwenken RegenerierInnen jedoch mehrheitlich auf eine traditionelle Linie: in etablierter Position in Berufs- und Familienleben steht ihnen nicht der Sinn nach Experimenten. Im Sabbatical herrscht entsprechend eine hohe Ausrichtung auf Erholung und die private Lebenssituation vor. Der Verlauf des Sabbaticals erhält einen eher gradlinigen Charakter: Aus- und Wiedereinstieg sollen möglichst an gleicher Stelle erfolgen, das (Berufs-)Leben nach dem „break" ähnlich weitergehen wie zuvor. Allenfalls wird als Zugeständnis an ein künftiges „Plus" in der Balance zugunsten von Lebenszeit die Perspektive der Altersteilzeit und Verkürzung der Lebensarbeitszeit in Betracht gezogen - eine Strategie, die gegenwärtig vor allem in der Berufsgruppe der Lehrer quasi zum Mainstream gezählt werden kann.

Unterschiede im Umgang mit dem Sabbatical kristallisieren sich im Regenerationstypus insbesondere entlang der Linie Öffentlicher Dienst versus Privatwirtschaft heraus. Hier spielt vor allem die Schärfe der Notwendigkeit eine Rolle, sich beruflich als dauerhaft belastbar zu beweisen. Während diese Dringlichkeit im öffentlichen Dienst durch eine - allerdings aufgrund Finanzknappheit gegenwärtig schwindender - Versorgungssicherheit und -mentalität abgemildert wird, herrschen in der privaten Wirtschaft häufig weit weniger erwartungssichere Arbeitsbedingungen. Als generelle Entwicklungstendenz wird dadurch eine erhöhte Verausgabung forciert. Das Sabbatical dient folglich explizit dazu, sich

selbst als Arbeitsperson in einen Zustand zu versetzen, der eine fortgesetzte Ü-
berbeanspruchung zulässt. Doch auch altersbedingt erscheinen die Optionen der
Lebensgestaltung für die in ihrer (Erwerbs-)Biographie fortgeschrittenen Regenerationstypen nicht mehr so zahlreich. Im Unterton schon teilweise eingefärbt
von einer Spur Fatalismus, stehen die Zeichen im Regenerationstypus daher
selten auf Extravaganzen oder Abenteuertum, sondern deuten viel stärker auf
Nachholbedarfe bei jenen Bedürfnissen hin, die im Alltagsleben regelmäßig zu
kurz kommen. Für die Zukunft lassen die Dynamik sich verändernder Organisationsstrukturen und Arbeitsanforderungen allerdings vermuten, dass Symptome
wie das Burn-out sich auch in jüngeren Altersgruppen, z.b. nach extremen Ar-
beitsspitzen, verbreiten werden. Die Gefahr, schon frühzeitig im Erwerbsleben
„ausgepowert" zu sein, ist v.a. in solchen Arbeitsbereichen absehbar, die in einer
spezifischen Kombination von hochqualifizierter Tätigkeit und - wie bspw. in
Medienberufen - einer hohen immateriellen Anerkennung eine Überidentifikati-
on mit dem Beruf fördert, die es den Beschäftigten besonders erschwert, nötige
Grenzen zu ziehen.

Wie der Regenerationstyp reagiert auch der *Weiterbildungstyp* auf erhöhte Anforderungen und tendenzielle Überforderung in der Arbeitswelt. Zwar sind beide
Typen im Ergebnis von einem beruflichen Übergewicht gekennzeichnet, allerdings weist das Risiko, die eigenen Belastungsgrenzen zu überschreiten, bei den
WeiterbildnerInnen aufgrund ihrer differenten Ausgangssituation andere
Schwerpunkte auf. Denn anders als der Regenerationstyp handelt der Weiterbildungstyp nach Art des „Arbeitskraftunternehmers" zielgerichtet auf eine berufliche Orientierung hin, in die er zusätzlich investieren muss, aber auch will. Eingebettet in ein stark selbstbestimmtes Berufsmotiv, beruhen seine Aktivitäten
daher auf besonders eigeninitiativem Antrieb. Zwar trägt die berufliche Situation
der Regenerierer ebenfalls selbstbestimmte Züge, die daraus resultierenden Anforderungen haben sich jedoch im Laufe der Zeit verselbständigt und die Subjekte gewissermaßen die Kontrolle darüber verloren, was zumutbar ist. Was der
Weiterbildungstyp als bewusste, selbstinitiierte Entscheidung und Anstrengung
in der Anpassung an die Erfordernisse moderner, entstrukturierter Ar-
beits(markt)verhältnisse in die Wege leitet, tritt beim Regenerierungstyp hingegen als ungewollter Nebeneffekt der (mangelnden) Strukturierung seiner Tätigkeit sowie des eigenen Berufsverständnisses in Erscheinung. Differenzen weisen
beide Typen außerdem in der Dynamik ihres weiteren Erwerbsverlaufs auf. So
ist, anders als bei den etablierten RegeneriererInnen, mit Blick auf die Arbeits-
markt- und berufliche Position für die AnwenderInnen des Weiterbildungstyps
letztlich nicht abschätzbar, inwieweit es sich bei ihren erhöhten Anpassungsleistungen und Anstrengungen um eine auf eine bestimmte Phase beschränkte
Entwicklung handelt oder zu einem kontinuierlichen Erfordernis ihres Berufslebens wandelt. Als „überschüssiges" Element gibt ihnen die Weiterbildung allerdings Gelegenheit, neue, vom bisherigen Berufsfeld abweichende Interessenge-

biete für sich zu entdecken und damit die Möglichkeit, erweiterte Vorstellungen für ihre berufliche Zukunft zu entwickeln. Stärker unter gesundheitlichen, arbeitskrafterhaltenden Aspekten lassen sich der *Regenerationstyp* und der *Neuorientierungstyp* zueinander in Bezug setzen. Hier existieren Überschneidungen, da bei beiden Typen im Sabbatical Aktivitäten eine Rolle spielen, die der Regeneration dienen. Während jedoch beim ersten Typus Erholungseffekte klar im Vordergrund stehen, sind sie im Neuorientierungstypus lediglich ein mitlaufendes Motiv. Statt Regeneration an sich zu betreiben, geht es den NeuorientiererInnen vielmehr darum, mit neuen Kräften und Impulsen ausgestattet, sich so weit wie möglich ihren persönlichen Vorstellungen und Lebensentwürfen zu nähern und im beruflichen und partnerschaftlichen Zusammenhang neue Horizonte zu erschließen.

Differente Nutzungschancen unter dem Blickwinkel institutioneller Einflüssen und Einbettung

Hier fallen insbesondere Differenzen zwischen den Motivgruppen der *Kinderbetreuung* und *Weiterbildung* ins Auge. Zwar ist bei beiden Typen Stoßrichtung und Gestaltung des Sabbaticals durch institutionelle Defizite mit verursacht bzw. beeinflusst, diese führen allerdings zu unterschiedlichen Konsequenzen. Im Kinderbetreuungstyp haben sich die Spielräume der Einzelnen u.a. durch unzureichende Angebote der öffentlichen Kinderbetreuung und/oder auf dem Teilzeit-Arbeitsmarkt sowie fehlende partnerschaftliche Unterstützung bereits soweit verengt, dass sie kaum noch über Gestaltungsalternativen verfügen. In dieser „Zwickmühle" erleiden schließlich alle Parteien Verluste; im Privaten auf der Ebene der Partnerschaft, im Beruflichen hinsichtlich der Berufsqualifikation als Ressource von Arbeitskraft. Auch aus Unternehmenssicht gehen mit einer qualifizierten Kraft zugleich Bildungsinvestitionen verloren. Überspitzt formuliert ließe sich in dieser Konstellation anstelle einer „Win-Win-Strategie" eher als ein „Arrangement für Verlierer" erkennen. Von den Beschäftigten mit Familienaufgaben wird die Nutzung eines Sabbaticals nicht als adäquate institutionelle Antwort auf die letztlich nicht nur individuell, sondern auch gesellschaftlich relevante Frage der Vereinbarkeit von Beruf und Familie angesehen. Diese Einschätzung gilt zumindest für die Frauen innerhalb dieses Motivtypus. Für männliche Beschäftigte mit Familie, die sich bis heute de facto erst in einer Minderzahl aktiv an der Kinderbetreuung beteiligen, stellen sich, wie die Fallvariation im Betreuungstypus gezeigt hat, Vereinbarkeitsrisiken, wie berufliche Dequalifizierung und Arbeitsmarktausgrenzung, wenn überhaupt in sehr viel abgeschwächterer Form. Wichtige Ursache für diese Risikobegrenzung ist, dass sich Männer lediglich für eine zeitlich klar begrenzte und kürzerfristige Dauer für Betreuungsaufgaben zur Verfügung stellen, als Frauen es mehrheitlich gewohnt sind zu tun oder dies wünschen. Interessant an dieser Konstellation ist jedoch nicht allein die Tatsache, dass hier von Männerseite im Sabbatical ein gangbarer Weg zur Übernahme von Betreuungsaufgaben gesehen wird. Darüber hinaus eröffnet die zeitweilige Umverteilung familiärer Lasten und Anforderungen auch Chancen für neue innerfamiliäre Arrangements, die sich positiv auf das berufliche Fortkommen von Müttern auswirken können – wie hier im konkreten Fall in der Frage des Wiedereinstiegs in den Beruf.

Wie für die Kinderbetreuerinnen ist auch für die WeiterbildnerInnen, die sich in einer beruflichen Sackgasse befinden oder vor der Anforderung stehen bzw. den Wunsch haben, sich mit neuen Fachgebieten und Berufsfeldern vertraut zu machen, der Ausweg per Sabbatical eine Lösung, auf die sie mangels besserer Alternativen zurückgegriffen haben. Die Risiken, die für sie mit der Inanspruchnahme - vor allem langjähriger - Sabbaticals verbunden sind, lassen sich in dieser Gruppe jedoch im Vergleich zum Kinderbetreuungstypus gut managen. Zum einen verfolgen sie ein Qualifizierungsziel, zum anderen verfügen die NutzerInnen über größere persönliche Spielräume. Im Privatleben steht der Weiterbildungstyp aufgrund seines meist jüngeren Alters noch kaum in partnerschaftlicher und/oder familiärer Verpflichtung. Zudem kann er vor einem anderen Durchsetzungshintergrund agieren und nicht nur auf ein gesellschaftlich akzeptiertes Freistellungsmotiv verweisen, sondern, mehr als der Kinderbetreuungstyp, davon ausgehen, dass Weiterbildung selbst für eine längere Freistellung auch betrieblich auf Akzeptanz oder Anerkennung stößt.

Deutliche Unterschiede in den individuellen Gestaltungsmöglichkeiten in Abhängigkeit zu institutionellen Rahmenbedingungen zeigen sich auch zwischen *Kinderbetreuungs- und Neuorientierungstypus.* Gegenüber ihrem Willen, Beruf und Familie miteinander zu vereinbaren, sehen sich die Frauen im Betreuungstypus mit zahlreichen Einschränkungen auf verschiedenen Ebenen konfrontiert. Mehr noch als die mangelnde Flexibilität des Arbeitsmarktes, passende Teilzeitarbeitsplätze für ein gelingendes lebensbereichübergreifendes Arrangement anzubieten, ist es die mangelnde Infrastruktur der öffentlichen Betreuungsangebote, die Frauen beim Versuch der Integration vor oft unüberwindliche Hindernisse stellt. Den jungen Frauen im Neuorientierungstypus steht die Herausforderung, berufliche Karriere und Familie „unter einen Hut" zu bekommen, dagegen erst noch bevor. Wie die KinderbetreuerInnen einerseits vom Selbstverständnis einer doppelten Lebensplanung geprägt, erkennen sie im Sabbatical einen Freiraum, der sie der Verwirklichung ihrer Lebensziele näher bringen kann. Als Vorstufe zur späteren Familiengründung richtet sich ihr Interesse dabei auf partnerschaftliche Arrangements, die sich zunächst mit den eigenen beruflichen Plänen vereinbaren lassen. Andererseits ist den Neuorientiererinnen sehr bewusst, dass sie spätestens mit der Geburt des ersten Kindes vor handfeste Schwierigkeiten in der biographischen Verknüpfung gestellt sind. Entsprechend zeichnet sich das Sabbatical für den Neuorientierungstyp durch eine hohe Dynamik aus: Es erlaubt Ausflüge in mögliche Zukünfte, deren Resultate jedoch nicht klar konturiert ist.

In seiner spezifischen Kombination von Veränderungswünschen in Beruf und Familie, die den Neuorientierungstyp kennzeichnen, ist diese Motivgruppe erwartungsgemäß vor allem mit - jüngeren - Frauen besetzt. Das Beispiel eines männlichen Neuorientierers liefert jedoch einen Hinweis darauf, dass, nicht zuletzt als Konsequenz veränderter weiblicher Lebensentwürfe und –gestaltung, inzwischen auch die ehemals biographische Selbstverständlichkeit in ihrer Konzentration auf Erwerb bei Männern nicht mehr unangetastet bleibt. Dass auch Männer in bestimmten Situationen nach neuen Balancen und Arrangements suchen und im männlichen Lebenslauf phasenweise Offen- und Unklarheiten über den Vorrang von Beruf oder Familie herrschen, fällt - noch - aus dem Rahmen gesellschaftlicher Realität. An der Fallvariation des Neuorientierers ist zudem auffällig, dass - im Gegensatz zu den Frauen dieser Motivgruppe - der Moment der Neuorientierung für ihn erst nach Beendigung der Kindererziehungsphase gekommen ist. Als Vater, der als Alleinerziehender die Hauptverantwortung für sein Kind übernommen hat, wird er bis zur Herauslösung aus dieser Verpflichtung von ähnlichen Zwängen in seiner Selbstverwirklichung gehemmt, mit denen sich auch die Mütter im Kinderbetreuungstypus konfrontiert sehen. Zwar ist der männliche Lebensentwurf bislang generell weniger von der Perspektive des „Nebeneinanders" und der Doppelorientierung geprägt. Vor dem Hintergrund einer fortschreitenden Pluralisierung von privaten Lebensformen dürfte allerdings zukünftig davon auszugehen sein, dass auf Seiten der Männer Orientierungsbedarfe zwischen Beruf und Partnerschaft bzw. Familie weiter zunehmen. Gegenwärtig sind es jedoch in erster Linie Frauen, die an Begrenzungen in den Möglichkeiten, die eigene Biographie zu steuern und individuelle Lebensentwürfe umzusetzen, stoßen. Dies macht auch der Vergleich zwischen dem *Neuorientierungstypus* und *Weiterbildungstypus* deutlich. In beiden Motivgruppen wird das Sabbatical flexibel und aktiv als handlungsöffnende Struktur eingesetzt, allerdings mit ungewissem Ausgang. Dabei haben die jüngeren Frauen des Neuorientierungstyps den kritischen Zeitpunkt im Übergang zur Familiengründung noch vor sich und suchen im und mit dem Sabbatical nach Weichenstellungen, die Realisierungschancen einer angestrebten neuen Balance zwischen Arbeit und Leben zu erhöhen. Trotz der Antizipation kommender Vereinbarkeitsproblematiken erleben sich diese Frauen während und auch nach Beendigung des Sabbaticals als handlungsfähig und sind zuversichtlich, ihre Ansprüche an künftige berufliche Verwirklichung zu realisieren und die Herausforderungen in der Integration der verschiedenen Lebensbereiche bewältigen zu können. Von derselben Motivation und Zuversicht ist auch die junge Mutter im Weiterbildungstypus getragen, die mit dem Sabbatical Familienaufgaben und Weiterbildungswünsche zu verbinden sucht (vgl. Fallvariation 2 im Weiterbildungstypus). Wie die Neuorientiererinnen sieht sie im Sabbatical eine Chance, familiäre und berufliche Ambitionen zu verknüpfen. Anders als bei diesen ist das flexible Arrangement der Weiterbildnerin mit Kind jedoch sehr viel stärker von einem funktionierenden Zusammenspiel der übrigen Institutionen abhängig. Reißt das mitunter sehr filigran geknüpfte Netz an einer Stelle - im Fallbeispiel eingeleitet durch die eintretende Arbeitslosigkeit des Partners und Wegbrechen des bisherigen innerfamilären Arrangements -, sind damit individuelle Perspektiven nicht nur in Frage gestellt, sondern können sich die Subjekte, wie im Beispiel, sogar zur Aufgabe bestimmter Lebensziele, wie hier dem Weiterbildungsziel, gezwungen sehen.

Wie sehr die Gestaltungsmöglichkeiten der Einzelnen in Abhängigkeit von Lebensphase und institutionellen Rahmenbedingungen von Freiheitlichkeit oder Notwendigkeit geprägt sind, zeigt schließlich auch der Vergleich der letzten beiden Typen. Sowohl den *Neuorientierungs-* als auch *Projektetypus* charakterisiert das aktive Moment bei dem Versuch, persönliche Ziele und Vorhaben zu verwirklichen. Im Gegensatz zu den NeuorientiererInnen stehen die Aktivitäten der ProjektlerInnen jedoch in einem viel lockereren Zusammenhang zu ihrer beruflichen und privaten Situation. Ähnlich wie der Regenerierungstyp entscheiden sie sich vor dem Hintergrund eher gefestigter Verhältnisse in ihrem Berufs- und Privatleben für den zeitweiligen Ausstieg. Aber weder ist die Inanspruchnahme des Sabbaticals Folge einer beruflichen Überlastung oder wahrgenommene Defizite im partnerschaftlichen Zusammenleben, noch sollen mit der Freistellungszeit lebensprägende Veränderungen eingeleitet werden. Zwar sind letztlich auch beim Projektetypus Veränderungen mit nachhaltigem Einfluss auf die Biographie nicht ausgeschlossen, aber viel weniger explizit angelegt als dies im Neuorientierungstypus der Fall ist. Mit seinen eigenwilligen, oft kreativ-schöpferischen Tätigkeiten orientiert sich dieser Typ am stärksten an Selbstverwirklichungsansprüchen und hat sich am weitesten von Bezügen zur Berufstätigkeit gelöst. Mit diesem besonderen Gewicht auf selbstgewählte Vorhaben und persönliche Talente, bewegt sich der Projektetyp damit auch in einer gewissen Abgehobenheit jenseits des Vorgegebenen und öffnet sich in diesem Sinne gegenüber „überschüssigen" Energien und Fähigkeiten. In dieser Figuration zeigt sich auch, dass die Motivstruktur der Personen nicht als geschlossenes Gebilde zu betrachten ist, sondern Öffnungen für nicht vorprogrammierte, deswegen aber nicht unbedeutsame Intensionen aufweisen kann. Die Subjekte in dieser Motivgruppe können demnach durchaus Interessen hegen, die Fähigkeiten, die in ihren Projekten zum Zuge kommen - bei passender Gelegenheit - auch beruflich zu nutzen. Doch verfügen die ProjektlerInnen bei ihren Entscheidungen über hohe Freiheitsgrade und sind in der Lage, über ihre Zeit - mit Muße - selbst zu verfügen. Dabei ist der künstlerische Lebensentwurf nur eine von vielen Möglichkeiten, das Sabbatical selbstbestimmt zu gestalten. Gelingende Entwürfe für frei verfügbare Zeit können sich ebenso gut in andere, auch alltagspraktische oder gemeinnützige Aktivitäten umsetzen. Kernelement des Projektetypus ist in jedem Fall das Moment von Autonomie in relativer Unabhängigkeit von bestimmten, institutionenabhängigen Zielen und Anforderungen. In diesem Sinne lässt sich der Projektetypus, in Abgrenzung zu allen vier anderen Anwendungstypen, am ehesten als Idealtypus einer freiheitlichen Sabbaticalnutzung konturieren.

8. Resümee und Ausblick

Wie die im Rahmen dieser Untersuchung gewonnenen empirischen Befunde zeigen konnten, sind Sabbaticals nicht per se ein Türöffner ins Reich der Freiheit. Vielmehr bewegen sich die AnwenderInnen mit ihren individuellen Nutzungs- und Verarbeitungsformen in einem Spannungsfeld zwischen freiheitlichen und zwanghaften Anteilen. Mit Ausnahme der letzten Motivgruppe der EigenprojektlerInnen, die ihre Freistellungszeit der Verwirklichung ganz eigener und von beruflichen bzw. familiären Bedingungen weitgehend abgelösten Perspektiven widmen, weisen alle anderen der hier gebildeten und auch quantitativ stärker besetzten Typen in der Anwendung des Sabbaticals, neben Selbstbestimmungs- und Selbstverwirklichungsaspekten, spezifische Bezüge auf Anforderungen und Belastungen aus dem Erwerbsleben und/oder Privatleben auf. Die Inanspruchnahme von Sabbaticals lässt sich damit als ein Reflex auf bestimmten Außendruck interpretieren und ist zugleich Ausdruck für die Fähigkeit der Individuen, mit diesen Zwängen und Nöten flexibel und wendig umgehen zu können, persönliche intrinsische Motive einzuflechten und damit Autonomiezuwächse zu erlangen.

Dieser Spagat zwischen Selbstbestimmung und Zwängen in einem Mischungsverhältnis aus „Not und Tugend" lässt sich in zugespitzter Form auf Begrifflichkeiten bringen, mit denen die AnwenderInnen ihre Sabbaticalerfahrungen z.T. selbst umschreiben:

Danach hat das Sabbatical für den *Regenerationstyp* die Funktion einer *„Notbremse"*. Die übermäßige Ausrichtung aufs Berufliche und entsprechende Zurichtung der Person erzeugt einen gesundheitsbeeinträchtigenden Status und mündet in das Bedürfnis nach temporärer Distanzierung zum Berufsleben. Die Anforderungen zur Selbstrationalisierung in der Balance zwischen Arbeit und Leben stellen sich für die Betroffenen als Belastungsstruktur dar, die sie - auf Dauer - überfordert und Ungleichgewichte produziert. Zwar bietet das Sabbatical hier einen Ausweg, um sich für eine bestimmte Zeit den beruflichen Belastungen zu entziehen. Die Defizite, sich Erholung in regelmäßiger und ausreichender Form im Berufsalltag zu organisieren, lassen sich mit dem Sabbatical je nach Grad der Überbeanspruchung und durch den überwiegend nachholenden Effekt jedoch nur z.t. kompensieren.

Beim *Kinderbetreuungstyp* ist das Sabbatical überwiegend vom Charakter der *„Notlösung"* geprägt und zeigt nicht nur die Schwierigkeit eines Lebens in der Doppelorientierung in subjektiver Perspektive auf, sondern verweist insbesondere auf die Kehrseite und Problematik einer Arbeitswelt und Arbeitsgesellschaft, die im Kern fortgesetzt an der traditionellen Arbeitsteilung zwischen den Geschlechtern orientiert ist. Eine Lösung der Probleme stellt das Sabbatical hier nur insofern dar, als es die Chance privater Kinderbetreuung bietet, ohne Ansprüche auf Erwerbsarbeit vollkommen aufzugeben.

Im *Weiterbildungstypus* steht das Sabbatical im Zeichen von *„Notwendigkeit"*. Unsichere Arbeitsmarktbedingungen und entstrukturierte Berufsverläufe machen den Ausstieg aus der Erwerbsarbeit zugunsten von Weiterbildung und Verbesserung der beruflichen Chancen nötig. Die Erwerbskrise als Chance zu begreifen, bedeutet hier, lineare Vorstellungen von Berufstätigkeit aufzubrechen zugunsten einer stärkeren Durchmischung von Erwerb mit Lern- und Fortbildungsphasen. Die Betroffenen sind in der Lage, das Sabbatical nahezu ausschließlich und in besonderer Intensität zu Weiterbildungszwecken zu nutzen, da sie über die nötige Flexibilität verfügen, andere, v.a. private Lebensinhalte zurückzustellen bzw. Ansprüche und Anforderungen dort noch wenig ausgebildet sind. Darüber hinaus gelingt es ihnen, die Investition und Eigenvorsorge per Weiterbildung auch als persönliche Bereicherung zu erfahren.

In etwas abgeschwächter Form resultiert der temporäre Ausstieg im *Neuorientierungstypus* ähnlich wie bei den WeiterbildnerInnen aus einer *„Notwendigkeit"* mit einem *„Plus"* von freiheitlichen Anteilen. Auch diese AnwenderInnen stehen unter Veränderungsdruck, zeigen aber ebenso Initiative und Beweglichkeit, so dass sie das Sabbatical als Chance zum Ausprobieren und Terrain zur Erkundung und Erprobung bzw. zum Abstecken neuer Horizonte nutzen können. In besonderer Deutlichkeit zeigt das Sabbatical hier seine Qualität als Katalysator. Prozesse, die im Alltag aus Mangel an zeitlichen und mentalen Freiräumen aufgeschoben oder verdrängt werden, finden in der Auszeit eine Gelegenheitsstruktur, Aufmerksamkeit auf sich zu ziehen und auf - nachhaltige - Entscheidungen hinzuwirken. Mit der Möglichkeit, sich im Sabbatical auf eigene Lebens-Wege zu konzentrieren und persönlichkeitsbildende (Selbst-) Erfahrungen zu sammeln, können sich Prozesse der Meinungsbildung, beispielsweise in Konflikt- oder Entscheidungssituationen beschleunigen.

Der *Projekttypus* als letztem der fünf gebildeten Typen kommt schließlich dem „Reich der Freiheit" am nächsten. Die Motive weisen stärker von der Erwerbssphäre entkoppelte Züge auf, biographische Notwendigkeiten und Zwänge zum zweckrationalen Handeln sind wenig wirksam. *„Ohne Not"* beruflicher oder privater Natur erhält das Sabbatical hier quasi in der „Luxusvariante" den Charakter einer Insel freiverfügbarer Zeit für konkrete und eigensinnige Ziele.

In der chronologischen Abfolge der einzelnen Typen drückt sich zugleich eine Abstufung in der Gewichtung zwischen Freiheitsgraden und Zwangslagen aus. Zwar sind die Gestaltungsmöglichkeiten für nahezu alle Anwendungstypen von einem Spannungsverhältnis zwischen Zugewinn individueller Gestaltungsfreiheiten versus Risiken des Sabbaticals gekennzeichnet, aber nicht jeweils zu gleichen Teilen, sondern in unterschiedlicher Gewichtung je nach Typus.

Diese Differenz leitet sich:

1. aus den Möglichkeiten ab, die Sabbaticalmodelle vor dem Hintergrund der jeweiligen betrieblichen Rahmenbedingungen bereithalten. Als wichtiges Unter-

scheidungskriterium für Ausmaß und Form subjektiver Gestaltungschancen spielt zwar auch die berufliche Position eine Rolle, stärker noch haben sich aber in der Empirie Differenzen nach *Wirtschaftssektoren* zwischen Sabbaticals im Kontext des öffentlichen Dienstes einerseits und der Privatwirtschaft andererseits herauskristallisiert. So eröffnen die Modelle des öffentlichen Dienstes die Möglichkeit zu längerfristigen Sabbaticals, die zumeist ein Jahr umfassen. Zwar existieren auch in der Privatwirtschaft zeitlich ausgedehnte Angebote. Diese mehrjährigen Varianten entbehren jedoch jeglicher betriebsbezogener Finanzierungsbasis und sind aufgrund ihrer extrem langfristigen Zeithorizonte v.a. mit Blick auf die Rückkehrmöglichkeiten mit besonderen Risiken behaftet. „Sicherere" Sabbaticalkonditionen bieten Privatbetriebe nur um den Preis kürzerer Freistellungszeiten. Zeiträume von einem halben Jahr bilden hier i.d.R. die O-bergrenze. Anstelle eines Zugriffs auf geregelte Angebote sind Beschäftigte der Privatwirtschaft außerdem häufig darauf angewiesen, ihre Wünsche nach einem Sabbatical individuell in Einzelabsprache auszuhandeln und durchzusetzen. Während im öffentlichen Dienst sowohl hinsichtlich der möglichen Freistellungsdauer, differenzierter Laufzeiten und entsprechend gestaffelter Einkommenseinbußen als auch mit Blick auf die Rückkehrbedingungen ein im Grundsatz relativ komfortables Regelungsangebot besteht, ist die Nutzung von Sabbaticals im Privatsektor durch die dort herrschenden, vergleichsweise unsicheren und dynamischen Arbeitsbedingungen um einiges voraussetzungsvoller und risikobehafteter. In der Folge sehen sich die SabbaticalanwenderInnen dort nicht zuletzt stärker zur Berücksichtigung betrieblicher Interessen veranlasst. Dies gilt nicht nur im Hinblick auf eine möglichst reibungslose Einpassung des Sabbaticals entsprechend der arbeitsorganisatorischen Möglichkeiten.

Die Neigung und die Chance, ein Sabbatical in Anspruch zu nehmen, hängt darüber hinaus von der *Motivlage* der InteressentInnen ab. Selbst wenn die Freistellungsangebote insgesamt grundsätzlich keine bestimmte Zweckbindung nahelegen, sind Sabbaticals faktisch bei privatwirtschaftlich Beschäftigten auffallend häufig auf ziel-, zweck- oder verwertungsorientierte Verwendungsformen gerichtet. Eine wichtige Begründung für diesen Zusammenhang liefert die Einbettung in die jeweilige *Arbeitskultur und Arbeitsethik*. Da in Privatunternehmen stärker als im öffentlichen Dienst eine an Rationalisierungs- und Leistungskriterien orientierte arbeitskulturelle Prägung vorherrscht, sind Sabbaticalangebote, die nach herkömmlicher Logik diesen Verfügbarkeitsprinzipien entgegenlaufen, in ihrer Ausgestaltung weniger „weich" eingebettet und abgefedert. Ob es sich Beschäftigte erlauben können, ihren Wunsch nach einer Auszeit zu realisieren, hängt aber nicht nur von den Bedingungen der finanziellen und sozialen Absicherung ab, sondern auch davon, inwieweit Interessierte das Gefühl haben, sich ein Sabbatical - und speziell bestimmte Nutzungsformen – aus beschäftigungssichernder Perspektive „leisten" zu können. In diesem Zusammenhang spielt sowohl der Grad der betrieblichen Akzeptanz von Freistellungen eine Rolle als auch die vereinbarten *Konditionen des Wiedereinstiegs*. Je weniger die Möglichkeit der Rückkehr auf den alten Arbeitsplatz in Aussicht steht und je höher die Dynamik im jeweiligen Arbeitsbereich und damit die Wahrscheinlichkeit sich verändernder Arbeits(platz)strukturen, desto geringer die Bereitschaft, Sabbaticalangebote in Anspruch und die damit verbundenen Risiken in Kauf zu nehmen. Beschränken sich Sabbaticalangebote, von der mehrjährigen Variante einmal abgesehen, ohnehin auf kürzere Unterbrechungszeiträume, so liegen die durchschnittlich tatsächlich in Anspruch genommen Sabbaticalzeiten noch darunter. Die Zurückhaltung in der Ausschöpfung der angebotenen Möglichkeiten kann ebenfalls als Hinweis auf eine unzureichende Absicherung bzw. erhöhte Risikolagen der Sabbaticalnutzung in der Privatwirtschaft gewertet werden. Vor dem Hintergrund restriktiver und/oder unsicherer Bedingungen v.a. im privatwirtschaftlichen Rahmen erscheint die berufliche Qualifizierung als Freistellungsmotiv noch am ehesten geeignet, auch betrieblich als legitim anerkannt zu werden. Längere Sabbaticalphasen beinhalten jedoch auch in dem Fall neben finanziellen Einbußen vor allem Wiedereingliederungsrisiken, die durch erweitere Berufschancen der Höherqualifizierung zum Teil kompensiert werden können. Als legitimes Motiv für phasenweise Unterbrechung der Berufstätigkeit gilt auch die Versorgung von Kindern. Doch leitet sich die Akzeptanz bei Kinderbetreuung in erster Linie aus einer gesellschaftlichen Aufgabenstellung ab. Im betrieblichen Zusammenhang ist die Suche nach Wegen der „Vereinbarkeit" vielfach erschwert und riskant. Der Mangel an geregelten, betrieblich und sozial abgefederten Integrationsmöglichkeit hat vor allem negative Konsequenzen für berufstätige Mütter und führt mit zunehmender Dauer der Berufsunterbrechung insbesondere zu einem erhöhten Risiko der Arbeitsmarktausgliederung. Im Vergleich zu Motiven der Weiterbildung und Kinderbetreuung ist die Nutzung von Sabbaticals zu Regenerationszwecken unter Beschäftigten in privatwirtschaftlichen Betrieben weitaus seltener anzutreffen. Vor allem bei gesellschaftlich schwächer legitimierten Wünschen, wie dem Bedürfnis nach Mußezeiten, wachsen nach herkömmlicher Arbeitsmoral die Bedenken, sich mit dem Sabbatical zugleich ins berufliche Abseits zu befördern und einen Karriereknick zu riskieren. In diesen Fällen müssen SabbaticalinteressentInnen viel Mut zur Abweichung von herrschenden arbeitskulturellen Normierungen aufbringen, um sich für die Sorge um die eigene Rekreation über Monate aus der Erwerbsarbeit auszuklinken. Anders dagegen stellt sich die Situation im öffentlichen Dienst dar, wo das Sabbatjahrangebot eher als Regel- denn als Ausnahmefall für Regeneration und Muße verwendet wird. Ursache dafür dürfte neben der Bedürfnisstruktur der NutzerInnen (hier überwiegend aus dem Bereich des Lehrpersonals an öffentlichen Schulen) auch die Regelungsform des „Sabbatjahres" sein, welche der Realisierung von persönlich konnotierten Freistellungsmotiven, wie Muße, Reisen oder auch persönliche Projekte gute Chancen einräumt. Dieses Ergebnis lässt den Schluss zu, dass bestimmte Regularien auch bestimmte Nutzungsformen des Sabbaticals nahelegen bzw. unterstützen. Umgekehrt schlägt sich die Intention der Betriebe, mit dem Sabbaticalangebot ihrerseits Druck bzw. Notlagen zu begegnen, ebenfalls in der Ausgestaltung der Sabbaticalmodelle nieder[268]. Dieser Zusammenhang zeigt sich besonders deutlich dort, wo - zeitlich großzügige - Sabbaticalangebote vor dem Hintergrund von Personalabbau mit erhöhten Arbeitsplatzrisiken verbunden sind.

2. Von der betriebspolitischen und arbeitskulturellen Einbettung abgesehen ist die differente Gewichtung von Freiheitsgraden und Gestaltungschancen des Sabbaticals maßgeblich von sozialstrukturellen, institutionellen Faktoren und Bedingungen mit bestimmt, die die AnwenderInnen je nach ihren *subjektiven Möglichkeiten und Potenzialen* fähig sind, zu handhaben. Wie die Analyse der Verarbeitungsweise des Sabbaticals, die sich an die Freistellungserfahrung anschließenden Perspektiven der einzelnen Typen sowie die Ergebnisse im Typenvergleich gezeigt haben, spielen dabei verschiedene Aspekte eine Rolle. Dazu zählt *erstens* das Alter der Freigestellten bzw. genauer die *Lebensphase*, in der sie sich zum Zeitpunkt der Entscheidung für ein Sabbatical befinden. Handelt es sich um Statuspassagen, also biographische Übergänge, wie z.B. bei der Einmündung ins Berufsleben oder in die Phase der Familiengründung, sind mit dem Sabbatical sowohl spezifische Unwägbarkeiten als auch besondere Chancen in der Lebensgestaltung verbunden. Jüngere Beschäftigte zeichnen sich hier häufig durch eine höhere Flexibilität und relative Offenheit aus. Sie sind in der Lage, einerseits vermehrten Gestaltungsanforderungen zu folgen. Ausgestattet mit einer hohen Motivation und Eigeninitiative zeigen sie sich besonders leistungsorientiert. Biographisch stehen ihnen noch zahlreiche Gestaltungsoptionen offen, auch auf der Ebene privater Beziehungen herrschen noch viele Freiheiten. Auch ist das Verhältnis zwischen bereits vorhandenen Bildungsressourcen und der Möglichkeit, weitere zu erwerben, offener. Umgekehrt lastet auf ihnen ein starker Veränderungsdruck und die Notwendigkeit, im Berufs- sowie im Privatleben eine ihnen adäquate Position und zu einem zufriedenstellenden Arrangement beider Lebensbereiche zu finden. Ältere SabbaticalnehmerInnen dagegen besitzen zwar aufgrund ihres fortgeschrittenen Lebensverlaufs stärker eingeschränkte (erwerbs-)biographische Optionen, doch sind sie in diesem Stadium in ihren Entscheidungen auch freier, da sie weniger Rücksicht auf familiäre oder die Karriere betreffende Erfordernisse nehmen müssen.

Neben biographischen Lagen und Übergängen, die auf spezifische Weise institutionell geformt und gestaltet sind, besitzt *zweitens* das *Geschlecht* der AnwenderInnen eine spezifische soziale Relevanz und ist ein weiterer Bestimmungsfaktor für deren Gestaltungsoptionen im Sabbatical. Wie die Situation der Frauen im Kinderbetreuungstypus, sowie der Weiterbildnerin (mit Kind) und schließlich der Neuorientiererinnen zeigen konnte, sind vor allem Frauen bei dem Versuch, eine stabile Basis für einen - kontinuierlichen - Lebensverlauf herzustellen, vor eine doppelte Schwierigkeit gestellt: zum einen sind die Chan-

---

[268] Wobei die Angebote allerdings generell als Ausdruck eines Kompromisses zwischen betrieblichen Belangen und Arbeitszeitinteressen der Beschäftigten zu betrachten sind.

cen, eine Berufsausbildung zu erlangen, die für einen Lebensberuf trägt, geschlechtsspezifisch ungleich verteilt. Zum anderen stellt sich die - gelungene - Verknüpfung von Partnerschaft, Berufstätigkeit und Familiengründung für Frauen problematischer dar als für Männer. Inwieweit sich - im und mit dem Sabbatical - Gestaltungsoptionen eröffnen bzw. verschließen, hängt jedoch, wie u.a. im Kinderbetreuungstypus deutlich geworden ist, nicht nur von Restriktionen einzelner Institutionen ab, sondern davon, wie sich ein ganzes Geflecht von Institutionen zueinander in ein - flexibles - Verhältnis setzen lässt. Ein Geschlechterarrangement, in welchem bspw. Arbeitszeiten des/der Partner in starrer Weise festgelegt sind, in der Regel also die Institution „Betrieb des Mannes" nicht hinterfragt werden kann, reduzieren sich Lösungsmöglichkeiten der innerfamiliären Arbeitsteilung bereits beträchtlich. Weitere Einschränkungen, etwa durch unzureichende außerfamiliäre Betreuungsangebote oder Mobilitätsprobleme, verengen die individuellen Bewegungsspielräume exponenziell. Doch spiegeln die Verarbeitungsformen des Sabbaticals nicht allein die herrschenden Ungleichgewichte im Geschlechterverhältnis wider. Andeutungsweise lassen sich auch Spill-over-Effekte zwischen den Geschlechtern und Anknüpfungsmöglichkeiten für neue partnerschaftliche Arrangements erkennen, wenn sich durch die Freistellungnahme des Mannes etwa Freiräume für die Partnerin eröffnen oder die Möglichkeit zum Sabbatical auch die Ansprüche von Frauen nach Freiräumen im Alltag befördern.

Abgesehen von soziostrukturellen und institutionellen Faktoren, die in diesem Zusammenhang die Möglichkeiten und Grenzen in der Nutzung von Sabbaticals beeinflussen, sind Unterschiede in Freiheitsgraden und Gestaltungsoptionen *drittens* abhängig von den individuellen *Kompetenzen und Möglichkeiten der Subjekte*. Selbst bei stark restriktiven Bedingungen, wie beim Kinderbetreuungsstypus, verschafft die Inanspruchnahme der Sabbaticaloption, wenn auch als Notlösung, den Frauen immerhin noch größere Handlungsspielräume, als dies bei einem völligen Berufsausstieg der Fall wäre. Entsprechend lässt sich vor dem Hintergrund von institutionellen Restriktionen auch für die übrigen Anwendungstypen festhalten, dass die Subjekte - je in der Weise und im Grad unterschiedlich - fähig sind, sich mit ihren Wünschen und Intentionen in einem individuellen Entscheidungs- und Umsetzungsprozess mit Hilfe des Sabbaticals aktiv Handlungs- und Gestaltungschancen für ihren Lebenszusammenhang zu eröffnen.

Ambivalente Sabbaticalanwendung als Ausdruck von Modernisierungsbrüchen

Haben sich die bisherigen Schlussfolgerungen in erster Linie auf betriebliche und subjektive Bedingungen bezogen, soll die Betrachtung zum Ende dieser Untersuchung aus einem übergeordneten gesellschaftlichen Blickwinkel erfolgen. Im Rekurs auf die im vorderen Teil der Arbeit umrissenen gesellschaftlichen Wandlungsprozesse stellt sich die Frage, welche generellen Tendenzen im Sabbatical als Freistellungsform zum Ausdruck kommen und welche Perspektiven dieser Arbeitszeitoption zukünftig im gesellschaftspolitischen Kontext einzuräumen sind.

Vor dem Hintergrund der empirischen Ergebnisse von Differenzen und Ambivalenzen der individuellen Gestaltungsmöglichkeiten per Sabbatical kann die Nutzung dieser Freistellungsform letztlich als ein Ausdruck von Modernisierungsbrüchen interpretiert werden (Beck 1984, 2003, Junge 2002). Dabei weisen die verschiedenen Anwendungstypen eine spezifische, mehr oder weniger „geglückte" Verarbeitung der Ungleichzeitigkeiten und Ungleichheiten auf, die die sozialen Umbrüche im Modernisierungsprozess begleiten:

Im Typus der *RegenerierInnen* kommen die NutzerInnen ganz überwiegend eher aus traditionell-gefestigten Arbeits- und Lebensverhältnissen. Im Verlauf ihres Arbeitslebens und mit fortschreitender Umstrukturierung im Erwerbssystem sehen sich diese Beschäftigten jedoch mit Bedingungen konfrontiert, die eine übermäßige berufliche Verausgabung befördern. Im Resultat erzeugt der Modernisierungsprozess Krisen, vor denen sich diese Gruppe durch ihren zeitweiligen Ausstieg vorübergehend und notdürftig zu retten sucht. Die AnwenderInnen des *Weiterbildungstypus*, aber auch des *Kinderbetreuungstypus* hingegen stehen vor der Herausforderung, sich in bereits modernisierten Lebens- und Arbeitsverhältnissen zu arrangieren. Während die WeiterbildnerInnen als eigentlicher Prototypus des Modernisierers ihre Lebensgestaltung darauf ausrichten müssen, sich an flexible Arbeitsverhältnisse, gestiegene Berufsanforderungen und diskontinuierliche Karriereverläufe anzupassen, sind die Frauen des Kinderbetreuungstyps bestrebt, im Sinne einer nachholenden Individualisierung, ihre Lebensentwürfe in der Doppelorientierung auf Beruf und Familie zu verwirklichen. Für beide Anwendertypen stellt die Inanspruchnahme eines Sabbaticals keine optimale Lösung dar. Da sich die Gesellschaft bisher in nur unzureichendem Umfang mit institutionellen Hilfestellungen auf neue, moderne Anforderungsstrukturen, wie hier zusätzliche berufliche Bildungsaufwendungen oder Wünsche nach einem „Nebeneinander" von Beruf und Familie eingestellt hat, sehen sich die Subjekte veranlasst, auf Sabbaticalangebote mangels passender Alternativen bestenfalls als zweitbeste Antwort auf ihre Problemlage zurückzugreifen oder erkennen im Ausstieg auf Zeit - drastischer - lediglich einen „Notnagel".

Auch die SabbaticalnehmerInnen im *Neuorientierungstypus* gehören zu den von Modernisierungsbrüchen Betroffenen. Ihnen stehen jedoch - in der Prospektive und Antizipation - zur Umsetzung ihrer Entwürfe noch größere Handlungsspielräume zur Verfügung. Ihre Suchbewegungen sind damit darauf angelegt, auf Modernisierungszwänge im Vorwege zu reagieren und vorzubauen. Ganz anders als die Kinderbetreuerinnen, die diesen Zwängen bereits ausgesetzt sind, besitzt diese Gruppe - noch - mehr Flexibilität, sich mit dem Sabbatical Chancenstrukturen zu erschließen. Lediglich die AnwenderInnen des *Projektetypus* haben es kaum nötig, mit Hilfe des Sabbaticals auf Modernisierungsdruck zu reagieren, bzw. lässt sich ihre Verarbeitungsform - offensiv gewendet - zwar ebenfalls als Reflex auf Modernisierung deuten, gegenüber dem sie jedoch tatsächlich die Rolle der „Aussteiger" einnehmen und den Pendelschlag zwischen Autonomie und Zwängen deutlich zugunsten von Freiheitlichkeit entscheiden können. Damit sind in der Freistellungsform der Sabbaticals Chancen für einen Autonomiegewinn der NutzerInnen zwar prinzipiell angelegt. Auch werden diese Chancenstrukturen von den Subjekten sehr wohl erkannt, weswegen sie sich nicht allein aus der Zwangslage heraus für die Option des Sabbaticals entscheiden. Dennoch: Unter den gegebenen Bedingungen stellt das Sabbatical eine hochgradig individuelle Lösung dar, die auf spezifischen, individuellen Voraussetzungen beruht. Im Ergebnis sind die besonderen Gestaltungschancen, die das Sabbatical als neues Lebens- und Arbeitszeitmuster bereithält, für die Mehrheit der NutzerInnen nicht zufriedenstellend umzusetzen bzw. auszuschöpfen. Diesem „Notstandscharakter" der Sabbaticalnutzung zu begegnen und sowohl das Emanzipationspotenzial von Sabbaticals für die zukünftigen AnwenderInnen und InteressentInnen besser zur Geltung zu bringen, als auch dieser Freistellungsform betriebs- und nicht zuletzt gesellschaftspolitisch zu einem größeren Stellenwert und wachsender Verallgemeinerbarkeit zu verhelfen, dazu bedarf es vermehrter Flankierungen und verbesserter Rahmenbedingungen. Abschließend sollen daher ausblicksartig einige Überlegungen und Konzepte in diesem Zusammenhang aufgegriffen werden.

„Übergangsarbeitsmärkte" und „Flexicurity"

Die Idee der Übergangsarbeitsmärkte, von Schmid (1994, 2002) begriffen als Institution des Risikomanagements, will reguläre Erwerbsarbeit mit anderen gesellschaftlich oder persönlich nützlichen Aktivitäten, wie Lernen, Erziehen, kulturelles, politisches oder soziales Engagements kombinieren. Ziel ist es, die Grenzen zwischen Erwerbsarbeit und anderen sinnvollen Beschäftigungen fließender zu gestalten. Variable Übergänge, wie die zwischen Bildung, Weiterbildung und Beschäftigung oder bezahlter und unbezahlter Arbeit – mit ihren jeweiligen Risiken von Ein- und Austritten aus der Erwerbsarbeit sollen für die Subjekte zukünftig besser zu handhaben sein. Das Konzept setzt an den institutionellen Stellschrauben an, die so zu flexibilisieren sind, dass sie die zunehmenden, arbeitsmarkt- und sozialpolitisch relevanter werdenden Übergänge nicht nur sozial abfedern, sondern deren Gestaltungspotential für die Betroffenen erhöhen. Mit neuen institutionellen Arrangements für geregelte diskontinuierliche Erwerbsverläufe[269] in Form von flexiblen „Beschäftigungsbrücken" orientieren die Vorschläge letztlich auf ein neues Verständnis von Vollbeschäfti-

---

[269] Mit diese Forderungen knüpft Schmid an neuere soziologische und psychologische Erkenntnisse an, wonach Lebensmuster heute stärker von eher chaotisch determinierten Lebensereignissen geprägt sind, zu deren Bewältigung („Coping") bestimmte Fähigkeiten entwickelt bzw. Ressourcen vorhanden oder verfügbar sein müssen (Schmid 1997:95).

gung, welches für viele der heute Beschäftigten eine erhebliche Verkürzung der Arbeitszeit, für Arbeitslose neue Beschäftigungsmöglichkeiten und für Frauen gleichwertigere Beschäftigungschancen bedeuten würde. Für die Ausgestaltung der Beschäftigungsbrücken zwischen bezahlter und unbezahlter Arbeit bspw. können neben qualifizierter Teilzeitarbeit auch Sabbatzeiten als Option für die Gestaltung von persönlich oder gesellschaftlich erwünschten Schnittstellen angewandt werden. Im Sinne einer verbesserten Nutzung sollten Sabbaticals dabei so konzipiert sein, dass sie möglichst vielen Beschäftigten ein Verhandlungsrecht auf Sabbatzeiten mit einer Dauer zwischen drei bis zwölf Monaten einräumen. Um Befürchtungen und Risiken des Arbeitsplatzverlustes zu begegnen, wären Ansprüche auf Rückkehr an den alten Arbeitsplatz weitestgehend zu erhalten bzw. explizite Wiedereingliederungsprogramme anzubieten (Schmid 2002:301). Unter diesen Bedingungen verfügten, Schmid zufolge, die Subjekte und insbesondere Frauen, über eine weit bessere Verhandlungsposition bei Entscheidungen über die Arbeitsteilung zwischen Familien-, Pflege-, Erziehungs- oder Erwerbsarbeit[270].

Mit einem anders gelagerten Schwerpunkt und ergänzend zur Gestaltungsperspektive der Übergangsarbeitsmärkte setzen die Vorschläge des „Flexicurity-Konzepts" (Klammer/Tillmann 2001) stärker an Verbesserungsmöglichkeiten der sozialen Absicherung an, die es den Einzelnen ermöglicht, unabhängiger von subjektiven Potenzialen, ihre Lebens- und Erwerbschancen zu erhöhen. Auch diese Überlegungen nehmen gesellschaftliche Phänomene der Destandardisierung zum Ausgangspunkt: Von der zunehmenden Flexibilisierung und Ausdifferenzierung der Erwerbsformen, vermehrter Diskontinuität im Erwerbsverlauf und Erwerbslücken durch Phasen von Arbeitslosigkeit, steigender Weiterbildungsbedarfe während der Erwerbsphase bis hin zur Pluralisierung von Lebensformen und sinkenden Anteilen von „Normalfamilie". Einerseits stellen die genannten Entwicklungen die Sozialsysteme heute vor neue Herausforderungen, andererseits fungieren diese selbst als normierende bzw. Lenkungssysteme, die

---

[270] In diesem Zusammenhang führt Schmid an anderer Stelle seine Überlegungen zum Wandel und zur Gestaltung des „Geschlechtervertrags" aus. Demnach wären unter der Berücksichtigung „anderer Spielregeln der Gerechtigkeit", wie Solidarität, Chancengleichheit und E-galität, institutionelle Rahmenbedingungen so zu verändern, dass Gleichheit und ökonomische Effektivität keinen Widerspruch darstellen, sondern sich im Gegenteil komplementär nutzen lassen. Schmid zeigt auf, dass die Kombination von Gleichheit und Effizienz auf dem bundesdeutschen Arbeitsmarkt unter gegenwärtigen Bedingungen nur unzureichende Realisierungschancen hat, grenzt sich aber auch von anderen europäischen Wohlfahrtsregimes (z.B. Schweden) ab (Schmid 2003). In eine ähnliche Richtung weist auch eine aktuelle Studie des Prognos-Instituts (2003), die zeigt, dass sich auch betriebliche Rationalitätserwägungen auf eine andere Grundlage stellen lassen, die nicht - wie üblich - auf den männlich konnotierten, kontinuierlichen Erwerbsverlauf ausgerichtet sind, sondern mitbedenkt - und berechnet - wie sich bspw. die hohen Investitionen von und in die berufliche Bildung von Frauen betriebswirtschaftlich lohnenswerter ausschöpfen lassen.

wesentlich zu einer Akzeptanz und Verbreitung flexibler Arbeits- und Lebensmodelle beitragen können. Politikvorschläge, wie das Flexicurity-Konzept, versuchen vor diesem Hintergrund eine Verbindung von Flexibilität und Sicherheit in Form von sozialer Sicherung herzustellen, um Menschen sowohl zur - freiwilligen - Übernahme von Mobilitätrisiken im Wechsel zwischen Erwerbsleben und außererwerblichen Tätigkeitsbereichen zu ermutigen als auch sie in die Lage zu versetzen, diese besser zu bewältigen. Wie die vorliegende Arbeit gezeigt hat, spielt diese Verknüpfung auch im Zusammenhang mit der Nutzung von Sabbaticals eine entscheidende Rolle. Längst sind mit der Zunahme von Flexibilisierung in den Arbeits- und Lebensverhältnissen nicht mehr nur bestimmte, so genannte „Problemgruppen" des Arbeitsmarktes auf Unterstützung angewiesen. Nicht zuletzt durch die Diffusion destandardisierter Arbeitsverhältnisse über Geschlechtergrenzen hinweg und bis in qualifizierte Arbeitsbereiche hinein, wächst das Spektrum derjenigen Personen und Beschäftigtengruppen, die von einer - ebenfalls steigenden - Zahl von Übergängen und Diskontinuitäten in ihrer Erwerbsbiographie betroffen und zu deren aktiven und adäquaten Bewältigung auf verlässliche Förder- bzw. Sicherungsleistungen angewiesen sind. Die Ausbreitung von diskontinuierlicher Erwerbs- und Lebensmuster in der Gesellschaft erfordert damit ein verändertes Verständnis aktiver Arbeitsmarktpolitik, das insgesamt stärker an der Prävention statt am Nachsorgeprinzip orientiert und in der Lage ist, biographische Übergänge zu erleichtern und Brüche abzufedern.

Zwar versucht Politik in jüngster Vergangenheit mit verschiedenen Reform- und Gesetzesinitiativen, wie einem gesetzlichen Anspruch auf Teilzeitarbeit, dem Elternzeit- oder Job-Aqtiv-Gesetz der veränderten gesellschaftliche Lage Rechnung zu tragen. Unterbrechungen und Passagen in der Erwerbsbiographie, wie von der Familienarbeit, aber auch von Schule und Ausbildung in Beschäftigung werden mit den neuen Regelungen besser abgedeckt und abgefedert. So verbleiben durch Erleichterungen im Leistungszugang Frauen bzw. Elternteile nun auch während der Elternzeit in der Sozialversicherung (ebd.:507). Dennoch beurteilen Tillmann und Klammer die bisherigen Vorstöße als noch lückenhaft und weiter entwicklungsbedürftig. Defizite lokalisieren die AutorInnen bspw. für Menschen mit Sorge- und Pflegeaufgaben ohne Arbeitslosenhilfeanspruch[271], denen der Zugang zu aktivierenden arbeitsmarktpolitischen Maßnahmen versperrt bleibt. So sind für Personen in Elternzeit u.ä. explizit keine Weiterbildungsmöglichkeiten vorgesehen. Einklagbare Rechte auf Fördermaßnahmen zur Wiedereingliederung in den Arbeitsmarkt bleiben bestimmten erwerbswilligen Personengruppen trotz des Leitprinzips „Fordern und Fördern" vorenthalten. In Folge dieses Mangels bilden familiäre Pflichten weiterhin eine Grenze bzw. Blockade für berufliche Kontinuität bzw. werden familiäre Verpflichtungen biographisch immer weiter auf spätere Lebensphasen verschoben (bis hin zum Ver-

---

[271] Resp. nach Einführung der Regelungen nach Hartz IV bezogen auf den Anspruch auf Arbeitslosengeld II.

zicht auf Kinder), um sich Spielräume für die berufliche (Weiter-)Entwicklung so weit und so lange wie möglich offen zu halten. Die Vermeidungsstrategie gilt im übrigen nicht nur für Frauen, sondern trifft auch für Männer zu, wenn sie berufliche Ausstiege zugunsten von Weiterbildung ebenfalls nicht mit der Rolle als Familienernährer kompatibel erklären. Unter dem Aspekt einer aktivierenden Arbeitsmarktpolitik muss es daher darum gehen, strukturöffnende Instrumente anzubieten, die es den Subjekten ermöglichen, eine neue Balance zwischen Aktivierung als Anforderung und begleitenden Unterstützungsmaßnahmen zur Absicherung von Übergängen zwischen unterschiedlichen Lebensbereichen zu finden.

Unterstützung geschlechterdemokratischer Arrangements in jungen Familien

Nach einer jüngst im Auftrag des Hessischen Sozialministeriums vorgelegten empirischen Untersuchung sind heute immer mehr junge Paare, Frauen wie auch Männer, zu einer egalitären Arbeitsteilung bereit (Grottian/Döge/Rühling/Kassner 2003). Die Fallstudien zeigen, wie äußerst variabel und kreativ die Paare bei der Umsetzung ihrer Lebensentwürfe agieren. Unter Bedingungen ungenügender institutioneller Unterstützung kennzeichnen die jeweiligen Arrangements jedoch nicht nur finanzielle Knappheiten, sondern auch hohe (Zeit-)Stressfaktoren. Sind die neuen Möglichkeiten partnerschaftlicher Arbeitsteilung, wie sie v.a. das Elternzeitgesetz eröffnen, zwar mit einem erheblichen Maß an Eigeninitiative verbunden, lassen sie sich, den Ergebnissen nach, auf der Ebene der betrieblichen Umsetzung noch relativ unproblematisch verwirklichen[272] (ebd.:46). Weitaus komplizierter stellt sich die Situation junger Eltern dagegen dar, wenn nach Ablauf der „Elternzeit" stillschweigend wieder das tradierte „Familienernährermodell" greift, weil es, abgesehen von den materiellen Subventionen traditioneller Arbeitsteilung durch das Ehegattensplitting, v.a. an finanzierbaren, quantitativ ausreichenden und zeitlich passenden und verlässlichen öffentlichen Betreuungseinrichtungen für Kinder fehlt (ebd.:68). Im Versuch, unter diesen „widrigen Bedingungen", strukturelle Defizite individuell aufzufangen und egalitäre Ansprüche einzulösen, entwickeln die Elternteile hoch komplexe, zugleich aber sehr fragile Arrangements.
Zwar lassen sich mithilfe von Sabbaticaloptionen vermutlich weder geschlechtliche Arbeitsteilungsmuster grundlegend verändern noch gesellschaftliche Ungleichverhältnisse aufheben. Allerdings können Sabbaticals als Ergänzung zum „Nebeneinander" von Beruf und Familie, Chancen der Umverteilung von Belastungen und Zeiten zwischen den Geschlechtern und neue Perspektiven im Miteinander mit Kindern bieten. Dies um so mehr, als immer häufiger auch Väter den Wunsch äußern, ihren Kindern mehr Zeit zu widmen und „Kinderbetreu-

---

[272] Einschränkend weisen die AutorInnen jedoch darauf hin, dass dieses Ergebnis auch der Sampleauswahl geschuldet ist, die sich nicht auf „gescheiterte"Arrangements bezieht.

ung", zumindest als ein Motiv neben anderen, im Sabbatical von Vätern eine Rolle spielt. Um jedoch die Anwendung von Sabbaticals als Notlösungsmodell im Vereinbarkeitskonflikt zukünftig zu vermeiden, gilt es, geschlechterdemokratische Familienmodelle nicht nur als individuell stark erwünschte, sondern auch gesellschafts- und arbeitsmarktpolitisch bedeutsame Alternative zu tradierten Lebensformen politisch zu motivieren. Ein wirksamer Beitrag zur institutionellen Unterstützung egalitärer Balancen zwischen Erwerbsarbeit und familiärer Alltagsarbeit zwischen Elternteilen setzt nach Ansicht von Grottian et al. vor allem den Ausbau einer qualitativ hochwertigen, ganztägigen bzw. flexiblen Kinderbetreuung voraus, die gezielter als bisher an den Bedürfnissen der NutzerInnen auszurichten wäre. Für die Förderung von Arrangements, in denen beide PartnerInnen in Teilzeit arbeiten wollen, seien außerdem staatlicherseits finanzielle Zuschüsse zur Gewährleistung existenzsichernder Teilzeitarbeit bei geringem Familieneinkommen notwendig. Die Forschergruppe erkennt in den von ihnen untersuchten Paaren PionierInnen, die mit ihren Suchbewegungen nach neuen Balancen „gegen herrschende Strukturen" Vorbildcharakter haben. Um die Realisierungsmöglichkeiten geschlechterdemokratischer Partnerschafts- und Familienmodelle voranzutreiben, schlägt sie u.a. eine gezielte Kampagne unter dem Stichwort „Halbe-Halbe" vor, welche sich insbesondere auf Unternehmen stützt, die sich mit Teilzeitoffensiven hervorgetan haben (ebd.:84ff).

Erweiterte Gestaltungschancen durch neue Formen lokaler (Zeit-)Politiken

Die Aufgabe, Prozesse und Möglichkeiten der Integration betrieblicher und außerbetrieblicher Lebensbereiche mit zu initiieren und zu unterstützen, gehört in US-amerikanischen Firmen schon länger zum selbstverständlichen Bestandteil der Unternehmenskultur. Gehört. In Deutschland wird diese Gestaltungsoption unter dem Stichwort „Corporate Citizenship" seit Anfang der 90er Jahre diskutiert (Mutz/Korfmacher 2003). Diesem Ansatz nach verstehen sich betriebliche Akteure als aktive Bürger und tragen eigene Vorstellungen und Gestaltungsansprüche in das gesellschaftliche Geschehen, insbesondere innerhalb ihres lokalen Umfeldes, hinein. Jenseits der üblichen politischen Institutionen, aber sehr wohl in Zusammenarbeit mit diesen, eröffnen sich hier in unterschiedlicher Form neue Spielräume für gesellschaftliche Einflussnahme. Eine dieser Möglichkeiten ist das „Corporate Volunteering". Dabei geht es um die Unterstützung konkreter Projekte, wie z.B. die Renovierung eines Spielplatzes oder die kurzfristige Zusammenarbeit mit einer Non-Profit-Einrichtung. Neben einmaligen Aktionen können Betriebe aber auch ein kontinuierliches Engagement unterstützen, indem sie ihren Beschäftigten für die Durchführung sozialer, kultureller oder ökologischer Projekte Freistellungen in verschiedenen Variationen von einer regelmäßigen Stundenzahl pro Woche bis hin zum mehrmonatigen Sabbatical gewähren (ebd.: 46).

Ideen und Konzepte wie diese bewegen sich im Fahrwasser eines hierzulande noch relativ neuen Politikverständnisses. Dabei geraten zum Zwecke der Initiierung und - beschleunigten - Realisierung von Verbesserungen institutioneller Rahmenbedingungen zunehmend Kompetenzen und Möglichkeiten von übergreifenden Bündnissen gesellschaftlicher Akteure in den Blick. Dynamik und Reichweite von Veränderungen in modernen Gesellschaften erfordern moderne Bündnisse jenseits ideologischer und bzw. systematischer Grenzen. Gegenüber den oft langwierigen Umsetzungsprozessen innerhalb der herkömmlichen Politikarenen können innovative Formen von bürgerschaftlichem Engagement problemorientiert und zeitnah Lösungen erarbeiten und vorantreiben. Als Beispiel für diese neue Dimension und Form gesellschaftlicher Problembearbeitung nimmt in jüngster Vergangenheit insbesondere die Bedeutung einer lokalen Zeitpolitik als zivilgesellschaftliche Artikulation von (Zeit-)Interessen zu (Mückenberger 2000/1998, 2001). Unter dem Stichwort „Zeiten der Stadt" finden sich hier verschiedene praxisorientierte Gestaltungsansätze und (Aktions-) Forschungsprojekte, die darauf ausgerichtet sind, „lokale Zeitkonflikte" (Heitkötter 2003) zu lösen und die Zeitstrukturen des örtlichen Lebensumfeldes so zu verändern und miteinander zu verzahnen, dass die Alltagsanforderungen von den Bürgern besser gemeistert werden können. Die Idee, lokale Zeit- und Dienstleistungsgefüge durch neue Formen der Vernetzung und Kooperation politisch gestaltbar zu machen, finden zunehmend auch auf anderen gesellschaftspolitischen Ebenen Eingang. Wie die Idee des Corporate Citizenship zeigt, erscheint unter der Perspektive neuer - bürgerschaftlicher - Politikformen auch die Rolle von Unternehmen in einem anderen Licht und stellt eine neue Qualität gesellschaftspolitischer Dynamik zur Debatte.

„Gutes-Leben" als Leitperspektive der Zukunft

Wie die bisherigen Überlegungen und Vorschläge zeigen, reichen Veränderungen von Rahmenbedingungen im herkömmlichen Dualismus des *„Entweder"* (auf Seiten des Arbeitsmarktes) *„Oder"* (bei den familiären Arrangements) nicht aus. Vielmehr ist es notwendig, *sowohl* auf der einen *als auch* auf der anderen Seite institutionelle Weichen- und Hilfestellungen anzubieten, um die Handlungs- und Gestaltungsspielräume der Individuen zu erweitern. Zwischen beiden Sphären besteht nicht zuletzt auch ein innerer Zusammenhang. Wie besonders im Kinderbetreuungsstypus deutlich wurde, wird die mangelnde Bereitschaft von Männern, an Haus- und Sorgearbeit zu partizipieren, auch normativ gestützt durch betriebliche Anforderungen der Voll-Verfügbarkeit. Umgekehrt laufen Frauen oft noch Gefahr, als nicht vollwertige Arbeitskräfte angesehen zu werden, in die es sich zu investieren lohnt bzw. bei denen eine Ausschöpfung ihrer beruflichen (Bildungs-)Ressourcen im Zweifel für verzichtbar gehalten wird.
Wie sind demgegenüber zukünftige Chancen für eine gelingende Kombination von Erwerbstätigkeit und lebenssituativer Einpassung anderer Lebens- und Tä-

tigkeitsbereiche einzuschätzen? Einerseits mehren sich die Debatten über und Ansprüche an ein „Gutes Leben" (Gesterkamp 2002), die Wünsche nach Entschleunigung, besserer Lebensqualität, mehr Muße und Zeitwohlstand für die Entfaltung individueller Lebensentwürfe und Interessen thematisieren. Andererseits findet gerade in (hoch-)qualifizierten Arbeitsbereichen eine zunehmende Verflüssigung der Grenzen zwischen Arbeits- und arbeitsfreien Zeiten statt. In Folge dieser „Durchmischung" mehren sich Übergangs-, Zwischen- und Auszeiten, die mit spezifischen Unsicherheits- und Stressfaktoren behaftet sind. Maßgaben wie neuere arbeitskraftorientierte Rationalisierungsstrategien in Verbindung mit dem Imperativ „grenzenloser Marktfähigkeit" geben zudem Anlass, eine Verschärfung der Problematik einer anhaltend systematischen Ausblendung außererwerblicher, insbesondere reproduktiver Lebensbereiche zu befürchten (Stolz-Willig 2001).

Zweifellos sprechen gute Gründe dafür, neuen Schlagworten wie dem der „Work-Life-Balance" mit Vorsicht zu begegnen, solange sie sich, wie schillernde Seifenblasen, mit allen möglichen positiven Assoziationen verbinden, in der Konkretion und Realisierung der dahinterstehenden Bedürfnisse aber vage bleiben (Resch 2003). Doch auch gegen die Annahme einer umstandslosen und ungebrochenen Bemächtigung der Lebenswelt durch die Logiken des Marktes sprechen verschiedene Entwicklungstendenzen, die Hinweise darauf liefern, dass auch umgekehrt die Lebenswelt dem Erwerbsbereich mehr Gestaltungsfreiräume abverlangt und abringt. Sie beginnen erst ihre gegenläufigen Wirkungen zu entfalten und dürften zukünftig noch an Bedeutung gewinnen[273]. Zu diesen Tendenzen zählen zum einen Weichenstellungen für die Verbindung von Elternschaft und Beruf. Mit dem Fokus auf Familie als eine Angelegenheit von Eltern(-paaren) erfahren Arrangements, die bislang als „Frauenproblem" abgetan und institutionell kaum für förderungswürdig erachtet worden sind, heute auf (betriebs-)politischer Ebene verstärkte Aufmerksamkeit. Die (Wieder-) Entdeckung des ökonomischen Stellenwerts so genannter „Humanressourcen" treiben betriebliche Konzepte für eine verbesserte Integration zwischen beruflichen und privaten Lebensbereichen voran. Zwar ist es vor allem das weibliche Fachpersonal, dass Impulse und Stimulanzen für die Formulierung und Ausweitung neuer Vereinbarkeitsformen liefert. Im Interesse einer bestmöglichen Ausschöpfung ihrer Personalressourcen können Unternehmen jedoch an den Präferenzen beruflich gut ausgebildeter Frauen nicht mehr umstandslos vorbeisehen. Zur integrativen Lebenskonzeption finden sich zudem immer häufiger auch Männer nicht nur ausdrücklich aufgefordert (vgl. Bundesministerium für Familie, Senio-

---

[273] Zu neuen Tendenzen im Wechselverhältnis zwischen „Arbeitsverhältnissen und privater Lebensführung - neue Regulierungsansprüche und -praktiken" - forscht derzeit unter der Leitung von Dr. Günter Warsewa eines von insgesamt vier Teilprojekten im Projektverbund „Gesellschaftlicher Wandel und neue Regulationsmuster der Arbeit" am Institut Arbeit und Wirtschaft (IAW) der Universität Bremen.

ren, Frauen und Jugend 1999, Domsch 1999), sondern fühlen sich auch angesprochen, da sie sich weniger mit ihrem Status als Ernährer zufrieden geben, sondern bewusst eine Rolle als „aktive Väter" übernehmen wollen (Grottian et al. 2003:64). In jüngster Zeit machen auch die Probleme der zu erwartenden demographischen Entwicklung - eine Zunahme bei Alleinerziehenden und Singles und die wachsende Zahl alter, pflegebedürftiger Menschen - die gesellschafts- und sozialpolitische Relevanz einer Förderung und Unterstützung einer Vereinbarkeit von Erwerb und familialen Leben mehr als deutlich.

In den Kontext einer neuen und verstärkten Berücksichtigung der Lebensgestaltung jenseits der Erwerbswelt gehört außerdem die Erkenntnis, dass Familie und Partnerschaft nicht nur als funktionale Einheit der Alltagsorganisation zu betrachten sind, sondern auch Zeit-Räume benötigen, um Sinn- und Erfahrungszusammenhänge herzustellen. Diese Erfahrungen können als persönlichkeitsbildende Struktur und gesteigerte Motivation letztlich positiv auf den Erwerbsbereich zurückwirken. In die Richtung, prekären Gewichtungen zwischen Arbeits- und Privatleben mit ihren spezifischen Belastungskonstellationen vorzubeugen, weisen - ebenso aktuell wie gewichtig - auch gesundheitspolitische Erwägungen. Eine ausgewogene Balance zwischen Arbeiten und Leben trägt entscheidend dazu bei, Stress- und Belastungsfaktoren abzubauen. Phasen für Regeneration und Muße sind weder als Luxus oder Anachronismus ökonomisch besserer Zeiten, überflüssiges Privileg oder unliebsames Hemmnis in der Ausschöpfung von Arbeitskraft zu werten, sondern als notwendige Voraussetzung für deren nachhaltige Nutzung. In seiner gegenwärtigen Form stellt das Regenerierungs-Sabbatical zwar eine Exit-Option dar, wird aber der Idee einer vorsorglichen und nachhaltigen Arbeitskraftpolitik, die z.B. Voraussetzungen für rechtzeitige bzw. regelmäßige Nutzungsintervalle schafft, (noch) nicht gerecht.

Neue Balancen und Arrangements sind erwünscht und dringend nötig. Insbesondere für diejenigen, die als - potenziell - Erwerbstätige einen Beruf ausüben und sich darüber hinaus aktiv Aufgaben und Herausforderungen in anderen Lebensbereichen widmen wollen. Die Zeitwünsche und Ansprüche der Beschäftigten richten sich heute verstärkt auf subjektiv zufriedenstellende und ausgewogene Arrangements, die sich als Mix zwischen alltäglicher und biographischer Flexibilität an die jeweiligen individuellen Gegebenheiten und Prioritäten im Lebensverlauf anpassen lassen. Unter den gegenwärtigen Bedingungen mangelnder institutioneller Unterstützungsleistungen für eine ganzheitliche und egalitäre Lebensgestaltung haben die Suchbewegungen der Menschen zwischen fremdbestimmten und Eigenzeiten, zwischen Erwerbsarbeits-, Familien-, Lern- und Regenerationszeiten zeitpionierhaften Charakter, der zugleich Freiheit und Risiken in sich birgt. Insofern stehen Sabbaticals für eine Suche nach neuen Balancen und sind gleichermaßen Ausdruck für die bestehenden Dissonanzen zwischen Arbeits- und Lebenswelt.

Möglichkeiten und Spielräume für integrativ-flexible Lebensarrangements sind allerdings nicht allein aus subjektiver Warte gewollt, sondern, wie aufgezeigt, auch aus gesellschaftlicher Perspektive für eine zukunftsfähige Entwicklung wünschenswert, um nicht zu sagen unabweislich. Wie gezeigt werden konnte, bewegen sich die AnwenderInnen von Sabbaticals als Option für eine lebensphasenspezifischer Gestaltung bislang überwiegend in einer Ambivalenz zwischen Autonomiegewinnen und Reaktion auf Zwänge. Um das Chancenpotenzial dieser Freistellungsform zukünftig besser realisieren zu können, bedarf es daher flankierender Maßnahmen, die ein Ausweichen auf Sabbaticals als Substitut und Notlösung vermeiden und das Modell in einen relativ gesicherten Rahmen einbetten helfen.

Fraglich bleibt jedoch, inwieweit eine derartig stabile Rahmengebung bei der Nutzung von Sabbaticals mit ungesicherten, hochflexiblen Arbeitsbedingungen kompatibel ist bzw. ob verstärkte politische oder betriebliche Regulierungen vor dem Hintergrund einer zunehmender Selbstvermarktung überhaupt noch realistisch sind und greifen können. Der eher pessimistischen Einschätzung, dass Sabbaticals aufgrund dieser Regulierungsbedarfe als verallgemeinerbares Arbeitszeitmodell lediglich geringe Chancen einzuräumen sind, lässt sich jedoch eine andere Sicht entgegenhalten: Danach besteht eine gesellschaftliche Aufgabe der Zukunft gerade *wegen* der zunehmenden Verflüssigung von Arbeits- und Lebenszeiten darin, Übergangszeiten für private sowie berufliche Bedürfnisse und Perspektiven organisier- und nutzbar- und damit i.S. einer Vervielfältigung individueller Lebensperspektiven, aber auch nachhaltiger gesellschaftlicher Entwicklung fruchtbar zu machen. Zwar hat die Untersuchung gezeigt, dass für Sabbaticalmodelle in ihrer betrieblichen Verankerung und in einer spezifischen Entwicklungsphase von Erwerbsarbeit und betrieblichen Rationalisierungsstrategien die Ursprungsidee des Sabbaticals als Ideal eines freiheitlich und eigensinnig genutzten Zeitraums allein nicht (mehr) Pate steht. Insofern muss und kann ein Plädoyer für verbesserte Rahmenbedingungen zur Realisierung von Sabbaticals nicht einseitig und normativ an die Vorstellung eines - zeitweiligen - schöpferischen, künstlerisch-müßigen Daseinszustand für alle anknüpfen. Selbst bei einer annähernden Umsetzung der vorgetragenen Verbesserungsvorschläge wären die Nutzungsmöglichkeiten von Sabbaticals vom Ideal des „Reichs der Freiheit" noch weit entfernt. Dennoch geht es entscheidend darum, die Freiheitsgrade der Lebensgestaltung der Einzelnen zu erhöhen und so eine Vielfalt von gelingenden Entwürfen für frei verfügbare Zeit, sei es für persönliche oder berufliche Vorhaben, für individuelle oder gemeinnützige, alltagspraktische oder Aktivitäten von besonderem Charakter, für die Erfüllung außerberuflicher Anforderung oder Muße zu ermöglichen.

Literatur:

Arendt, Hannah (1994): Vita Activa oder Vom tätigen Leben, München: Piper & Co., 8. Aufl.

Auth, Diana (2002): Wandel im Schneckentempo. Arbeitszeitpolitik und Geschlechtergleichheit im deutschen Wohlfahrtsstaat, Opladen: Leske + Budrich

Bäcker, Gerhard/Schäfer, Claus/Seifert, Hartmut (1994): Kürzer Arbeiten - mehr Beschäftigung? Vorschläge zur Verkürzung der Arbeitszeit in Ostdeutschland, LASA-Studie Nr. 19

Baethge, Martin (1991): Arbeit, Vergesellschaftung, Identität - zur zunehmenden normativen Subjektivierung von Arbeit, in: Soziale Welt, Heft 1/1991, S. 6-19

Baethge, Martin (1994): Arbeit und Identität, in: Beck, U./Beck-Gernsheim, E. (Hg.): Riskante Freiheiten. Frankfurt/M: Suhrkamp, S. 245-261

Baethge, Martin/Baethge-Kinsky, Volker (1998): Jenseits von Beruf und Beruflichkeit?- Neue Formen von Arbeitsorganisation und Beschäftigung und ihre Bedeutung für eine zentrale Kategorie gesellschaftlicher Integration, in: Mitteilungen aus der Arbeitsmarkt- und Berufsforschung,, Heft 3/1998, S. 461-472

Baethge, Martin/Haase, Peter (1999). Plädoyer für eine neue Bildungsreform, in: Senatsverwaltung für Arbeit, Berufliche Bildung und Frauen (Hg.): Expertisen für ein Berliner memorandum zur modernisierung der beruflichen Bildung, Schriftenreihe 38

Baillod, Jürg u.a. (1997): Zeitenwende Arbeitszeit. Wie Unternehmen die Arbeitszeit flexibilisieren, aus der Schriftenreihe von Ulich, Eberhard (Hg.): Mensch, Technik, Organisation Bd. 17, vdf Hochschulverlag der ETH, Zürich

Barkholdt, Corinna (1998): Destandardisierung der Lebensarbeitszeit: eine Chance für die alternde Erwerbsgesellschaft? Opladen: Westdeutscher Verl.

Barkholdt, Corinna (2003): Der Lebenslauf als neue Perspektive auf Arbeitszeitarrangements, Vortag auf der Tagung „(Arbeits-)Zeitpolitik für moderne Familien der Hans-Böckler-Stiftung, 09. Oktober 2003, Düsseldorf

Bauer, Frank (1999): Teilzeit ist nicht gleich Teilen. Besonderheiten der Teilzeitbeschäftigung bei Männern, in: Endl, H.-L. et al. (Hg.): teilZeit. Lebensqualität trotz Beschäftigungskrise, Hamburg: VSA-Verl., S. 101-111

Bauer, Frank (2000): Zeitbewirtschaftung in Familien. Konstitution und Konsolidierung familialer Lebenspraxis im Spannungsfeld von beruflichen und außerberuflichen Anforderungen, Opladen: Leske + Budrich

Bauer, Frank/Groß, Hermann/Munz, Eva/Sayin, Suna (2002): Arbeits- und Betriebszeiten. Neue Formen des betrieblichen Arbeits- und Betriebszeitmanagements. Ergebnisse einer repräsentativen Betriebsbefragung. Berichte des ISO 67, Köln

Bauer, Frank/Groß, Hermann/Schilling, Gabi (1994): Arbeitszeit '93: Arbeitszeiten und Arbeitszeitwünsche, Zeitbewirtschaftung und Arbeitszeitgestaltungschancen von abhängig Beschäftigten. Resultate einer aktuellen Repräsentativbefragung, Köln, im Auftrag des Ministeriums für Arbeit, Gesundheit und Soziales des Landes Nordrhein-Westfalen, Köln

300

Bauer, Frank/Groß, Hermann/Schilling, Gabi (1996): Arbeitszeit '95: Arbeitszeitstrukturen, Arbeitszeitwünsche und Zeitverwendung der abhängig Beschäftigten in West- und Ostdeutschland. Resultate einer aktuellen Repräsentativbefragung, Köln, im Auftrag des Ministeriums für Arbeit, Gesundheit und Soziales des Landes Nordrhein-Westfalen, Köln

Bauer, Frank/Groß, Hermann/Schilling, Gabi (1997): Zeitverwendung in Arbeits- und Lebenswelt. Fallstudien bei Alleinstehenden und Beschäftigten in Paarhaushalten mit und ohne Kind, Berichte des ISO 53, Köln

Beck, Ulrich (1986) Risikogesellschaft: Auf dem Weg in eine andere Moderne, Frankfurt/M.: Suhrkamp Verl.

Beck, Ulrich (1991): Der Konflikt der zwei Modernen. Vortrag auf dem Soziologentag 1990 in Frankfurt/M., in: ders., S. 181-195

Beck, Ulrich (1993): Die Erfindung des Politischen, Frankfurt/M.

Beck, Ulrich (2000): Die Seele der Demokratie: Bezahlte Bürgerarbeit, in: ders. (Hg.): Die Zukunft von Arbeit und Demokratie, Frankfurt/M., S. 416-447

Beck, Ulrich (2003): Die Weltrisikogesellschaft, Frankfurt/M.: Suhrkamp Verl.

Beck, Ulrich/Beck-Gernsheim, Elisabeth (1990): Das ganz normale Chaos der Liebe, Frankfurt/M.

Beck, Ulrich/Erdmann-Ziegler, Ulf (1997): Eigenes Leben. Ausflüge in die unbekannte Gesellschaft, in der wir leben, München: Beck

Beck, Ulrich/Giddens, Antony/Lash, Scott (1996): Reflexive Modernisierung. Eine Kontroverse, Frankfurt/M.

Becker, Uwe (2000): Zeitkonten - über die Unmöglichkeit, Zeit zu sparen, in: Engelmann, J./Wiedemeyer, M. (Hg.): Kursbuch Arbeit. Ausstieg aus der Jobholder-Gesellschaft - Start in eine neue Tätigkeitskultur? Stuttgart, München: DVA, S.212-224

Becker-Schmidt, Regina (1987): Die doppelte Vergesellschaftung - die doppelte Unterdrückung: Besonderheiten der Frauenforschung in den Sozialwissenschaften, in: Unterkircher, L./Wagner, I. (Hg.): Die andere Hälfte der Gesellschaft, Wien, S. 10-25

Becker-Schmidt, Regina/Knapp, Gudrun-Axeli (1984): Eines ist zuviel - beides zuwenig. Erfahrungen von Arbeiterfrauen zwischen Fabrik und Familie, Bonn

Beck-Gernsheim, Elisabeth (1983): Vom „Dasein für andere" zum Anspruch auf ein Stück „eigenes Leben" - Individualisierungsprozesse im weiblichen Lebenszusammenhang, in: Soziale Welt, Heft 3/1983, S. 307-341

Beck-Gernsheim, Elisabeth (1994): Auf dem Weg in die postfamiliale Familie - Von der Notgemeinschaft zur Wahlverwandtschaft, in: Beck, U./ Beck-Gernsheim, E. (Hg.): Riskante Freiheiten. Frankfurt/M: Suhrkamp, S. 115-138.

Beckmann, Petra/Kempf, Birgit (1996): Arbeitszeit und Arbeitszeitwünsche von Frauen in West- und Ostdeutschland, in: Mitteilungen aus der Arbeitsmarkt- und Berufsforschung, Heft 3/1996, S. 388-408

Bergmann, Frithjof (1977): On being free, Indiana: Notre Dame

Bergmann, Frithjof (1998): Raum der Möglichkeiten. In Centren für Neue Arbeit zukünftige Lebensstile ausprobieren, in: Politische Ökologie, Nr. 54, S. 55-58

Berliner Memorandum zur Arbeitszeitpolitik 2000 (1995), Berlin

Bertram, Hans (1995): Individuum in einer individualisierten Gesellschaft, in: Ders. (Hg.): Das Individuum und seine Familie. Lebensformen, Familienbeziehungen und Lebensereignisse im Erwachsenenalter, Opladen, S. 9-34

Bielenski, Harald (1999): Beschäftigungsoptionen der Zukunft: Großer Bedarf an neuen Arbeitsplätzen in Europa - Großes Interesses an ungewöhnlichen Arbeitsformen. Erste Ergebnisse einer repräsentativen Erhebung in allen 15 Mitgliedsstaaten der Europäischen Union und Norwegen, München: Infratest Burke Sozialforschung

Bielenski, Harald (2000): Erwerbswünsche und Arbeitszeitpräferenzen in Deutschland und Europa, Ergebnisse einer Repräsentativbefragung, in: WSI-Mitteilungen, Heft 4/2000, S. 228-237

Bierter, W./v. Winterfeld, Ute (Hg.) (1998): Zukunft der Arbeit - welcher Arbeit? In: Wuppertal Texte, Basel: Birkhäuser

Biesecker, Adelheid (1999): Kooperative Vielfalt und das „Ganze der Arbeit" - die Strukturierung zukunftsfähigen Arbeitens durch neue Formen der Teilung und Verteilung von Arbeit, in: Bremer Diskussionspapiere zur Institutionellen Ökonomie und Sozial-Ökonomie, Nr. 31, Bremen, Januar 1999

Biesecker, Adelheid (2000): Kooperative Vielfalt und das „Ganze der Arbeit". Überlegungen zu einem erweiterten Arbeitsbegriff. Berlin - Wissenschaftszentrum Berlin für Sozialforschung, WZB discussion paper P 00-504

Bispinck, Reinhard (1997): Deregulierung, Differenzierung und Dezentralisierung des Flächentarifvertrags - Eine Bestandsaufnahme neuer Entwicklungstendenzen in der Tarifpolitik, in: WSI-Mitteilungen, Heft 8/1997, S. 551-561

Bispinck, Reinhard (2003): Verbetrieblichung der Tarifpolitik? Aktuelle Tendenzen und Einschätzungen aus Sicht von Betriebs- und Personalräten, in: WSI-Mitteilungen, Bd. 56 (2003), 3, S.157-166

Blossfeld, Hans-Peter/Drobnic, Sonja (Eds.)(2001): Careers of Couples in Comptemporary Societies: From Male Breadwinner to Dual Earner Families, Oxfort: Oxfort University Press

Bolte, Karl Martin (1997): „Subjektorientierte Soziologie" im Rahmen soziologischer Forschung - Versuch einer Verortung, in: Voß, G.G./Pongratz, H. J.: Subjektorientierte Soziologie, Opladen: Leske + Budrich, S. 31-40

Born, Claudia/Krüger, Helga (Hg.) (1993): Erwerbsverläufe von Ehepartnern und die Modernisierung weiblicher Lebensläufe, Weinheim : Dt. Studien-Verl.

Born, Claudia/Krüger, Helga, Lorenz-Mayer, Dagmar (1996): Der unentdeckte Wandel. Annäherung an das Verhältnis von Struktur und Norm im weiblichen Lebenslauf, Berlin: Edition Sigma

Bosch, Gerhard (1986): Hat das Normalarbeitsverhältnis eine Zukunft? In: WSI-Mitteilungen, Heft 3/1986, S. 163-176

302

Bosch, Gerhard (2002): Auf dem Weg zu einem neuen Normalarbeitsverhältnis? - Veränderung von Erwerbsverläufen und ihre sozialstaatliche Absicherung, in: Gottschall, K./Pfau-Effinger, B. (Hg.): Zukunft der Arbeit und Geschlecht, Leske + Budrich, Opladen, S. 107-136

Bosch, Gerhard/Kalina, Thorsten/Lehndorff, Steffen/Wagner, Alexandra/Weinkopf, Claudia (2001): Zur Zukunft der Erwerbsarbeit. Expertise im Auftrag der IG Metall als Diskussionsbeitrag im Rahmen der Zukunftsdebatte, Entwurf, Gelsenkirchen, Juni 2001

Braemer, Gudrun/Oechsle, Mechthild (1993): Die Verortung im Geschlechterverhältnis als Strukturierungsmoment der Lebensplanung von Frauen, in: Born, C./Krüger, H. (Hg.): Erwerbsverläufe von Ehepartnern und Modernisierung weiblicher Lebensläufe, Weinheim, S. 151-172

Brandl, Sebastian/Hildebrandt, Eckart (2002): Expertise „Arbeit und Ökologie", in: Balzer, I./Wächter, M. (Hg.): Sozial-ökologische Forschung. Ergebnisse der Sondierungsprojekte aus dem BMBF-Förderschwerpunkt, München: Ökom Verl.

Breit, Rita (1998): Sabbatical: Erfahrungen mit dem freien Fall, in: Neue Züricher Zeitung 21./22. März 1998, S. 61-63

Büchel, Felix/Spieß, Katharina C. (2002): Form der Kinderbetreuung und Arbeitsmarktverhalten von Müttern in West- und Ostdeutschland, in: Schriftenreihe des Bundesministeriums für Familie, Senioren, Frauen und Jugend (Hg.), Bd. 220, Stuttgart: Kohlhammer

Bundesmann-Jansen, Jörg/Groß, Hermann/Munz, Eva (2000): Arbeitszeit '99. Ergebnisse einer repräsentativen Beschäftigtenbefragung zu traditionellen und neuen Arbeitszeiten in der Bundesrepublik Deutschland, im Auftrag des Ministeriums für Arbeit, Soziales und Stadtentwicklung, Kultur und Sport des Landes Nordrhein-Westfalen, Düsseldorf

Bundesministerium für Arbeit und Sozialordnung (2000) (Hg.): Teilzeit, Bonn

Bundesministerium für Familie, Senioren, Frauen und Jugend (Hg.) (1999): Teilzeit für Fach- und Führungskräfte, Handbuch der wissenschaftlichen Begleitforschung zum Modellvorhaben, Schriftenreihe Bd. 176, Stuttgart: Kohlhammer

Büschemann, Karl-Heinz (2001): Recht auf Faulheit. Siemens bietet Mitarbeitern bezahlte Auszeit bis zu einem Jahr an, in: Süddeutsche Zeitung v. 01.09.2001

Büssing, André/Seifert, Hartmut (Hg.) (1995): Sozialverträgliche Arbeitszeitgestaltung, München/Mehring: Hamp Verl.

Connell, Robert W. (1999): Der gemachte Mann. Konstruktion und Krise von Männlichkeiten, Opladen

Corinna Barkholdt (1998): Destandardisierung der Lebensarbeitszeit: eine Chance für die alternde Erwerbsgesellschaft? Opladen: Westdeutscher Verl.

Corinna Barkholdt (1999): Das Altern der Gesellschaft und neue Dienstleistungen für Ältere, in: Mitteilungen aus der Arbeitsmarkt- und Berufsforschung, Heft 4/1999, S.488-498

Cyriax, Krista (2002): Work Life Balance. Hintergründe. Recherche zur Vorbereitung der Tagung „Enterprise für Health" am 15.16.April 2002, Bertelsmann Stiftung, Gütersloh und BKK Bundesverband, Essen

Degen, Christel (2000): Human Resources. Oder: Beim ersten Kind wird alles anders, in: Engelmann, J./Wiedemeyer, M. (Hg.) (2000): Kursbuch Arbeit. Ausstieg aus der Jobholder-Gesellschaft - Start in eine neue Tätigkeitskultur? Stuttgart, München: DVA, S.143-153

Deller, Christian (2003): Evaluation flexibler Arbeitszeitmodelle am Beispiel einer Unternehmensberatung, Dissertation, Universität Mannheim

DeMarco, Tom (2001): Spielräume: Projektmanagement jenseits von Burn-out, Stress und Effizienzwahn, München: Hanser

Dettling, Warnfried (1998): Jenseits von Arbeit, in: Gewerkschaftliche Monatshefte, Heft 6-7/1998, S. 337-340

Deutsche Shell (Hg.) (2000): Jugend 2000. Bd.1, Opladen: Leske + Budrich.

Deutscher Bundestag (Hg.) (2002): Enquete-Kommission Demographischer Wandel. Herausforderungen unserer älter werdenden Gesellschaft an den Einzelnen und die Politik. Zur Sache 3/2002, Berlin.

Die tageszeitung v. 11.12.02: Deutsche LehrerInnen sind reif für die Klinik, von Christian Füller

Die Zeit v. 23.11.2000: Die Leiden der Lehrer, von Sabine Etzold

Diezinger, Angelika/Rerrich, Maria S. (1998): Die Modernisierung der Fürsorglichkeit in der alltäglichen Lebensführung junger Frauen: Neuerfindung des Altbekannten? In: Geissler, B./Oechsle, M. (Hg.) (1998): Die ungleiche Gleichheit. Junge Frauen und der Wandel im Geschlechterverhältnis. Opladen: Leske + Budrich, S. 165-184

Dingeldey, Irene (2001): European tax systems and their impact on family employment patterns, in: Journal of social policy, Bd. 30 (2001), 4, S.653-672

Dobischat, Rolf/Seifert, Hartmut (2001): Betriebliche Weiterbildung und Arbeitszeitkonten, in: WSI-Mitteilungen, Heft 2/2001, S. 92-101

Dobischat, Rolf/Seifert, Hartmut/Ahlene, Eva (2002): Betrieblich-berufliche Weiterbildung von Geringqualifizierten - Ein Politikfeld mit wachsendem Handlungsbedarf, in: WSI-Mitteilungen, Heft 1/2002, S. 25-31

Döhl, Volker/Kratzer, Nick, Sauer, Dieter (2000): Krise der NormalArbeit(s)Politik. Entgrenzung von Arbeit - neue Anforderungen an Arbeitspolitk, in: WSI-Mitteilungen, Heft 1/2000, S. 5-17

Dombois, Rainer (1999): Auf dem Weg zu einem neuen Normalarbeitsverhältnis? Die Erosion des Normalarbeitsverhältnisses und neue Strategien der Erwerbsarbeit, in: Arbeitspapiere Nr. 36, Universität Bremen (KUA), ZWE „Arbeit und Region"

Domsch, Michel E. (1999): Manager und Vorgesetzte in Teilzeit - Vision oder reale Chance? In: Personalführung, Heft 1/1999, S. 38-43

Eberling, Matthias/ Hielscher, Volker/ Hildebrandt, Eckart/ Jürgens, Kerstin (2004): Prekäre Balancen. Flexible Arbeitszeiten zwischen betrieblicher Regulierung und individuellen Ansprüchen. Berlin: Ed. Sigma

304

Eckart, Christel (1990): Der Preis der Zeit. Eine Untersuchung der Interessen von Frauen an Teilzeitarbeit, Frankfurt/M.

Eckart, Christel (Hg.) (2000): Fürsorge, Anerkennung, Arbeit, in: Feministische Studien, Extra-Heft 18, Weinheim: Dt. Studien Verl.

Elias, Norbert (1980): Über den Prozess der Zivilisation , Soziogenetische und psychogenetische Untersuchungen, 2 Bde, Frankfurt/Main: Suhrkamp

Empirica (2001): zeiten:der:stadt. Abschlussbericht des Barmbek-Uhlenhorster Forschungs- und Modellprojekts, in: Senatsamt für die Gleichstellung, Freie und Hansestadt Hamburg (Hg.): zeiten:der:stadt. Hamburg, S. 1-70.

Engelbrech, Gerhard (1994): Die Wiedereingliederung von Frauen ins Berufsleben im Konflikt zwischen Humankapitalverwertung und vorsorglicher betrieblicher Personalpolitik, in: Beckmann, P./Engelbrech, G. (Hg.): Arbeitsmarkt für Frauen 2000 - Ein Schritt vor oder ein Schritt zurück?? Beiträge zur Arbeitsmarkt- und Berufsforschung AB 179, S. 852-875

Enzensberger, Hans Magnus (1996): Reminiszenzen an den Überfluss. Der alte und der neue Luxus, in: Der Spiegel 51/1996, S. 108-118

Erhart, Walter (2002): Auf dem Spielplatz. Neue Väter - das sind Männer, die nicht mehr nur Ernährer ihrer Familie sein wollen, in: Tageszeitung v. 21./22. September 2002

Europäische Kommission (2000): Streß am Arbeitsplatz - Ein Leitfaden, Referat D.6: Beschäftigung & Soziales

Europäisches Beschäftigungsobservatorium: www.eu-employment-observatory.net

Falk, Susanne (1999): Die Bedeutung von subjektiven Motiven und Einstellungen für die Erwerbsbeteiligung von Frauen, in: Zeitschrift für Frauenforschung, Jg. 17, Heft 3/1999, S. 33-59

Fiedler-Winter, Rosemarie (1997): Flexible Arbeitszeiten. Beispiele aus der Praxis, 3. überarb. Aufl., Landsberg/Lech : Verl. Moderne Industrie

Forsa (2002): Meinungsumfrage zum Ausstieg aus dem Berufsleben bei Forsa. Gesellschaft für Sozialforschung und statistische Analyse mgH

Frerichs, Petra/Steinrücke; Margareta (1997): Klasse und Geschlecht. Forschungskonzeption und Ergebnisse eines empirisch-Theoretischen Forschungsprojekts, in: Frerichs, P./Steinrücke, M. (Hg.): Klasse, Geschlecht, Kultur. Dokumentation eines Workshops anläßlich des 25jährigen Bestehens des ISO. Berichte des ISO 54, Köln, S. 12-46

Friedrich-Ebert-Stiftung (2001): Moderne Zeiten: Arbeitszeitflexibilität durch Arbeitszeitkonten, Abteilung Arbeit und Sozialpolitik, Bonn

Fthenakis, Wassilios E./Minsel, Beate (2001): Die Rolle des Vaters in der Familie, hrgs. Vom Bundesministerium für Familie, Senioren, Frauen und Jugend, Berlin

Funder, Maria/Meiners, Birgit/Raehlmann, Irene (1993): Flexible Arbeitszeiten im Einzelhandel. Auswirkungen auf die Arbeits- und Lebenswelt von Frauen, in: Klein, G./Treibel, A. (Hg.): Begehren und Entbehren: Bochumer Beiträge zur Geschlechterforschung, Pfaffenweiler, S. 57-74

Garhammer, Manfred (1994): Balanceakt Zeit: Auswirkungen flexibler Arbeitszeiten auf Alltag, Freizeit und Familie, Berlin

Garhammer, Manfred (1995): Sozialverträglichkeit von Arbeitszeiten - Soziologische Überlegungen und Ergebnisse der Zeitbudgetforschung, in: Büssing, A./Seifert, H. (Hg.) (1995): Sozialverträgliche Arbeitszeitgestaltung, München/Mehring: Hamp Verl., S. 53-80

Garhammer, Manfred (1999): Wie Europäer ihre Zeit nutzen. Zeitstrukturen und Zeitkulturen im Zeichen der Globalisierung, Berlin

Garhammer, Manfred (2002): Zeitwohlstand und Lebensqualität - ein interkultureller Vergleich, in: J. P. Rinderspacher (Hg.): Zeitwohlstand. Ein Konzept für einen anderen Wohlstand der Nation. Berlin: Ed. Sigma, S. 165-205.

Geissler, Birgit (1998): Hierarchie und Differenz. Die (Un-)Vereinbarkeit von Familie und Beruf und die soziale Konstruktion der Geschlechterhierarchie im Beruf, in: Geissler, B./Oechsle, M. (Hg.): Die ungleiche Gleichheit. Junge Frauen und der Wandel im Geschlechterverhältnis, Leske + Budrich, Opladen, S. 109-130

Geissler, Birgit (1998a): Weibliche Lebensführung und Erwerbsverlauf - Ein lebenslauftheoretischer Beitrag zur Analyse der Frauenarbeit, in: Geissler, B./Maier, F./Pfau-Effinger, B. (Hg.): FrauenArbeitsMarkt. Der Beitrag der Frauenforschung zur sozio-ökonomischen Theorieentwicklung. Sozialwissenschaftliche Arbeitsmarktforschung, Neue Folge 6, Berlin: Edition Sigma, S. 145-164

Geissler, Birgit/Maier, Friederike/Pfau-Effinger, Birgit (1998) (Hg.): FrauenArbeitsMarkt. Der Beitrag der Frauenforschung zur sozio-ökonomischen Theorieentwicklung, Berlin: Edition Sigma

Geissler, Birgit/Oechsle, Mechthild (1994): Lebensplanung als Konstruktion: Biographische Dilemmata und Lebenslauf-Entwürfe junger Frauen, in: Beck,U./Beck-Gernsheim, E. (Hg.): Riskante Freiheiten. Individualisierung in modernen Gesellschaften, Frankfurt/M., S. 139-167

Geissler, Birgit/Oechsle, Mechthild (1996): Lebensplanung junger Frauen. Zur widersprüchlichen Modernisierung weiblicher Lebensläufe, Dt. Studien-Verl., Weinheim

Geissler, Birgit/Oechsle, Mechthild (2001): Zeitordnungen des Erwerbssystems und biographische Bindungen an Andere: Verflechtung und Entkopplung, in: in: Born, C./Krüger, H. (Hg.): Individualisierung und Verflechtung. Geschlecht und Generation im deutschen Lebenslaufregime, Weinheim und München: Juventa, S. 83-107

Geissler, Birgit/Oechsle, Mechthild (Hg.) (1998): Die ungleiche Gleichheit. Junge Frauen und der Wandel im Geschlechterverhältnis, Opladen

Geißler, Karlheinz A. (1994): Vom Lebensberuf zur Erwerbskarriere. Erosionen im Bereich der beruflichen Bildung, in: Negt, O. (Hg.): Die zweite Gesellschaftsreform, Göttingen, S. 105-117

Geißler, Karlheinz A. (2000): Zeit - verweile doch. Lebensformen gegen die Hast, Freiburg, Basel, Wien: Herder, 3. Aufl.

Geißler, Karlheiz, A. (1999): Vom Tempo der Welt. Am Ende der Uhrenzeit, Freiburg

306

Geißler, Rainer (2002): Die Sozialstruktur Deutschlands. Die gesellschaftliche Entwicklung vor und nach der Vereinigung. 3. grundl. überarb. Aufl., Bundeszentrale für politische Bildung, Schriftenreihe Bd. 384. Bonn.

Gemeinnützige Hertie-Stiftung (Hg.) (1998): Mit Familie zum Unternehmenserfolg. Impulse für eine zukunftsfähige Personalpolitik. Köln

Gemeinnützige Hertie-Stiftung (Hg.) (1999): Unternehmensziel: Familienbewusste Personalpolitik. Ergebnisse einer wissenschaftlichen Studie. Köln

Gerhardt, Uta (1986): Verstehende Strukturanalyse. Die Konstruktion von Idealtypen bei der Auswertung qualitativer Forschungsmaterialien, in: Soeffner, H.-G. (Hg.): Sozialstruktur und soziale Technik, New York/Frankfurt/M.: Campus

Gerhardt, Uta (1995): Typenbildung, in: Flick, U. et al. (Hg.): Handbuch qualitative Sozialforschung. Grundlagen, Konzepte, Methoden und Anwendungen, München: Psychologie Verlags Union, 5. Aufl., S. 435-439

Gesterkamp, Thomas (1998): Männer in der Krise. Über einen vernachlässigten Aspekt in der Beschäftigungsdebatte, in: Die Mitbestimmung, Heft 7/1998, S. 10ff

Gesterkamp, Thomas (2001): Väter ohne Spielraum, in: Tageszeitung v. 10. April 2001

Gesterkamp, Thomas (2002): gutesleben.de. Die neue Balance zwischen Arbeiten und Liebe, Stuttgart; Klett-Cotta

Gesterkamp, Thomas (2003): Die Liebe zur Arbeit, Diskussionsbeitrag in der taz vom 29.07.03

Glanz, Alexander (1992): Männerzeit: Zeit für sich, Frauenzeit: Zeit für andere? In: Raehlmann, I. u.a. (Hg.): Alles unter einen Hut? Arbeits- und Lebenszeit von Frauen in der „Dienstleistungsgesellschaft", Hamburg, S. 80-93

Glaser, Barney G./Strauss, Anselm L. (1965/1979): Die Entdeckung gegenstandsbegründeter Theorie: Eine Grundstrategie qualitativer Forschung, in: Hopf, C./Weingarten, E. (Hg.): Qualitative Sozialforschung, Stuttgart, S. 91-112

Glaser, Barney/Strauss, Anselm (1967): The Discovery of Grounded Theory: Strategies for Qualitative Research, Chicago

Glaser, Barney/Strauss, Anselm (1998): Grounded Theory. Strategien qualitativer Forschung, Bern (u.a.): Huber

Glißmann, Wilfried (2002): Der neue Zugriff auf das ganze Individuum, in: Moldaschl, M./Voß, G.-G. (Hg.): Subjektivierung von Arbeit, München/Mehring: Hampp Verl., S. 241-260

Glißmann, Wilfried/Peters, Klaus (2001): Mehr Druck durch mehr Freiheit. Die neue Autonomie in der Arbeit und ihre paradoxen Folgen, Hamburg:VSA

Glißmann, Wilfried/Peters, Klaus (1999): Meine Zeit ist mein Leben. Sonderheft der Reihe „denkanstöße - IG Metaller in der IBM". Dieses und weitere Sonderhefte der Reihe sind über die IG Metall, Frankfurt zu beziehen.

Gorz, André (1986): Wege ins Paradies, Berlin

Gottschall, Karin (1995): Geschlechterverhältnis und Arbeitsmarktsegregation, in: Becker-Schmidt, Regina/ Knapp, Gudrun-Axeli (Hg.): Das Geschlechterverhältnis als Gegenstand der Sozialwissenschaften, Frankfurt/Main; New York: Campus Verlag

Gottschall, Karin (1998): Doing Gender While Doing Work? In: : Geissler, B./Maier, F./Pfau-Effinger, B. (Hg.): FrauenArbeitsMarkt. Der Beitrag der Frauenforschung zur sozioökonomischen Theorieentwicklung. Sozialwissenschaftliche Arbeitsmarktforschung, Neue Folge 6, Berlin: Edition Sigma, S. 63-94

Gottschall, Karin (1999): Erwerbstätigkeit und Elternschaft als Gegenstand soziologischer Forschung, in: Zeitschrift für Frauenforschung, 17. Jg., Heft 3/1999, S.19-33

Gottschall, Karin (2000): Soziale Ungleichheit und Geschlecht. Kontinuitäten und Brüche, Sackgassen und Erkenntnispotentiale im deutschen soziologischen Diskurs, Opladen: Leske + Budrich

Gottschall, Karin (2001): Erziehung und Bildung im deutschen Sozialstaat. Stärken, Schwächen und Reformbedarfe im europäischen Vergleich, in: ZeS-Arbeitspapiere Nr. 9/2001, Bremen

Gottschall, Karin/Bird, Katherine (2003): Family Leave Policies and Labor Market Segregation in Germany: Reinvention or Reform of the Male Breadwinner Model? In: Review of Policy Research, 1/2003, S. 115-134

Gottschall, Karin/Hagemann, Karen (2002): Die Halbtagsschule in Deutschland - Ein Sonderfall in Europa? In: Aus Politik und Zeitgeschichte, B 41/2002, S. 12-22

Gronwald, Silke (1999): Ein Jahr ohne Handy. Bislang nahmen nur wenige Führungskräfte einen Langzeiturlaub. Jetzt bieten immer mehr Unternehmen spezielle Programme an. Doch was erwartet die Manager bei ihrer Rückkehr? Und wie wirkt sich das Sabbatical auf die Karriere aus? In: Manager Magazin, Heft 11/1999, S. 364-373

Groß, Hermann/ Thoben, Cornelia /Bauer, Frank (1989): „Arbeitszeit '89". Ergebnisse einer aktuellen Repräsentativbefragung zu den Arbeitszeitstrukturen und Arbeitszeitwünschen der abhängig Beschäftigten in der Bundesrepublik Deutschland, Düsseldorf

Groß, Hermann/Munz, Eva (2000): Arbeitszeitformen und -wünsche der Beschäftigten, im Auftrag des Ministeriums für Arbeit, Soziales und Stadtentwicklung, Kultur und Sport des Landes Nordrhein-Westfalen, Düsseldorf

Groß, Hermann/Munz, Eva/Seifert, Hartmut (2000): Verbreitung und Struktur von Arbeitszeitkonten, in: Arbeit: Zeitschrift für Arbeitsforschung, Arbeitsgestaltung und Arbeitspolitik, Stuttgart : Lucius & Lucius Verl.-Ges., S. 217-229

Gross, Werner (2001): Erst Feuer und Flamme, dann ausgebrannt, in: Die Mitbestimmung, Heft 4/2001, S. 18-23

Grottian, Peter/Döge, Peter/Rühling, Anneli/Kassner, Karsten (2003): Geschlechterdemokratie in der Erwerbs- und Familienarbeit, Abschlussbericht im Auftrag des hessischen Sozialministeriums

308

Hackmann, Christina (2000): Von Sicherheiten und Unsicherheiten. Beispielhafte Darstellung eines qualitativ empirischen Forschungsprozesses. Leicht veränd. Manuskript zum Vortrag des interdisziplinären Dotorandenkolloquiums an der Universität Oldenburg v. 27.11.2000 (www.qualitative-sozialforschung.de/hackmann.html gefunden 11.07.01)

Hagemann-White, Carol (1984): Sozialisation männlich-weiblich? Bd. 1 der Reihe „Alltag und Biographie von Mädchen", Opladen

Hartz, Peter (1996): Das atmende Unternehmen, Frankfurt

Heintel, P. (1999): Innehalten. Gegen die Beschleunigung - für eine andere Zeitkultur, Freiburg

Heinz, Walter R. (1996): Status Passages as Micro-Marco Linkage in Life Course Research, in: Weymann, A., Heinz, W. R. (eds.): Society and Biography. Interrelationssships between Social Strukture, Institution and the Life Course, Weinheim,: Deutscher Studien Verl., S. 51-65

Heitkötter, Martina (2003): Lokale Zeitpolitik und die Bedingungen der Gestaltbarkeit lokaler Zeitkonflikte, Dissertationsschrift, Hamburg

Held, Martin/Geißler, Karlheinz A. (1993): Ökologie der Zeit - Vom Finden der rechten Zeitmaße, Stuttgart

Hess, Barbara (2002): Sabbaticals - Auszeit vom Job - wie Sie erfolgreich gehen und motiviert zurückkommen, Frankfurt/M.: F.A.Z.-Institut GmbH

Hielscher, Volker/Hildebrandt, Eckart (1999): Zeit für Lebensqualität. Auswirkungen verkürzter und flexiblisierter Arbeitszeiten auf die Lebensführung, Berlin: Edition Sigma

Hildebrandt, Eckart (2000b): Arbeit, Zeit und Lebensführung, in: Gewerkschaftliche Monatshefte Nr. 4, 2000, S. 226-230

Hildebrandt, Eckart (Hg.) (2000): Reflexive Lebensführung. Zu den sozialökologischen Folgen flexibler Arbeit, Berlin: Edition Sigma

Hildebrandt, Susanne (2002): Deutschland - für Frauen ein Entwicklungsland, in: Die Mitbestimmung, Heft 7/2002, S. 53-55

Hinrichs, Karl (1987): Arbeitszeitflexibilität - Zur Kompatibilität von Arbeitnehmerpräferenzen, betrieblichen Interessen und dem Ziel der Arbeitsmarktentlastung, in: Marr, R. (Hg.): Arbeitszeitmanagement, S. 55-72, Berlin

Hinrichs, Karl (1998): Motive und Interessen im Arbeitszeitkonflikt. Eine Analyse der Entwicklung der Normalarbeitszeiten, Frankfurt/Main: Campus

Hitzler, Ronald (1997): Existenz-Bastler. Individualisierter Alltag - ein Zwischenbericht, in: GDI-Impuls, 3/97, S. 55-62

Hochschild, Arlie Russell (2002): Keine Zeit. Wenn die Firma zum Zuhause wird und zu Hause nur Arbeit wartet. Aus dem Amerikanischen von Hella Beister, herausgegeben von Mechtild Oechsle, Leske + Budrich, Opladen

Hochschild, Arlie Russell/ Machung, Anne (1993): Der 48-Stunden-Tag. Wege aus dem Dilemma berufstätiger Eltern, München

Höcker, Herrad (2000): Öffentlich geförderte Personal- und Organisationsentwicklung als beschäftigungswirksames Instrument - Aspekte des dänischen Jobrotations-Modells, in: Zeitschrift für Arbeitswissenschaft, Heft 6/2000, S. 106-116

Höcker, Herrad/Reissert, Bernd (1995): Beschäftigungsbrücken durch Stellvertreterregelung in Dänemark und Schweden, in: Schriftenreihe der Senatsverwaltung für Arbeit und Frauen, Band 9, Berlin: BBJ Verlag

Hoff, Andreas (1994): Kurzsabbatical. Möglichkeiten zur Arbeitsumverteilung auf der betrieblichen Ebene. Gutachten, Schriftenreihe der Berliner Senatsverwaltung für Arbeit und Frauen, Berlin

Hoff, Andreas (1995): Betriebliche Wahlarbeitszeit. Königsweg zur Aktivierung des Potentials individueller Arbeitszeitverkürzungen, in: Personalführung, Heft 1/1995, S. 18-23

Hoff, Andreas (1998): Das Zeitsparbuch. Zeitkonten und Langzeitkonten: warum für wen wie führen? In: Klenner, C./Seifert, H. (Hg.) (1998): Zeitkonten - Arbeit á la carte? Neue Modelle der Arbeitszeitgestaltung, Hamburg:VSA- Verl., S. 140-157

Hoffmann, Edeltraud/Walwei, Ulrich (1998): Normalarbeitsverhältnis: ein Auslaufmodell? Überlegungen zu einem Erklärungsmodell für den Wandel der Beschäftigungsformen, in: MitAB3/1988, S. 409-425

Holger Heide (Hg.) (2003): Massenphänomen Arbeitssucht: historische Hintergründe und aktuelle Bedeutung einer neuen Volkskrankheit, 2. Aufl., Bremen: Atlantik-Verl.

Hollstein, Walter (1988): Nicht Herrscher, aber kräftig. Die Zukunft der Männer, Hamburg

Holst, Elke/Schupp, Jürgen (1995): Erwerbsbeteiligung von Frauen in West- und Ostdeutschland: zwischen Entmutigung und beruflichen Veränderungen? In: Getrennt vereint: Lebensverhältnisse in Deutschland seit der Wiedervereinigung, Frankfurt/M.: Campus-Verl., S. 49-70

Holst, Elke/Schupp, Jürgen (1998): Arbeitszeitpräferenzen in West- und Ostdeutschland, DIW-Wochenbericht, Nr. 37/1998

Hörning, Karl H./Gerhardt, Anette/Michailow, Matthias (1990): Zeitpioniere. Flexible Arbeitszeiten - neuer Lebensstil, Frankfurt/M.: Suhrkamp, 1. Aufl.

Hradil, Stefan (2001): Soziale Ungleichheit in Deutschland, Opladen: Leske + Budrich, 8. Aufl.

I.P.I. - Zeitung der International Partnership Initiative e.V. Wolfsburg (1999): Zukunftsmodell „Neue Arbeit" auch in Wolfsburg?, S. 2-5

Inglehart, Ronald (1979): Wertwandel in den westlichen Gesellschaften, in: Klages, H./Kmieciak, P. (Hg.): Wertwandel und gesellschaftlicher Wandel, Frankfurt/M., S. 279-316

Inglehart, Ronald (1995): Kultureller Umbruch: Wertwandel in der westlichen Welt, Studienausg., Frankfurt/M./New York: Campus

Junge, Matthias (2002): Individualisierung, Frankfurt/Main: Campus

Jungkeit, Renate (2002): Kann denn Muße Sünde sein? In: Politische Ökologie, Heft 75,, 02/2002, S. 18-21

310

Jurczyk, Karin (1993a): Bewegliche Balancen - Lebensführungsmuster bei „flexiblen Arbeitszeiten", in: Die Arbeit des Alltags. Beiträge zu einer Soziologie der alltäglichen Lebensführung, Freiburg i.B., S. 235-259

Jurczyk, Karin (1994): Zwischen Selbstbestimmung und Bedrängnis. Zeit im Alltag von Frauen, in: Brückner, M./Meyer, B. (Hg.): Die sichtbare Frau, Freiburg, S. 198-233

Jurczyk, Karin (1999): Zeithandeln in der Lebensführung der Moderne. Subjektorientierte Perspektiven, unv. Manuskript, Gießen

Jurczyk, Karin (2002): Familie in der neuen Erwerbswelt. Herausforderungen für eine sozial nachhaltige Familienpolitik. Impulsreferat auf der Landesversammlung von „DIE GRÜNEN/Bündnis 90" Bayern zum Themenkomplex „Leben mit Kindern", Bamberg, 23.11.02

Jurczyk, Karin/Rerrich, Maria S. (1993a): Lebensführung weiblich - Lebensführung männlich. Macht diese Unterscheidung heute noch Sinn? In: Dies. (Hg.): Die Arbeit des Alltags. Beiträge zu einer Soziologie der alltäglichen Lebensführung, Freiburg i.B., S. 279-310

Jurczyk, Karin/Rerrich, Maria S. (Hg.) (1993): Die Arbeit des Alltags. Beiträge zu einer Soziologie der alltäglichen Lebensführung, Freiburg i.B.

Jurczyk, Karin/Voß, Günter (2000): Entgrenzte Arbeitszeit - Reflexive Alltagszeit. Die Zeiten des Arbeitskraftunternehmers, in: Hildebrandt, E. (Hg.): Reflexive Lebensführung. Zu den sozialökologischen Folgen flexibler Arbeit, Berlin: Edition Sigma, S. 151-206

Jürgens, Kerstin (2001): Familiale Lebensführung. Familienleben als alltägliche Verschränkung individueller Lebensführungen, in: Voß, G.G./ Weihrich, M. (Hg.): tagaus - tagein. Neuere Beiträge zur Soziologie Alltäglicher Lebensführung, München/Mehring: HamppVerl., S. 33- 60

Jürgens, Kerstin (2002): Alltägliche Lebensführung als Dimension sozialer Ungleichheit?, in: Voß, G.G./ Weihrich, M. (Hg.): tag für tag. Alltag als Problem - Lebensführung als Lösung? Neuere Beiträge zur Soziologie Alltäglicher Lebensführung 2, München/Mehring: Hampp-Verl., S. 1-13

Jürgens, Kerstin (2003): Leistung vorholen - Leben nachholen. Arbeitszeitkonten mit Blockfreizeiten: Gestaltungsmöglichkeiten und Begrenzung, in: ver.di - Vereinigte Dienstleistungsgewerkschaft e.V. (Hg.): Immer flexibler - immer mehr! Auf dem Weg zur Zeitsouveränität? Dokumentation der tarifpolitischen Tagung in Fulda, 28./29. November 2002, S. 93-99

Jürgens, Kerstin/Reinecke, Karsten (1998): Zwischen Volks- und Kinderwagen. Auswirkungen der 28,8-Stunden-Woche bei der VW AG auf die familiale Lebensführung, Berlin: Edition Sigma

Kadritzke, Ulf (2000): Die „neue Selbständigkeit" als Gratwanderung - Zwischen professioneller Lust und Angst vor dem Absturz, in: WSI-Mitteilungen, Heft 12/2000, S. 796-804

Katzensteiner, Thomas/Welp, Cornelius (2001): Intensiv kümmern. Um in der Rezession Kosten zu sparen, bieten viele Unternehmen ihren Mitarbeitern eine Auszeit an. Wer sie sinnvoll nutzt, braucht um seine Karriere nicht zu fürchten, in: Wirtschaftswoche, Heft 50/2001, S. 124-130

Kaufmann, Franz-Xaver (1995): Die Zukunft der Familie im vereinten Deutschland. Gesellschaftliche und politische Bedingungen, in: Schriftenreihe des Bundeskanzleramtes, Bd. 16, München

Kaufmann, Jean-Claude (1999): Das verstehende Interview. Theorie und Praxis, Konstanz: UVK

Keddi, Barbara/Seidenspinner, Gerlinde (1991): Arbeitsteilung und Partnerschaft in: Bertram, H. (Hg.): Die Familie in Westdeutschland. Stabilität und Wandel familialer Lebensformen, Opladen, S. 159-192

Kelle, Udo/Kluge, Susann (1999): Von Einzelfall zum Typus. Fallvergleich und Fallkontrastierung in der qualitativen Sozialforschung, Opladen: Leske + Budrich

Kerber, Bärbel (2001): Aussteigen auf Zeit: „Würde ich auch gerne, aber...", in: Psychologie heute, Februar 2001, S. 44-47

Klages, Helmut (1993): Traditionsbruch als Herausforderung. Perspektiven der Wertewandelgesellschaft, Frankfurt/M.

Klages, Helmut (1984): Wertorientierung im Wandel. Rückblick, Gegenwartsanalyse, Prognosen. Frankfurt M./New York: Campus

Klammer, Ute (2001a): Vortrag auf der Tagung „Arbeitszeiten - Familienzeiten" des WSI in der Hans-Böckler-Stiftung, 18. April 2002, Düsseldorf

Klammer, Ute/Kenner, Christina/Ochs, Christiane/Radke, Peter/Ziegler, Astrid (2000): WSI-FrauenDatenReport, Berlin: Edition Sigma

Klammer, Ute/Tillmann, Katja (2001): Flexicurity: Soziale Sicherung und Flexibilisierung der Arbeits- und Lebensverhältnisse, Forschungsprojekt im Auftrag des Ministeriums für Arbeit, Soziales, Qualifikation und Technologie des Landes Nordrhein-Westfalen, Düsseldorf

Kleemann, Frank/Matuschek, Ingo/Voß, G.-Günter (2002): Subjektivierung von Arbeit - Ein Überblick über den Stand der soziologischen Diskussion, in: Moldaschl, M./Voß, G.-G. (Hg.) (2002): Subjektivierung von Arbeit, München/Mehring: Hampp Verl., S. 53-100

Klein-Schneider, Hartmut (1999): Betriebs- und Dienstvereinbarungen. Flexible Arbeitszeit. Analyse und Handlungsempfehlungen, edition der Hans-Böckler-Stiftung 6, Düsseldorf

Klenner, Christina (1997): Lässt sich mit Zeitkontenmodellen mehr Zeitsouveränität verwirklichen? In: WSI-Mitteilungen, Heft 4/1997, S. 254-265

Klenner, Christina/Pfahl, Svenja/Reuyß, Stefan (2002): Arbeitszeiten - Kinderzeiten - Familienzeiten. Bessere Vereinbarkeit durch Sabbaticals und Blockfreizeiten? In: Ministerium für Arbeit und Soziales, Qualifikation und Technologie (MASQT) des Landes Nordrhein-Westfalen (Hg.), Düsseldorf

Klenner, Christina/Pfahl, Svenja/Seifert, Hartmut (2001): Ehrenamt und Erwerbsarbeit - Zeitbalance oder Zeitkonkurrenz? Forschungsprojekt im Auftrag des Ministerium für Arbeit und Soziales, Qualifikation und Technologie des Landes Nordrhein-Westfalen, Düsseldorf

Klenner, Christina/Seifert, Hartmut (Hg.) (1998): Zeitkonten - Arbeit á la carte? Neue Modelle der Arbeitszeitgestaltung, VSA- Verlag, Hamburg

312

Kluge, Susann (1999): Empirisch begründete Typenbildung. Zur Konstruktion von Typen in der qualitativen Sozialforschung, Opladen: Leske+Budrich

Knapp, Gundrun-Axeli (1988): Die vergessene Differenz, in: Feministische Studien, Heft 1, S. 12-31

Koch, Angelika (2001): Neubewertung der Familienarbeit in der Sozialpolitik? In: Feministische Studien, Heft 1/2001, S. 48-61

Kohli, Martin (1985): Die Institutionalisierung des Lebenslaufs, in: Kölner Zeitschrift für Soziologie und Sozialpsychologie, 1/1985, , S. 1-29

Kohli, Martin (1989): Institutionalisierung und Individualisierung der Erwerbsbiographie, in: Brock, D. et al. (Hg.): Subjektivität im gesellschaftlichen Wandel, München: Juventa, S. 249-278

Kotthoff, Hermann (2001): Zwischen Selbstausbeutung und Selbstverwirklichung. Wandlungen im Arbeitsmodell Hochqualifizierter Angestellter, in: Arbeitspapiere der ZWE Arbeit und Region, Nr. 44, Bremen, Oktober 2001

Kreuzer, Rainer (2001): Bündnis gegen Arbeit: Besser leben ohne Job. Das ist eine Philosophie und ein Arbeitsbeschaffungsprogramm, in brandeins, Wirtschaftsmagazin, Heft 6/2001, S. 46-55

Krüger, Helga (1995): Dominanzen im Geschlechterverhältnis: Zur Institutionalisierung von Lebensläufen, in: Becker-Schmidt, R./Knapp, G.-A. (Hg.): Das Geschlechterverhältnis als Gegenstand der Sozialwissenschaften, Frankfurt/M.: Campus, S. 195-219

Krüger, Helga/Born, Claudia (1991): Unterbrochene Erwerbskarrieren und Berufsspezifik: zum Arbeitsmarkt- und Familienpuzzle im weiblichen Lebenslauf, in: Mayer, K. U./Allmendinger, J./Huinink, J. (Hg.): Vom Regen in die Traufe. Frauen zwischen Beruf und Karriere, Frankfurt/M./New York, S. 142-161

Krüger, Helga/Born, Claudia u.a. (Hg.) (1987): Privatsache Kind - Privatsache Beruf. Zur Lebenssituation von Frauen mit kleinen Kindern in unserer Gesellschaft, Opladen: Leske+Budrich

Krüger, Helga/Levy, René (2000): Masterstatus, Familie und Geschlecht. Vergessene Verknüpfungslogiken zwischen Institutionen des Lebenslaufs, in: Berliner Journal für Soziologie Nr. 3/2000, S. 379-402

Kudera, Werner (1995): Lebenslauf, Biographie und Lebensführung, in: Berger, P.A./Sopp, P. (Hg.): Sozialstruktur und Lebenslauf, Opladen: Leske+Budrich

Kurz-Scherf, Ingrid (1993): Normalarbeitszeit und Zeitsouveränität. Auf der Suche nach Leitbildern für eine neue Arbeitszeitpolitik, in: Seifert, H. (Hg.): Jenseits der Normalarbeitszeit, Köln, S. 9-79

Kurz-Scherf, Ingrid (1995): Vom guten Leben. Feministische Perspektiven diesseits und jenseits der Arbeitsgesellschaft, in: Belitz, Wolfgang (Hg.): Wege aus der Arbeitslosigkeit, Reinbek

Kurz-Scherf,Ingrid/Breil, Gisela (Hg.) (1987): Wem gehört die Zeit? Ein Lesebuch zum 6-Stunden-Tag, Hamburg

313

Kutscher, Jan (1996): Das "Jahresarbeitszeit-Modell" als Einstieg in die flexible Arbeitszeitgestaltung, in: Betrieb und Wirtschaft, Heft 19, S. 717-723

Kutscher, Jan/Weidinger, Michael/Hoff, Andreas (1998): Flexible Arbeitszeitgestaltung: Praxis-Handbuch zur Einführung innovativer Arbeitszeit-Modelle, 1. Auflg., Nachdr., Wiesenbaden: Gabler

Lamneck, Siegfried (1995): Qualitative Sozialforschung, Bd. 1. Methodologie, 3. Aufl., München: Weinheim

Lamneck, Siegfried (1995a): Qualitative Sozialforschung, Bd.2, Methoden und Techniken, 3. Aufl., München: Weinheim

Langkau-Hermann, Monika/Scholten, Udo (1986): Strategien zur Flexibilisierung der Arbeitszeit und zur Arbeitszeitverkürzung. Möglichkeiten und Bedingungen der Übertragbarkeit ausländischer Modelle auf die Bundesrepublik, Bonn: Verlag. Neue Gesellschaft

Lehndorff, Stefan (2001): Weniger ist mehr. Arbeitszeitverkürzung als Gesellschaftspolitik, Hamburg

Lehndorff, Steffen (1998): Von der „kollektiven" zur „individuellen" Arbeitszeitverkürzung? Arbeitszeittrends und Erfahrungen in der Europäischen Union, in: WSI-Mitteilungen, Heft 9/1998, S. 569-579

Levy, René (1977): Der Lebenslauf als Statusbiographie. Die weibliche Normalbiographie in makro-soziologischer Perspektive, Stuttgart: Enke

Lindecke, Christiane/Lehndorff, Steffen (1997): Aktuelle Tendenzen flexibler Arbeitszeitorganisation. Ein Überblick über neuere Betriebsvereinbarungen, Heft Nr. 7/1997, S. 471-480

Linne, Gudrun (Hg.) (2002); Flexibel arbeiten - flexibel leben? Die Auswirkungen flexibler Arbeitszeiten auf Erwerbschancen, Arbeits- und Lebensbedingungen, Hans-Böckler-Stiftung, Düsseldorf

Madsen, Per Kongshøj (1998): Arbeitszeitpolitik und Vereinbarungen über bezahlte Freistellungen. Die dänischen Erfahrungen in den 90er Jahren, in: WSI-Mitteilungen, Heft 9/1998, S. 614-624

Marr, Rainer (Hg.) (1993): Arbeitszeitmanagement. Grundlagen und Perspektiven der Gestaltung flexibler Arbeitszeitsysteme, 2. neubearb. u. erw. Aufl., Berlin: Erich Schmidt

Maurer, Andrea (1992): Alles eine Frage der Zeit? Die Zweckrationalisierung von Arbeitszeit und Lebenszeit, Berlin: Ed. Sigma

Maurer, Andrea (1994): Moderne Arbeitsutopien: Das Verhältnis von Arbeit, Zeit und Geschlecht, Opladen: Westdeutscher Verl.

Metall (2000): Langzeitkonten - jetzt schuften - später genießen? In der Rubrik „Streitfrage" der Mitgliederzeitschrift der IG Metall, 12/2000, S. 7

Metz-Göckel, Sigrid/Müller, Ursula (1987): Partner oder Gegner? Überlebensweisen der Ideologie vom männlichen Familienernährer, in: Soziale Welt, 1/87, S. 4-28

Meuser, Michael/Nagel, Ulrike (1991): ExpertInneninterviews - vielfach erprobt, wenig bedacht. Ein Beitrag zur qualitativen Methodenforschung, in: Garz, Detlef/Kraimer, Klaus (Hg.): Qualitativ-empirische Sozialforschung, Opladen, S. 441-471

314

Meuser, Micheal/Behnke, Cornelia (2003): Modernisierte Geschlechterverhältnisse? Entgrenzung von Beruf und Familie bei Doppelkarrierepaaren, in: Gotttschall, K./Voß, G. G. (Hg.): Entgrenzung von Arbeit und Leben, München/Mehring: Hampp

Meyer, Cordula (1999): Ausflug in die Freiheit. Immer mehr Führungskräfte gönnen sich eine Auszeit vom Berufsleben - und ihre Firmen profitieren davon auch noch, in: Der Spiegel, Heft 41/1999, S. 192-194

Miethe, Horst (2000): Ergebnisse und Erfahrungen der befristeten Arbeitszeitverkürzung durch Einführung von Sabbatical-Modellen, Studie im Auftrag der Hans-Böckler-Stiftung, Cottbus

Ministerium für Frauen, Jugend, Familie und Gesundheit des Landes NRW (1998): Arbeit und Familie - weniger ist mehr. Neue Arbeitszeitmodelle in kleinen und mittleren Unternehmen, Düsseldorf

Moldaschl, Manfred (2002): Subjektivierung - Eine neue Stufe in der Entwicklung der Arbeitswissenschaften? In: Moldaschl, M./Voß, G.-G. (Hg.) (2002): Subjektivierung von Arbeit, München/Mehring: Hampp Verl., S. 23-52

Moldaschl, Manfred/Voß, G.-Günter (Hg.) (2002): Subjektivierung von Arbeit, München/Mehring: Hampp Verl.

Mückenberger, Ulrich (1985): Die Krise des Normalarbeitsverhältnisses - hat das Arbeitsrecht noch eine Zukunft? In. Zeitschrift für Sozialreform, Hefte 7+8/1985, S. 457-475

Mückenberger, Ulrich (1987): Wie wär's, wenn sich die Arbeit nach dem Leben richtet, nicht umgekehrt...? In: Kurz-Scherf,I./Breil, G. (Hg.): Wem gehört die Zeit? Ein Lesebuch zum 6-Stunden-Tag, Hamburg

Mückenberger, Ulrich (1989): Der Wandel des Normalarbeitsverhältnisses unter den Bedingungen einer „Krise der Normalität", in: Gewerkschaftliche Monatshefte Nr. 4/1989, S. 211ff

Mückenberger, Ulrich (Hg.) (1998): Zeiten der Stadt. Reflexionen und Materialien zu einem neuen gesellschaftlichen Gestaltungsfeld, , Bremen: Edition Temmen

Mückenberger, Ulrich (Hg.) (2000): Zeiten der Stadt. Reflexionen und Materialien zu einem neuen gesellschaftlichen Gestaltungsfeld, 2. erw. Aufl., Bremen: Edition Temmen

Mückenberger, Ulrich (Hg.) (2001): Bessere Zeiten für die Stadt. Chancen kommunaler Zeitpolitik. Schriftenreihe der HWP, Bd. 8., Opladen: Leske+Budrich.

Muscheid, Jörg/Richter, Götz/Schnecking, Wolfgang/Siemers, Barbara/Spitzley, Helmut (1999): Neue Arbeitszeitmodelle in Bremen und Bremerhaven. In: Senator für Arbeit, Frauen, Gesundheit, Jugend und Soziales (Hg.): Neue Arbeitszeiten in Bremen und Bremerhaven. Bremen 1999, S. 5-58

Mutz, Gerd (1995): Erwerbsbiographische Diskontinuitäten in West- und Ostdeutschland. Eine Systematisierung ungleichheitsrelevanter Deutungsmuster, in: Berger, P. A., Sopp, P. (Hg.): Sozialstruktur und Lebenslauf, Opladen, S. 205-233

Mutz, Gerd (1997): Zukunft der Arbeit. Chancen für eine Tätigkeitsgesellschaft? Aus Politik und Zeitgeschichte, B 48-49/97, S. 31-40

Mutz, Gerd (2001): Der souveräne Arbeitsgestalter in der zivilen Arbeitsgesellschaft, in: Aus Politik und Zeitgeschichte B21/2001, S. 14-23

Mutz, Gerd/Korfmacher, Susannne (2003): Sozialwissenschaftliche Dimensionen von Corporate Citizenship in Deutschland, in: Backhaus-Maul, H./Brühl, H. (Hg.): Bürgergesellschaft und Wirtschaft - zur neue Rolle von Unternehmen, Deutsches Institut für Urbanistik, Berlin, S. 45-62

Negt, Oskar (1988): Der Kampf um die Arbeitszeit ist der Kampf um die Lebenszeit, in: Zoll, R. (Hg.): Zerstörung und Wiederaneignung von Zeit, Frankfurt/M.

Negt, Oskar (1995): Die Krise der Arbeitsgesellschaft: Machtpolitischer Kampfplatz zweier "Ökonomien", in: Aus Politik und Zeitgeschichte vom 07.04.95

Niepel, Gabriele (1994): Alleinerziehende. Abschied von einem Klischee, Opladen: Leske+Budrich

OECD (2002): Bildung auf einen Blick, Zentrum für Forschung und Innovation im Bildungswesen, Schriftenreihe: Indikatoren für Bildungssysteme, OECD-Indikatoren,- Ausg. 2002, Paris : OECD

Oechsle, Mechtild (1998): Ungelöste Widersprüche: Leitbilder in der Lebensführung junger Frauen, in: Geissler, B./Oechsle, M. (Hg.): Die ungleiche Gleichheit. Junge Frauen und der Wandel im Geschlechterverhältnis. Opladen, S. 185-200

Offe, Claus (1982): Arbeit als soziologische Schlüsselkategorie, in: Matthes, J. (Hg.): Krise der Arbeitsgesellschaft, Frankfurt/M./N.Y.

Offe, Claus (Hg.) (1984): „Arbeitsgesellschaft": Strukturprobleme und Zukunftsperspektiven, Frankfurt/New York: Campus

Opaschowski, Horst W. (2002): Leistungs- oder Lebensgenuss: Was will der Mensch?, Kurzfassung eines Vortrags der 2. Futura-Jahrestagung der swb-AG „Leben - Lernen - Arbeiten. Unternehmen vor neuen Herausforderungen", Bremen

Opaschowsky, Horst (2001): Deutschland 2010. Wie wir morgen leben und arbeiten - Voraussagen der Wissenschaft zur Zukunft der Gesellschaft, 2. völlig neu bearb. Aufl., Hamburg

Osterland, Martin (1990): „Normalbiographie" und „Normalarbeitsverhältnis", in: Berger, P.A./Hradil, S. (Hg.): Lebenslagen, Lebensläufe, Lebensstile. Soziale Welt, Sonderband 7, Göttingen: Schwartz+Co., S. 351-362

Ostner, Ilona (2000): Was heißt hier normal? Normalarbeit, Teilzeit, Arbeit im Lebenszyklus, in: Geteilte Arbeit und ganzer Mensch (2000), S.173-189

PC-Magazin (2001): Einmal Hölle und zurück- Das Burnout-Syndrom in der IT-Nachlassender Erfolg - mörderischer Stress: Viele Mitarbeiter wandern ab, in: Bd. 5, Heft 1-2/2001, S. 14-19

Pfahl, Svenja/Reuyß, Stefan (2002): Blockfreizeiten und Sabbaticals - mehr Zeit für die Familie? In: WSI-Mitteilungen, 8/2002, S. 459-465

316

Pfau-Efffinger, Birgit (1998): Arbeitsmarkt- und Familiendynamik in Europa - Theoretische Grundlagen der vergleichenden Analyse, in: Geissler, B./Maier, F./Pfau-Effinger, B. (Hg.): FrauenArbeitsMarkt. Der Beitrag der Frauenforschung zur sozio-ökonomischen Theorieentwicklung. Sozialwissenschaftliche Arbeitsmarktforschung, Neue Folge 6, Berlin: Edition Sigma, S. 177-194

Pfau-Effinger, Birgit/Geissler, Birgit (1992): Institutioneller und soziokultureller Kontext der Entscheidung verheirateter Frauen für Teilzeitarbeit. Ein Beitrag zu einer Soziologie des Erwerbsverhaltens, In: MitAB 25, S. 358-370

Pinl, Claudia (1995): Das faule Geschlecht. Wie Männer es schaffen, Frauen für sich arbeiten zu lassen, Frankfurt/M.

Presse- und Informationsdienst der Bundesregierung (2000): Gesetz über Teilzeitarbeit und befristete Arbeitsverträge, Sozialpolitische Umschau, Nr. 362, 9. Oktober 2000, Berlin

Prognos (2003): Betriebswirtschaftliche Effekte familienfreundlicher Maßnahmen. Eine Kosten-Nutzen-Analyse im Auftrag des Bundesministeriums für Familie, Senioren, Frauen und Jugend, Köln

Projektgruppe „Alltägliche Lebensführung" (Hg.) (1995): Alltägliche Lebensführung. Arrangements zwischen Traditionalität und Modernisierung, Redaktion: Werner Kudera/Sylvia Dietmaier, Leske + Budrich

Raasch, Sibylle (1998): Wandel der Arbeitsgesellschaft und Fraueninteressen, in: Gewerkschaftliche Monatshefte 3/1998, S. 174-179

Reheis, Fritz (1998): Die Kreativität der Langsamkeit. Neuer Wohlstand durch Entschleunigung, Darmstadt, 2. überarb. Aufl.

Rerrich, Maria S. (1988): Balanceakt Familie. Zwischen alten Leitbildern und neuen Lebensformen, Freiburg

Rerrich, Maria S. (1991): Seine Lebensführung + ihre Lebensführung = gemeinsame Lebensführung? In: Voß, G. G. (Hg.): Die Zeiten ändern sich - Alltägliche Lebensführung im Umbruch, Mitteilungen, Sonderheft II, S. 49-68

Rerrich, Maria S. (1994): Zusammenfügen, was auseinanderstrebt: Zur familialen Lebensführung von Berufstätigen, in: Beck, U./Beck-Gernsheim, E. (Hg.): Riskante Freiheiten, Frankfurt/M., S. 201-218

Resch, Marianne (2003): Work-Life-Balance - neue Wege der Vereinbarkeit von Berufs- und Privatleben? Beitrag zur GfA-Konferenz „Kooperation und Arbeit in vernetzten Welten", 29./30. September in Aachen

Richter, Anke (1999): Aussteigen auf Zeit. Das Sabbatical-Handbuch, Köln: vgs

Richter, Götz/Spitzley, Helmut (2003): Unternehmenskrise = Arbeitsplatzabbau ... „Es geht auch anders!" Der Tarifvertrag zur Beschäftigungssicherung in der Praxis, Frankfurt, IG Metall

Rinderspacher, Jürgen P. (1985): Gesellschaft ohne Zeit. Individuelle Zeitverwendung und soziale Organisation der Arbeit, Frankfurt/New York: Campus

317

Rinderspacher, Jürgen P. (1998): Das Zeitkonto als Zeitproblem, in: Klenner, C./Seifert, H. (Hg.) (1998): Zeitkonten - Arbeit á la carte? Neue Modelle der Arbeitszeitgestaltung, VSA-Verlag, Hamburg, S. 27-52

Rinderspacher, Jürgen P. (2000): Auf dem Weg in bessere Zeiten? Modernisierung zwischen Zeitsouveränität und Marktanpassung, in: Hildebrandt, E. (Hg.): Reflexive Lebensführung. Zu den sozialökologischen Folgen flexibler Arbeit, Berlin: Edition Sigma, S. 47-98

Rinderspacher, Jürgen P. (2000a): Zeitwohlstand in der Moderne, Berlin: Wissenschaftszentrum für Sozialforschung (WZB), discussion paper P00-502

Rinderspacher, Jürgen P. (2002) (Hg.): Zeitwohlstand - Entstehungszusammenhänge eines erweiterten Verständnisses vom Ziel des Wirtschaftens, in: Zeitwohlstand. Ein Konzept für einen anderen Wohlstand der Nationen, Forschung aus der Hans-Böckler-Stiftung 39, Berlin: Edition Sigma, S. 59-94

Sauer, Dieter/Kratzer, Nick (2001): Projekt „Entgrenzung von Arbeit. Neue Leitbilder der Erwerbsarbeit?, ISF-München: Mimeo

Scherhorn, Gerhard (1997): Das Ende des fordistischen Gesellschaftsvertrages, in: Politische Ökologie, Heft 54/1997, S. 26-29

Schlote, Axel (1996): Widersprüche sozialer Zeit. Zeitorganisation im Alltag zwischen Herrschaft und Freiheit, Opladen: Leske + Budrich,

Schmid, Günther (1994): Übergänge in die Vollbeschäftigung. Formen und Finanzierung einer zukunftsgerechten Arbeitsmarktpolitik, in: WZB discussion paper FS I 93-208, 2. Aufl., Berlin

Schmid, Günther (1997): Neue institutionelle Arrangements von Erwerbsarbeit. Übergangsmärkte als neues Konzept der Vollbeschäftigung, in: Grenzdörffer, Klaus/ Biesecker, Adelheid/Vocke, Christina (Hg.): Neue institutionelle Arrangements für eine zeitgemäße Wohlfahrt, Pfaffenweiler: Centaurus Verl,-Ges., S. 90-108

Schmid, Günther (2002): Wege in eine neue Vollbeschäftigung. Übergangsarbeitsmärkte und aktivierende Arbeitsmarktpolitik, Frankfurt/M./New York: Campus

Schmid, Günther (2003): Gleichheit und Effizienz auf dem Arbeitsmarkt. Überlegungen zum Wandel und zur Gestaltung des „Geschlechtervertrags". Discussion paper, Wissenschaftszentrum Berlin für Sozialforschung, August 2003

Schmidbauer, Wolfgang (2002): Helfersyndrom und Burnout-Gefahr, München u.a.: Urban & Fischer

Schmidt-Lauf, Sabine (2001): Weiterbildung: Betriebsräte zu defensiv? In. Die Mitbestimmung, 8/2001, S. 62-63

Schmitz, Gerdamarie S. (2002): Selbstwirksamkeit erleben - Burnout verhindern, in: Das Lehrerhandbuch, Berlin: Raabe-Verl.

Schnack, Dieter/Gesterkamp, Thomas (1996): Hauptsache Arbeit. Männer zwischen Beruf und Familie, Hamburg

Schneider, Monika (2001): Editorial, in: mangement & training, Schwerpunktheft „Work-Life-Balance", Heft 10, S. 3

318

Schneider, Norbert F. (2002): Berufsmobilität und Lebensform - sind berufliche Mobilitätser-
fordernisse in Zeiten der Globalisierung noch mit Familie vereinbar? In: Schriftenreihe des
Bundesfamilienminsteriums, Bd. 208

Schneider, Norbert F./Krüger, Dorothea/Lasch, Vera/Limmer, Ruth/Matthias-Bleck, Heike
(2001): Alleinerziehen. Vielfalt und Dynamik einer Lebensform, Weinheim/München: Juventa

Schömann, Klaus/Mytzek, Ralf/Gülker, Silke (1999): Institutionelle und finanzielle Rahmenbedingungen für Jobrotation in neun europäischen Ländern, in: Schriftenreihe der Senatsverwaltung für Arbeit, Berufliche Bildung und Frauen, Berlin

Schroth, Jochen (2000): Die Insolvenzsicherung von Zeitguthaben. Eine Übersicht über ver-
schiedene Sicherungsmodelle sowie ihre Vor- und Nachteile hg. vom Ministerium für Arbeit,
Soziales und Stadtentwicklung, Qualifikation und Technologie des Landes Nordrhein-
Westfalen, Düsseldorf

Schulze-Buschoff (2000): Über den Wandel der Normalität im Erwerbs- und Familienleben,
discussion-paper des Wissenschaftszentrum Berlin für Sozialforschung, Berlin

Schumann, Michael/Einemann, Edgar/Siebel-Rebell, Christa/Wittemann, Klaus (1982): Rationalisierung, Krise, Arbeiter, Frankfurt

Schwede, Nadine (2001): Bezahlte Auszeiten in der Mobilfunk-Krise, Finanical Times
Deutschland v. 31.08.2001

Seifert, Hartmut (1996): Arbeitszeitkonten - Modelle für mehr Zeitsouveränität oder absatz-
orientiertes Zeitmanagement? In: WSI-Mitteilungen, Nr. 7, S. 442-449

Seifert, Hartmut (1998): Arbeitszeitpolitik in Deutschland: Auf der Suche nach neuen Wegen,
in: WSI-Mitteilungen, Heft 9, S. 579-588

Seifert, Hartmut (2001): Lernzeitkonten für lebenslanges Lernen, hrsg. von der Friedrich-
Ebert-Stiftung, Abteilung Arbeit und Sozialpolitik, Bonn

Seifert, Hartmut (2001a): Zeitkonten: Von der Normalarbeitszeit zu kontrollierter Flexibilität,
in: WSI-Mitteilungen, 02/2001, S. 84-91

Senatsverwaltung für Arbeit und Frauen (1996): Berliner Memorandum zur Arbeitszeitpolitik
2000. Für einen New Deal in der Arbeitszeitpolitik: Kürzer und flexibler arbeiten - Arbeit
umverteilen , Berlin, 2. Aufl.

Senghaas-Knobloch, Eva (1998): Von der Arbeits- zur Tätigkeitsgesellschaft? Politikoptionen
und Kriterien ihrer Abschätzung, in: artec-paper Nr. 58, Forschungszentrum Arbeit und Technik, Universität Bremen

Sennet, Richard (2000): Der flexible Mensch - die Kultur des neuen Kapitalismus, 1. Aufl.,
München: Goldmann

Sichtermann, Barbara (1988): "Wechselfälle", in: Zoll, R. (Hg.): Zerstörung und Wiederaneignung von Zeit, Frankfurt/M., S. 641-655

Siemers, Barbara (2001): Sabbatical und Langzeiturlaub: Befristeter Ausstieg - Einstieg in
mehr Lebensqualität? In: WSI-Mitteilungen 10/2001, S. 616-621

Siemers, Barbara (2002): Einfach mal raus - Aussteigen auf Zeit, in: Politische Ökologie, Heft 75/2002, S. 22-24

Spitzley, Helmut (1998): Arbeitszeit und plurale Ökonomie - Handlungsoptionen in einer solidarischen Gesellschaft, in: Bierter, W./v. Winterfeld, U.: Zukunft der Arbeit - welcher Arbeit? In: Wuppertal Texte, Basel: Birkhäuser, S. 159-191

Spitzley, Helmut (2003): Kurze Vollzeit für alle. Plädoyer für eine andere Arbeitskultur, Dokumentation in: Frankfurter Rundschau v. 10.09.2003

Statistisches Bundesamt (Hg.) (2002): Datenreport 2002. Zahlen und Fakten über die Bundesrepublik Deutschland. Bundeszentrale für politische Bildung, Schriftenreihe Bd. 376. Bonn.

Stern-Magazin (1998): Lust auf Abenteuer - Aussteigen auf Zeit, v. Jürgen Petschull, Heft 20/1998, S. 50-61

Stolz-Willig, Brigitte (2001): In welcher Gesellschaft leben wir eigentlich? Über die Abwesenheit einer geschlechterdemokratischen Perspektive in der Debatte um die Zukunft der Arbeit, in: Stolz-Willig, B. (Hg.): Arbeit und Demokratie. Solidaritätspotentiale im flexibilisierten Kapitalismus, Hamburg, S. 52-66

Stolz-Willig, Brigitte (2002): Alte und neue Konzepte der Vereinbarkeit von Beruf und Familie, Manuskript zur WSI-Tagung: Familienzeiten - Arbeitszeiten, 18. April 2002

Strauss, Anselm L., (1991/94): Grundlagen qualitativer Sozialforschung. Datenanalyse und Theoriebildung in der empirischen soziologischen Forschung, München: Fink

Stück, Heiner (1999): Arbeitszeiten und Arbeitszeitwünsche von Angestellten, Hamburg: VSA Verl.

Tempel, Jürgen (2001): Thesenpapier zum Thema „Herstellung von Familienalltag - Vereinbarkeit im Alltag" auf dem Workshop „Arbeitszeiten - Familienzeiten - der Hans-Böckler-Stiftung, am 24. Juli 2001, Düsseldorf

Teriet, Bernhard (1977): Die Wiedergewinnung der Zeitsouveränität, in: Duve, F. (Hg.), Technologie und Politik, 8/77, S. 75-111

Teriet, Bernhard (1996): Freizeit - Sinnzeit - Lebenszeit, in: ibv-Publikationen, Nr. 46 v. 13.11.96, S. 2831-2834

Treibel, Annette (1994): Soziologische Theorien der Gegenwart, Opladen: Leske + Budrich, 2. Aufl.

Ulich, Eberhard (1995): Schwindende Erwerbsarbeit als Chance? In: Ruh, Hans u.a. (Hg.): Arbeitszeit und Arbeitslosigkeit. Zur Diskussion der Beschäftigungspolitik in der Schweiz, Zürich: ETH

Ullrich, Otto (1993): Lebenserhaltende Tätigkeiten jenseits der Lohnarbeit, in: Fricke, W./Fricke, E. (Hg.): Jahrbuch Arbeit und Technik, Bonn, S. 84-98

Volz, Rainer/Zulehner, Paul M. (1999): „Männer im Aufbruch - Wie Deutschlands Männer sich selbst und wie Frauen sie sehen. Ein Forschungsbericht.", Ostfildern: Schwabenverl., 3. Aufl.

320

Voß, G. Günter (1993): Der Strukturwandel in der Arbeitswelt und die alltägliche Lebensführung, in: Jurczyk, K./Rerrich, M. S. (Hg.): Die Arbeit des Alltags. Beiträge zu einer Soziologie der alltäglichen Lebensführung, Freiburg i.B., S. 70-111

Voß, G. Günter (1993): Der Strukturwandel in der Arbeitswelt und die alltägliche Lebensführung, in: Jurczyk, K./Rerrich, M. S. (Hg.): Die Arbeit des Alltags. Beiträge zu einer Soziologie der alltäglichen Lebensführung, Freiburg i.B., S. 70-111

Voß, G. Günter (1994): Das Ende der Teilung von „Arbeit und Leben"? An der Schwelle zu einem neuen gesellschaftlichen Verhältnis von Betriebs- und Lebensführung, in: Umbrüche gesellschaftlicher Arbeit, Sonderband Nr. 9 der „Sozialen Welt", S. 269-294

Voß, G. Günter (1995): Entwicklung und Eckpunkte des theoretischen Konzepts in: Projektgruppe „Alltägliche Lebensführung" (Hg.): Alltägliche Lebensführung. Arrangements zwischen Traditionalität und Modernisierung, Leske + Budrich, Opladen, S. 23-44

Voß, G. Günter (1998): Die Entgrenzung von Arbeit und Arbeitskraft. Eine subjektorientierte Interpretation des Wandels von Arbeit, in: Mitteilungen aus der Arbeitsmarkt- und Berufsforschung, Jg. 31, Nr.3, S. 473-487

Voß, G. Günter (2000): Zur sozialen Differenzierung von „Arbeit und Leben". Überlegungen aus der Perspektive des Konzepts „Alltägliche Lebensführung", in: Kudera, W./Voß, G. G. (Hg.): Lebensführung und Gesellschaft. Beiträge zu Konzept und Empirie alltäglicher Lebensführung, Leske + Budrich, Opladen, S. 63-76

Voß, G. Günter (2001): Der Arbeitskraftunternehmer. Ein neuer Typus von Arbeitskraft und seine sozialen Folgen, Arbeitspapier Nr. 43 der ZWE „Arbeit und Region", Universität Bremen

Voß, G. Günter/Pongratz, Hans J. (1998): Der Arbeitskraftunternehmer. Eine neue Grundform der „Ware Arbeitskraft"? In: Kölner Zeitschrift für Soziologie und Sozialpsychologie, 50 Jg., Nr.1/1998, S. 131-158

Voß, G. Günter/Weihrich, Margit (Hg.) (2001): tagaus - tagein. Neue Beiträge zur Soziologie Alltäglicher Lebensführung 1, Schriftenreihe zur subjektorientierten Soziologie der Arbeit und der Arbeitsgesellschaft, München/Mehring: Rainer Hampp Verl.

Voß, Gerd-Günter (1991): Lebensführung als Arbeit: Über die Autonomie der Person im Alltag der Gesellschaft, Stuttgart: Enke

Wagner, Alexandra (2000a): Arbeiten ohne Ende? Über die Arbeitszeiten hochqualifizierter Angestellter, in: Institut Arbeit und Technik: Jahrbuch 1999/2000, Gelsenkirchen, S. 258-275

Wagner, Alexandra (2000b): Krise des Normalarbeitsverhältnisses. Über eine kontroverse Debatte und ihre politische Interessenorientierung, in: Schäfer, C. (Hg.): Geringere Löhne - mehr Beschäftigung? Niedriglohn-Politik, Hamburg, S. 200-246

Weber, Max (1986): Gesammelte Werke zur Religionssoziologie I, Tübingen

Weber, Max (2000): Die protestantische Ethik und der "Geist" des Kapitalismus, 3. Aufl., Weinheim : Beltz Athenäum

Weidinger, Michael (1995): Abschied von der „Zeitverbrauchs-Kultur". Konsequenzen für Führung und Organisation, in: Personalführung, Heft 9/1995, S. 768-775

Weihrich, Margit/Voß, G. Günter (Hg.) (2002): tag für tag. Alltag als Problem - Lebensführung als Lösung? Neue Beiträge zur Soziologie alltäglicher Lebensführung 2, Schriftenreihe zur subjektorientierten Soziologie der Arbeit und der Arbeitsgesellschaft, Bd. 1, München/Mehring: Rainer Hampp Verl.

Weizsäcker, Christine und Ernst (1978): "Für ein Recht auf Eigenarbeit". Entwurf eines Manifests, in: Technologie und Politik, Heft 10/1978, S. 186-189

Wendler, Jürgen (2002): Reichlich Freizeit, kaum noch Muße, Artikel im Weser Kurier vom 20.04.2002

Werben & Verkaufen (2000): Zeit für das Wesentliche, Heft: 51/2000, S. 36-38

Werben & Verkaufen (W&V) (2000): Auszeit für den Kopf. Um dem Burn-out vorzubeugen nehmen immer mehr Manager den „Sabbatical", Heft 25/2000, S. 36-38

Wetterer, Angelika (1995): Dekonstruktion und Alltagshandeln, in: Wetterer, A. (Hg.): Die soziale Konstruktion von Geschlecht in Professionalisierungsprozessen, Frankfurt/New York, S. 223-246

Wiese, Susanne (1998): Dimensionen der „Zeit für mich" bei Frauen ohne Kinder, in: Henning, D./Raasch, S./Wuttke, C. (Hg.): Zeitbrüche. Neue Zeitmuster für Frauen und Männer, Hamburg: VSA-Verl., S. 79-95

Wiesenthal, Helmut (1985): Themenraub und falsche Allgemeinheiten, in: Schmid, Th. (Hg.): Das Ende der starren Zeit. Vorschläge zur flexiblen Arbeitszeit, S. 9-24, Berlin

Witzel, Andreas (1982): Verfahren der qualitativen Sozialforschung. Überblick und Alternativen, Frankfurt/M. New York: Campus

Witzel, Andreas (19985/1989): Das problemzentrierte Interview, in: Jüttemann, G. (hg.): Qualitative Forschung in der Psychologie. Grundfragen, Verfahrensweisen, Anwendungsfehler, Heidelberg: Asanger, S. 227-255 (zuerst erschienen im Beltz-Verl., Weinheim, Basel)

Witzel, Andreas (2000): Das problemzentrierte Interview. Forum Qualitative Sozialforschung/ Forum: Qualitative Social Research (On-line-Journale), 1(1). Abrufbar über: http://qualitative-research.net/fqs [Zugriff: 13.02.00]

Witzel, Andreas/Kühn, Thomas (2001): Biographiemanagement und Planungschaos. Arbeitsmarktplazierung und Familiengründung bei jungen Erwachsenen, in: Born, C./Krüger, H. (Hg.): Individualisierung und Verflechtung. Geschlecht und Generation im deutschen Lebenslaufregime, Weinheim und München: Juventa, S. 55-82

Wohlrab-Sahr, Monika (1994): Vom Fall zum Typus: Die Sehnsucht nach dem „Ganzen" und dem „Eigentlichen". „Idealisierung" als biographische Konstruktion, in: Diezinger, A. (Hg.): Wege sozialwissenschaftlicher Frauenforschung, Bd. 8, Freiburg: Kore, S. 269-299

Zapf, Wolfgang (1991): Modernisierung und Modernisierungstheorien, in: ders. (Hg.): Die Modernisierung moderner Gesellschaften. Verhandlungen des 25. Deutschen Soziologentages in Frankfurt/Main 1990, Frankfurt/M./New York, S. 23-39

Zeuner, Bodo (1995): Muße für alle als gewerkschaftliche Utopie, in Gewerkschaftliche Monatshefte Heft 7/1995, S. 406-413

Zoll, Rainer (1994): Staatsbürgereinkommen für Sozialdienste. Vorschläge zur Schaffung eines zweiten, nicht marktförmig organisierten Sektors in der Gesellschaft, in: Negt, O. (Hg.): Die zweite Gesellschaftsreform, Göttingen: Steidl, S, 79-96

Zoll, Rainer (Hg.) (1988): Zerstörung und Wiederaneignung von Zeit, Frankfurt/Main: edition suhrkamp

Peter Lang · Europäischer Verlag der Wissenschaften

Ilonka Mehl

Freistellungszeiten bei flexibler Teilzeitarbeit

Frankfurt am Main, Berlin, Bern, Bruxelles, New York, Oxford, Wien, 2004. 284 S.
Europäische Hochschulschriften: Reihe 2, Rechtswissenschaft. Bd. 3999
ISBN 3-631-52763-2 · br. € 51.50*

Teilzeitarbeit hat sich von der klassischen Halbtagesarbeit zu den verschiedensten Formen flexibler Arbeitszeitmodelle entwickelt. Gesetzliche Regelungen existieren nur in unzureichendem Maße. Dies gilt insbesondere für die Zeiten, in denen der Arbeitnehmer keine Arbeitsleistung erbringt. Ziel der Darstellung ist es, Grundstrukturen zur Lösung von Problemen aufzuzeigen sowie Transparenz für Wissenschaft und Praxis zu schaffen. Neben allgemeinen Grundsätzen wird auf sämtliche Freistellungszeiten bei den unterschiedlichen Teilzeitarbeitsmodellen eingegangen. Es werden Lösungen zu den Bereichen des Urlaubs, der Arbeitsunfähigkeit, der Feiertage sowie anderer Freistellungszeiten angeboten. Des Weiteren wird die Freistellungszeit als solche mit ihren Auswirkungen für das Arbeitsverhältnis untersucht und bewertet.

Aus dem Inhalt: Teilzeitarbeit · Flexibilität · Veränderungen in der Praxis · Teilzeitarbeitsmodelle · Entgeltzahlung bei Teilzeitarbeit · Vor- und Nachteile der Teilzeitarbeit · Arbeitnehmereigenschaft · Direktiven bei der Problemlösung im Bereich der flexiblen Teilzeitarbeit · Arbeitszeitgesetz · Urlaub · Arbeitsunfähigkeit · Feiertage · § 615 BGB · § 616 BGB · Rechtliche Qualifikation der Freistellungszeit · Leistungen des Arbeitgebers in der Freistellungsphase · Leistungen nach dem MuSchG und dem BErzGG · Kündigungsschutz · Nebentätigkeitsgenehmigung · Betriebsübergang · Betriebsverfassungsrecht · Tarifvertragsrecht · Unternehmensmitbestimmung

Frankfurt am Main · Berlin · Bern · Bruxelles · New York · Oxford · Wien
Auslieferung: Verlag Peter Lang AG
Moosstr. 1, CH-2542 Pieterlen
Telefax 00 41 (0) 32 / 376 17 27

*inklusive der in Deutschland gültigen Mehrwertsteuer
Preisänderungen vorbehalten
Homepage http://www.peterlang.de